中国社会科学院
庆祝中华人民共和国成立70周年书系
国家哲学社会科学学术研究史

总主编 谢伏瞻

新中国新闻与传播学研究70年

唐绪军／主编
朱鸿军／副主编

中国社会科学出版社

图书在版编目（CIP）数据

新中国新闻与传播学研究70年 / 唐绪军主编. —北京：中国社会科学出版社，2019.9

（庆祝中华人民共和国成立70周年书系）

ISBN 978 - 7 - 5203 - 4922 - 2

Ⅰ.①新… Ⅱ.①唐… Ⅲ.①新闻学—传播学—研究—中国—1949 - 2019　Ⅳ.①G219.2

中国版本图书馆 CIP 数据核字（2019）第 183477 号

出 版 人	赵剑英
责任编辑	陈肖静
责任校对	刘　娟
责任印制	王　超
出　　版	中国社会科学出版社
社　　址	北京鼓楼西大街甲158号
邮　　编	100720
网　　址	http://www.csspw.cn
发 行 部	010 - 84083685
门 市 部	010 - 84029450
经　　销	新华书店及其他书店
印刷装订	北京君升印刷有限公司
版　　次	2019年9月第1版
印　　次	2019年9月第1次印刷
开　　本	710×1000　1/16
印　　张	31
字　　数	432千字
定　　价	179.00元

凡购买中国社会科学出版社图书，如有质量问题请与本社营销中心联系调换
电话：010 - 84083683
版权所有　侵权必究

中国社会科学院
《庆祝中华人民共和国成立 70 周年书系》
编撰工作领导小组及委员会名单

编撰工作领导小组：

  组　长　谢伏瞻

  成　员　王京清　蔡　昉　高　翔　高培勇　杨笑山
      姜　辉　赵　奇

编撰工作委员会：

  主　任　谢伏瞻

  成　员　（按姓氏笔画为序）

      卜宪群　马　援　王　巍　王立民　王立胜
      王立峰　王延中　王京清　王建朗　史　丹
      邢广程　刘丹青　刘跃进　闫　坤　孙壮志
      李　扬　李正华　李　平　李向阳　李国强
      李培林　李新烽　杨伯江　杨笑山　吴白乙
      汪朝光　张　翼　张车伟　张宇燕　陈　甦
      陈光金　陈众议　陈星灿　周　弘　郑筱筠
      房　宁　赵　奇　赵剑英　姜　辉　莫纪宏

夏春涛 高　翔 高培勇 唐绪军 黄　平
黄群慧 朝戈金 蔡　昉 樊建新 潘家华
魏后凯

协调工作小组：

组　长 蔡　昉
副组长 马　援 赵剑英
成　员（按姓氏笔画为序）

王子豪 王宏伟 王　茵 云　帆 卢　娜
叶　涛 田　侃 曲建君 朱渊寿 刘大先
刘　伟 刘红敏 刘　杨 刘爱玲 吴　超
宋学立 张　骅 张　洁 张　旭 张崇宁
林　帆 金　香 郭建宏 博　悦 蒙　娃

总　序

与时代同发展　与人民齐奋进

谢伏瞻*

今年是新中国成立 70 周年。70 年来，中国共产党团结带领中国人民不懈奋斗，中华民族实现了从"东亚病夫"到站起来的伟大飞跃、从站起来到富起来的伟大飞跃，迎来了从富起来到强起来的伟大飞跃。70 年来，中国哲学社会科学与时代同发展，与人民齐奋进，繁荣中国学术，发展中国理论，传播中国思想，为党和国家事业发展作出重要贡献。在这重要的历史时刻，我们组织中国社会科学院多学科专家学者编撰了《庆祝中华人民共和国成立 70 周年书系》，旨在系统回顾总结中国特色社会主义建设的巨大成就，系统梳理中国特色哲学社会科学发展壮大的历史进程，为建设富强民主文明和谐美丽的社会主义现代化强国提供历史经验与理论支持。

壮丽篇章　辉煌成就

70 年来，中国共产党创造性地把马克思主义基本原理同中国具体实际相结合，领导全国各族人民进行社会主义革命、建设和改革，

---

* 中国社会科学院院长、党组书记，学部主席团主席。

战胜各种艰难曲折和风险考验，取得了举世瞩目的伟大成就，绘就了波澜壮阔、气势恢宏的历史画卷，谱写了感天动地、气壮山河的壮丽凯歌。中华民族正以崭新姿态巍然屹立于世界的东方，一个欣欣向荣的社会主义中国日益走向世界舞台的中央。

我们党团结带领人民，完成了新民主主义革命，建立了中华人民共和国，实现了从几千年封建专制向人民民主的伟大飞跃；完成了社会主义革命，确立社会主义基本制度，推进社会主义建设，实现了中华民族有史以来最为广泛而深刻的社会变革，为当代中国的发展进步奠定了根本政治前提和制度基础；进行改革开放新的伟大革命，破除阻碍国家和民族发展的一切思想和体制障碍，开辟了中国特色社会主义道路，使中国大踏步赶上时代，迎来了实现中华民族伟大复兴的光明前景。今天，我们比历史上任何时期都更接近、更有信心和能力实现中华民族伟大复兴的目标。

中国特色社会主义进入新时代。党的十八大以来，在以习近平同志为核心的党中央坚强领导下，我们党坚定不移地坚持和发展中国特色社会主义，统筹推进"五位一体"总体布局，协调推进"四个全面"战略布局，贯彻新发展理念，适应我国社会主要矛盾已经转化为人民日益增长的美好生活需要和不平衡不充分的发展之间的矛盾的深刻变化，推动我国经济由高速增长阶段向高质量发展阶段转变，综合国力和国际影响力大幅提升。中国特色社会主义道路、理论、制度、文化不断发展，拓展了发展中国家走向现代化的途径，给世界上那些既希望加快发展又希望保持自身独立性的国家和民族提供了全新选择，为解决人类问题贡献了中国智慧和中国方案，为人类发展、为世界社会主义发展做出了重大贡献。

70年来，党领导人民攻坚克难、砥砺奋进，从封闭落后迈向开放进步，从温饱不足迈向全面小康，从积贫积弱迈向繁荣富强，取得了举世瞩目的伟大成就，创造了人类发展史上的伟大奇迹。

经济建设取得辉煌成就。70年来，我国经济社会发生了翻天覆地的历史性变化，主要经济社会指标占世界的比重大幅提高，国际地位和国际影响力显著提升。经济总量大幅跃升，2018年国内生产总值比1952年增长175倍，年均增长8.1%。1960年我国经济总量占全球经济的比重仅为4.37%，2018年已升至16%左右，稳居世界第二大经济体地位。我国经济增速明显高于世界平均水平，成为世界经济增长的第一引擎。1979—2012年，我国经济快速增长，年平均增长率达到9.9%，比同期世界经济平均增长率快7个百分点，也高于世界各主要经济体同期平均水平。1961—1978年，中国对世界经济增长的年均贡献率为1.1%。1979—2012年，中国对世界经济增长的年均贡献率为15.9%，仅次于美国，居世界第二位。2013—2018年，中国对世界经济增长的年均贡献率为28.1%，居世界第一位。人均收入不断增加，1952年我国人均GDP仅为119元，2018年达到64644元，高于中等收入国家平均水平。城镇化率快速提高，1949年我国的城镇化率仅为10.6%，2018年我国常住人口城镇化率达到了59.58%，经历了人类历史上规模最大、速度最快的城镇化进程，成为中国发展史上的一大奇迹。工业成就辉煌，2018年，我国原煤产量为36.8亿吨，比1949年增长114倍；钢材产量为11.1亿吨，增长8503倍；水泥产量为22.1亿吨，增长3344倍。基础设施建设积极推进，2018年年末，我国铁路营业里程达到13.1万公里，比1949年年末增长5倍，其中高速铁路达到2.9万公里，占世界高铁总量60%以上；公路里程为485万公里，增长59倍；定期航班航线里程为838万公里，比1950年年末增长734倍。开放型经济新体制逐步健全，对外贸易、对外投资、外汇储备稳居世界前列。

科技发展实现大跨越。70年来，中国科技实力伴随着经济发展同步壮大，实现了从大幅落后到跟跑、并跑乃至部分领域领跑的历史性跨越。涌现出一批具有世界领先水平的重大科技成果。李四光等人提出"陆相生油"理论，王淦昌等人发现反西格玛负超子，第一颗原子弹装置爆炸成功，第一枚自行设计制造的运载火箭发射成功，在世界上首次人工合成牛胰岛素，第一颗氢弹空爆成功，陈景润证明了哥德巴赫猜想中的"1+2"，屠呦呦等人成功发现青蒿素，天宫、蛟龙、天眼、悟空、墨子、大飞机等重大科技成果相继问世。相继组织实施了一系列重大科技计划，如国家高技术研究发展（863）计划、国家重点基础研究发展（973）计划、集中解决重大问题的科技攻关（支撑）计划、推动高技术产业化的火炬计划、面向农村的星火计划以及国家自然科学基金、科技型中小企业技术创新基金等。研发人员总量稳居世界首位。我国研发经费投入持续快速增长，2018 年达 19657 亿元，是 1991 年的 138 倍，1992—2018 年年均增长 20.0%。研发经费投入强度更是屡创新高，2014 年首次突破 2%，2018 年提升至 2.18%，超过欧盟 15 国平均水平。按汇率折算，我国已成为仅次于美国的世界第二大研发经费投入国家，为科技事业发展提供了强大的资金保证。

人民生活显著改善。我们党始终把提高人民生活水平作为一切工作的出发点和落脚点，深入贯彻以人民为中心的发展思想，人民获得感显著增强。70 年来特别是改革开放以来，从温饱不足迈向全面小康，城乡居民生活发生了翻天覆地的变化。我国人均国民总收入（GNI）大幅提升。据世界银行统计，1962 年，我国人均 GNI 只有 70 美元，1978 年为 200 美元，2018 年达到 9470 美元，比 1962 年增长了 134.3 倍。人均 GNI 水平与世界平均水平的差距逐渐缩小，1962 年相当于世界平均水平的 14.6%，2018 年相当于世界平均水平的 85.3%，比 1962 年提高了 70.7 个百分点。在世界银行公布的人均 GNI 排名中，2018 年中国排名第 71 位（共计 192 个经济体），比 1978 年（共计 188 个经济体）提高 104 位。组织实施了一系列中长期扶贫规划，从救济式扶贫到开发式扶贫再到精准扶贫，探索出一条符合中国国情的农村扶贫开发道路，为全面建成小康社会奠定了坚实基础。脱贫攻坚战取得决定性进展，贫困人口大幅减少，为世界减贫事业作出了重大贡献。按照我国现行农村贫困标准测算，1978 年我国农村贫困人口为 7.7 亿人，贫困发生率为 97.5%。2018 年年末农村贫困人口为 1660 万人，比 1978 年减少 7.5 亿人；贫困发生率为 1.7%，比 1978 年下降 95.8 个百分点，平均每年下降 2.4 个百分点。我国是最早实现联合国千年发展目标中减贫目标的发展中国家。就业形势长期稳定，就业总量持续增长，从1949年的1.8亿人增加到2018年的7.8亿人，扩大了3.3倍，就业结构调整优化，就业质量显著提升，劳动力市场不断完善。教育事业获得跨越式发展。1970—2016年，我国高等教育毛入学率从0.1%提高到48.4%，2016年我国高等教育毛入学率比中等收入国家平均水平高出13.4个百分点，比世界平均水平高10.9个百分点；中等教育毛入学率从1970年的28.0%提高到2015年的94.3%，2015年我国中等教育毛入学率超过中等收入国家平均水平16.5个百分点，远高于世界平均水平。我国总人口由1949年的5.4亿人发展到2018年的近14亿人，年均增长率约为1.4%。人民身体素质日益改善，居民预期寿命由新中国成立初的35岁提高到2018年的77岁。居民环境卫生条件持续改善。2015年，我国享有基本环境卫生服务人口占总人口比重为75.0%，超过中等收入国家66.1%的平均水平。我国居民基本饮用水服务已基本实现全民覆盖，超过中等偏上收入国家平均水平。

思想文化建设取得重大进展。党对意识形态工作的领导不断加强，党的理论创新全面推进，马克思主义在意识形态领域的指导地位更加巩固，中国特色社会主义和中国梦深入人心，社会主义核心价值观和中华优秀传统文化广泛弘扬。文化事业繁荣兴盛，文化产业快速发展。文化投入力度明显加大。1953—1957年文化事业费总投入为4.97亿元，2018年达到928.33亿元。广播影视制播能力显著增强。新闻出版繁荣发展。2018年，图书品种51.9万种、总印数100.1亿册（张），分别为1950年的42.7倍和37.1倍；期刊品种10139种、总印数22.9亿册，分别为1950年的34.4倍和57.3倍；报纸品种1871种、总印数337.3亿份，分别为1950年的4.9倍和42.2倍。公共文化服务水平不断提高，文艺创作持续繁荣，文化事业和文化产业蓬勃发展，互联网建设管理运用不断完善，全民健身和竞技体育全面发展。主旋律更加响亮，正能量更加强劲，文化自信不断增强，全党全社会思想上的团结统一更加巩固。改革开放后，我国对外文化交流不断扩大和深化，已成为国家整体外交战略的重要组成部分。特别是党的十八大以来，文化交流、文化贸易和文化投资并举的"文化走出去"、推动中华文化走向世界的新格局已逐渐形成，国家文化软实力和中华文化影响力大幅提升。

生态文明建设成效显著。70年来特别是改革开放以来，生态文明建设扎实推进，走出了一条生态文明建设的中国特色道路。党的十八大以来，以习近平同志为核心的党中央高度重视生态文明建设，将其作为统筹推进"五位一体"总体布局的重要内容，形成了习近平生态文明思想，为新时代推进我国生态文明建设提供了根本遵循。国家不断加大自然生态系统建设和环境保护力度，开展水土流失综合治理，加大荒漠化治理力度，扩大森林、湖泊、湿地面积，加强自然保护区保护，实施重大生态修复工程，逐步健全主体功能区制度，推进生态保护红线工作，生态保护和建设不断取得新成效，环境保护投入跨越式增长。20世纪80年代初期，全国环境污染治理投资每年为25亿—30亿元，2017年，投资总额达到9539亿元，比2001年增长7.2倍，年均增长14.0%。污染防治强力推进，治理成效日益彰显。重大生态保护和修复工程进展顺利，森林覆盖率持续提高。生态环境治理明显加强，环境状况得到改善。引导应对气候变化国际合作，成为全球生态文明建设的重要参与者、贡献者、引领者。[①]

新中国70年的辉煌成就充分证明，只有社会主义才能救中国，只有改革开放才能发展中国、发展社会主义、发展马克思主义，只有坚持以人民为中心才能实现党的初心和使命，只有坚持党的全面领导才能确保中国这艘航船沿着正确航向破浪前行，不断开创中国特色社会主义事业新局面，谱写人民美好生活新篇章。

---

① 文中所引用数据皆来自国家统计局发布的《新中国成立70周年经济社会发展成就系列报告》。

繁荣中国学术　发展中国理论
传播中国思想

70年来，我国哲学社会科学与时代同发展、与人民齐奋进，在革命、建设和改革的各个历史时期，为党和国家事业作出了独特贡献，积累了宝贵经验。

一　发展历程

——**在马克思主义指导下奠基、开创哲学社会科学**。新中国哲学社会科学事业，是在马克思主义指导下逐步发展起来的。新中国成立前，哲学社会科学基础薄弱，研究与教学机构规模很小，无法适应新中国经济和文化建设的需要。因此，新中国成立前夕通过的具有临时宪法性质的《中国人民政治协商会议共同纲领》明确提出："提倡用科学的历史观点，研究和解释历史、经济、政治、文化及国际事务，奖励优秀的社会科学著作。"新中国成立后，党中央明确要求："用马列主义的思想原则在全国范围内和全体规模上教育人民，是我们党的一项最基本的政治任务。"经过几年努力，确立了马克思主义在哲学社会科学领域的指导地位。国务院规划委员会制定了1956—1967年哲学社会科学研究工作远景规划。1956年，毛泽东同志提出"百花齐放、百家争鸣"，强调"百花齐放、百家争鸣"的方针，"是促进艺术发展和科学进步的方针，是促进中国的社会主义文化繁荣的方针。"在机构设置方面，1955年中国社会科学院的前身——中国科学院哲学社会科学学部成立，并先后建立了14个研究所。马克思主义指导地位的确立，以及科研和教育体系的建立，为新中国哲学社会科学事业的兴起和发展奠定了坚实基础。

——**在改革开放新时期恢复、发展壮大哲学社会科学**。党的十一届三中全会开启了改革开放新时期，我国哲学社会科学从十年

"文革"的一片荒芜中迎来了繁荣发展的新阶段。邓小平同志强调"科学当然包括社会科学",重申要切实贯彻"双百"方针,强调政治学、法学、社会学以及世界政治的研究需要赶快补课。1977年,党中央决定在中国科学院哲学社会科学学部的基础上组建中国社会科学院。1982年,全国哲学社会科学规划座谈会召开,强调我国哲学社会科学事业今后必须有一个大的发展。此后,全国哲学社会科学规划领导小组成立,国家社会科学基金设立并逐年开展课题立项资助工作。进入21世纪,党中央始终将哲学社会科学置于重要位置,江泽民同志强调"在认识和改造世界的过程中,哲学社会科学和自然科学同样重要;培养高水平的哲学社会科学家,与培养高水平的自然科学家同样重要;提高全民族的哲学社会科学素质,与提高全民族的自然科学素质同样重要;任用好哲学社会科学人才并充分发挥他们的作用,与任用好自然科学人才并发挥他们的作用同样重要"。《中共中央关于进一步繁荣发展哲学社会科学的意见》等文件发布,有力地推动了哲学社会科学繁荣发展。

——**在新时代加快构建中国特色哲学社会科学**。党的十八大以来,以习近平同志为核心的党中央高度重视哲学社会科学。2016年5月17日,习近平总书记亲自主持哲学社会科学工作座谈会并发表重要讲话,提出加快构建中国特色哲学社会科学的战略任务。2017年3月5日,党中央印发《关于加快构建中国特色哲学社会科学的意见》,对加快构建中国特色哲学社会科学作出战略部署。2017年5月17日,习近平总书记专门就中国社会科学院建院40周年发来贺信,发出了"繁荣中国学术,发展中国理论,传播中国思想"的号召。2019年1月2日、4月9日,习近平总书记分别为中国社会科学院中国历史研究院和中国非洲研究院成立发来贺信,为加快构建中国特色哲学社会科学指明了方向,提供了重要遵循。不到两年的时间内,习近平总书记专门为一个研究单位三次发贺信,这充分说明党中央对哲学社会科学的重视前所未有,对哲学社会科学工作者的关怀前所未有。在党中央坚强领导下,广大哲学社会科学工作者增强"四个意识",坚定"四个自信",做到"两个维护",坚持以习近平新时代中国特色社会主义思想为指导,坚持"二为"方向和"双百"方针,以研究我国改革发展稳定重大理论和实践问题为主攻方向,哲学社会科学领域涌现出一批优秀人才和成果。经过不懈努力,我国哲学社会科学事业取得了历史性成就,发生了历史性变革。

二 主要成就

70年来,在党中央坚强领导和亲切关怀下,我国哲学社会科学取得了重大成就。

马克思主义理论研究宣传不断深入。 新中国成立后,党中央组织广大哲学社会科学工作者系统翻译了《马克思恩格斯全集》《列宁全集》《斯大林全集》等马克思主义经典作家的著作,参与编辑出版《毛泽东选集》《毛泽东文集》《邓小平文选》《江泽民文选》《胡锦涛文选》等一批党和国家重要领导人文选。党的十八大以来,参与编辑出版了《习近平谈治国理政》《干在实处 走在前列》《之江新语》,以及"习近平总书记重要论述摘编"等一批代表马克思主义中国化最新成果的重要文献。将《习近平谈治国理政》、"习近平总书记重要论述摘编"翻译成多国文字,积极对外宣传党的创新理论,为传播中国思想作出了重要贡献。先后成立了一批马克思主义研究院(学院)和"邓小平理论研究中心""中国特色社会主义理论体系研究中心",党的十九大以后成立了10家习近平新时代中国特色社会主义思想研究机构,哲学社会科学研究教学机构在研究阐释党的创新理论,深入研究阐释马克思主义中国化的最新成果,推动马克思主义中国化时代化大众化方面发挥了积极作用。

为党和国家服务能力不断增强。 新中国成立初期,哲学社会科学工作者围绕国家的经济建设,对商品经济、价值规律等重大现实问题进行深入研讨,推出一批重要研究成果。1978年,哲学社会科学界开展的关于真理标准问题大讨论,推动了全国性的思想解放,为我们党重新确立马克思主义思想路线、为党的十一届三中全会召开作了重要的思想和舆论准备。改革开放以来,哲学社会科学界积极探索中国特色社会主义发展道路,在社会主义市场经济理论、经济体制改革、依法治国、建设社会主义先进文化、生态文明建设等重大问题上,进行了深入研究,积极为党和国家制定政策提供决策咨询建议。党的十八大以来,广大哲学社会科学工作者辛勤耕耘,紧紧围绕统筹推进"五位一体"总体布局、协调推进"四个全面"战略布局,推进国家治理体系和治理能力现代化,构建人类命运共同体和"一带一路"建设等重大理论与实践问题,述学立论、建言献策,推出一批重要成果,很好地发挥了"思想库""智囊团"作用。

学科体系不断健全。新中国成立初期,哲学社会科学的学科设置以历史、语言、考古、经济等学科为主。70年来,特别是改革开放以来,哲学社会科学的研究领域不断拓展和深化。到目前为止,已形成拥有马克思主义研究、历史学、考古学、哲学、文学、语言学、经济学、法学、社会学、人口学、民族学、宗教学、政治学、新闻学、军事学、教育学、艺术学等20多个一级学科、400多个二级学科的较为完整的学科体系。进入新时代,哲学社会科学界深入贯彻落实习近平总书记"5·17"重要讲话精神,加快构建中国特色哲学社会科学学科体系、学术体系、话语体系。

学术研究成果丰硕。70年来,广大哲学社会科学工作者辛勤耕耘、积极探索,推出了一批高水平成果,如《殷周金文集成》《中国历史地图集》《中国语言地图集》《中国史稿》《辩证唯物主义原理》《历史唯物主义原理》《政治经济学》《中华大藏经》《中国政治制度通史》《中华文学通史》《中国民族关系史纲要》《现代汉语词典》等。学术论文的数量逐年递增,质量也不断提升。这些学术成果对传承和弘扬中华民族优秀传统文化、推进社会主义先进文化建设、增强文化自信、提高中华文化的"软实力"发挥了重要作用。

对外交流长足发展。70年来特别是改革开放以来,我国哲学社会科学界对外学术交流与合作的领域不断拓展,规模不断扩大,质量和水平不断提高。目前，我国哲学社会科学对外学术交流遍及世界 100 多个国家和地区，与国外主要研究机构、学术团体、高等院校等建立了经常性的双边交流关系。坚持"请进来"与"走出去"相结合，一方面将高水平的国外学术成果译介到国内，另一方面将能够代表中国哲学社会科学水平的成果推广到世界，讲好中国故事，传播中国声音，提高了我国哲学社会科学的国际影响力。

人才队伍不断壮大。70 年来，我国哲学社会科学研究队伍实现了由少到多、由弱到强的飞跃。新中国成立之初，哲学社会科学人才队伍薄弱。为培养科研人才，中国社会科学院、中国人民大学等一批科研、教育机构相继成立，培养了一批又一批哲学社会科学人才。目前，形成了社会科学院、高等院校、国家政府部门研究机构、党校行政学院和军队五大教研系统，汇聚了 60 万多专业、多类型、多层次的人才。这样一支规模宏大的哲学社会科学人才队伍，为实现我国哲学社会科学建设目标和任务提供了有力人才支撑。

三 重要启示

70 年来，我国哲学社会科学在取得巨大成绩的同时，也积累了宝贵经验，给我们以重要启示。

坚定不移地以马克思主义为指导。马克思主义是科学的理论、人民的理论、实践的理论、不断发展的开放的理论。坚持以马克思主义为指导，是当代中国哲学社会科学区别于其他哲学社会科学的根本标志。习近平新时代中国特色社会主义思想是马克思主义中国化的最新成果，是当代中国马克思主义、21 世纪马克思主义，要将这一重要思想贯穿哲学社会科学各学科各领域，切实转化为广大哲学社会科学工作者清醒的理论自觉、坚定的政治信念、科学的思维方法。要不断推进马克思主义中国化时代化大众化，奋力书写研究阐发当代中国马克思主义、21 世纪马克思主义的理论学术经典。

坚定不移地践行为人民做学问的理念。为什么人的问题是哲学社会科学研究的根本性、原则性问题。哲学社会科学研究必须搞清楚为谁著书、为谁立说，是为少数人服务还是为绝大多数人服务的问题。脱离了人民，哲学社会科学就不会有吸引力、感染力、影响力、生命力。我国广大哲学社会科学工作者要坚持人民是历史创造者的观点，树立为人民做学问的理想，尊重人民主体地位，聚焦人民实践创造，自觉把个人学术追求同国家和民族发展紧紧联系在一起，努力多出经得起实践、人民、历史检验的研究成果。

坚定不移地以研究回答新时代重大理论和现实问题为主攻方向。 习近平总书记反复强调："当代中国的伟大社会变革，不是简单延续我国历史文化的母版，不是简单套用马克思主义经典作家设想的模板，不是其他国家社会主义实践的再版，也不是国外现代化发展的翻版，不可能找到现成的教科书。"哲学社会科学研究，必须立足中国实际，以我们正在做的事情为中心，把研究回答新时代重大理论和现实问题作为主攻方向，从当代中国伟大社会变革中挖掘新材料，发现新问题，提出新观点，构建有学理性的新理论，推出有思想穿透力的精品力作，更好服务于党和国家科学决策，服务于建设社会主义现代化强国，实现中华民族伟大复兴的伟大实践。

坚定不移地加快构建中国特色哲学社会科学"三大体系"。 加快构建中国特色哲学社会科学学科体系、学术体系、话语体系，是习近平总书记和党中央提出的战略任务和要求，是新时代我国哲学社会科学事业的崇高使命。要按照立足中国、借鉴国外，挖掘历史、把握当代，关怀人类、面向未来的思路，体现继承性、民族性，原创性、时代性，系统性、专业性的要求，着力构建中国特色哲学社会科学。要着力提升原创能力和水平，立足中国特色社会主义伟大实践，坚持不忘本来、吸收外来、面向未来，善于融通古今中外各种资源，不断推进学科体系、学术体系、话语体系建设创新，构建一个全方位、全领域、全要素的哲学社会科学体系。

坚定不移地全面贯彻"百花齐放、百家争鸣"方针。 "百花齐放、百家争鸣"是促进我国哲学社会科学发展的重要方针。贯彻"双百方针"，做到尊重差异、包容多样，鼓励探索、宽容失误，提倡开展平等、健康、活泼和充分说理的学术争鸣，提倡不同学术观点、不同风格学派的交流互鉴。正确区分学术问题和政治问题的界限，对政治原则问题，要旗帜鲜明、立场坚定，敢于斗争、善于交锋；对学术问题，要按照学术规律来对待，不能搞简单化，要发扬民主、相互切磋，营造良好的学术环境。

坚定不移地加强和改善党对哲学社会科学的全面领导。哲学社会科学事业是党和人民的重要事业，哲学社会科学战线是党和人民的重要战线。党对哲学社会科学的全面领导，是我国哲学社会科学事业不断发展壮大的根本保证。加快构建中国特色哲学社会科学，必须坚持和加强党的领导。只有加强和改善党的领导，才能确保哲学社会科学正确的政治方向、学术导向和价值取向；才能不断深化对共产党执政规律、社会主义建设规律、人类社会发展规律的认识，不断开辟当代中国马克思主义、21世纪马克思主义新境界。

《庆祝中华人民共和国成立70周年书系》坚持正确的政治方向和学术导向，力求客观、详实，系统回顾总结新中国成立70年来在政治、经济、社会、法治、民族、生态、外交等方面所取得的巨大成就，系统梳理我国哲学社会科学重要学科发展的历程、成就和经验。书系秉持历史与现实、理论与实践相结合的原则，编撰内容丰富、覆盖面广，分设了国家建设和学科发展两个系列，前者侧重对新中国70年国家发展建设的主要领域进行研究总结；后者侧重对哲学社会科学若干主要学科70年的发展历史进行回顾梳理，结合中国社会科学院特点，学科选择主要按照学部进行划分，同一学部内学科差异较大者单列。书系为新中国成立70年而作，希望新中国成立80年、90年、100年时能够接续编写下去，成为中国社会科学院学者向共和国生日献礼的精品工程。

是为序。

目　录

第一编　新闻传播史理论与方法

第一章　马克思主义新闻学研究 …………………………（3）
　第一节　汇编式研究 …………………………………………（6）
　第二节　教材式研究 …………………………………………（12）
　第三节　论文式研究 …………………………………………（20）
　第四节　著作式研究 …………………………………………（28）

第二章　西方新闻学研究 ……………………………………（33）
　第一节　西方新闻学研究的历程 ……………………………（33）
　第二节　西方新闻学研究的理论框架与核心话题…………（41）
　第三节　西方新闻学研究的启示 ……………………………（48）

第三章　中国新闻史研究 ……………………………………（52）
　第一节　中国新闻史研究艰难起步（1949—1978）…………（53）
　第二节　中国新闻史研究逐步恢复（1978—1992）…………（56）
　第三节　中国新闻史研究全面开花（1992—2007）…………（60）
　第四节　中国新闻史研究多元拓展（2007—2019）…………（65）
　第五节　中国新闻史研究的收获与反思……………………（72）

第四章　中国传播学的发展历程 (81)
第一节　第二次引进：从"交通"到"传播" (82)
第二节　1978年以来学术自觉的三个阶段 (88)
第三节　70年来中国传播学发展中的焦点问题 (97)
第四节　结语：反思与超越 (103)

第五章　中国传播学研究概览 (106)
第一节　理论译介："传学东渐"的话语进路 (107)
第二节　理论发展：基于七大传统的传播学理论 (111)
第三节　理论批判：传播学理论反思与范式批判 (121)
第四节　理论创新：中国传播学的本土化 (128)

第六章　西方传播学的中国本土化 (140)
第一节　高度内卷化、"赢家通吃"的西方传播理论？ (140)
第二节　传播理论的正式引入："科学化"与"本土化" (143)
第三节　纵深整合阶段(1998—2019) (152)
第四节　讨论与启示 (158)

第七章　新闻传播学方法研究 (161)
第一节　新闻传播学科的建制与研究方法的规范演变 (163)
第二节　共识、争议与核心议题 (174)
第三节　总结、讨论与新闻传播学研究方法的应然图景 (183)

第二编　新闻传播学分支研究

第八章　广播学电视研究 (189)
第一节　1992年前：作为新闻学的一个分支 (190)
第二节　1992—2012年：与时俱进的广播电视新闻学 (198)
第三节　2012年至今：新媒体挑战下的广播电视学 (207)

第四节　总结 …………………………………………… (215)

第九章　网络与新媒体学研究 …………………………… (217)
　　第一节　网络与新媒体学科发展历程 ………………… (217)
　　第二节　网络与新媒体学研究进程 …………………… (221)
　　第三节　网络与新媒体学总结与展望 ………………… (233)

第十章　广告学研究 ………………………………………… (237)
　　第一节　未曾空白的历史：宣传话语中的广告和
　　　　　　前学科阶段(1949—1977) ………………………… (238)
　　第二节　去意识形态化：求同存异的研究探索与
　　　　　　初步的科学构建(1978—1991) ……………………… (246)
　　第三节　市场逻辑主导下现代广告学的整合发展
　　　　　　(1992—2001) …………………………………………… (258)
　　第四节　技术与断裂：转型探索中的广告学
　　　　　　(2002—2019) …………………………………………… (263)
　　第五节　结语 …………………………………………… (269)

第十一章　编辑出版学研究 ………………………………… (271)
　　第一节　"从无到有，从有到兴，兴中有变"：编辑
　　　　　　出版学的70年之路 ………………………………… (272)
　　第二节　编辑出版学学科生态的建立成形 …………… (279)
　　第三节　政产学研的共同挑战：数字出版研究
　　　　　　20年综述 ……………………………………………… (289)
　　第四节　结语 …………………………………………… (302)

第十二章　公共关系研究 …………………………………… (304)
　　第一节　与国家共成长：国家、经济、社会发展
　　　　　　视角下的公关研究 …………………………………… (304)

第二节 被忽视的历史:改革开放前的"公关"
研究(20 世纪 50—70 年代) ……………………(308)
第三节 断裂与重提:中国现代公关研究的再出发
(20 世纪 80 年代) ………………………………(313)
第四节 市场逻辑与去敏感化:中国公关的自我
意识崛起(20 世纪 90 年代) ……………………(318)
第五节 社会转型与现代化:21 世纪初的中国公关
研究进路(2000—2012) …………………………(322)
第六节 百年未有之大变局:新时代的中国公关
研究(2013 年至今) ………………………………(326)
第七节 结语:公关研究 70 年的现实意义 ……………(331)

第十三章 传媒经济学研究 ………………………………………(333)
  第一节 传媒经济学的发展历程 ……………………(334)
  第二节 传媒经济学的发展现状 ……………………(344)
  第三节 传媒经济学发展特点 ………………………(349)
  第四节 传媒经济学的未来 …………………………(352)

第三编 新闻传播学组织机构

第十四章 新闻传播学高等教育和研究机构发展状况 ………(357)
  第一节 新中国成立 30 年间的新闻教育 ……………(358)
  第二节 新闻教育的复苏与发展以及传播学
        教育的兴起 …………………………………(362)
  第三节 新闻传播教育的扩张 ………………………(367)
  第四节 中国特色新闻传播教育 ……………………(382)
  第五节 新闻传播教育的未来展望 …………………(388)

第十五章 新闻传播学学术社团发展状况 ……………………（390）
 第一节 萌芽期：新闻学研讨工作的零星组织
    （1949—1977）……………………………………（390）
 第二节 探索期：新闻学学术社团的酝酿与传播学
    引介（1978—1988）……………………………（392）
 第三节 突破期：新闻传播学学术社团的不断壮大
    （1989—2013）…………………………………（397）
 第四节 拓展期：新闻传播学学术社团的全面发展
    （2014—2019）…………………………………（402）
 第五节 新闻传播学学术社团发展的收获与反思 ………（406）

第十六章 新闻传播专业期刊发展状况 ……………………………（410）
 第一节 新中国成立70年来我国新闻传播专业期刊的
    嬗变轨迹 ………………………………………（412）
 第二节 新中国成立70年来新闻传播专业期刊的
    结构调整 ………………………………………（419）
 第三节 新闻传播专业期刊存在的问题及改革举措 ………（425）

参考文献 ……………………………………………………………（429）

后　记 ………………………………………………………………（472）

第一编

新闻传播史理论与方法

第 一 章

马克思主义新闻学研究

通常，当我们提到"马克思主义新闻学"这一个词时，是指运用马克思主义的立场、观点和方法研究新闻规律，是中国特色新闻理论研究的组成部分。而目前中国的新闻理论研究正面临着"范式危机"[①]，两者都尚未形成一个完整和系统的学科体系和完成研究范式的转变。因此，宜将"马克思主义新闻学研究"看作一种"理论范畴"，而非"学科"，即基于马克思主义视角的一系列新闻理论研究。实际上，新中国成立至今，"马克思主义新闻学"提法也并不是一以贯之，而是与一些类似的概念相伴相随，如"无产阶级新闻学""马列主义新闻学""社会主义新闻学""中国特色社会主义新闻学""马克思主义新闻观"等。这些概念的提出与我国的社会发展息息相关，更是与当时政治情境互动的结果，具有各自明显的时代烙印和与之相适应的内涵，而"马克思主义新闻学"可以涵盖这些不同概念，将这些不同时期的研究成果纳入到一个相对统一的理论范畴中。从知识社会学的视角来看，这些概念的变迁本身就是知识形成的过程。

自 1918 年北京大学新闻学研究会成立后，中国新闻学的引入和创建已经百年。有研究从发展状态的角度认为这一百年走过了萌芽

[①] 刘海龙：《中国新闻理论研究的范式危机》，《南京社会科学》2013 年第 10 期。

启蒙、登堂入室、分化发展、政治异化、回归学术、创新繁荣等发展阶段。① 也有学者从研究属性的角度将其分为外来化、本土化、学理化、理论化、时代化五个时期。② 这些分析对于中国新闻学百年发展的描述是基于一种不断进化的视角，便于了解不同历史时期的新闻学研究与政治现实之间的外生逻辑关系。有研究则从理论建构的角度分析了中国新闻学学术话语体系的自主建构需要处理好的三个关键关系，即重新审视新闻理论与新闻实践的关系；明确新闻学研究主体的责任关系；处理好西方新闻传播理论的引进与本土化的关系。③ 这种分析着眼于学术发展的内生逻辑。

新中国成立之前，以李大钊、毛泽东、刘少奇、张闻天、陆定一、恽逸群、张友渔等为代表的无产阶级革命家及新闻工作者，以马克思主义为指导来研究中国新闻事业的理论与实际，对新闻的定义、性质及类别的理论探索，对新闻自由问题予以马克思主义的阐释，以中国化的视角解读新闻功能问题，在马克思主义新闻思想与中国新闻实际相结合方面迈出了可喜的一步。④ 这些无产阶级革命家关于新闻事业的理解是为了帮助革命获得胜利，还不是严格意义上的理论建构，但是为后来的马克思主义新闻学研究提供了研究起点和研究对象。

在米歇尔·福柯（Michel Foucault）看来，权力与知识生产密切联系，知识服务于特定的权力，权力也通过知识的构建来体现和维护自身的权力关系。⑤ 新中国前无产阶级革命家关于新闻事业的理解也

---

① 季为民：《中国特色新闻学的历史、使命和方向》，《陕西师范大学学报》（哲学社会科学版）2018年第3期。
② 郑保卫：《中国马克思主义新闻学百年形成发展历程》，《新闻春秋》2018年第1期。
③ 林溪声：《学术自觉：建构中国新闻理论话语的历时考察》，《南京社会科学》2013年第10期。
④ 吴汉全：《马克思主义新闻思想中国化的早期探索》，《新闻与传播研究》2011年第6期。
⑤ ［法］米歇尔·福柯：《必须保卫社会》，钱翰译，上海人民出版社1999年版，第233—234页。

是一种知识，从一开始显现出马克思主义新闻学研究深受政治权力情境的影响。但是，从整个社会发展来看，知识并不仅仅服务于权力，马克斯·舍勒（Max Schela）认为："所有知识，尤其是关于同一些对象的一般知识，都以某种方式决定社会——就其可能具有的所有方面而言——的本性"；"反过来说，所有知识也是由这个社会及其特有的结构共同决定的"[①]。一门学科之所以能够从直接性的社会实践中抽身出来，专门从事理论性的认知活动，其合法性是社会赋予的。按照这样一种"作为合理性的合法性"（Legitimacy as Rationality）或"作为逻辑性的社会性"（Social as Logical）原则，任何学科都要在其知识累积过程中，满足其理论知识在逻辑上的自洽性，同时保证其理论知识同经验现实的一致性。[②] 马克思主义新闻学研究作为一种知识生产，对其发展的分析不能仅沉浸于从抽象角度讨论知识传统，更要关注这其中是如何与政治情境互动的，从历史传统中把握知识生产的现实逻辑，才有可能"开辟历史与逻辑有机统一的新闻理论体系"[③]。

从理论知识与经验现实一致性的角度来看，新中国的马克思主义新闻学研究在汇编、教材、论文和著作四种研究形式方面，经历了从面向政治现实逻辑到面向社会现实逻辑的转向过程，这是基于"政治—知识—社会"互动的分析视角。面向政治现实逻辑是指服务当时政治情境而进行的单维度和单向度的研究。单维度是只从政治情境的角度分析问题。单向度则指马克思主义新闻学研究只是服务当时政治情境，而不能对当时的社会发展、政治情境或其他学科产生影响。社会现实逻辑是指适应当时社会情境而进行的多维度和双向度的研究。多维度是从传播学、政治学、经济学、社会学、法学、历史学等多种学术视角和研究范式去分析问题。双向度是指马克思

---

① ［德］马克斯·舍勒：《知识社会学问题》，艾彦译，华夏出版社2000年版，第58—59页。
② 赵超、赵万里：《知识社会学中的范式转换及其动力机制研究》，《人文杂志》2015年第6期。
③ 李彬：《主持人语》，《南京社会科学》2013年第10期。

主义新闻学研究既要适应当时的政治情境，也能对社会发展、政治情境或其他学科产生影响。

第一节　汇编式研究

新中国成立后，新闻工作实践和研究与其他行业或研究一样，都是从学习借鉴苏联模式开始的。最早的研究成果是以学习苏联新闻工作经验和思想的汇编形式出现，之后以无产阶级革命家新闻思想的汇编和新闻学辞典的形式为主。

一　学习苏联新闻工作经验和思想的汇编

1954年至1955年期间，人民出版社组织出版了一系列学习苏联的书籍[①]。其中一本《联共（布）关于报刊书籍的决议》在其《中文版出版说明》特别提道："俄文版原书各篇蒐辑到一九四零年为止，本书中一九四五——一九四六年的四篇，是本社附加的。"[②] 为何要在原版书上增加这四篇？这需要从这些汇编内容中寻找答案。汇编的开始并不是苏联党中央的文件，而是列宁的两篇文章和斯大林的一篇文章。第一篇列宁的《〈苏维埃政权的当前任务〉一文的初稿（速记）》论述了报刊工作："……苏维埃的报纸把过多的篇幅和过多的注意力用到那些政治上的琐事和政治领导人物们的私人问题上去了，……报纸应该在首要地位刊载劳动问题，而且要以实际存在的形式把这些问题直接提出来。……报纸应该成为劳动

---

① 这些书籍主要包括借鉴苏联党中央关于新闻工作政策的《联共（布）关于报刊书籍的决议》（1954年4月）；学习苏联领导人关于新闻工作文章的《布尔什维克报刊文集》（1954年11月）；引进苏联关于新闻理论讲义的《联共（布）中央直属高级党校新闻班讲义汇编》（1954年4月）、《苏联共产党中央直属高级党校新闻班讲义汇编》（1955年8月）。

② 《联共（布）关于报刊书籍的决议》，人民出版社1954年版，中文版出版声明。

公社的机关报。"① 第二篇是体现列宁新闻思想的重要文章《论我们报纸的性质》（发表于1918年9月20日《真理报》），对报道内容提出了批评："现在，老一套的政治鼓动，即政治空谈，占的篇幅太多了，而新生活的建设，建设中的种种事实，占的篇幅太少了。"然后强调"少谈些政治""多谈些经济"。

增加的文件虽然距列宁的文章二十多年，但依然关注报道的内容。其中一篇《关于改善加盟共和国、边区和州的报纸的质量及扩大它们的篇幅》论述道："报纸编辑部削弱了对写作者的工作以及与读者的联系。在报纸篇幅上很少出现党和苏维埃领导工作人员、经济工作人员、工程师、农学家、工业和农业先进工作人员、科学和文化艺术活动家的文章。某些报纸充满了用枯燥的文牍主义的训令式的文体写成的肤浅的毫无内容的文章和通讯。"②

无独有偶，1956年7月1日《人民日报》改版的社论《致读者》中也强调了以上类似观点，比如："人民日报是党的报纸，也是人民的报纸"，"生活里的重要的、新的事物，人民希望在报纸上多看到一些，我们也应该多采集，多登载一些"，"生硬的、枯燥的、冗长的作品还是很多，空洞的、武断的党八股以及文理不通的现象也远没有绝迹。"③ 从以上引述的对照中可以发现，该书增加的四篇文件不是随意而为，一方面是为了服务当时全面学习苏联的政治情境，另一方面也为《人民日报》改版提供"理论支撑"，来反思我国当时的新闻实践。《人民日报》改版的报告及附件、《致读者》社论和中央的批示三个文件，"形成一个完整的思想，建立新的、与社会主义建设时期相适应的新闻体制和理论"，是"对传统新闻学理论

---

① 《联共（布）关于报刊书籍的决议》，第1—2页。
② 同上书，第310页。
③ 《致读者》，《人民日报》1956年7月1日。

的一次重大突破"①。此时的译介汇编虽然从表面上来看是面向政治现实逻辑,但也开始了面向社会现实逻辑的探索。这种探索对新闻与政治的关系进行反思,虽然是从政治单维度出发,但已开始出现双向度的逻辑,不但寻求对新闻业发展的影响,也在寻求影响当时的政治情境,如对中国社会主义建设的讨论。

二　无产阶级革命家关于新闻论述的汇编

随着《人民日报》1956年的改版半年后无声无息地终止,以及我国阶级斗争形势的发展,尤其是"文化大革命"的影响,汇编也转为完全面向政治现实的"语录新闻学",如中国人民大学新闻系1958年编写的《马克思恩格斯论报刊》、北京大学中文系新闻专业②1973年和1975年先后编辑的《马克思恩格斯列宁斯大林论报刊(上下编)》。③"文化大革命"结束后,复校后的中国人民大学新闻系于1981年对该汇编进行了修订,比原著篇幅增加了一倍多内容,开始尝试突破"语录新闻学"。语录摘要式汇编转向马克思主义经典论著导读形式的编著和新闻学辞典的编纂。根据苏联历史学博士阿·奥科罗科夫教授编纂的《列宁论报刊》一书,杨春华和星华于1983年编译了《列宁论报刊与新闻写作》。该书不仅收集了列宁论述报刊工作的文章、书信及他签署的法令和决议,还有奥科罗科夫教授评介列宁办报思想的文章。④该书不仅对经典论著进行摘编,而且增加了评介式的导读,这种形式为我国后来的导读式汇编提供了参考思路。

---

① 钱江:《〈人民日报〉1956年的改版》,《新闻研究资料》1988年第6期。
② 该专业的主体实际上是"文化大革命"期间被停办的中国人民大学新闻系。
③ 类似的汇编主要有:北京广播学院新闻系:《马克思恩格斯列宁斯大林论报刊列宁论广播》,1966年和1977年内部印刷使用;长江日报社编:《马克思恩格斯列宁斯大林毛主席论报刊宣传》,1976年内部印刷使用。
④ 杨春华、星华:《编者的话》,载列宁:《列宁论报刊与新闻写作》,杨春华、星华编译,新华出版社1983年版。

而有意识主动将汇编从政治现实转向社会现实的逻辑是中国社会科学院新闻研究所编辑出版的一系列汇编书籍①，这既是适应当时改革开放的政治情境，也试图探索对新闻事业多维度的观察。1980年出版的《中国共产党新闻工作文件汇编》（上、中、下）②被认为"是迄今为止较为全面的关于中国共产党新闻和宣传工作历史文献的一套资料汇编。这套书在当时影响广泛，至今也是研究中国特色马克思主义新闻观的主要工具书之一"，"资料的搜集工作基本没有受到当时政治的影响，能够搜集到的都尽可能抄录或复印下来"，"是考证历史的重要依据"③。1985年出版的《马克思恩格斯论新闻》④被认为"虽然其中不少篇是摘编，但它是'文'而不是'语摘'；它不是'语录新闻学'，恰恰是批判了'语录新闻学'的产物"⑤。值得一提的是，时任该所副研究员陈力丹1987年编辑出版的《马列主义新闻学经典论著》开始以个人署名，不再是集体署名⑥。该书"全面介绍了革命导师的新闻思想和新闻实践经验，并对少量明显的被曲解了的论述，编者都以题注形式做了全面的、客观的、含蓄的

---

① 在此之前，中国人民大学新闻系于1963年和1978年就曾编写过《中国报刊工作文集》，但是还未有意识转向社会现实逻辑。

② 中国社会科学院新闻研究所编：《中国共产党新闻工作文件汇编》（上、中、下），新华出版社1980年版。

③ 陈力丹：《记〈中国共产党新闻工作文件汇编〉的成书经过》，《新闻知识》2018年第1期。

④ 中国社会科学院新闻研究所：《马克思恩格斯论新闻》，新华出版社1985年版。

⑤ 文彦仁：《空谷足音——学习〈马克思恩格斯论新闻〉》，《新闻大学》1986年第13期。

⑥ 陈力丹编：《马列主义新闻学经典论著》，人民日报出版社1987年版。该书于2017年又出了修订版，在原来的基础上扩展收录视野，收入三位革命导师关于新闻、宣传、舆论和其他社会性传播的论著和论著摘要共179篇，全面展现了他们的新闻观和传播观。该书注意保留主要观点论证的前后文字，以便再现论证的背景。考虑到19世纪的马克思、恩格斯和20世纪初的列宁距离现在较为久远，该书为每篇写了题注，增加了注释，为81篇论著配了历史照片。

说明"。①

自此，以历史考证和编者注释为主要方法的汇编不仅对无产阶级革命家相关论述进行完整地编辑呈现，而且结合当下社会发展的情境进行分析，我国马克思主义新闻学的汇编式研究逐渐摆脱了"语录新闻学"单向度服务政治的窠臼，至今出版了较多经典导读形式的汇编著作。②

三　新闻学辞典

汇编式研究除了经典导读形式，还以新闻学辞典的特殊形式出现。这些辞典关于马克思主义新闻学的词条③是在分析无产阶级革命家经典论著的基础上，将相关核心观点提炼为概念，不再局限于语录的摘编。复旦大学新闻系在"文化大革命"后期编辑了新中国第一本新闻学辞典《新闻学小辞典》（1976年1月）④，该辞典在第一部分设立的"无产阶级新闻学主要著作"集中介绍了相关经典论著，在第九部分设立"资产阶级新闻学"，以批判的形式介绍了"公众传播""'社会责任'论""新闻价值""无冕之王""新闻五要素"

---

① 李秉忠：《〈马列主义新闻学经典论著〉书讯》，《新闻实践》1987年第10期。
② 这些编著先后主要有：中共中央宣传部新闻局编：《马克思主义新闻工作文献选读》，人民出版社1990年版；吴飞编：《马克思主义新闻传播思想经典文本导读》，浙江大学出版社2005年版；郑保卫编：《马克思主义新闻经典论著导读》，中国人民大学出版社2007年版；刘建明编：《马克思主义新闻观经典读本》，清华大学出版社2009年版；吴飞、钱诚一、郭建斌、陈建云、严三九编：《马克思主义新闻传播思想经典文本导读》，浙江大学出版社2010年版；何梓华、尹韵公等主编：《新闻学概论教学参考书》，高等教育出版社2011年版；尹韵公主编：《马克思恩格斯列宁斯大林论新闻出版》，中国社会科学出版社2012年版；《马克思主义新闻出版观重要文献选编》，人民出版社2014年版；童兵编：《马克思主义新闻观读本》，复旦大学出版社2016年版；胡钰：《新闻理论经典著作选读》，清华大学出版社2016年版。
③ 这些辞典除了有马克思主义新闻学相关的词条，还包括新闻业务、新闻事业以及对外国新闻和传播理论和事业的介绍（早期以批判的形式出现）。
④ 复旦大学新闻系编：《新闻学小辞典》，《广西日报》编辑部1976年版。不少文献将该系学者余家宏等1984年编辑的《新闻学简明词典》误看作是第一本辞典。

"黄色报纸""一分钱报"等名词,为我国新闻学研究提供了一个不同的观察维度。"文化大革命"结束后,复旦大学新闻系余家宏、宁树藩、徐培汀、谭启泰于1984年出版的《新闻学简明词典》,在第一部分设立"马恩列斯新闻论著和报刊实践";在第二部分设立"新闻工作文献",介绍了我国无产阶级革命家的相关论著和党中央相关文件。① 与《新闻学小辞典》的一个很大的区别是,该词典不再专门设立"资产阶级新闻学",而是将相关词条都编入第三部分"新闻理论一般词汇"。可以看出,该词典的编纂已经不再是单维度的政治现实逻辑,而开始转向社会现实的逻辑。同时,该词典也关注了当时新闻业和整个中国社会的发展,"《词典》选收词目、分类、解释词义、编制年表,以及收入的各种附录,都是从实际出发,根据社会上对新闻知识的需要来考虑编纂的,因此,比较切合实用"。② 鉴于该版存在一些失误,该词典不久又出版了修订版《新闻学词典》③。至今,我国相继出版了多部新闻学辞典④,逐步摆脱了阶级斗争思维的影响。

除了在一般性的新闻学辞典中汇编马克思主义新闻学的相关论著,还出现了专门的马克思主义新闻学辞典。陈力丹2002年出版了《马克思主义新闻学词典》⑤,"这部词典出自一人之手独立完成,30多万字,530条,基本没有参照系,这种情况在词典编纂中并不多见","以时间为序,由远及近,从理论思想、观点术语、人物活动、

---

① 余家宏、宁树藩、徐培汀、谭启泰编:《新闻学简明词典》,浙江人民出版社1984年版。
② 夏家麟:《小评〈新闻学简明词典〉》,《辞书研究》1985年第3期。
③ 余家宏、宁树藩、徐培汀、谭启泰编:《新闻学词典》,浙江人民出版社1984年版。
④ 这些辞典先后主要有:陈力丹:《新闻学小词典》,中国新闻出版社1988年版;甘惜分主编:《新闻学大辞典》,河南人民出版社1993年版;冯健主编:《中国新闻实用大辞典》,新华出版社1996年版;程曼丽、乔云霞主编:《新闻传播学辞典》,新华出版社2013年版;童兵、陈绚主编:《新闻传播学大辞典》,中国大百科全书出版社2014年版。
⑤ 陈力丹:《马克思主义新闻学词典》,中国广播电视出版社2002年版。

论著文件、媒体组织、历史事件六个方面,纵观不同历史时期马克思主义新闻思想和实践的发展过程。它相当完整地展示了马克思主义新闻思想的基本内容和框架,以及这些思想产生的历史背景"①。以《马克思主义新闻学词典》为蓝本,陈力丹于2018年主编出版了157万字的《马克思主义新闻观百科全书》②,"这是一本全景式马克思主义新闻观的知识地图","是一部扎扎实实的论从史出的著作,全书词条大多在认真考证原著、原始材料的基础上得出结论。这种读原著、悟学理的治学态度,贯穿于全书整个编写过程"③。这部词典的出版体现了我国马克思主义新闻学研究在汇编式研究方面已转向社会现实逻辑。

第二节 教材式研究

一般来说,教材是知识的普及性读物,不是学术论证性质的专著。但是,新中国对马克思主义新闻学进行系统梳理并建构成理论化的体系,是从教材开始的,其中有些教材具有开拓性,起到了类似研究著作的作用。因此,讨论马克思主义新闻学的研究,对相关教材的分析是不可或缺的。这些教材主要分为以马克思主义为指导原则的新闻理论教材和直接研究马克思主义新闻思想的教材。

一 新闻理论教材

虽然19世纪末20世纪初,国人自办报纸已经成为中国报业的主流,新闻学科的地位也得到确立,出版了一系列新闻理论教材,但是由于所借鉴的是西方的报学理论,因此被认为是资产阶级观点

---

① 季为民:《〈马克思主义新闻学词典〉出版》,《新闻爱好者》2002年第4期。
② 陈力丹主编:《马克思主义新闻观百科全书》,中国人民大学出版社2018年版。
③ 夏琪:《马克思主义新闻观研究要建立在第一手材料基础上——读〈马克思主义新闻观百科全书〉》,《青年记者》2018年10月上。

而弃用。1952年全国新闻出版业和广播电台完成国有化改造，所有的报刊和电台成为各级党政机关的一部分。去西方化的思想不断加深，新闻教育也进行了改造运动。中国共产党接管燕京大学新闻系、复旦大学新闻系等教育机构（之前在民国年间实行的资产阶级新闻教育），取消原有的旧课程，开设马克思主义的政治理论课。坚持党报新闻学传统，不学英美的资产阶级新闻，转而向"老大哥"苏联学习经验。最初是1951年新闻总署办公厅编的《联共（布）高级党校新闻班讲义选译》，随后人民出版社组织翻译了更全面的苏联讲义《联共（布）中央直属高级党校新闻班讲义汇编》（1954年4月）和《苏联共产党中央直属高级党校新闻班讲义汇编》（1955年8月）。这些教材贯穿着党性、思想性、战斗性、群众性、真实性这五大原则，认为马克思新闻学由这五个原则和"阶级斗争工具论"这一性质组成，这一观点也成为后来很长一段时间宣传"五性一统"的理论来源。1954年在北京大学新闻专业任教的甘惜分，以苏联讲义为模板制订的《新闻工作理论与实践》就受此影响较大。对此，晚年的甘惜分对此有所反思："我去北大之前，中宣部已经叫人翻译了苏联的《新闻学理论教学大纲》，就讲五大原则，太简单，太教条主义……当时苏联的教材与中国的实践是脱节的，不能够指导实际工作。"[1] 这一时期的"五性一统论"不仅助长了新闻界的教条主义和形式主义，而且也给后来的新闻教育改革造成了很大的理论障碍。[2]可以说，全面学习苏联模式的结果就是进一步强化了我国新闻界"政治为体，新闻为用"的思想，马克思主义新闻学研究在教材方面陷入完全面向政治现实的逻辑。

但是，这种局面随着1956年党中央"双百方针"的提出和

---

[1] 参见2012年2月2日甘惜分深度访谈，此为周俊主持的2012年中国人民大学重大基础研究计划"马克思主义新闻理论创新研究（二期）"子课题"新中国马克思主义新闻学教材发展与创新研究"的研究内容。

[2] 童兵、林涵：《20世纪中国新闻学与传播学·理论新闻学卷》，复旦大学出版社2001年版，第156页。

新闻业界《人民日报》的改版而出现短暂的变化，新闻学界尝试突破党报理论的某些固有观点和苏联的新闻理论模式。1956年7月至8月，时任复旦大学副教务长、政治理论教学委员会主任兼新闻系主任的王中带领师生赴无锡、南京、青岛、济南等地考察报纸的改革情况。9月，他开始为学生讲授新闻课程，编写了《新闻学原理大纲》（以下简称《大纲》），向新闻系教师征求意见。该大纲并没有铅印成书出版，是油印纸张发给学生上课时用，初稿仅1000多字的大小标题，共18章。该《大纲》仅有前三章讲课提纲，这部分内容曾于1957年在上海人民广播电台公开播出。根据该《大纲》和王中讲课的内容，可以将王中的核心观点概括为报纸的"两重性"、新闻事业是社会产物、办报要根据读者需要等。王中认为"新闻学是由新闻事业发展的需要而产生的"，"必须从社会的普遍联系中，从活生生的社会现实中、从不断变更的群众生活条件中，探索新闻事业的客观规律"①。在当时整体面向政治现实逻辑的马克思主义新闻学研究中，王中对新闻理论体系的探索虽然不完整，但已经开始从经济学、历史学、社会学等多维度去思考新闻的功能，这是一种转向社会现实逻辑的尝试，在当时的政治情境中无异于"离经叛道"。

1957年"反右派"的斗争扩大到新闻界，王中很快受到批判，马克思主义新闻学研究在教材方面进入了一种沉寂状态。1975年10月，署名为北京市朝阳区工农通讯员、北京大学中文系新闻专业七三级工农兵学员联合编写的《新闻理论讲话》，虽然只有112页，却被认为是这一时期唯一一本"新闻理论"著作了。②该书共有六讲，"斗争""批判"思维贯穿始终，对刘少奇提

---

① 转引自余家宏、丁淦林《王中研究新闻学的经过与贡献》，《新闻大学》1995年第1期。

② 童兵、林涵：《20世纪中国新闻学与传播学·理论新闻学卷》，复旦大学出版社2001年版，第361页。

出的"为读者服务""社会需要"等观点进行批判,将其言论定义为反党反社会主义的言论。① 这段时期的马克思主义新闻学研究停滞了,新闻已等同于政治,不存在学术意义上的研究。

"文化大革命"结束后,马克思主义新闻学研究先从恢复党报理论开始,中国人民大学新闻系甘惜分于1982年正式出版《新闻理论基础》,被认为是新中国第一本国人自编并公开出版的新闻理论教材,"对于我国新闻教育界、新闻学术界和新闻实际工作部门具有广泛的影响,在当时全国只有40余万新闻工作者中,他的《新闻理论基础》一书发行超过20万册,不少新闻院校把它选作教材。"② 相比于苏联的新闻理论教学大纲,《新闻理论基础》从新闻入手探索党报事业的发展特点,上篇讨论新闻和舆论的特征、关系,以及新闻事业的性质和作用,下篇则着重阐述无产阶级新闻事业和现实生活、群众以及党三者之间的关系,认为三者的关系是新闻事业的根本矛盾,其中提到了党性与人民性的统一、党的政治思想路线等问题。③ 该教材将之前分散的党报观点整合在一个框架之中,澄清了"极左"年代许多混乱的问题,结束了"语录新闻学"时代,建构了党报理论体系模式,成为了"新中国建立以后马克思主义新闻学原理的首次系统论述"。④ 同期,还出现了一些内部出版的同类教材。⑤

这些教材仍然从政治单一维度理解新闻和新闻业,将政治宣传

---

① 北京市朝阳区工农通讯员、北京大学中文系新闻专业七三级工农兵学员编:《新闻理论讲话》,1975年版。
② 童兵:《马克思主义新闻学泰斗:甘惜分》,《新闻论坛》2014年第6期。
③ 甘惜分:《新闻理论基础》,中国人民大学出版社1982年版。
④ 童兵、林涵:《20世纪中国新闻学与传播学·理论新闻学卷》,复旦大学出版社2001年版,第366页。
⑤ 这些教材先后主要有:边静元:《新闻学简述》,湖北日报新闻研究室1981年版;徐培汀:《新闻学概论》,甘肃省新闻研究所、《兰州报》编辑部1982年版;高爽主编:《新闻学专题讲座》,黑龙江省新闻工作者协会和黑龙江省新闻研究所1982年版。

等同于新闻报道，斗争哲学贯穿全书。尽管当时国家的工作重心已经从"以阶级斗争为纲"转变到"以经济建设为中心"，但在新闻领域的认识仍然滞后于时代的发展。① 这时期马克思主义新闻学研究在教材方面开始向新闻本体回归，而不再完全是政治的一部分，但是依然处于政治现实逻辑的研究中。此时，另外一类试图摆脱阶级斗争思维和多维度思考新闻业的教材开始涌现。1982年北京广播学院康荫内部出版的《新闻概论》中已经引进了"传播"的概念。② 1983年出版的《简明新闻学》最早建构了"新闻—新闻事业—新闻工作"三板块新闻理论框架③。作者张宗厚和陈祖声当时刚从中国社会科学院研究生院获得硕士学位不久，在书中明确提出："在我们以往的新闻理论中，过分地强调了阶级性的一面，而对于新闻事业的科学性、社会性和舆论性则注意不够。在那种'新闻理论'的影响下，许多人以为'新闻无学'或'新闻学就是政治学'，从而在实践中产生着有害的影响。"④ "新闻学是研究新闻现象和新闻活动规律的科学。或者说，它是研究新闻活动的历史、现状，新闻现象中的本质联系，新闻事业的性质、任务和作用，以及新闻工作的原则和方法的科学。"⑤ 该书与1984年中国社会科学院新闻研究所戴邦、卢惠民、钱辛波等编写的《新闻学基础知识讲座》⑥ 一起对后来的

---

① 陈力丹：《回归新闻学本体——改革开放30年来我国新闻理论教材结构的变化》，《国际新闻界》2008年第12期。
② 康荫：《新闻概论》，吉林省广播电视学校、北京广播学院新闻研究所1982年版。
③ 这种框架基本围绕新闻、新闻事业、新闻工作三个部分展开论述。"新闻"即探讨新闻活动的特点及一般传播规律；"新闻事业"讨论一般性质、作用和功能；"新闻工作"则讨论社会主义新闻工作的内容、性质、功能和作用等。
④ 张宗厚、陈祖声：《简明新闻学》，人民日报出版社1983年版，第444页。
⑤ 同上书，第7页。
⑥ 戴邦、卢惠民、钱辛波编：《新闻学基础知识讲座》，人民日报出版社1984年版。该教材也是采用"新闻—新闻事业—新闻工作"三板块新闻理论框架，由于当时全国各地举办函授班，其与甘惜分的《新闻理论基础》的印刷量较大。

新闻理论教材的影响深远，掀起新闻理论教材编著的高潮。① 从此，我国的新闻理论教材开始从政治现实逻辑转向社会现实逻辑，以马克思主义为指导原则，结合传播学、社会学、社会心理学、历史学、政治学等多维度思考新闻与政治、社会、公众之间的关系。②

---

① 沿袭三板块框架的教材先后主要有：复旦大学新闻系新闻理论教研室编：《新闻学概论》，福建人民出版社1985年版；樊炳武：《新闻学概论》，郑州大学函授教材1985年版；余家宏、宁树藩、叶春华主编：《新闻学基础》，安徽人民出版社1985年版；成美、童兵：《新闻理论简明教程》，中央广播电视大学出版社1986年版；郑旷主编：《当代新闻学》，长征出版社1987年版；缪雨：《新闻学通论》，新华出版社1987年版；何光先：《现代新闻学》，云南教育出版社1988年版；何崇文：《新闻理论基础》，西南师范大学出版社1989年版；王益民：《系统理论新闻学》，华中理工大学出版社1989年版；郑保卫：《新闻学导论》，新华出版社1990年版；杨思迅：《新闻学教程》，黑龙江教育出版社1990年版；卢惠民：《社会主义新闻学导论》，中国广播电视出版社1990年版。

② 这些教材先后主要有：刘建明：《宏观新闻学》，中国人民大学出版社1991年版；江柳：《系统基础理论新闻学》，新华出版社1991年版；吴高福：《新闻学基本原理》，武汉大学出版社1993年版；成美、童兵：《新闻理论教程》，中国人民大学出版社1993年版；李元授：《新闻信息概论》，武汉大学出版社1994年版；邵培仁、叶亚东：《新闻传播学》，江苏人民出版社1995年版；黄旦：《新闻传播学》，杭州大学出版社1995年版；李卓钧：《新闻理论纲要》，武汉大学出版社1995年版；雷跃捷：《新闻理论》，北京广播学院出版社1997年版；蔡铭泽：《新闻学概论新编》，暨南大学出版社1998年版；何梓华、成美主编：《新闻理论教程》，高等教育出版社1999年版；童兵：《理论新闻传播学导论》，中国人民大学出版社2000年版；程世寿、刘洁：《现代新闻传播学》，华中理工大学出版社2000年版；李良荣：《新闻学概论》，高等教育出版社2001年版；丁柏铨：《中国当代理论新闻学》，复旦大学出版社2002年版；刘建明：《当代新闻学原理》，清华大学出版社2003年版；郑保卫：《当代新闻理论》，新华出版社2003年版；杨保军：《新闻理论教程》，中国人民大学出版社2005年版；刘九洲：《新闻理论基础》，武汉大学出版社2006年版；郑保卫：《新闻理论新编》，中国人民大学出版社2007年版；陈力丹：《新闻理论十讲》，复旦大学出版社2008年版；胡正荣：《新闻理论教程》，中国广播电视出版社2008年版；本书编写组编：《新闻学概论》，高等教育出版社2009年版。

二 马克思主义新闻思想的教材

与新闻理论教材出版的繁荣局面相比，关于马克思主义新闻思想的教材显得"冷清"些，近年多以马克思主义新闻思想为题，以童兵和陈力丹的教材为代表，之后多以马克思主义新闻观为题。童兵2002年出版的《马克思主义新闻经典教程》，叙述了马克思主义经典作家的新闻论著和新闻思想，介绍了这些新闻经典的写作时代、主要内容及重要观点在马克思主义新闻思想发展中所占据的地位。[①] 陈力丹2003年出版的研究生教材《马克思主义新闻思想概论》，对马列主义思想体系中不同时代的主要代表人物的传播思想、新闻思想、宣传思想进行全面研究，系统阐述他们的思想内容。[②] 这两本教材之后不断再版，成为马克思主义新闻思想教材的范本，对以后同类教材影响较大。[③]

随着马克思主义新闻观的概念在新闻学界和业界的普及，以马克思主义新闻观为题的教材替代了以马克思主义新闻思想为题的教材。最早系统地对马克思主义新闻观进行编著的教材[④]是陈力丹2011年出版的本科生教材《马克思主义新闻观教程》。该教材以马克思主义的创始人马克思和恩格斯的新闻观，以及后来对中国共产党产生重大的影响的列宁的新闻观作为前一部分的重点阐述对象，后一部分着重阐述自毛泽东以来中国共产党的主要

---

① 童兵：《马克思主义新闻经典教程》，复旦大学出版社2002年版。
② 陈力丹：《马克思主义新闻思想概论》，复旦大学出版社2003年版。
③ 这些教材先后主要有：刘乃勇：《马克思主义新闻学要论》，新华出版社2013年版；朱杰：《空间的生产——马克思主义新闻思想简论》，中国社会科学出版社2014年版。
④ 2005年出版过名为《马克思主义新闻观教程》的教材，其中三分之二篇幅是经典论著的摘编。2007年出版过名为《马克思主义新闻观十五讲》的教材，是15位专家各为一章的论述汇编。这两本读物尚未形成一个系统体系的教材。参见夏赞君、卿明星《马克思主义新闻观教程》，湖南科学技术出版社2005年版；范敬宜、李彬主编：《马克思主义新闻观十五讲》，清华大学出版社2007年版。

领导人的新闻观（2015年再版时延伸到习近平的新闻观）。① 童兵和陈力丹的这些教材注重对原始文献的考证，以史为据，论从史出，既适应了当时全国范围学习马克思主义新闻观的政治情境，也从新闻学、传播学、历史、法律等多种维度去思考新闻的作用。

《马克思主义新闻观教程》以无产阶级革命家新闻思想的梳理为主线，与之不同的是，一些教材参照新闻理论的框架来编写。丁柏铨和双传学主编的《马克思主义新闻观理论与实践》对马克思主义新闻观的理论渊源、发展脉络、主要内容、本质要义及现实意义等进行了具体阐释。② 中宣部和教育部共同组织编写的《马克思主义新闻观十二讲》结合习近平有关新闻工作的论述，讲述了新闻工作中的一些基础理论和重大原则问题。③ 这些教材紧密配合当时政治形势，隐含着面向政治现实的逻辑。除了面向高校的教材，当时的国家新闻出版广电总局直接面向全国20多万记者组织编写了《新闻记者培训教材2013》，其中专门设立《马克思主义新闻观》部分④，这被认为"对于新闻采编人员坚持正确的出版方向和舆论导向，营造增强道路自信、理论自信、制度自信的舆论氛围，是必不可少的指引"⑤。

---

① 陈力丹：《马克思主义新闻观教程》，中国人民大学出版社2011年版。
② 丁柏铨、双传学主编：《马克思主义新闻观理论与实践》，江苏人民出版社2016年版。
③ 《马克思主义新闻观十二讲》编写组编：《马克思主义新闻观十二讲》，高等教育出版社2019年版。
④ 柳斌杰主编：《新闻记者培训教材2013》，人民出版社2014年版。其中的《马克思主义新闻观》部分由周俊编写。
⑤ 冯瑶：《一部简明实用的好教材》，《中国出版》2014年第15期。

第三节 论文式研究

从发展进程来看，我国关于马克思主义新闻学的论文式研究经历了以阶级斗争为主线、学理化探索、聚焦马克思主义新闻观三个阶段。

一 以阶级斗争为主线

1956 年《人民日报》改版后引起短暂的讨论高潮。有文章提出"新闻工作是最经常的、最有力的思想工作和政治工作"①，"把政治教育放在首要的地位，强调教学与政治斗争结合"②，"新闻学是一门具有强烈的阶级性和党性的科学"③，"用马克思主义哲学来解释新闻学"④。因此，要从毛主席著作中学习办报思想，用毛泽东思想武装新闻队伍，要高举马克思列宁主义的旗帜，办好无产阶级的新闻事业。⑤ 继而，有文章第一次提出"马克思主义新闻学"这一名词，认为"马克思主义新闻学不能是、也从来不是从资产阶级新闻学中发展出来的"，"经典作家有关新闻工作的言论指示，是他们在自己从事党报工作或领导报刊工作中，在和资产阶级报刊进行斗争中作出的，因而是理论与实际密切结合的，是马克思主义新闻学的无价瑰宝，是无产阶级新闻工作经验的已经理论化

---

① 邓拓：《马克思主义哲学与新闻工作》，《新闻战线》1959 年第 9 期。
② 罗列：《批判新闻教育中的资产阶级路线》，《新闻战线》1958 年第 6 期。
③ 沈育：《马克思主义新闻学的基本观点》，《江淮学刊》1963 年第 8 期。
④ 宫策：《新闻与实践》，《新闻业务》1957 年第 1 期。
⑤ 参见孙雪天《从毛主席著作中学习办报思想》，《新闻战线》1960 年第 1 期；叶飞：《用毛泽东思想武装新闻队伍》，《新闻战线》1960 年第 3 期；廖盖隆：《高举马克思列宁主义的旗帜办好无产阶级的新闻事业——纪念列宁诞生九十周年》，《新闻战线》1960 年第 4 期。

的表现。"① 这里的"马克思主义新闻学"概念强调阶级斗争，与今天的内涵是不同的。这一阶段的文章是评述性质的，不能用今天的研究规范来苛求，但是其基本视角是阶级斗争，服务于当时的政治情境，开启了基于政治现实逻辑的论文式研究路径。这些表明立场态度的文章是基于单向度和单维度服务政治情境的逻辑，影响深远，目前很多缺乏严谨学术论证的泛泛而谈式文章仍沿用这种逻辑。

二 学理化探索

即使这样的评述性质文章，在"文化大革命"期间也几乎不见了。真正在学理上进行探索的论文式研究是在改革开放这一新的政治情境中开始的，在1980—1983年期间呈现爆发式出现的局面。

中国社会科学院新闻研究所主办的刊物当时影响全国，比较集中地体现了马克思主义新闻学的研究成果。1979—1993年，新闻所持续出版的《新闻研究资料》积累了大量有关中国共产党新闻事业的研究文章。1984—1988年出版的内刊《新闻法通讯》较为系统地阐释了马克思恩格斯列宁的新闻法治思想。1985—1989年，中国社会科学院新闻研究所和中国新闻学会联合会持续出版的双月刊《新闻学刊》是当时全国唯一的新闻学期刊，发表了较多涉及马克思主义新闻学的历史与现实的研究文章，如童兵的《公开发表〈哥达纲领批判〉的历史经验》、胡绩伟、黎澜兴（陈力丹笔名）的《评"语录新闻学"》、陈力丹的《列宁论苏维埃报刊的作用》、李小冬（陈力丹笔名）的《工人政党的三种党报体制及其发展》等。② 另外，中国社会科学院新闻研究所和北京新闻学会1983年3月主办了"纪念马克思逝世100周年新闻学术讨论会"，

---

① 李龙牧：《加强新闻学的理论建设》，《新闻业务》1962年第4期。
② 陈力丹：《新闻所早期在马克思主义新闻观研究方面的贡献》，《新闻与传播研究》2018年增刊。

与会代表100多位，提交论文28篇。会后编辑出版了《马克思新闻思想研究论文集》，收录了温济泽的《马克思的新闻思想及其发展》、戴邦的《马克思新闻思想研究的历史和现状》、张之华的《五四时期马克思主义的传播和报刊阵地的开拓》、徐培汀的《马克思与新闻科学》、陈力丹的《马克思报刊思想的几个重要观点》、余家宏的《试论马克思恩格斯党报思想的发展》等12篇论文。该文集在《出版说明》中指出："在我国，研究马克思的哲学、经济学和科学社会主义的理论早就开始，并且已出版了大量专著，但把马克思的新闻思想作为一门科学加以系统地研究，还没有引起足够的重视。"呼吁全国新闻业界和学界"都来关心这项关系到创建我国马克思主义新闻学的奠基工作"。①

中国人民大学新闻系 1980—1982 年编辑出版的《新闻学论集》第 1—4 辑中集中刊登了马克思主义新闻学的论文。第 1 辑刊登了余致浚的《论全党工作着重点转移后报纸的性质和任务》、甘惜分的《什么是新闻——关于新闻的定义》、成美的《坚持无产阶级报纸党性原则的几个问题》、赵永福的《列宁领导〈经济生活报〉的实践给我们的启示》、蓝鸿文的《马克思恩格斯和〈新莱茵报〉编辑部》；② 第 2 辑刊登了何梓华的《两种社会制度 两种出版自由》、陈业勋的《社会主义新闻事业是不是无产阶级专政的工具？》；③ 第 3 辑刊登了陈力丹的《〈前进报〉是怎样前进的——记马克思恩格斯在〈前进报〉的工作》、贾培信的《略论〈火星报〉的分裂》；④ 第

---

① 中国社会科学院新闻研究所编：《马克思新闻思想研究论文集》，人民日报出版社 1983 年版。
② 中国人民大学新闻系《新闻学论集》编辑组编：《新闻学论集》（第 1 辑），中国人民大学出版社 1980 年版。
③ 中国人民大学新闻系《新闻学论集》编辑组编：《新闻学论集》（第 2 辑），中国人民大学出版社 1981 年版。
④ 中国人民大学新闻系《新闻学论集》编辑组编：《新闻学论集》（第 3 辑），中国人民大学出版社 1981 年版。

4辑刊登了童兵的《"向公众阐明自己的事业"——马克思、恩格斯和〈纽约每日论坛报〉》。①

复旦大学新闻系主办的《新闻大学》同时期也发表了不少论文，如《马克思恩格斯是怎样对待在报纸上开展批评的》②《列宁报刊活动编年》③《不拘一格的新闻写作——读马克思、恩格斯在〈新莱茵报〉上发表的作品》④《马克思主义的记者如何上路——读刘少奇同志有关新闻工作的论述》⑤《坚持真理，尊重事实——记马克思的新闻工作作风》⑥《试析马克思早期"人民报刊"思想——兼论各个历史时期的人民报刊问题》⑦《试论马克思恩格斯后期的党报思想》⑧《马克思心目中的"党刊"——读新发现的〈马克思一八四七年给费尔特海姆的信〉》⑨《十九世纪六十年代马克思恩格斯反对〈社会民主党人报〉办报方针的斗争》⑩《马克思论泰晤士报》⑪。

北京广播学院主办的刊物《北京广播学院学报》发表的论文主要

---

① 中国人民大学新闻系《新闻学论集》编辑组编：《新闻学论集》（第4辑），中国人民大学出版社1982年版。
② 陈大维：《马克思恩格斯是怎样对待在报纸上开展批评的》，《新闻大学》1981年第2期。
③ 闻言、秦中河：《列宁报刊活动编年》，《新闻大学》1982年第4期。
④ 陈力丹：《不拘一格的新闻写作——读马克思、恩格斯在〈新莱茵报〉上发表的作品》，《新闻大学》1982年第4期。
⑤ 辛彬：《马克思主义的记者如何上路——读刘少奇同志有关新闻工作的论述》，《新闻大学》1982年第5期。
⑥ 陈力丹：《坚持真理，尊重事实——记马克思的新闻工作作风》，《新闻大学》1982年第5期。
⑦ 丁名：《试析马克思早期"人民报刊"思想——兼论各个历史时期的人民报刊问题》，《新闻大学》1983年第6期。
⑧ 陈大维：《试论马克思恩格斯后期的党报思想》，《新闻大学》1983年第6期。
⑨ 黎汶：《马克思心目中的"党刊"——读新发现的〈马克思一八四七年给费尔特海姆的信〉》，《新闻大学》1983年第6期。
⑩ 严石：《十九世纪六十年代马克思恩格斯反对〈社会民主党人报〉办报方针的斗争》，《新闻大学》1983年第6期。
⑪ 夏鼎铭：《马克思论泰晤士报》，《新闻大学》1984年第7期。

有：《精辟阐述马克思主义新闻理论的文献——重温少奇同志〈对华北记者团的讲话〉》①《谈谈社会主义新闻事业的党性和人民性》②《评"阶级斗争工具"说——兼论报纸的根本属性》③《马克思和无产阶级报刊的党性》④《论人民报刊的本质——学习马克思办报思想体会》⑤。

　　主要面向新闻工作者发行的刊物《新闻学会通讯》《新闻战线》《新闻记者》等也积极参与马克思主义新闻学的探索中，如《新闻学会通讯》曾发表《关于青年马克思和老年马克思报刊思想的几个问题》⑥《报刊活动对马克思、恩格斯的共产主义世界观形成的影响》⑦《马克思论巴黎公社的新闻工作》⑧《马克思和恩格斯是信息传播研究的先驱》⑨等论文。

　　值得一提的是，"文化大革命"后第一批新闻学硕士研究生的毕业论文也多集中在马克思主义新闻学领域，主要包括中国人民大学童兵的《试论马克思恩格斯自由报刊思想的发展》、郑保卫的《革

---

① 王珏：《精辟阐述马克思主义新闻理论的文献——重温少奇同志〈对华北记者团的讲话〉》，《北京广播学院学报》1980年第2期。

② 沈兴耕：《谈谈社会主义新闻事业的党性和人民性》，《北京广播学院学报》1981年第1期。

③ 郭镇之：《评"阶级斗争工具"说——兼论报纸的根本属性》，《北京广播学院学报》1981年第3期。

④ 王珏：《马克思和无产阶级报刊的党性》，《北京广播学院学报》1983年第2期。

⑤ 康荫：《论人民报刊的本质——学习马克思办报思想体会》，《北京广播学院学报》1983年第2期。

⑥ 陈力丹：《关于青年马克思和老年马克思报刊思想的几个问题》，《新闻学会通讯》1982年第12期。

⑦ 童兵：《报刊活动对马克思、恩格斯的共产主义世界观形成的影响》，《新闻学会通讯》1983年第13期。

⑧ 陈力丹：《马克思论巴黎公社的新闻工作》，《新闻学会通讯》1984年第3期。

⑨ 范东生：《马克思和恩格斯是信息传播研究的先驱》，《新闻学会通讯》1984年第5期。

命无产阶级第一张最好的机关报〈新莱茵报〉》、贾培信的《〈火星报〉——党的思想和组织中心》；中国社会科学院新闻研究所陈力丹的《马克思〈莱茵报〉时期的报刊思想及其历史地位》、戴松成的《列宁在苏联新经济政策时期的报刊思想》、窦其文的《论毛泽东同志新闻思想形成和发展》、许焕隆的《论瞿秋白对党的新闻事业的贡献》、李安达的《论党报的指导作用》；复旦大学秦中河关于列宁新闻思想的研究[①]、陈大维的《试论马克思恩格斯后期的党报思想及其形成》。这是马克思主义新闻学研究的一支富有创新力的新生力量，其中陈力丹、童兵、郑保卫等已为我国当下马克思主义新闻学研究的代表性人物。

这段时期的探索虽然从今天的学术规范来看，还存在一些缺陷，但新闻学界和新闻业界能面对现实问题，并试图结合无产阶级革命家的新闻思想和实践，对历史和文献进行考证，努力寻找适合中国新闻业未来发展的道路。这种学理性的探索为我国马克思主义新闻学研究开创了面向社会现实逻辑的论文研究路径。

三 聚焦马克思主义新闻观

2003 年中宣部、国家广电总局、国家新闻出版总署、中国记协联合发布在全国新闻战线开展"三项学习教育活动"的通知后至今，我国马克思主义新闻学研究就聚焦在马克思主义新闻观领域。从数量上来看，关于马克思主义新闻观的文章可谓空前"繁荣"。但是，这种数量上的"繁荣"让马克思主义新闻观的研究又可能滑入"教条主义话语"的泥坑，这种"教导主义话语"用一些理论教条反注经典文本，比如预先设定一些"原理板块"（如"认识论""自然观""历史观"），然后再摘录这些板块中的一些观点，比如"物质决定意识""生产力决定生产关系"，然后再据此进行所谓的理论联系实际，进而再据此进行当代新闻学体系的

---

① 该论文目前在复旦大学新闻学院毕业论文库中缺失，其题目有待核实。

新发展。显然，这种教条主义方法已经不能适应当代马克思主义新闻学研究的新要求。①

面对这种"鱼龙混杂"的研究环境，中国社会科学院新闻与传播研究所马克思主义新闻学研究室 2013—2015 年编辑出版了三卷本《马克思主义新闻传播史论的研究历程中国学界文选》。该文选梳理和收录了 1980—2015 年我国马克思主义新闻学研究的重要论文，不仅提供了有价值的文献汇编，还起到了"去伪存真"的作用，提醒着我国马克思主义新闻学研究要继续面向社会现实的逻辑，而不能徘徊于面向政治现实的逻辑。

在面向社会现实逻辑的研究中，陈力丹对马克思主义新闻观的论文式研究具有示范意义。他在组织编写《马克思主义新闻观百科全书》的过程中，同时组织和指导了一系列依据一手资料和历史考证的论文，涉及马克思报刊活动及其思想②、党报③、新闻出版自

---

① 宗益祥：《对马克思主义新闻学的两点思考》，《新闻与传播研究》2018 年增刊。

② 参见陈力丹、冯雪珺《新发表的马克思〈莱茵报〉活动历史文件考证研究——〈科隆市民关于继续出版〈莱茵报〉的请愿书〉》，《当代传播》2012 年第 4 期；陈绚：《报刊的价值：不能让揭露"失去意义"——马克思恩格斯〈〈新莱茵报〉审判案〉一文的原著考证研究》，《国际新闻界》2013 年第 3 期；张辉锋、逄丽、谢丽莎：《有关〈新莱茵报公司章程〉的考证》，《新闻与传播研究》2013 年第 5 期；吴璟薇：《马克思"人民报刊"理念提出的背景考证——读马克思关于〈莱比锡总汇报〉被查禁的系列通讯》，《国际新闻界》2013 年第 10 期。

③ 参见杨钢元、李一帆《革命时代"认真谈论政治"的杂志应有明确方针——列宁致阿·马·高尔基（1910 年 11 月 22 日）考辨》，《国际新闻界》2012 年第 6 期；卢家银：《马克思主义新闻政策与党内意见交流的重要文献——恩格斯〈给〈社会民主党人报〉读者的告别信〉考证研究》，《国际新闻界》2013 年第 3 期；杨保军、陈硕：《无产阶级办报刊的使命——〈〈新莱茵报〉政治经济评论〉出版启事〉评析》，《新闻与传播研究》2013 年第 6 期；刘宏宇：《倍倍尔论党内思想交流与新闻传播的原则——〈关于德国社会民主工党党纲和组织章程的报告〉的考证研究》，《国际新闻界》2013 年第 10 期；王雨琼：《共产主义试验背景下的列宁党报思想的沿承、发展与畸变——列宁〈论我们报纸的性质〉考证分析》，《国际新闻界》2013 年第 10 期；王晶：《党报要做贯彻党的纲领和策略的典范——对〈马克思和〈新莱茵报〉〉一文的考证》，《国际新闻界》2014 年第 2 期。

由①、报刊与社会变迁和政治②、音乐和宗教传播③等方面的深入研究。而在当下热门的关于习近平新闻工作重要论述的研究中,陈力丹依然保持面向社会现实逻辑,遵循科学研究自身的规律,探索新时代的新闻规律,其代表性论文如《党性和人民性的提出、争论和归结——习近平重新并提"党性"和"人民性"的思想溯源与现实意义》④《"始终把人民放在心中脑中"——习近平"以人民为中心"思想的渊源与中国特色社会主义的实践基础》⑤。这两篇论文分别被非新闻传播学领域刊物《中国特色社会主义理论》(中国人民大学复印报刊资料)2017年第3期和2018年第7期全文转载,这说明马

---

① 参见刘宏宇《〈评普鲁士最近的书报检查令〉考证研究——马克思首篇政论文的历史背景及思想观念分析》,《国际新闻界》2011年第9期;钱婕:《印花税是"对以自由精神创作的作品的一种禁止制度"——马克思〈报纸印花税〉考证研究》,《国际新闻界》2011年第9期;陈继静:《书报检查、出版法与出版自由——马克思〈普鲁士出版法案〉管窥》,《国际新闻界》2013年第3期;张金玺、陈一点:《维护不同意见自由斗争的权利——关于恩格斯〈关于招贴法的辩论〉的考证》,《国际新闻界》2013年第3期;陈绚:《出版自由法与绞杀自由并存的怪现象——对马克思〈霍亨索伦王朝的出版法案〉一文的考证研究》,《新闻与传播研究》2013年第6期。

② 参见张建中《折射德国1830年代报刊与社会变迁的一面镜子——恩格斯〈刊物〉一文考证》,《国际新闻界》2011年第9期;路鹏程:《报刊怎样从事政治和什么样的政治——恩格斯〈关于工人阶级的政治行动〉考证研究》,《国际新闻界》2013年第3期;王晶:《马克思论报纸利益与政治——对马克思〈伦敦〈泰晤士报〉与帕麦斯顿勋爵〉一文的考证》,《国际新闻界》2013年第3期;陈力丹、张勇锋:《法兰西第二帝国时期的新闻统制与抗争——马克思〈对波拿巴的谋杀〉一文考证研究》,《新闻与传播研究》2013年第5期。

③ 参见王亦高《音乐是使享受和演奏协调的艺术——谈恩格斯〈莱茵省的节日〉》,《国际新闻界》2011年第7期;林瑞琪:《早期基督宗教传播特性分析:与恩格斯对谈(恩格斯〈布鲁诺·鲍威尔与早期基督教〉)》,《国际新闻界》2011年第9期。

④ 陈力丹:《党性和人民性的提出、争论和归结——习近平重新并提"党性"和"人民性"的思想溯源与现实意义》,《安徽大学学报》(哲学社会科学版)2016年第6期。

⑤ 陈力丹:《"始终把人民放在心中脑中"——习近平"以人民为中心"思想的渊源与中国特色社会主义的实践基础》,《辽宁大学学报》(哲学社会科学版)2018年第1期。

克思主义新闻学研究已经开始双向度的发展，不局限于适应当下的政治情境，也开始对其他学科产生影响。

第四节　著作式研究

我国马克思主义新闻学研究的著作是在"文化大革命"以后出现，比其他研究形式要迟，主要集中在无产阶级革命家新闻思想、马克思主义新闻观以及多元学科视角的研究。

无产阶级革命家新闻思想方面的著作是最早出现的，可以追溯到赵水福和傅显明的《列宁与新闻事业》[①]。但系统性的研究是从童兵的博士论文开始，他的《马克思主义新闻思想史稿》系统地研究马克思主义新闻思想的形成、发展及其各个历史阶段的特点。[②] 之后的相关研究主要有：夏鼎铭的《马克思恩格斯列宁报刊理论与实践》[③]、吴廷俊的《马列新闻活动与新闻思想史》[④]、郑保卫的《中国共产党新闻思想史》[⑤]、雷莹、邹火明的《邓小平新闻宣传理论研究》[⑥]、陈富清：《江泽民舆论导向思想研究》[⑦]、新华通讯社课题组编写的《习近平新闻舆论思想要论》[⑧]、中共中央宣传部组织编写的《习近平新闻思想讲义》（2018 年版）[⑨] 等。这些著作呈现两种明显的逻辑分化。关于马克思列宁新闻思想的研究多呈现面向社会现实

---

① 赵水福、傅显明：《列宁与新闻事业》，北京广播学院出版社 1986 年版。
② 童兵：《马克思主义新闻思想史稿》，中国人民大学出版社 1989 年版。
③ 夏鼎铭：《马克思恩格斯列宁报刊理论与实践》，复旦大学出版社 1991 年版。
④ 吴廷俊：《马列新闻活动与新闻思想史》，华中理工大学出版社 1992 年版。
⑤ 郑保卫：《中国共产党新闻思想史》，福建人民出版社 2004 年版。
⑥ 雷莹、邹火明：《邓小平新闻宣传理论研究》，重庆出版社 2003 年版。
⑦ 陈富清：《江泽民舆论导向思想研究》，新华出版社 2003 年版。
⑧ 新华通讯社课题组编：《习近平新闻舆论思想要论》，新华出版社 2017 年版。
⑨ 本书编写组编：《习近平新闻思想讲义》（2018 年版），人民出版社、学习出版社 2018 年版。

逻辑的趋势，而关于我国党和国家领导人新闻思想的研究多为面向政治现实的逻辑。

马克思主义新闻观的著作也呈现这种趋势。面向社会现实逻辑的研究以陈力丹的《马克思主义新闻观思想体系》①和刘建明的《马克思主义新闻观理论基础》②为代表，其他的著作多为面向政治现实的逻辑③。

在著作方面体现社会现实逻辑更多出现在多元学科视角的研究中，虽然数量很少，但将是我国马克思主义新闻学研究的方向所在。陈力丹的《精神交往论——马克思恩格斯的传播观》既是这方面最早的探索，也是目前最显著的代表。该书从信息传播的角度，系统论证了马克思恩格斯历史唯物主义的传播理论、世界交往的基本理念。④该书最初受到传入国内的传播学的影响，但最终又能走向世界，将可能对国外的传播学、马克思主义等学科产生影响。

基于"政治—知识—社会"互动的视角，对新中国成立70年来马克思主义新闻学研究的发展历程分析后，本章可以得出以下基本判断。

第一，马克思主义新闻学研究深受政治情境的影响。福柯认为知识的产生必然受权力环境的深刻影响，当社会和人类行为成为研究对象和需要解决的问题时，知识的创造就必然与权力的机制有关，⑤权力对知识产生的影响是具体的、细节的、具体环境具体分析的，某种权力形式能够生产出对象和结构都极为不一样的知识。⑥总

---

① 陈力丹：《马克思主义新闻观思想体系》，中国人民大学出版社2006年版。
② 刘建明：《马克思主义新闻观理论基础》，清华大学出版社2010年版。
③ 参见邵华泽主编《马克思主义新闻观及其在中国的运用和发展》，人民出版社2009年版；朱国圣、林枫编：《马克思主义新闻观研究》，新华出版社2010年版。
④ 陈力丹：《精神交往论——马克思恩格斯的传播观》，中国人民大学出版社2008年版/中国人民大学出版社2016年修订版。
⑤ ［法］米歇尔·福柯：《权力的眼睛——福柯访谈录》，严锋译，上海人民出版社1997年版，第228页。
⑥ 同上书，第148页。

体而言，马克思主义新闻学研究从一开始就是一种自上而下式的政治权力延伸，由革命导师对新闻事业的理解作为研究起点和研究对象，这种理解是基于当时的革命实践需要。新中国成立后至今，马克思主义新闻学研究的变化都是受到当时政治情境的影响。建国初全面学习苏联的政治情境要求马克思主义新闻学研究首先借鉴苏联的新闻理论体系。1956年随着社会主义改造的基本完成，社会主义建设成为主要的政治情境，此时马克思主义新闻学研究虽然服务于这样的政治情境，但曾经出现短暂的面向社会现实逻辑的探索，试图通过新闻事业的改革来影响社会发展。"文化大革命"的政治情境则完全断绝了马克思主义新闻学研究。改革开放带来全新的政治情境，此时的马克思主义新闻学研究一方面要适应这种情境，另一方面受到这种情境内含的思想解放力量驱动，开始探索多维度和双向度的社会现实逻辑。马克思主义新闻观被提出后，党的领导人在不同时期关于新闻、宣传、舆论等方面的论述成为马克思主义新闻学研究的主要对象，研究热度也随着领导人任期变化而变化。

第二，面向政治现实逻辑的研究容易形成"真理制度"（Truth Regime），束缚马克思主义新闻学研究的创新力。在福柯看来，知识本身的发展可能会形成一种权力和"真理制度"，这种制度是权力和知识相互支持、相互渗透的制度化、实践化的产物。[1] 每个社会都有其用于区分真假话语的机制和机构，[2] 18世纪的一个特征是知识逐渐变得纪律化和制度化，在知识的内容上也日益趋向同质和单一。[3] 无论在时间上还是数量上，面向政治现实逻辑的马克思主义新闻学研究因为符合政治情境的需要，而被政治权力所支持和推广，虽然

---

[1] 参见刘永谋《福柯的主体结构之旅——从知识考古学到"人之死"》，江苏人民出版社、凤凰出版传媒集团2009年版，第105—106页。

[2] 杜小真：《福柯集》上海远东出版社2003年版，第446页。

[3] ［法］米歇尔·福柯：《必须保卫社会》，钱翰译，上海人民出版社1999年版，第171—172页。

成为研究的主流，但研究内容呈现同质单一的趋势，如早期的"语录新闻学"和当下以领导人论述为主的马克思主义新闻观研究。福柯认为这种知识的纪律化和制度化会造成"被压迫的知识"，即"那些长期被人们忽视的、边缘化的历史知识，以及那些处在知识等级体系的下层、地方性知识、特殊性知识"①。当面向政治现实逻辑的研究成为一种"真理制度"，就会深刻影响新闻学界的职称、课题和发表出版，形成理念接近的专家集团，将单向度和单维度的研究立为典范，从而使得面向社会现实逻辑的研究处于被抑制的边缘化地位，最终这些所谓主流研究容易陷入被盲目崇拜和教条化的陷阱，束缚学者的创造力和想象力，不利于马克思主义新闻学研究的创新和发展。

第三，面向社会现实逻辑的马克思主义新闻学研究在向多维度和双向度发展，但当下对政治情境、社会发展和其他学科的影响还很微弱。2016年5月在哲学社会科学座谈会上的讲话中习近平提出："要加快完善对哲学社会科学具有支撑作用的学科，如哲学、历史学、经济学、政治学、法学、社会学、民族学、新闻学、人口学、宗教学、心理学等，打造具有中国特色和普遍意义的学科体系。"②他强调，要以马克思主义为指导，立足于中国实际，加快构建中国特色哲学社会科学。在面对这样的要求时，我们首先要反思当下的新闻学是否能对哲学社会科学发挥支撑作用？马克思主义新闻学是否也能具有支撑作用？如何发挥支撑作用？如何立足中国实际去构建中国特色的马克思主义新闻学？这些必须要先从新中国的相关研究进行剖析，找到其符合学科发展和科学研究规律的逻辑，才能够去思考以上问题。而当下，即使是面向社会现实逻辑的研究也大多

---

① ［法］米歇尔·福柯：《必须保卫社会》，钱翰译，上海人民出版社1999年版，第　页。
② 习近平：《在哲学社会科学工作座谈会上的讲话》，人民出版社2016年版，第22页。

是转向多维度的研究,却鲜有双向度的研究,更别说对其他学科的支撑作用了。因此,多维度和双向度的社会现实逻辑将是我国马克思主义新闻学研究继续发展壮大的重要途径。

第 二 章

西方新闻学研究

新中国成立 70 年来，新闻学研究经历了由弱渐强，由"外来"到"内生"，由"一边倒"到"博采众长、以我为主"的发展历程。回顾新中国成立 70 年的新闻学发展，西方新闻理论始终是一种参照，在不断与之对比、对话甚至对抗的过程中，中国新闻学逐步形成了自己的理论体系和学术旨趣。70 年来，我们对西方新闻学理论的研究，是一个从"他者"中寻找"自我"，确立中国新闻学研究主体和主题的过程。研究西方新闻学中的概念、范畴、方法，梳理其发展的脉络、体系，对深化中国新闻学研究有着重要作用和启示。

第一节　西方新闻学研究的历程

按照知识社会学的观点，一种观念或者知识，要在某种社会语境下得以生成、传播和发展，必然有其社会学意义上的原因和背景。正如卡尔·曼海姆所说的，"社会进程对思想'视野'的本质渗透……历史—社会进程对大多数知识领域来说具有实质的重要性"。[①]

[①] ［德］卡尔·曼海姆:《意识形态与乌托邦》，商务印书馆 2000 年版，第 276 页。

在人类历史的进程中，很多事件在发生前、过程中、刚刚结束的时候，我们很难看清其本质。但是时过境迁，随着时间的沉淀，当我们以"语境化—去语境化—再次语境化"的方式回顾理论和理论研究的演化轨迹时，则有可能发现：由于结果已经确定，过程中的各种隐藏条件也充分显露，此时正是讨论与反思的良机。

一 曾经的"一边倒"与对西方新闻学的批判（1949—1976年）

新中国的新闻理论和实践至少要回溯到延安时期，延安整风运动中《解放日报》的改版，毛泽东、刘少奇等关于"党的新闻宣传工作"的重要论述，都标志着中国特色新闻学的探索。新中国成立后，共产党人在根据地和解放区的办报办刊办台经验随即在全国推广开来。当时的新闻学理论大量借鉴了苏联新闻学的理论和方法，以列宁、斯大林为代表的苏联党报理论，是新中国成立之后新闻理论建构学习的范本。而与之对照的是，从民国时期就在国内传播的西方（主要是欧美和日本）新闻理论，逐渐成为被批判的对象。据不完全统计，1949年9月以前全国共印行新闻学专著468种，内容涵盖了新闻学概论、新闻事业、新闻业务、中外新闻史等各个方面，其中不乏徐宝璜、邵飘萍、戈公振、任白涛、黄天鹏等新闻教育名家的力作。新中国成立后，这些出自"旧新闻教育"的教材，自然被弃之不用。[①]

20世纪50年代，伴随着国家在经济领域的"一化三改造"的实现，新闻业的社会主义改造也随之完成，所有新闻单位均成为国有，所有新闻工作者都接受马克思主义的意识形态指导，全国形成了以党报为中心、"中央媒体—地方媒体—行业媒体"条块分明的新闻传播体系。

外部面临"冷战"和帝国主义的封锁，国内又刚刚从内战硝烟

[①] 黄旦：《走自己的路：新中国新闻教育改革的"先声"——1956年的复旦大学新闻系》，《新闻大学》2009年第3期。

中走出来，这样的环境因素决定了当时的中国只能选择"一边倒"学习苏联的战略。西方新闻学作为高度意识形态化的理论，必然成为批判的"靶子"，甚至成为社会主义新闻事业不断甄别敌我的标准。在这个阶段，唯一例外的是1956年前后，伴随着毛泽东在《论十大关系》中提出"要学习一切民族、一切国家的长处，包括资本主义国家先进的科学技术和科学管理方法，要反对不加分析地一概排斥或一概照搬"①，国内的学界业界有过一轮研究借鉴西方新闻理论的浪潮。1956年，复旦大学新闻系有过一系列的教学科研改革。时任复旦大学新闻系主任王中提出"报纸商品论""读者需要论"等观点。在他的主持下，复旦大学新闻系出版了5期《新闻学译丛》季刊，从最初"介绍苏联、各人民民主国家和资本主义国家各共产党、工人党的进步报刊为主"，到后来"转而以美国等西方资本主义新闻业的发展和采访、写作等新闻工作的业务为主"②。站在今天的角度看，王中的观点只是沿袭了民国时期的新闻学观点，也是市场环境下商业媒体的基本特征，但这与当时被推到某种极致的"齿轮和螺丝钉"的苏联党报观念难以通约，与当时的社会环境也形成龃龉。类似的，1956年施拉姆等人的《报刊的四种理论》在美国出版，中国人民大学新闻系就在第一时间翻译出来，供内部批判使用③，自1960年起，中国人民大学新闻系内部编印了六册《批判资产阶级新闻学资料》④。

1956年的《人民日报》改版，也研究了诸多资本主义国家的报刊，像《泰晤士报》《纽约时报》《朝日新闻》等。这次改版重点有三："第一，扩大读者范围，多发新闻，发多方向的新闻……力求适

---

① 《毛泽东选集》第五卷，人民出版社1977年版，第267—288页。
② 黄旦：《走自己的路：新中国新闻教育改革的"先声"——1956年的复旦大学新闻系》，《新闻大学》2009年第3期。
③ 转引自李彬、刘海龙《20世纪以来中国传播学发展历程回顾》，《现代传播》2016年第1期。
④ 姜飞：《中国传播研究的三次浪潮》，《新闻与传播研究》2012年第4期。

应读者的需要；第二，开展自由讨论，在讨论中，把社会的见解引向正确的道路；第三，改进文风，力求言之有物，言之成理……提倡写短文，造成生动活泼的文风。"改版是对此前一味模仿苏联《真理报》的反拨，虽然提出的"适应读者的需要"与王中的"读者需要论"并不完全一致，但试图以"读者需要"为核心概念使党报既宣传党的政策也体现公众的意志。其实质问题是探讨在和平建设年代党报新的办报模式，试图把党报从原先的宣传本位转向新闻本位。①

然而，由于随之而来的整风和"反右"等一系列政治运动，对西方新闻学理论的研究几乎中断了，以《人民日报》为代表的一系列报刊改版夭折了。到了"文化大革命"时期，新闻媒体成为"无产阶级专政工具"，在"极左"思潮的影响下，"兴无灭资"使得西方新闻学理论化为"空洞的能指"。在对西方新闻业和相关理论知之甚少的情况下，对其批判也显得泛政治化。

二 改革开放与西方新闻理论的"再次东渐"（1977—2008 年）

改革开放决定着当代中国命运，也促成中西方文化交流进入新阶段。随着全党的工作重心逐渐转移到经济建设上来，社会秩序逐步恢复正常，西方新闻学理论也和其他国外社会科学理论一样，在国内慢慢复苏。这一阶段的西方新闻学研究，一方面接续了晚清和"五四"以后西方新闻学在华传播的某些话题，另一方面也试图追赶当代西方新闻学研究的潮流和趋势。② 在此后大约三十年的时间里，国内译介了一大批西方新闻理论的著作，产生了一大批研究成

---

① 李良荣：《艰难的转身：从宣传本位到新闻本位——共和国 60 年新闻媒体》，《国际新闻界》2009 年第 9 期。

② 例如，20 世纪 40 年代的"老三论"（信息论、控制论、系统论）和 70 年代的"新三论"（耗散结构论、协同论、突变论）在 80 年代初被大量引介到国内，其观点和方法一时间对新闻传播学的影响也非常显著。1988 年 11 月出版的《新闻学论集》（总第 13 辑）名为"系统科学与新闻学专辑"。新闻传播学者对系统科学之于新闻传播研究，起初寄予很高期望。不过，此后多数研究都停留在简单化援引概念的层次上。

果。按照程曼丽的观点，这一阶段对西方新闻学经历了"从全盘否定到部分肯定的转变，从意识形态批判到学术研究的转变，（从而）对社会主义新闻理论进行了深刻的反思，逐渐廓清了一些理论问题"。[①]

1982年施拉姆来华访问，是西方新闻学"再次东渐"的标志性事件，施拉姆也从被批判作品的作者，逐渐被接受为"美国传播学开创者之一"。施拉姆当时应邀参加的是全国"电化教育讲习会"，并且访问了广州、上海和北京的大学与科研机构。[②]"电化教育"本身就暗含了将媒介技术化、工具化的倾向，不妨看成是在当时的一种"巧妙处理"，规避了意识形态的顾虑。施拉姆介绍的是美国传播学中行政学派的观点，其背后的理论渊薮是西方自由主义理论，这在当时也没有引起太多注意。

在1986年中国人民大学新闻系新闻理论教研室编辑的《新闻理论简明教程参考资料》中，《报刊的四种理论》中的两章"报刊的自由主义理论"和"报刊的社会责任理论"被选入，施拉姆的另外两篇文章《论传播的性质和作用》以及《谈谈大众传播》也被收入。和这几篇排在一起的，是从马恩列斯到毛泽东、刘少奇、陆定一、胡耀邦等的新闻宣传论述，以及晚清和民国的部分重要新闻学文献。由此可见，当时学界对施拉姆及其所代表的美国新闻传播理论的重视程度。

以施拉姆为代表的西方自由主义新闻学，某种程度上与这一阶段国内媒体的市场化、产业化进程互为表里。从20世纪70年代末开始，我国新闻单位逐步探索实行"事业单位，企业化管理"的模

[①] 程曼丽：《"外国新闻事业"研究的历史回顾与反思》，《新闻与传播研究》1998年第12期。

[②] 关于施拉姆访华的内容，参见徐耀魁的《施拉姆对中国传播学研究的影响》和姜飞的《中国传播研究的三次浪潮》，均见《新闻与传播研究》2012年第4期；另见罗昕《被忽视的登陆点：施拉姆、余也鲁广州讲学35周年的历史考察》，《国际新闻界》2017年第12期。

式，媒体恢复了商业广告，其后又尝试内部经营承包责任制、开展核心业务之外的有偿服务等。与之呼应的是中国社会科学院新闻研究所和首都新闻学会在1982年开展了"北京地区读者、听众、观众调查"①。从受众调查到此后对发行量、收视率的统计，既体现了对受众的重视，更是媒体市场化发展的关键一环。1992年之后，传媒产业化进程不断加快，集团化、资本化的趋势逐渐明朗。西方的传媒经济、传媒管理的成果也由此进入了国内研究的视野。同在这一时期，文化研究学派、法兰克福学派、结构主义与符号学、欧美社会学理论等，也被运用到新闻传播研究的领域。作为观照新闻学的西方理论资源，它们或采取实证方法，或用诠释与批评的取向，用"文化""结构""意义""社群"等关键词，取代了"政治""斗争""宣传""阶级"等概念，拓宽了国内新闻学研究的话题。

以学术化的方式梳理西方近代资产阶级革命以来的新闻自由、新闻价值、新闻专业主义、新闻伦理、传媒产业和管理等方面的理论，有助于中国新闻业和新闻理论的发展。国内学界充分认识到资本主义创造了人类信息传播的新模式，推动了信息的生产、分发和科学文化的普及，将人类社会从工业革命带入了信息技术革命。但与此同时，不少研究中也出现了"拾到篮子里都是菜""生吞活剥西方理论"的情况。

站在今天回望，改革开放以后的相当长的时间里，中国对西方新闻学的研究，被置换成了对美国为代表的新闻理论和新闻体制的研究，对美国新闻业的模仿和想象成为主导学界的重要理念。在这一阶段中，虽然看起来是西方新闻学研究在华全面落地，但是"谁来推动落地""哪些理论更受欢迎"，其中暗含了国内学界的取舍与偏向。以传播政治经济学为例，它作为重要的批判理论，几乎与"主流"的行政学派研究同时进入中国，但却没有引起太大

---

① 这项调查被认为"推动了我国新闻学和传播学的实证研究"。参见陈崇山《中国受众研究之回顾（上）》，《当代传播》2001年第1期。

的关注。① 另一方面，用定量研究的方法测量传播效果，用西方新闻理论讨论中国问题，对于中国学界颇为新鲜，客观上也是对长期以来中国新闻体制中"宣传本位"的修正与补充。

三 走向科学理性的西方新闻学研究（2009年以来）

2008年的北京奥运会，标志着中国综合国力和世界影响力的全面提升。就在奥运会举办前夕，西方媒体对"奥运圣火境外传递""西藏骚乱"等事件的歪曲报道，再次充分暴露了西方新闻理论和实践的意识形态根基。② 在此之前的2005年，《维系民主？西方政治与新闻客观性》一书被翻译成中文，该书聚焦于"客观性"这一现代新闻学的核心话题，演绎了西方新闻客观性的历史发展③，指出在西方新闻体制内，客观性既是西方新闻机构的一种理念和操作方法，同时也是实施媒介话语霸权的掩护，是对民主的压制。正如赵月枝在评论西方媒体有关"西藏骚乱"的不实报道时所说，"西方媒体的报道是受国家利益、主流意识形态、商业利益以及记者作为中产社会阶层自身的社会利益和文化认同等因素影响的。在西方主流意

---

① 例如，20世纪70年代初，西方传播政治经济学泰斗达拉斯·斯迈思在访问中国之后，写出了《自行车之后是什么？》一文，提出了传播技术的政治和意识形态属性的问题。斯迈思将这篇文章给到中国的相关部门之后，并未得到积极的回应。上文参见达拉斯·斯迈思《自行车之后是什么？》，《开放时代》2014年第7期。Translated from Dallas W. Smythe, 1994, "After Bicycles, What?". inT. Gubeck (ed.), *Counterclockwise: Perspectiveson Communication*, Boulder, CO: Westview Press, p. 230. 再如，《国际新闻界》1979年第1期，刊载了林珊摘译自赫伯特·席勒的名著《大众传播与美利坚帝国》的文章；1999年第5期的《现代传播》，刊载了郭镇之的文章《新媒介与政治经济学》，这些都是传播政治经济学进入中国的一些案例。

② 其实，从1989年的北京政治风波之后，西方媒体对华报道、西方新闻学对中国的研究，大多存在"有色眼镜"，中国学界也开始讨论"妖魔化中国"的问题。

③ 例如，该书指出"只有通过考察19世纪新闻出版广阔的意识形态背景以及商业报纸、激进工人阶级报刊的关系，我们才能深刻理解当代新闻客观性理念"。参见哈克特、赵月枝《维系民主？西方政治与新闻客观性》，沈荟、周雨译，清华大学出版社2005年8月版，第2页。

识形态和议会政治框架内，客观性是存在的，但超越国家利益、超越意识形态的客观性是没有的"。①

与此同时，20世纪90年代高歌猛进的媒体市场化导向使得传媒发展机制的问题逐渐暴露出来，我们长期批判西方"市场与资本对媒体的侵蚀"，这个问题却也在中国逐步出现，到了必须正视和重视的境地。与此相关的是，操刀进行国家传媒改革的机构，在传媒市场化渐行渐远之时，难以再用传统的媒介理论话语和媒介管理体制进行回应，面临着"舆论失守"的危险。此时，吸收西方新闻中更具批判性的理论，以此来检视中国传媒发展的问题，成为学界的不二之选。例如，有研究发现2004年之后近十年的以"净化荧屏""反三俗"和"反泛娱乐化"为目标的广电总局禁令中，大量禁令的内容雷同但却被反复下发，由此发现"一直暧昧纠缠的是主管部门对媒介市场化和市场化媒体的态度"，进而得出结论"当市场化媒体以'公共性'和大众化的外衣获得受众的认同之后，媒介市场化和市场化媒体本身成为一种自觉的行动力量，他们与国家规制的关系变得暧昧"②。还有论文反思了市场话语对新闻业场域的"殖民"，发现"当代中国的传媒从业者主要转向了市场话语，采纳商业主义作为支配其言说的基本框架。与这一过程相伴随，自上世纪90年代新闻改革的上升阶段曾经涌现的专业主义则悄然离场"③。

也正是在2008年，从华尔街爆发了席卷西方的新一轮金融危机。这次金融危机不仅宣告了几十年西方新自由主义经济的破产，也动摇了新自由主义的新闻理论和新闻秩序。面对西方的危机，中国学界对西方新闻理论少了"笃信"与"推崇"，多了祛魅与反思。面对美国"新闻业的危机"，有学者讨论了这场危机究竟是"盈利

---

① 赵月枝：《为什么今天我们对西方新闻客观性失望?》，《新闻大学》2008年第2期。
② 赵瑜：《媒介市场化、市场化媒体与国家规制——从净化荧屏、反三俗和限娱令谈起》，《新闻大学》2015年第1期。
③ 李艳红、陈鹏：《"商业主义"统合与"专业主义"离场：数字化背景下中国新闻业转型的话语形构及其构成作用》，《国际新闻界》2016年第9期。

的危机""结构的危机"还是"观念的危机"?① 美国左翼政治传播学者麦克切斯尼1999年撰写的《富媒体 穷民主》一书,在2003年被译介到国内,其中提到要"取消商业媒体的存在,建立对公众负责的非营利性媒体"②等内容——在金融危机之前,这些表述看上去有些"天马行空、遥不可及",但是自金融危机之后我们发现美式现代商业传媒的危机已在眼前。

任何一个经济体和社会共同体都需要市场机制,但是当市场本身成为吞噬国家和社会的势力,它就变成了一个异化的力量。长期以来,中国在西方新闻学研究上形成认知惯性——认为国家控制就是"低效与专制",市场主导就是"高效与民主"——这样简单的、机械的二元对立分析逐渐被打破。中国的媒体在改革和发展过程中,是控制与利用资本,还是被资本控制和利用?市场化的外部性、负面效果如何应对?这些成为学界重点思考的问题。

第二节 西方新闻学研究的理论框架与核心话题

70年来,中国对西方新闻学的研究,其背后是中西有关新闻/传媒与国家社会发展的话语格局之争,带来的是研究范式的转换与丰富。改革开放之前,我们对西方新闻学大多以"社会主义/资本主义"意识形态辩论的方式展开。改革开放之后的二三十年里,我们采取的态度是"热烈拥抱、努力吸收"。到了最近十年,中国对待西方新闻学的态度显得更加理性、审慎。

---

① 王辰瑶:《反观诸己:美国"新闻业危机"的三种话语》,《国际新闻界》2018年第8期。

② [美]麦克切斯尼:《富媒体 穷民主》,谢岳译,新华出版社2003年版,第378页。

一 西方新闻学研究的理论框架

华人学者李金铨认为,在华人社会的历史情境中,媒介研究可以分为四个层次:一在最宏观看政治经济学;二在中间看媒介社会学,即媒介本身的运作;第三个层次看文本(text),即媒介内容是什么;第四个层次看脉络(Context),即解释社群(Interpretive Communities)从媒介获得什么意义。① 类似的,卡斯特也指出,社会是围绕着人类过程而组织起来的,而这些过程则被历史决定的生产、经验与权力关系所构成。② 我们不妨把关于新闻的生产、经验与权力,看作是西方新闻理论为我们贡献的视角和方法,关于新闻学原理、新闻史、新闻业务、新闻事业经营管理等方面的研究,大多可以纳入到这个框架中。

政治经济学的视角侧重将媒介内容生产的过程与国家政治、经济结构联系起来,分析传媒产品的生产与流通和国家政治、经济和文化等体系的关系。戈尔丁和默多克指出,传播政治经济学"聚焦于公共传播的符号向面和经济向面之间的相互作用。它所显示的是,文化生产的不同的财政方式和组织方式,对公共传播的话语和表征的有效范围以及受众对它们的接近所产生的有迹可循的后果"。③

媒介社会学侧重于对传媒内容的制作过程的社会学分析,其研究都是以"个人和组织的实践活动作为理解新闻体制及其结构的构成因素,由小至大、以微观构成宏观的分析过程"。④ 它侧重将媒介

---

① 李金铨、黄煜:《中国传媒研究、学术风格及其他》,《媒介研究》2004 年第 3 期。
② [美]卡斯特:《网络社会的崛起》,夏铸九等译,社会科学文献出版社 2006 年版,第 13 页。
③ Peter Golding and Graham Murdock, "Culture, Communicationand Political Economy," In James Curran & Michael Gurevitch, *Mass Mediaand Society*, London: Oxford University Press Inc, 2000, pp. 175 – 200.
④ 潘忠党:《"补偿网络":作为传播社会学研究的概念》,《国际新闻界》1997 年第 3 期。

作为社会组织,"主要试图理解新闻从业者的工作努力如何受到行业和职业要求的牵制,以及新闻生产过程中的各种规范和社会关系的制约,并在这个基础上展开对新闻产品的意识形态意义的考察"[①]。正如布尔迪厄在分析法国当代社会时指出,"任何权力都发挥符号权力的作用,也就是说,任何权力都试图通过掩藏构成其力量基础的权力关系,来加强意义,并把这些意义强加为合法意义"[②]。

文本、脉络和解释社群的研究,则可以把研究引向个案和迷人的细节上,进而以小见大。简言之,文本是符号的集合、是被固定下来的传播内容,脉络是文本传播的语境,而解释社群则是文本和脉络所依赖的文化及其依附的人群。对文本、脉络和解释社群的研究主要从文化研究和话语研究两个层面展开,文化研究关注文本、意义、意识形态和社会结构之间的关系;话语研究则摆脱了简单的反映论,认为话语不仅是表现世界的实践,而且是在意义方面说明世界、组成世界、建构世界。

二 西方新闻学研究的核心话题

70年来,我们对西方新闻学研究形成了一些核心话题,本章归纳如下。

(一)对"西方新闻自由、客观性与专业主义"的全面认识

这一组概念是西方新闻理论的核心与基石,其在国内被关注和研究的变化轨迹,本身很值得玩味。20世纪50年代,西方的新闻自由被明晰地打上了"资产阶级"的标签,相关讨论基本上是揭批其虚伪性。改革开放以来,国内重新援引了从约翰·弥尔顿到托马斯·杰弗逊、青年马克思等关于言论自由、新闻自由的论述,以此

---

① 李金铨、黄煜:《中国传媒研究、学术风格及其他》,《媒介研究》2004年第3期。
② Bourdieu, P. et al., *Reproduction in Education, Society and Culture*, London: Sage, 1990, p. 3.

作为新闻业和新闻理论摆脱"极左"路线影响，重新树立新闻业社会公信力的方法。① 近年来随着研究的深入，学界逐渐认识到，新闻自由不是一种"普世价值"，它在不同的历史阶段、不同的国家有着不同的展开方式，作为一种公民权利，它永远和相关的责任、义务相连。有学者提出，社会主义新闻自由必须超越资本主义新闻自由。②

新闻自由、客观性与"专业主义"紧密套接，国内学界当初引进"专业主义"概念，是为了凸显新闻工作的独特价值和新闻工作者的能力素养。但根据相关学者的归纳，"新闻专业主义"的含义仍未形成统一的认识，"一些学者强调'客观性'和'追求真理'的职业理念，另有学者引入了'自由度'问题，也有不少学者将'社会责任'看作新闻专业主义理念的核心元素。有人认为，新闻专业主义是一种职业意识形态（occupational ideology），也有学者视新闻专业主义为管理者进行职业控制（occupational control）的话语策略"。③ 因此，对于新闻专业主义这个概念，我们还有待进一步深入辨析和探讨，同时需要警惕对概念剥离历史语境的使用，防止这个产生于美国19世纪末20世纪初的概念，被"杀头便冠、削足适履"般地研究。

（二）对"全球新闻体制"的深入辨析

随着对全球（而不是仅对美国）新闻业和新闻体制研究的深入，国内学界意识到，新闻传播领域既有经济属性，又有意识形态属性，不能简单分开。包括新闻业在内的文化系统，不是悬浮在经济基础之上的"上层建筑"，而是整个社会再生产的有机组成部分。因此，

---

① 例如，1985年国内译介的日本学者和田洋一等编著的《新闻学概论》曾在国内有较大影响。书中关于"言论自由"一章中，比较详细地梳理了从弥尔顿到哈贝马斯关于"出版自由""批评的公共性"等观点。

② 展江：《马克思主义新闻自由观再探》，《中国青年政治学院学报》2000年第1期。

③ 吴飞：《新闻专业主义研究》，中国人民大学出版社2009年版，第25—29页。

一个国家采取何种新闻体制，是由这个国家的政治经济文化等因素综合决定的，世界各国并不是非黑即白的"自由的新闻体制"或"不自由的新闻体制"。

从国别来看，随着中外学术交往日益频繁，越来越多的中国学者开始将眼光投向欧洲、澳洲和东亚，而不仅仅关注北美的学术资源。2012年《比较媒介体制》[①] 一书被译介到国内，该书以政治学和传播学的角度，详细分析了西欧和北美十八个国家的媒介体制。此书给中国学界最大的启示是，即使在所谓的发达资本主义国家，媒介体制也不是铁板一块，而存在地中海地区国家的"极化多元主义模式"、北欧和德国等为代表的"民主法团主义模式"、英美为代表的"自由主义模式"，我们以往对于"西方"的描述过于笼统，也存在不同程度的"误读"，《报刊的四种理论》应该被体面地安葬了。

从具体的媒介体制和媒介管理看，改革开放之初，在讲求效率的原则下，国内更多关注西方新闻业的技术和管理创新。而到了20世纪90年代中后期，随着国内传媒产业发展到一定阶段，暴露出实践的盲目、理论的偏向、竞争的无序等问题之后，西方国家的公共媒介体制才得以被真正地重视，媒体的"公共性""公共领域"等议题也得以启动。与之相关的另外一个现象是，国内新闻学界关注的是国内社科界熟知哈耶克的"市场自由主义"理论及其1944年出版的《通往奴役之路》，和直到2008年西方金融危机之后才被关注的波兰尼和他同样于1944年出版的《大转型》。波兰尼批评近代以来西方社会时说："与经济嵌入到社会关系相反，社会关系被嵌入经济体系之中。"[②] 在改革开放进程中，中国也曾在一定程度上出现

---

① [美]哈林、[意]曼奇尼：《比较媒介体制》，陈娟、展江等译，中国人民大学出版社2012年版。

② Polanyi, Karl, 1944/2001, *The Great Transformation: The Political and Economic Origins of Our Time*, Boston: Beacon Press, p. 51.

"社会的运作已经服从于市场",传媒和教育、科学、文化、医疗等领域也应谨防"市场化"泛滥。波兰尼其实是用西方理论话语诠释了我们熟悉的"社会效益和经济效益的关系"。

(三)对"新闻生产与技术演进"的充分把握

从新闻生产(媒介内容生产)的切口进行分析,我们可以理解媒介从业者的工作如何游移于市场、意识形态、职业伦理之间,以及内容生产过程中的技术、社会力量和文化秩序的制约,并在这个基础上展开对媒介产品的考察。"考察文化符号生产的环境条件和文化符号本身的特征之间的关系……(意在)显示报酬体系、市场结构和筛选机制对于文化创作者的生涯和活动的影响作用"[①]。对新闻生产的研究回应了传媒改革之后中国媒体面临的新局面。

随着盖伊·塔克曼(Gaye Tuchman)的《做新闻》、马克·费什曼(Mark Fishman)的《制造新闻》、赫伯特·甘斯(Herbert Gans)的《什么在决定新闻》、托德·吉特林(Todd Gitlin)的《新左派运动的媒介镜像》等美国20世纪70—80年代的重要著作被介绍到国内,新闻生产社会学的研究一时兴起。张志安的博士论文《编辑部场域中的新闻生产——〈南方都市报〉个案研究(1995—2005)》、夏倩芳的《"挣工分"的政治:绩效制度下的产品、劳动与新闻人》[②]等,详细呈现了新闻机构内部信息流通、资源配置的"关隘重重",对改革中新闻业出现的问题有较强的解释力。

与新闻生产制度变革对应的是技术变革。报业的激光照排技术、广播电视的卫星传播、高清信号播出、互联网的出现,再到后来的Web1.0和Web2.0,国内学界对新技术的关注程度逐渐做到与世界同步。麦克卢汉、尼葛洛庞帝、凯文·凯利、保罗·莱文森等人的

[①] [美]戴安娜·克兰:《文化社会学——浮现中的理论视野》,南京大学出版社2006年版,第11页。

[②] 夏倩芳:《"挣工分"的政治:绩效制度下的产品、劳动与新闻人》,《现代传播》2013年第9期。

著作也大量被移译过来。面对西方的新媒体技术和理论，中国做了太久的追赶者。接下来可能会出现的问题是，当人工智能、大数据与算法这些同样来自于西方的技术被中国人掌握进而出现反超的时候，我们将给世界贡献什么样的新型新闻产品，也将为世界新闻理论贡献什么样的理论？

（四）对"西方新闻文体和话语方式"的不懈追踪

对新闻文体和采编方式的学习和借鉴，是西方新闻理论研究与新闻实务连接最紧密的部分。改革开放以来，西方新闻界的倒金字塔结构、新新闻主义、特稿、调查性报道、解释性报道、非虚构写作等概念先后被引入，国内也产生了现场新闻、短新闻、深度报道、批评报道等新闻文体和文种。上述西方新闻文体在概念的内涵和外延上并不完全互斥，它们之间也有传承、否定、发展、迭代的关系，但是在进入中国之后，的确刷新了国内曾经盛行的公式化、概念化、语录体的新闻文风，也完善了成就报道、典型报道等既有的新闻文体。从这个角度上说，对西方新闻文体的研究和借鉴，以一种"边缘突破"的姿态，促进了国内新闻界的"话语革命"。

新闻文体的研究并不局限在文字和纸媒上，广播电视新闻文体的刷新（如当年央视的《东方时空》《焦点访谈》《新闻调查》等）和新兴媒体上新闻文体的变化，也纳入了学界的研究视野。最新的情况是，有研究关注到基于微信等自媒体的"杂糅式""非虚构"等新闻文体，它们虽然还有待定型，已经带有明显的中国新媒体表达的特色，不再是亦步亦趋模仿西方的新闻文体了。

关于新闻文体的研究，恰好回扣了李金铨所述的文本、脉络和解释社群的研究层面。正如有研究者提出，"新闻文体的每一次重大演变都是由传播科技发展、用户需求结构调整、文化环境的改变带来的"[①]。因此，文体研究还有待进一步深化。举例来说，国内有关

---

① 罗以澄、王继周：《网络社交媒体的新闻文体"杂糅"现象分析——以〈人民日报·海外版〉微信公众账号"侠客岛"为例》，《现代传播》2016年第2期。

工人、农民、农民工、少数民族的报道与以往有何区别，今天的新媒体和传统媒体关于特定社会群体的报道又有哪些差异？这些话题都可以从文体的角度切入，但是其最终指向的已经是整个社会的媒介话语和媒介生态了。

第三节　西方新闻学研究的启示

新中国 70 年来西方新闻学研究历经风雨大致分成三个阶段，但需要指出的是，前后几个阶段不是割裂和对立的关系，不妨看成是一个"反题—正题—合题"的辩证过程，即从"求异"到"求同"再到"求同存异"的过程。在不断强化马克思主义新闻观在新闻实践和新闻学研究的指导地位，打造中国特色新闻学的今天，西方新闻学研究需要增强学术意识，形成学术共同体，对接全球视野与中国经验，防止"学术殖民"，从而确保学术研究的"文化领导权"。

一　增强学术意识与打造学术共同体

新闻传播实践和新闻学研究是国家软实力的一部分，研究西方新闻学，其根本目的在于建立我们自己的学术体系和学术立场。王国维曾说过："异日发明光大我国学术者，必在兼通世界学术之人，而不在一孔之陋儒，固可决也。"[①] 中国的新闻学研究曾经长期流于"业务探讨"的层面，学术性不够强，而西方的新闻学受文学、语言学、社会学、政治学等学科滋养的时间较长。我们研究西方新闻学，能够深入了解西方的学术走向，增进对话和交流，解决中国新闻学面临的一些问题。

在学术研究中，要避免学术的"内卷化"与"路径依赖"。"内

---

① 徐洪兴编：《求善·求美·求真——王国维文选》，远东出版社 1997 年版，第 126 页。

卷化"借用的是历史学家杜赞奇的概念，这里指学术研究无法提供新的知识，只能不断重复自己和别人；"路径依赖"借用的是制度经济学家诺斯的观点，这里指学术研究的惯性和惰性，缺乏自主意识和创新意识。一些用这些方法生产出来的"学问"，在黑板上、在象牙塔里能够自圆其说、逻辑自洽，可是一旦放到真实世界里面，就显得捉襟见肘、力不从心。

同时，还需要促进学术共同体的形成，保证共同体内学人和学术的顺畅沟通。有文章研究了20世纪90年代以来海外英语文献中的"当代中国传媒改革"，发现根据主要立场可粗略分为"乐观自由派、保守自由派和左派"三个向度，提出要"全面地在中国传媒研究与中国研究之间架桥，促成中国传媒研究领域多元立场的对话"。① 这也正如李金铨提醒的，我们局促在全球学术市场的边缘，既不愿随着他们的音乐指挥棒翩翩起舞，又渴望跟他们平等对话……只有我们建立高标准的学术社群，拿得出漂亮的东西，人家才不能漠视我们的声音，我们才能在全球化的脉络中找定位。②

二 拓展全球视野与提供中国经验

中国当代的新闻传播实践既不是发达资本主义国家的取向，也不是苏联等原社会主义国家的路径。林春认为，中国的社会主义转型，一方面需要在市场动力机制与个人激励之间取得平衡，另一方面要在社会凝聚力与公平正义之间取得平衡③，这也正如林毅夫所提

---

① 刘兢：《1990年代以来英语文献里的当代中国传媒改革研究》，《国际新闻界》2010年第6期。

② 李金铨：《超越西方霸权：传媒与"文化中国"的现代性》，牛津大学出版社（中国香港）2004年版，第3、18页。

③ Lin Chun, "The Trans formation of Chinese Socialism," Durham: Duke University Press, 2006, p. 223。转引自赵月枝《中国的挑战：跨文化传播政治经济学刍议》，《传播与社会学刊》2014年第28期。

倡的"有效市场与有为政府"的观点①。洪宇认为,中国媒介行业的文化体系改革需要寻找企业发展和公共服务之间的黄金平衡点。②上述市场力量与公平正义、个人激励与社会凝聚力、企业发展与公共服务之间的平衡,都不是通过公式计算可以找到的,这必须来自中国的传媒从业者实践以及研究者的跟踪、深描和理论总结。

行文至此可以发现,纯粹研究"西方新闻学"在中国是做不到的,如何把东西方的新闻理论、中国的新闻实践、国家社会的变迁三者相勾连,用中国经验去完善全球新闻理论体系,是中国新闻学研究念兹在兹的课题。中国作为第三世界国家,在现代化征程中必定要经历"挨打、挨饿、挨骂"三个阶段,正视与阐明历史上的"挨打"与"挨饿",用理论和事实去回应当下还存在的"挨骂",这是中国人研究西方新闻学的前置条件。

在西方国家,国家意志已经通过其传媒教育体系、法规体系、媒体的职业规范、新闻机构的运作机制等转化为主流价值观。吕新雨指出,"在中国当前的新闻实践中,对经济建设利国利民的强调,对老百姓生存状态的前所未有的关注,都是价值主体决定价值关系的证明"③。我们对西方新闻学的研究,落脚点是以西方话语为工具,提升中国媒体在国内外议题设置和传播的能力,提升中国研究和中国媒体研究的影响力。

三 杜绝"学术殖民"与重塑"文化领导权"

习近平在纪念马克思诞辰 200 周年大会上的讲话中指出,当代

---

① 林毅夫:《中国经验:经济发展和转型中有效市场与有为政府缺一不可》,《行政管理改革》2017 年第 10 期。

② Hong Yu, "Between corporate development and public service: The cultural system reformin the Chinese mediasector," *Media Culture & Society*, Vol. 36, No. 5, 2014, pp. 610 – 627.

③ 吕新雨:《作为社会存在的新闻与新闻事业——关于新闻理论中诸概念的重新思考》,参见《学术、传媒与公共性》,华东师范大学出版社 2015 年版,第 188 页。

中国的伟大社会变革，不是简单延续我国历史文化的母版，不是简单套用马克思主义经典作家设想的模板，不是其他国家社会主义实践的再版，也不是国外现代化发展的翻版，不可能找到现成的教科书。研究西方新闻学，要防止出现"学术殖民"的情况，不能让某些在学术和理论上处于相对主导地位的国家和团体，对我们的研究产生支配性的影响。因此，研究西方新闻学，也需要有"四个自信"。

与杜绝"学术殖民"对应的是重塑学术研究的"文化领导权"。借用葛兰西的观点，"文化领导权"是文化能力的斗争，我们不能因为研究西方新闻学，而放弃自己对本国新闻理论和实践的定义权。

中国是全球以社会主义命名同时又实现经济崛起的世界大国，包括新闻传播在内的社会主义经验如何继承和发扬至关重要，今天的中国需要与历史上的"五四时期""延安时期"以及"新中国前三十年"这一脉络接续解读，进一步深入研究西方新闻学有助于我们更牢固地确立马克思主义在新闻学研究中的指导地位，有助于我们更精准地把握东西方传媒的差异。例如，"马克思主义党报理论本身就来源于对资本主义公共领域的抗争过程，是对其公共领域意识形态霸权的批判"[①]；而当前全球新闻界共同关注的"媒体融合"问题，在西方意味着"技术革命、资本聚合、组织重构和规制放松"，而在中国意味着更有效的舆论引导、国家治理的现代化与更优质的公共服务。[②] 只有不断深入与洞悉，才能克服"人云亦云"，实现"我注六经"与"六经注我"的统一。

---

① 吕新雨：《中国的现代性、大众传媒与公共性的重构》，参见《学术、传媒与公共性》，华东师范大学出版社2015年版，第97页。

② 参见姬德强《媒体融合推动新时代国家治理与社会建设》，《中国社会科学报》2019年4月28日。

第 三 章

中国新闻史研究

中国新闻研究史肇始于晚清，1834年1月《东西洋考每月统计传》刊载的《新闻纸略论》一文是近代中国的第一篇新闻研究专文。1917年，姚公鹤《上海报纸小史》被附录收入《上海闲话》一书出版，成为我国最早的地方报刊史著作。1927年11月，戈公振的《中国报学史》出版，被誉为"中国新闻史研究的开山之作"，在这一时期出版的新闻史专著中最见功力，影响最大。① 从1908年到1949年的40年间，累计出版的中国新闻史专著约50余种，发表的新闻史论文和有关文章约百十来篇。② 这些成果具有"筚路蓝缕，以启山林"之功，已经初步建构起较为完整的中国新闻史研究学术脉络和理论体系。新中国成立以后，尤其是改革开放以来，中国新闻史研究获得了全新的发展，硕果累累。

站在不同历史的节点上，学者们从不同的角度对中国新闻史研究进行回顾与反思。一些学者对中国新闻史研究的历史阶段进行划

---

① 方汉奇主编：《中国新闻事业通史》第1卷，中国人民大学出版社2004年版，第5页。
② 方汉奇：《1949年以来大陆的新闻史研究（一）》，《新闻与写作》2007年第1期。

分，研究不同时间段呈现出的特征；① 一些学者从学术史的角度，爬梳中国新闻史学的衍变规律；② 还有一些学者从研究范式和历史书写的角度，反思中国新闻史的研究路径。③ 这些研究为深入了解中国新闻史学发展历程和规律提供了重要参考。基建于此，本文力图从历史的脉络中，回溯中国新闻史研究七十年发展历程与重要成果，勾勒史学研究波澜壮阔的鲜活图景。

第一节 中国新闻史研究艰难起步（1949—1978）

新中国成立以后，中国新闻史研究迈入新阶段，经历了由点到面、由局部到整体的演进过程，在艰难中前进。其间经历了动荡的十年"文化大革命"，导致学术活动一度停滞不前。

---

① 丁淦林：《20世纪中国新闻史研究》，《复旦学报》（社会科学版）2000年第6期；曾宪明：《中国新闻史学研究回顾与展望》，《湖北大学学报》（哲学社会科学版）2000年第6期；徐培汀：《20世纪中国新闻学与传播学·新闻史学史卷》，复旦大学出版社2001年版；程曼丽：《中国新闻史研究年回眸》，《社会科学报》2009年第108期；第五版。易耕：《中国新闻史学的描述与解释——学科百年之际的困境及其超越》（上、下），《新闻爱好者》2017年第11、12期；邓绍根、张文婷：《改革开放40年中国新闻史研究回顾与展望》，《新闻春秋》2019年第1期。

② 李秀云：《中国新闻学术史1834—1949》，新华出版社2004年版；张振亭：《中国新时期新闻传播学术史研究》，江西人民出版社2009年版；谢鼎新：《中国当代新闻学研究的演变》，中国传媒大学出版社2007年版。

③ 田秋生：《重写中国新闻史：必要性及其路径》，《西南民族大学学报》（人文社科版）2006年第6期；王维佳：《当代中国新闻史书写中的政治无意识》，《山西大学学报》（哲学社会科学版）2011年第1期；李金铨、张宁：《社会科学对中国新闻史学研究的启示与借鉴》，《新闻记者》2014年第9期；王晓梅：《反思与重构：对中国新闻史研究和书写的一种观察》，《新闻与传播研究》2017年第9期；李杰琼：《中国新闻史研究的重校：马克思主义历史观视野下的新闻事业与社会发展》，《新闻与传播评论》2019年第1期。

20世纪50年代的新闻史研究最先伴随新闻教育的复苏而展开，与以前的研究呈现出鲜明区隔，处于重起炉灶的状态。破旧立新成为新中国教育界的首要任务，1952年全国院系大调整后，一些新闻教育机构也进行了调整和改造。上海的华东新闻学院、暨南大学新闻系、圣约翰大学新闻系、中国新闻专科学校、民治新闻专科学校等先后并入复旦大学新闻系。北京的燕京大学新闻系并入北京大学中国语言文学系，改设编辑专业（后改为新闻专业）。1955年，北京大学中文系新闻专业又划入中国人民大学，成立新闻系。调整后的新闻院系制订了符合国情的教学计划，复旦大学的教学方针就曾提出：训练具有相当丰富的文史知识、新闻理论知识、实际业务操作及语言文字使用能力等基础知识的人才。① 伴随着全国新闻院系的调整和建设，新中国的新闻教育事业逐步恢复，新闻史的研究提上日程，也取得了初步的成果。

首先，初步编写了一批教材和讲义。因应教学需要，各大院系开始编写教学材料，奠定了新闻史教育的基础。1954年，中央马列主义学院的前身——中共中央党校开办新闻班，丁树奇负责主持工作，起草教学大纲。1956年年初，以《苏共报刊史概要》为基础的《中国报刊史教学大纲（草稿）》经修改讨论后出版。这份大纲是"第一份中国新闻史教学大纲"，② 具有补缺的重要意义，从此将革命史研究范式引入中国新闻史的书写领域。在这份讲义的基础上，各大新闻院校编写了各自的教材，1959年，中国人民大学新闻系内部出版了《中国现代报刊史讲义》，成为"我国第一本以马克思主义为指导的现代报刊史著作，当时成为各高校新闻专业的基本教材"③；1966年，修订出版《中国新闻事业史（现代部分）》。与此

---

① 张之华：《建国初期新闻教育与新闻学研究概述》，《新闻研究资料》1992年第2期。

② 丁淦林：《中国新闻史研究需要创新——从1956年的教学大纲草稿说起》，《新闻大学》2007年第1期。

③ 陈业勋：《〈中国现代报刊史讲义〉的作者》，《新闻研究资料》1992年第3期。

同时，1960年复旦大学新闻系内部编印《中国新民主主义革命时期新闻事业史讲义》，1962年被杭州师范大学新闻系翻印。[①] 这一时期内部编印和出版的新闻史学教学大纲、讲义和材料初步满足了教学的需要，但是并没有出现学术研究专著。

其次，初步汇编了一些新闻史料。这一时期出版书目主要聚焦两方面，其一，报刊史料汇编，有上海图书馆主编的《辛亥革命时期期刊总目》（1961）、徐忍寒主编的《申报七十七年史料》（1962）、张静庐辑注的《中国近代出版史料初编（五卷）》（1953）、中共中央马恩列斯著作编译局研究室主编的《五四时期期刊介绍》（1958）、阿英编写的《晚清文艺报刊述略》（1958）等；其二，新闻人物的传记、回忆录，如黄逸之撰写的《邹韬奋》（1950）、潘梓年撰写的《新华日报的回忆》（1959）等。大体来看，史料汇编所占数量最多，为今后的报刊史研究提供宝贵资料。

再次，初步发表了一些新闻史学论文。"百花齐放、百家争鸣"方针提出后，新闻学专业的科研活动一度活跃。1956年、1957年，新华社和《人民日报》先后创办《新闻业务》和《新闻战线》，成为新中国成立后最早的新闻专业期刊，两刊上刊登了少量新闻史论文。1957年出现一个小高潮，当年共有16篇新闻史论文发表。当时，方汉奇撰写了《中国最早的民办报纸"小报"》《中国历史上农民起义军的宣传活动》《太平天国的革命宣传活动》《邵飘萍其人其事》等大量论文。随后三年，各刊发表的新闻史论文均为个位数，有李龙牧的《五四时期传播马克思主义的重要刊物——〈新青年〉》、黄河的《〈先驱〉半月刊——青年团的第一个机关刊物》等。1961年和1962年共发表26篇论文，主要有王芸生和曹谷冰《英敛之时期的旧大公报》、宁树藩的《福开森控制下的〈新闻报〉》、知非的《宋朝的邸报和小报》等。此后，新闻史研究论文数量急剧减

---

① 李红祥、刘兴豪：《重构共同体想象：新中国十七年新闻史教科书的编撰》，《编辑之友》2017年第11期。

少，1964—1977年间，中国新闻史领域的学术研究陷入停滞。

建国初期三十年的中国新闻史研究，"政治本位日渐成为新闻学术研究的基本价值取向与思维方式"①，"研究新闻历史基本上往革命史上靠"②，甚至"一度曾想把中国新闻史与中国革命史合并"③。在阶级斗争的基本框架之下，将进步或是反动作为历史事件、历史人物的评价标准，难以实事求是地分析。这种"革命史范式"的研究思路在实践的过程中暴露出不少弊端，一些论述"几乎是以论带史，分析政治斗争、思想斗争在先，评介报刊宣传在后"④。当然，瑕不掩瑜，刚刚重新开展的新闻史研究还是为日后的学术繁荣发挥了承前启后的重要作用。

第二节　中国新闻史研究逐步恢复（1978—1992）

党的十一届三中全会以后，中国的新闻学研究有了新的飞跃，新闻教育和新闻史课程陆续恢复拓展，"新闻史这个向来冷落的学科，也开始热闹起来"⑤，学术活动蓬勃开展，涌现大批成果。

第一，新闻史教育专业化迅速起步，开始培养和汇聚新闻史研究专门人才。部分新闻院系和新闻研究所的成立，壮大了新闻史学研究队伍，汇聚了各方力量，标志着新闻史研究日趋专业化。1977

---

① 李秀云：《政治本位：1949—1976年的新闻学术研究》，《"传播与中国·复旦论坛"（2009）——1949—2009：共和国的媒介、媒介中的共和国论文集》，2009年12月。

② 方汉奇口述，王天根访问：《中国新闻史研究的回顾与展望——方汉奇先生治学答问》，《安徽大学学报》（哲学社会科学版）2015年第2期。

③ 李建新：《中国新闻教育史论》，新华出版社2003年版，第193页。

④ 丁淦林：《中国新闻史研究需要创新——从1956年的教学大纲草稿说起》，《新闻大学》2007年第1期。

⑤ 秦绍德：《中国新闻史学术讨论综述》，《新闻大学》1982年第2期。

年年底，复旦大学新闻系的招生秩序恢复正常。1978年9月，中国人民大学复校，新闻系随之复办。此后，这些单位相继招收新闻史方向的硕士研究生，这些院系的师生此后成为中国新闻史研究的生力军。1985年后，中国人民大学和复旦大学开始招收新闻史方向的博士研究生，1988年，新闻史方向的首批博士、中国人民大学新闻系尹韵公和郭镇之毕业，他们的博士论文分别是《中国明代新闻传播史》和《中国电视史》。与此同时，中国社会科学院新闻研究所于1978年8月成立，是新中国成立后第一个全国性的新闻研究机构，其任务之一就是"用马列主义的立场、观点、方法研究新闻史"[1]。该所一成立就投入很大的力量，收存、整理散失的报刊和其他历史资料，成立资料室，编辑期刊，为后续的新闻学研究起了很好的压舱石作用。[2]

第二，新闻史论著大量出版，带动了新闻史研究的逐步深入。20世纪80年代前后新闻史学相关著作数量不多，共计110本，教材方面有方汉奇、陈业劭、张之华编著的《中国新闻事业简史》、赵玉明著《中国广播简史》、梁家禄主编的《中国新闻事业史：古代至一九四九年》、王洪祥主编的《中国新闻史（古近代部分）》、丁淦林主编的《中国新闻事业史》等；专著方面有方汉奇的《中国近代报刊史》、黄卓明的《中国古代报纸探源》、李龙牧的《中国新闻事业史稿》、胡太春的《中国近代新闻思想史》、童兵的《马克思主义新闻思想史稿》等；史料方面有《中国共产党新闻工作文件汇编》《中国近代报刊发展概况》《中国新闻事业史参考资料》《清末四十年申报史料》等；通俗科普著作方面有方汉奇编写的《报刊史话》、刘家林编写的《中国新闻史漫话》等。

代表性著作首推方汉奇1981年出版的《中国近代报刊史》

---

[1] 《当代中国的新闻事业》（下），当代中国出版社2009年版，第301页。
[2] 方汉奇：《向新闻传播学研究的国家队致敬》，《新闻与传播研究》2018年增刊。

(上下)，该书是"我国解放以来正式出版的第一部大型报刊史专著"，"不但填补了建国后关于近代报刊史研究的一个空白，也为深入研究中国近代史、近代思想史提供了一部重要参考书"。① 1985年出版的李龙牧的《中国新闻事业史稿》是一部具有特殊意义的著作，该书贯彻和发展了马列学院新闻班教学大纲的精神。从此，"中国新闻史研究的重点，由报刊形式转向宣传内容，由历史沿革转向社会作用，由历史描述转向历史分析"。② 这些新闻史论著的出版，有效地助力了刚刚恢复和拓展的新闻教育，大力提升了中国新闻史的研究水平。

第三，新闻专业期刊陆续创办，搭建了新闻史研究和展示的交流园地。1979年8月，由中国社会科学院新闻研究所主办的《新闻研究资料》正式创刊，该期刊专载新闻史料以及最新的新闻史研究成果，起到了史料搜集、保存、整理的重要作用，为学界提供了丰富的库存。这一时期的《新闻研究资料》主要聚焦三方面的内容：一是新闻人物的回忆录、亲历记，如张友渔的《我和时事新报》、夏衍的《白头记者话当年——记香港〈华商报〉》等。二是有关新闻媒介、新闻人物、新闻事件等多方面的史料与史实考订，如顾执中的《上海民治新闻专科学校的诞生与成长》、杨瑾玮、宁树藩、方汉奇、王凤超的《〈中国报学史〉史实订误》等。三是新闻史研究的学术论文，新时期的论文在各方面都有所突破，研究对象不再局限于报刊，广电史研究崭露头角，如赵玉明的《外国人最早在我国办的广播电台》、郭镇之的《新时期中国电视的10年》；研究内容愈发广泛，既有区域性研究，如潘贤模的《中国现代化报业初创时期——鸦片战争前夕广州、澳门的报刊》、白润生、胡静波的《〈台湾民报〉与台湾新文化运动》，也有断代史研究，如尹韵公的《论明代邸报的传递、发行和印刷》；研究范围不断延伸，一些论文开始

---

① 王凤超：《新闻业史研究的新收获》，《读书》1983年12月。
② 丁淦林：《20世纪中国新闻史研究》，《复旦学报》（社会科学版）2000年第6期。

关注传教士报刊,如卓南生著、张国良译《新教在马六甲的传教和〈察世俗每月统记传〉的诞生》等。

与此同时,《新闻战线》《中国记者》《国际新闻界》《北京广播学院学报》《新闻大学》等各大新闻传播学刊物纷纷复刊或创办,刊载大量新闻史学论文,如《辛亥革命前后的报刊》《中国近代报刊的业务演变概述》《中国早期的新闻教育》《唐代新闻传播活动考》等等,助力新闻史学研究。

第四,新闻史学术活动和学术团体不断发展,推进新闻史研究协同作战。以新闻史研究为主导的教育活动、学术会议、期刊编纂促进了学术共同体的成型与发展,中国新闻史学会在新时期崭露头角。20世纪80年代前后,学界围绕如何编写新闻史开展了多次会议,为日后通史的编纂奠定基础、指明方向。1980年4月,新闻研究所和北京新闻学会新闻史组就如何编写中国新闻业事史举行了一次座谈会,萨空了、方汉奇、赵玉明等参加,座谈会着重讨论有关编写中国新闻事业史的问题。方汉奇提出报刊史应该打破党报史的基本研究思路,他认为,"报刊史要有报刊史的特点,不能写成一般的历史,或写成阶级斗争史、政治史、思想史和文化史。报刊史是总的通史的一部分。属于文化史的范畴,也是政治斗争史的一部分。它对通史有依附关系,但不能与之雷同"。[①] 1986年10月30日至11月2日,来自中国人民大学、复旦大学、暨南大学、北京广播学院、中央人民广播电台、中国社会科学院新闻研究所等单位的部分新闻史研究者在安徽黄山召开了《中国新闻事业通史》的编写工作会议。会上讨论了指导思想和编写提纲,确定了编写体例和质量要求,选出了主编、副主编、编委会成员和各章节的具体编写工作主持人,[②]

---

① 王凤超:《如何编写新闻史——新闻研究所、北京新闻学会座谈会纪要》,《新闻研究资料》1980年第3期。

② 王凤超:《中国人民大学等单位新闻史工作者协作编写〈中国新闻事业通史〉》,《新闻研究资料》1986年第3期。

正式启动中国新闻通史的研究和编撰工作。

中国新闻史学会便在这样的背景下诞生，1986年7月24日至26日，14所高等院校合编的《中国新闻史》（古近代部分）在吉林大学举行编写会议，方汉奇提议创办一个全国性的中国新闻史研究团体。这个倡议得到了热烈响应，并定名为"中国新闻史学会"。随后成立了以方汉奇为组长，宁树藩、陈业劭等为副组长的学会筹备小组。1989年4月3日，民政部正式批准同意设立"中国新闻史学会"。[①]

经历了拨乱反正的思想解放之后，中国新闻史研究摆脱了长期以来"左"倾错误思想的束缚，不少学者开始反思"革命史范式"存在的问题，学术风气焕然一新。新闻史学教育输送了一批人才，这一时期培养的硕士、博士已经成为当今新闻史学界的中坚力量。学术研究持续深入，通史类著作有所进展，教学参考资料不断补充，专业期刊出版和学术会议研讨为学界拓展了交流平台。中国新闻史研究在恢复中重建，就此迈向新的方向、新的目标、新的局面。

第三节　中国新闻史研究全面开花（1992—2007）

20世纪90年代，改革开放进入全面深化期，中国新闻史研究与时代同步，也迈入了成熟、拓展的新时期。1992年是中国新闻史学界继往开来中特别重要的一年：6月11日至13日，中国新闻史学会成立大会在北京广播学院正式召开，作为中国新闻传播学界唯一的一个一级学会，从此一直发挥学术引领与纽带作

---

① 刘泱育：《中国新闻事业史纲》，南京师范大学出版社2015年版，第206—207页。

用；11月，国家技术监督局颁布国家标准《学科分类与代码》，新闻学与传播学被列为一级学科，将新闻史列为与新闻理论、新闻业务、新闻事业经营管理、广播与电视、传播学等并列的二级学科，下属中国新闻事业史、世界新闻事业史、新闻思想史、新闻史其他学科等三级学科①；《中国新闻事业通史》第一卷于当年正式出版，第二、三卷分别于1996年、1999年出版。该书共260余万字，上起公元前3世纪，下止1990年，时间跨度2200余年。由24个部门的47位学者，历时12年合作完成。② 这是迄今为止规模最大、涉及面最广的中国新闻通史著作，也是改革开放以来中国新闻史研究的集大成之作，《中国新闻事业通史》的出版标志着中国新闻史研究迈向新阶段。

伴随着信息观念的引入，学界更强烈地意识到需要牢牢把握学科特性，改变中国新闻史依附于政治史、思想史的局面，新闻史"本体意识"慢慢复苏。1997年5月，在上海召开的"中国新闻史学会换届暨98全国新闻史学术研讨会"上，宁树藩作了题为《强化本体意识，探求自身规律》的发言，就中国新闻史研究存在的问题和未来发展方向提出了深刻见解。在随后的专访中，宁树藩重申了强化这一看法，提出了"两条腿走路"的观念，一方面要注重报刊的社会作用，主要表现为政治思想方面的作用，对文化与社会进步方面的影响等；另一方面更要留心报刊自身成长的历史，即新闻事业产生、发展、运动变化的历史。③ 伴随着"本体意识"的觉醒，以专著为例，这一时期的新闻史研究内容多元，议题纷呈，研究质

---

① 吴廷俊：《中国新闻传播史（1978—2008）》，复旦大学出版社2011年版，第515—517页。

② 方汉奇主编：《中国新闻事业通史》（第一卷），中国人民大学出版社1992年版，第15页。

③ 宁树藩、曾健雄：《强化本体意识，探求自身规律——新闻史研究的反思与前瞻》，《新闻记者》1998年第9期。

量和水平不断飞跃。①

首先，通史类研究遍地开花，填平补齐工作基本完成。新闻事业发展史成为热点，从图1可以看出，"发展史""新闻事业史"占据中心地位，深受重视，研究成果也各具特色。除了前述《中国新闻事业通史》外，主要有刘家林著《中国新闻通史》、白润生著《中国新闻通史纲要》等先后出版，还有丁淦林主编的《中国新闻事业史》、黄瑚著《中国新闻事业发展史》、赵中颉著《中国新闻传

---

① 注：本文尽可能采集了1992—2019年间中国大陆地区出版的绝大多数中国新闻史研究学术著作的标题，基于语义网络分析的方法，探讨新闻史研究的主要议题和不同时期的研究取向。样本搜集遵循以下原则：（1）本研究主要以学术专著为研究对象，相关出版史料汇编、资料索引、人物回忆录、图书馆藏目录等史料汇编类书籍不计入在内，如张静庐辑注的《中国近代出版史料初编（五卷）》（1953年）等。（2）一些再版或由不同出版社出版的同一著作，或是一些在大陆出版后又在港台地区出版的均计为一类。如1981年山西人民出版社出版的《中国近代报刊史》（方汉奇著）和1991年山西教育出版社出版的《中国近代报刊史》（方汉奇著）均归为一类。（3）一些科普类、文学类、人物传记类的新闻史著作未列入统计范畴。（4）一些以书籍形式出版的论文集、会议辑刊等未列入统计范畴。（5）一些近年来出版的海外研究著作列入统计范围内，如季家珍所著《印刷与政治：〈时报〉与晚清中国的改革文化》；一些译著由于原作出版年代久远，并不纳入统计范围内，如白瑞华著《中国近代报刊史（1800—1912）》。（6）一些跨学科的著作往往会被忽略，如文学史、近代史学科对于新闻史、报刊史的研究，本研究在统计的时候一并将其纳入范围内。基于此，共抓取的759部中国新闻史研究著作。本研究采用中文分词工具"结巴分词"（jieba）进行分词，保留所有的名词、动词和形容词，然后生成分词文本。针对一些报刊名、新闻报人等专业词汇，如"循环日报""新记大公报""邹韬奋"等，添加入自定义词典并进行二次分词。处理之后，将所得文本对与新闻史研究相关的概念以及概念之间的关系进行分析，获得新闻史研究相关概念的频率和概念共现频次。本文将1992—2006年和2007—2019年的数据分别进行语义分析，采用开源软件Wordij3.0对词频和词对频率进行分析。在Wordij3.0里导入分词文本，在wordlink program这项中设定词频下限为3，词对频率下限为2。当两个词间距（windows）小于等于3时，将这两个词构建共现关系。通过计算，得到语义网络的数据基本要素，词和词共现的频率结果。将上述所得词和词对频率导入Gephi，生成可视化图。最终，1992—2006年间的可视化图（见图1）获得51个节点，206条边；2007—2019年间的可视化图（见图2）获得个141节点，420条边。随后，将上述所得词和词对频率导入Gephi，生成可视化图。

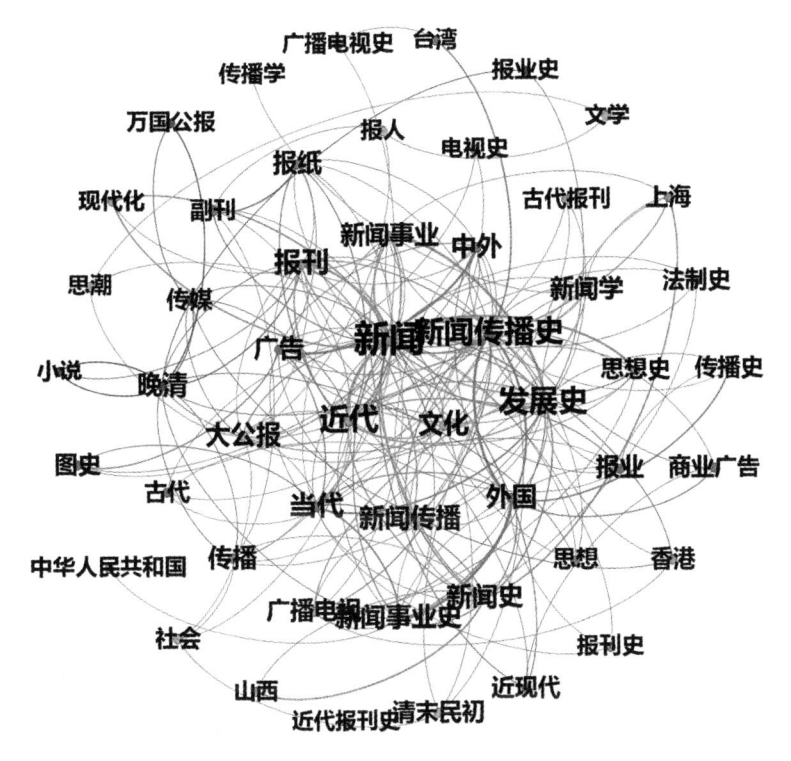

图 1　1992—2006 年间中国新闻史研究语义网络

播事业史纲》、方汉奇主编《中国新闻事业编年史》、赵玉明著《中国广播电视通史》等。这些作品时间涉及古代、近代、现代多个时段；研究对象涵盖报刊、广播、电视等媒介，史料翔实、视野开阔，为学界提供了厚实的实用参考。

其次，地方新闻史研究陆续开展，区域覆盖全面推进。上海新闻史研究独树一帜，产生了一批有影响的成果，如秦绍德的《上海近代报刊史论》、马光仁主编的《上海新闻史（1850—1949）》和《上海当代新闻史》以及《申报的兴衰》等，"上海的地方新闻史研究一直走在全国其他地区的前面"[①]。其成果丰富一方面得益于近代

[①] 赵玉明、李磊：《跨世纪四年间中外新闻史研究成果巡视》，《新闻春秋》2003年专辑。

上海新闻业的历史地位和社会影响，另一方面也由于史料、资源充足，吸引海内外学者投入。其他地区，包括少数民族地区的新闻事业也备受关注，白润生的《中国少数民族文字报刊史纲》、周德仓的《西藏新闻传播史》、王醒的《山西新闻史：新闻传播与山西社会发展》、彭继良的《广西新闻事业史（1897—1949）》、叶文益的《广东革命报刊史（1919—1949）》等论著陆续出版。与此同时，港澳台地区的新闻事业也引起关注，如方积根、王光明编著《港澳新闻事业概观》、陈昌凤著《香港报业纵横》、程曼丽著《〈蜜蜂华报〉研究》、陈扬明等著《台湾新闻事业史》、刘燕南著《台湾报业争战纵横》、郑贞铭编著《20世纪中国新闻学与传播学·台湾新闻传播事业卷》等。

各地新闻史料搜集编纂在这一时期达到高峰，呈现出"盛世修史"的特征，上海、北京、江苏、浙江、湖南、湖北、四川、重庆、山东、广西、云南、海南、青海等多个省、市、自治区编辑出版了报业志、新闻志或广播电视志，一些地方城市如南京、福州、成都、武汉、大连、烟台、黄山、乐山、襄樊、梧州等也出版了报业志，实现了地域上的广覆盖。

再次，专题研究蓬勃兴盛，在新时期有了新的突破。一些研究聚焦不同的媒介，如赵玉明的《中国解放区广播史》、郭镇之的《中国电视史》、徐光春主编《中华人民共和国广播电视简史》、乔云霞主编的《中国广播电视史》、彭兰的《中国网络媒体的第一个十年》；一些研究关注学术史，如徐培汀、裘正义的《中国新闻传播学说史》、徐培汀的《20世纪中国新闻学与传播学·新闻史学史卷》和《中国传播学说史（1949—2005）》、李秀云的《中国新闻学术史（1834—1949）》等；一些研究考察思想史，如张昆的《传播观念的历史考察》、张育仁的《自由的历险：中国自由主义新闻思想史》、郑保卫的《中国共产党新闻思想史》、金冠军与戴元光主编的《中国传播思想史》、许正林的《欧洲传播思想史》等；还有一些研究聚焦传媒经营管理，如胡太春的《中国报业经营管理史》、刘江船的

《建国前中国共产党新闻管理思想研究》和陈培爱著《中外广告史——站在当代视角的全面回顾》等。大量的新闻人物、新闻媒介研究成果纷纷面世，如尹韵公主编的《中国新闻界人物》、李彬、涂鸣华主编的《百年中国新闻人》、左成慈著《余纪忠办报思想与实践研究》、郝丹立著《韬奋新论：邹韬奋思想发展历程研究》等。与此同时，外国新闻传播史研究新作迭出，有郑超然、程曼丽、王泰玄著《外国新闻传播史》、程曼丽著《外国新闻传播史导论》、陈力丹著《世界新闻传播史》、欧阳明著《外国新闻业史稿》、马庆平著《外国广播电视史》、郭镇之的《中外广播电视史》等。这一时期的新闻史专题研究面广量大，反映出研究者视角的多元拓展和主题的全面深入。

20世纪90年代，新闻史研究领域的"合法性"逐渐增强，研究队伍和研究成果全面繁荣。伴随着中国新闻史学会的成立，全国性的学术共同体逐步形成，汇聚了一批研究力量，影响力、号召力不断增强；随着《中国新闻事业通史》的出版，通史研究独领风骚，地方史、专门史、媒介史等研究多点开花，推出了视角多元、层次丰富的系列学术成果。一个日趋成熟、充满活力的新闻史研究格局已然成形。

第四节　中国新闻史研究多元拓展（2007—2019）

2007年后，以《新闻大学》发起"中国新闻史研究的体例、视野和方法——中国新闻史研究现状笔谈"为代表，学界开始重新审视中国新闻史研究。虽然20世纪八九十年代都曾进行过争鸣与探讨，但这一时期的反思更具创新意义，"不是在原地盘旋，而是螺旋式上升，因为新闻史研究已经达到和此前比较起来相对较高的平台"。① 此后，学界继续求新图变，在反思与改进中前行，一些研究成果突破了传统范式的束缚，拓展新的领域，尝试新的方法，达到新的高度。据统计，1992年至2006年间出版的新闻史研究相关论著有259本，2007年至2019年间超过500本，新闻史学研究数量、质量上均有飞升。

第一，个案研究更加深入全面，可谓多点开花。2007年，方汉奇呼吁"多花一点力气改做基础性的工作，多打深井，多作个案研究。打深井，意味着开掘要深，要达到前人没有达到的深度，要有重要的新的发现和新的突破。多作个案研究，指的是要重视报刊原件、新解密的档案资料和口述历史的搜集整理工作，加强历史上有重大影响的报刊的报人的个案研究"。② 可喜的是，近年来学界从媒介史、事件史、人物史等不同角度，出版了诸多扎实精彩的个案研究成果，研究领域愈发深入。

报刊一直是长期以来的高频词汇，报刊史研究占据了媒介史研究的中心地位，从媒体形态上看，媒介、媒体、报纸、报业、副刊、期刊等均为重要节点；从具体报刊来看，《大公报》《申报》《新青年》《东方杂志》《北洋画报》《点石斋画报》都是重要节点，据统计，2007—2019年间，研究《申报》《大公报》的学术著作分别为14、12部，如唐小兵著《现代中国的公共舆论：以〈大公报〉"星期论文"和〈申报〉"自由谈"为例》、卢宁著《早期〈申报〉与晚清政府：近代转型视野中报纸与官吏关系的考察》张立勤著《1927—1937年民营报业经营研究：以〈申报〉〈新闻报〉为考察中心》等一批以博士论文为基础的专著纷纷出版。

事件史是中国新闻史中极具史学价值的一个领域，"苏报案""南京大屠杀"等均成为个案中的研究热点，例如王敏的《苏报案

---

① 方汉奇、曹立新：《多打深井多作个案研究——与方汉奇教授谈新闻史研究》，《新闻大学》2007年第3期。

② 同上。

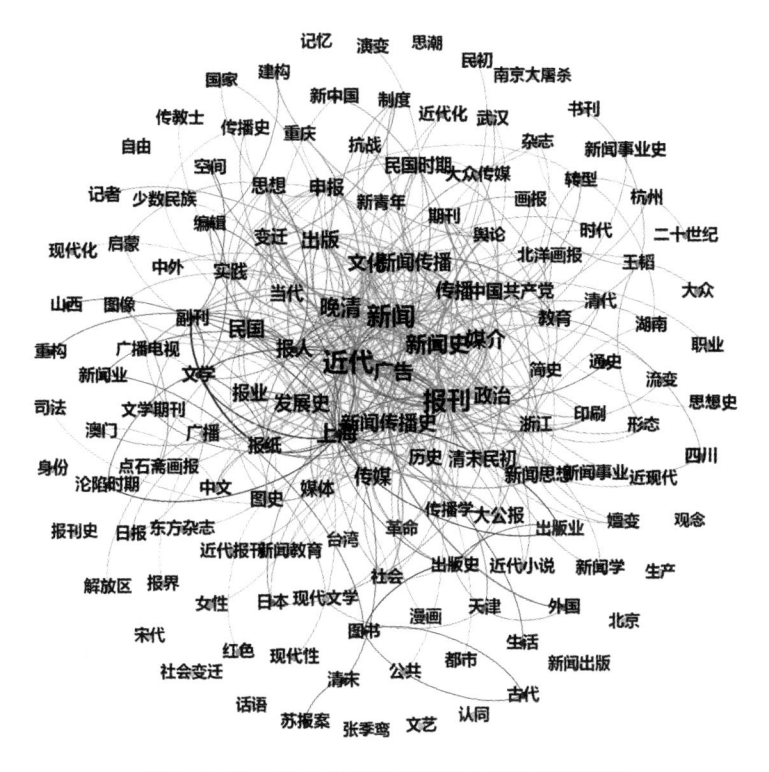

图 2　2007—2019 年间中国新闻史研究语义网络

研究》、徐中煜的《清末新闻、出版案件研究：以"苏报案"为中心（1900—1911）》、蔡斐的《1903年：上海苏报案与清末司法转型》、施原的《苏报案与辛亥风云：20世纪初的中国愤青》等。不同学者从法学、史学、政治学角度进行解构，出版了大量著作，丰富了中国新闻史的题材和内涵。

人物史研究愈发多元，涉及广泛。既有王韬、张季鸾、邵飘萍、邹韬奋等报界名人[①]，也有其他如胡适、鲁迅、陈独秀等新文化运动

---

① 如林溪声、张耐冬的《邵飘萍与〈京报〉》，中华书局2008年版；杨雪梅的《陈铭德、邓季惺与〈新民报〉》，中华书局2008年版；王润泽的《张季鸾与〈大公报〉》，中华书局2008年版；刘宪阁的《报人张季鸾研究：中日关系的视角》，吉林大学出版社2011年版；萧永宏的《王韬与〈循环日报〉：王韬主持笔政史事考辨》，学习出版社2015年版；张文明的《邹韬奋新闻出版实践与思想研究》，社会科学文献出版社2015年版。

先驱[1]，还有马星野、黄天鹏、胡道静、林语堂等人物的新闻实践与新闻思想研究[2]。新时期的这些新闻人物研究不落窠臼，涉及方方面面的代表，从不同角度、不同层面或不同阶段进行了深入考察，填补了不少研究空白。

第二，专题研究十分活跃，各类成果精彩纷呈。地方新闻史研究依然独领风骚。2007年至2019年间，共出版了80余部地方新闻史论著。此阶段的研究对象不再局限于上海地区，天津、浙江、重庆、湖南、北京、香港、澳门、台湾等也成为重要节点，主要代表作有马艺的《天津新闻史》、王文科、张扣林《浙江新闻史》、蔡斐《重庆近代新闻传播史稿（1897—1949）》、唐惠虎、朱英的《武汉近代新闻史》（上下）、林玉凤的《中国报业的起点：澳门新闻出版史（1557—1840）》等。少数民族地区的新闻传播史研究在这一时期迈上新台阶，白润生编著的《中国少数民族新闻传播通史》，第一次系统地研究了我国少数民族新闻传播事业百年的兴衰历程，涵盖地域之广、民族之众、媒体之多，都远远超过了此前出版的同类著作，填补了中国新闻传播史研究的空白。[3] 值得关注的是，2018年9月，宁树藩主编的《中国地区比较新闻史》面世，该书历时26年完成，运用地区比较的方法考察全国所有省份自1822年至2000年间新闻事业发生发展的全过程，"是中国新闻史研究的一项重大成果，

---

[1] 闻学峰：《胡适办报实践与思想研究》，中国社会科学出版社2011年版；吴麟：《常识与洞见：胡适言论自由思想研究》，中国传媒大学出版社2010年版；王春森、许兰芳：《鲁迅新闻观及其报界缘》，江苏大学出版社2012年版；陈长松：《陈独秀前期报刊实践与传播思想研究》，中国社会科学出版社2015年版；于丽、田子渝：《陈独秀与〈新青年〉研究》，中国社会科学出版社2015年版。

[2] 王继先：《坚守与徘徊：新闻人马星野研究》，南京师范大学出版社2018年版；曹爱民：《记者与学者：新闻人黄天鹏研究》，南京师范大学出版社2018年版；关梅：《报人与专家：新闻人胡道静研究》，南京师范大学出版社2018年版；钱珺：《幽默与抗争：新闻人林语堂研究》，南京师范大学出版社2018年版。

[3] 黄春平、蹇云：《"十一五"以来我国新闻传播史的研究现状特点与趋势》，《深圳大学学报》（人文社会科学版）2015年第1期。

是中国地区新闻史研究集大成之作,也是我国地区新闻史研究的一座高峰"。① 至此,我国的地区新闻史已经实现全覆盖,为全国新闻史研究奠定厚实基础。

断代史研究佳作频出,继尹韵公著《中国明代新闻传播史》、李彬著《唐代文明与新闻传播》、赵振祥著《唐前新闻传播史论》等出版后,2007年以来,史媛媛的《清代前中期新闻传播史》、陈玉申的《晚清报业史》、李漫的《元代传播考:概貌、问题及限度》和刘大明的《宋代新闻传播与政治文化史稿》等陆续出版,我国古代新闻传播史基本覆盖了唐、宋、元、明、清等各个朝代,有了系统的成果。

中国共产党新闻史是一个令人瞩目的研究领域,涌现诸多论著。这些成果涉及报刊发行、新闻思想等内容,也包括了不同地区,主要有王晓岚著《中国共产党报刊发行史》、严帆著《中央苏区新闻出版印刷发行史》、徐信华著《中国共产党早期报刊与马克思主义大众化》、钱承军著《建国前中国共产党报刊研究》、郑保卫主编的《中国共产党领导人新闻实践与新闻思想研究》、张春林著《中国共产党舆论监督思想史》、王传寿的《烽火信使:新四军及华中抗日根据地报刊研究》、田建平、张金凤著《晋察冀抗日根据地书报传播史略(1938—1945)》等。

除了报刊这一传统媒介,近年来中国新闻史的研究对象愈发宽泛,有关广播、电视、新媒体、广告的研究新意迭出,主要有岳淼著《中国电视新闻发展史研究(1958—2008)》、哈艳秋著《当代中国广播电视史》、刘洪涛著《大陆对台广播史研究》、武齐著《中国广告学术史1814—1949》、胡百精著《中国公共关系史》等。

新闻法制史研究不断深化,前一时期,黄瑚著《中国近代新闻法制史论》、陈建云著《中国当代新闻传播法制史论》、殷莉著《中国近现代新闻出版法制研究》和马光仁《中国近代新闻法制史》等

---

① 白润生:《中国地区新闻史研究之我见》,《青年记者》2018年12月上。

先后出版，倪延年在撰写《中国报刊法制发展史》古代卷、现代卷、当代卷和港澳台卷之后，这一时期又总主编了首部全景式叙述中国新闻法制发展的专题性通史《中国新闻法制通史》，包括古代卷、近代卷、当代卷、港澳台卷、史料卷（2册）和年表索引卷（2册），其计570余万字，"是新世纪以来新闻传播专门史研究的一项有开创性意义的重大成果"①。

第三，新闻史研究视角多元，研究范式不断更新。王润泽的《北洋政府时期的新闻业及其现代化（1916—1928）》以媒介在中国现代化进程中的功能论述作为主线，揭示媒介的现代化本质，是现代化范式的探索。陈昌凤的《中国新闻传播史：传媒社会学的视角》，从媒介社会学视角展开，在新闻传播与社会的政治、经济、文化的关系中，梳理和论述中国新闻传播的变迁与发展，开创了新闻史的新写法。李彬撰写的《中国新闻社会史：1815—2005》突破了传统新闻史书写，坚持新闻与社会的融合、理论与历史的融合、新闻学与传播学的融合②，将新闻与社会史、传播史相勾连，以独特的视角探寻中国新闻发展的规律。吴廷俊的《中国新闻史新修》基于媒介生态的视角，探讨新闻传播发展、演变的历程。黄旦带领的"新报刊史书写团队"提出以媒介为重点，以媒介实践为叙述进路，③试图重新理解报刊及其与传播实践关系，出版的《范式的变更：新报刊史书写》论文集呈现出中国报刊史的别样解读。其他阅读史、口述史等也拓展了中国新闻史研究的领域，多种研究视角的应用，丰富了中国新闻史的叙事线索和内涵，促进了研究内容的转变和拓展，全方位地呈现出历史的复杂性与多样性。

---

① 赵玉明：《序一》，倪延年主编：《中国新闻法制通史》第1卷，南京师范大学出版社2015年版，第2页。

② 李彬：《中国新闻社会史（1815—2005）》，上海交通大学出版社2007年版，第266页。

③ 黄旦主编：《范式的变更：新报刊史书写》，上海交通大学出版社2018年版，第1页。

全球化同样是中国新闻史研究的新特征。2013年12月，英文版《中国新闻事业通史》面向全球发售，成为第一批向海外介绍中国新闻学研究的经典文献，是中国新闻史研究"走出去"的关键一步。外国新闻史在新时期借鉴了全球传播的多维角度与分析框架，研究"主体和话题都呈现出多元化特征"。[1]李彬著《全球新闻传播史（公元1500—2000年）》"为我国新闻传播界积极应对全球化的挑战和机遇提供科学的历史参照"[2]。张昆的《中外新闻传播思想史导论》站在比较的立场，勾勒出中外新闻传播思想史的基本概貌。与此同时，也有不少海外研究中国新闻史的著作传入，以独特的研究视角给中国学界带来新思考，如芮哲非著《谷腾堡在上海：中国印刷资本业的发展（1876—1937）》、季家珍著《印刷与政治：〈时报〉与晚清中国的改革文化》等。

值得注意的是，这一时期新闻史料的专题整理获得了新突破，中国人民大学新闻学院和国家图书馆联合出版了《民国时期新闻史料汇编》（全16册）、《民国时期新闻史料续编》（全32册）、《民国时期新闻史料三编》（全26册）、《中国人民大学新闻学院藏稀见新闻史料汇编》（共29册）、《中国人民大学图书馆藏燕京大学新闻系毕业论文汇编》（全34册）等，国家图书馆联合南京师范大学出版社出版了《中华抗战期刊丛编》（全67卷），此外还有《中国抗战广播史料选编》《二战后审判日本战犯报刊资料选编》（1套6册）等，这些史料的出版，满足了"新闻史研究的需要，也有利于相关交叉学科研究"[3]。

2007年后，中国新闻史学取得的成果之多之广，远胜过任何一个时期，代表着新闻史学攀登到了新的高峰，突出表现为：其一，

---

[1] 程曼丽、赵晓航：《时代变迁下的外国新闻史研究》，《中国社会科学报》2017年5月4日。

[2] 方汉奇：《序》，李彬：《全球新闻传播史（公元1500—2000年）》第二版，清华大学出版社2009年版，第1页。

[3] 郭传芹：《专题新闻史料的价值与意义》，《中国社会科学报》2017年9月7日。

研究视野不断扩展，向深层次推进，地方史研究实现全覆盖，兼顾复杂性与多样性；其二，研究内容越趋多样，跨学科交流密切，尤其受到社会学、人类学等影响，从政治史、事件史的视角转向社会史、文化史、心态史等诸多方面，兼顾本体性与交叉性；其三，研究范式寻求新出路，改变了过去门类单一、题材狭隘的弊端，纠正了以往一些研究公式化、简单化的缺陷，兼顾传统性与创新性。

第五节 中国新闻史研究的收获与反思

对于漫长的中国新闻事业发展历程，70年的新闻史研究虽然是短暂的，却也意味着新的起点、新的超越。通过新闻史论著的语义网络分析可见，中国新闻史研究已是硕果累累，通史类研究屡有突破，专题研究面面俱到，区域史研究全方位覆盖，个案研究多领域深化。毫无疑问，建国以来中国新闻史研究所取得的成绩是辉煌的，然而，在这繁荣的背后，也有一些问题仍然值得学者们关注。

一 总体取向：由冷门到兴盛

国家社会科学基金项目具有重要的导向性、权威性和示范性，从一个角度反映出该领域获得的重视和繁荣。总体而言，新闻史领域的国家级项目逐年增长，显示出良好发展态势，1986—2018年间共设立与新闻史研究相关项目243项，其中重大项目10项、重点项目17项。

在国家社会科学基金的支持下，新闻史研究在多领域、多角度、多层次展开，无论是在数量上还是在质量上，双双得到提升，取得了大批代表性的优秀成果。大致可以将新闻史国家项目的发展分为三个阶段，第一阶段是1986年至2003年，中国新闻史研究尚属于"小荷才露尖尖角"的状态，共设立20项课题，基本是断断续续、零星立项。在此期间，由中宣部新闻局牵头的"新闻事业与现代化建设"

(1986)、方汉奇的"中国新闻事业通史"(1988)、何梓华的"马克思主义新闻思想发展史"(1992)和余敏、郝振省的"中国出版通史"(2002)被列为重点项目。第二阶段是2004年至2012年,这一时期共批准设立94项,2010年至2012年分别设立17、16、20项,突破了以往的个位数。其中,倪延年主持的"中国新闻法制发展史研究"(2007)、李彬主持的"新中国六十年新闻事业史研究"(2009)、陈信凌主持的"中央苏区红色文化传播研究"(2012)被列为重点项目。第三阶段是2013年至2018年,共批准设立129项[①]。2013年是具有标志意义的一年,倪延年主持的"中华民国新闻史"同时被列入国家社会科学基金重点和重大项目,该课题是我国新闻史领域的第一个国家社会科学基金重大项目。此后,新闻史领域的重大项目逐年设立,议题涉及断代史、文化史、阅读史等各方面。

表1　　　　国家社会科学基金新闻史重大项目一览

序号	时间（年）	项目名称	主持人	单位
1	2013	中华民国新闻史	倪延年	南京师范大学
2	2014	多卷本《中国新闻传播技术史》	韩丛耀	南京大学
3	2015	百年中国新闻史史料整理与研究	王润泽	中国人民大学
4	2015	中央苏区红色文化传播的历史经验研究	陈信凌	南昌大学
5	2016	多卷本《中国报刊阅读史》	蒋建国	华南理工大学
6	2017	多卷本《延安时期新闻传播文化史》	王春泉	西北大学

---

① 2010年国家社会科学基金设立"中华学术外译项目",2010—2018年间与中国新闻史研究有关的"中华学术外译项目"仅有李彬的"唐代文明与新闻传播"(2017),该项目成立时间晚、数量较少,本研究暂未纳入统计。

续表

序号	时间年	项目名称	主持人	单位
7	2018	中国共产党新闻宣传工作史料收集、整理与数据库建设（1949—1966）	赵建国	暨南大学
8	2018	海峡两岸新闻交流三十年史料整理、汇编与研究	张晓锋	南京师范大学
9	2018	全球互联网50年发展历程、规律和趋势的口述史研究	方兴东	浙江传媒学院
10	2018	马克思主义中国化百年传播话语体系变迁研究（1919—2018）	周宇豪	郑州大学

除了数量上不断增长，课题的内容也是多点开花，既有通史、断代史等宏观研究，如方汉奇的"中国新闻事业编年史"、李春的"改革开放时期新闻事业史（1978—2006）"、程丽红的"清代新闻传播史研究"；也有一些地方新闻史研究，如马艺的"天津新闻传播史"、李文的"陕甘宁边区新闻事业研究"、张晓锋的"台湾近代新闻史研究（1885—1949）"，还有少数民族传播史，如周德仓主持的"中国藏语报刊发展史研究"、蓝东兴主持的"西南少数民族口述传播史研究"；另有其他各类专题研究，如刘家林的"中国共产党城市办报史研究（1921—1949）"、刘亚的"中国人民解放军新闻史研究"、韩丛耀的"中国近代（1840—1919）图像新闻出版史研究"、徐新平的"晚清时期新闻思想研究"、邓绍根的"美国在华新闻传播史研究（1827—1953）"等等。

从1986年的1个项目起步，到2018年首次超过30个，新闻史研究领域的投入的资金总量不断增加，体现了国家的高度重视和大力支持，新闻史学已然从"冷板凳"成为"热学问"。尤其是青年项目和西部项目的设置，给更多的研究人员创造了机会，推动了新闻史学的深入发展。

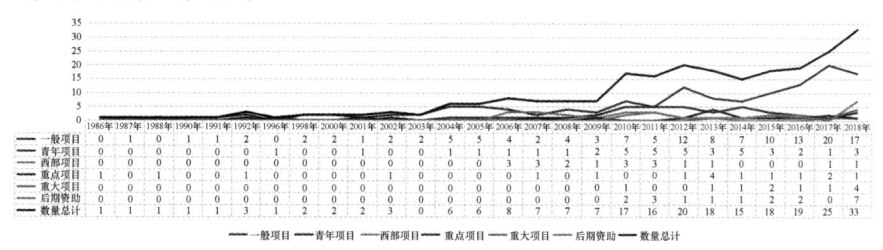

图3 国家社会科学基金新闻史学项目立项统计（1986—2018）

另外，全国共设立新闻传播学国家项目近1700项，新闻史课题不到1.5%，一方面反映出新闻传播学关注理论总量与实践命题，引领学科发展；另一方面则反映出新闻史研究仍然大有可为，机遇良多。

二 研究队伍：老中青三代梯队搭建完善

中国新闻史学的繁荣发展离不开以方汉奇为首的老一辈新闻史学大家的筚路蓝缕，殚精竭虑。他们不论在什么情况下，都始终如一，不懈地追求，为了自己的学术，外不慕纷华，内耐得寂寞，坐了一辈子冷板凳，研究被别人看起来非常冷门的学科，这种精神特别值得崇敬。[①] 宁树藩、丁淦林毕生专注新闻史学研究，他们完成的《中国地区比较新闻史》《中国新闻事业史》和《中国新闻图史》，堪称学界经典。赵玉明专注广播电视史研究，十年磨一剑，编写《中国广播电视通史》，是国内涉及最为全面、时间跨度最长的一部广播电视史学专著。这一代学者开辟了新中国新闻史学的河山，他们引领潮流，编写了大量教材、专著和史料文献，组织了各类学术会议，勾勒出中国新闻史学研究的宏伟蓝图，功勋卓著。

以吴廷俊、白润生、徐培汀、刘家林、黄瑚、倪延年、张昆、

---

① 范敬宜：《坐一辈子冷板凳——在方汉奇、宁树藩文集出版发布暨座谈会上的发言》，《国际新闻界》2004年第1期。

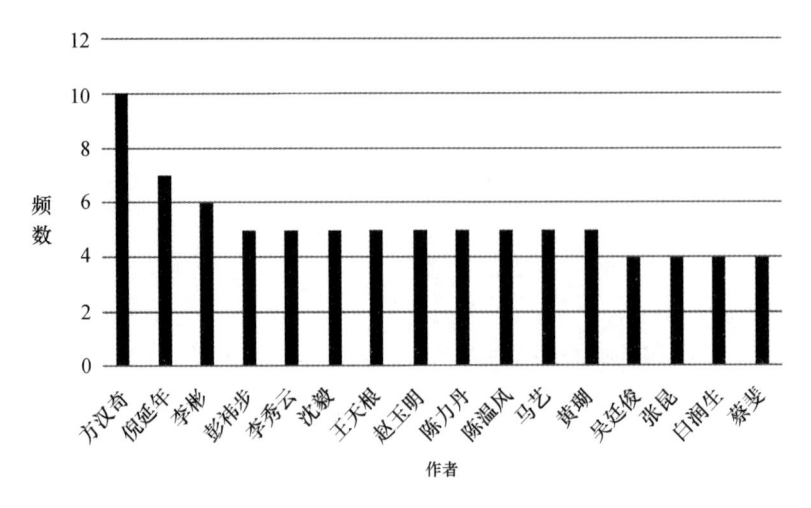

图 4 中国新闻史研究著作高产作者概览

李彬等为代表的中生代学者披荆斩棘，为中国新闻史学事业的繁荣发展添枝增叶。吴廷俊研究《大公报》时，"将陈旧的报纸。一张一张翻阅，所需资料，一段一段摘抄。数九寒冬，手脚冻僵不稍停，酷暑盛夏，汗流浃背不复缀"。① 倪延年长期专注新闻法制史和民国新闻史研究。程曼丽、陈昌凤等中坚力量笔耕不辍，发挥中流砥柱作用。近年来，王润泽、李秀云、邓绍根、王天根等一批青年学者锐意进取，出版了一批优秀成果。

整体来看，中国新闻史研究已经形成了老中青结合的研究梯队，老一辈史学家宝刀未老，坚守阵地；中年专家锐意开拓，勇于探索；青年学者崭露头角，继往开来，彼此之间相互配合、相互扶持，共谱华章。

三　研究内容：近代报刊史位居中心

近代报刊史作为一项关键领域几乎贯穿了中国新闻史 70 年的研

---

① 万红、金蓝海：《秉笔直书写报史——记吴玉章奖得主吴廷俊教授》，《中国人才》1998 年第 7 期。

究，近代、晚清和报刊构成了新闻史研究的主要议题。从语义网络图中可以看出，报刊、近代始终居于新闻史研究议题的中心位置，与新闻史、新闻事业、晚清、媒介等词语表里相依。"新闻史—近代""报纸—新闻""报刊—近代"的共现频率高，显现这些词汇关系密切。1992年至2006年间共出版与近代报刊史研究相关的专著73本，而在2007年至2019年间超过200本，接近三倍，研究层次、取向和方法比前一阶段更加丰富多元，体现了学界共同进步与创新发展。

报刊史向来着墨最多，成为近代新闻史研究的主力军。以《大公报》为例，一直是报刊史的重点关注对象，1992年至2006年期间，相关著作共计22本。这些丰盛的研究成果离不开方汉奇为其所做的辩诬澄清工作。方汉奇曾撰文列举多项史实证明《大公报》被扣以"小骂大帮忙"的帽子是片面的、不合理的，事实上《大公报》对中国革命的胜利做出巨大贡献。[①] 随着《大公报》的历史评价走向公正与客观，以其为研究对象的专著和论文纷纷涌现，周雨的《大公报史》和吴廷俊的《新记大公报史稿》是系统深入研究《大公报》的奠基之作。2002年正值《大公报》创刊一百周年，贾晓慧著《〈大公报〉新论》、方汉奇主编《〈大公报〉百年史》相继出版，形成《大公报》研究小高潮。此后任桐的《徘徊于民本与民主之间：〈大公报〉与中国政治改良思潮（1927—1937）》、候杰的《〈大公报〉与近代中国社会》、李秀云的《〈大公报〉专刊研究》、俞凡的《新记〈大公报〉再研究》等接连出版，这些扎实的个案研究分别从政治、文学、媒体等角度剖析了《大公报》之于中国近代社会的影响。

近代史研究热潮的背后，侧面反映出当代新闻史研究的寂寞。早在1982年全国新闻研究工作座谈会上，方汉奇就谈到要加强对当代新闻史的研究，需要对现实问题进行历史的总结。[②] 囿于主客观条

[①] 方汉奇：《为〈大公报〉辩诬——应该摘掉〈大公报〉"小骂大帮忙"的帽子》，《新闻大学》2002年第3期。

[②] 方汉奇：《关于新闻史研究的体会和建议》，《新闻研究资料》1982年第1期。

件的局限，几部著作多完成于 20 世纪末，在编辑体例、涵盖范围、解释的周延性等方面难免有改进空间。还有一些著作涉及 1979 年以前中国新闻史的部分情况，但主要是作为讨论的背景，而非考察的主体，研究得不充分。其间多少也会前后两个三十年畸轻畸重，往往缺乏历史的纵深感。严格而言，这只能算是一种"当代"研究，而非有关中国新闻事业的"当代史"研究。① 1992 年出版的方汉奇、陈业劭主编《中国当代新闻事业史（1949—1988）》和张涛著《中华人民共和国新闻史》，可视为当代新闻史研究的开端。随后也陆续出版了一些论著，如方汉奇、陈昌凤主编《正在发生的历史：中国当代新闻事业》、吴廷俊主编《中国新闻传播史（1978—2008）》、刘家林著《新中国新闻传播 60 年长编（1949—2009）》、李春著《当代中国传媒史（1978—2010）》等。当代新闻事业史研究推进缓慢，截至目前共出版著作 30 部，不到总出版量的 4%。就媒介发展的丰富多彩现状而言，当代新闻史研究大有可为，需要更多的研究者、投入更多的精力，共同书写和完善中国新闻史学体系。

四 研究范式：机遇与挑战并存

2007 年之后，"反思"成为新时期新闻史研究的主题词，学者们对当前新闻史研究现状进行了多角度思考。吴文虎认为，中国新闻史无论在史观、整体思路、历史分期、人物评说等方面，都存在着以革命史为蓝本，依葫芦画瓢的状况。② 李彬提出借鉴"新史学"的路径，探求一种"新新闻史"，以社会史的范式和叙事学的方法，综合考察并书写新闻传播的历史衍变与现实关联。③ 黄旦指出，以报

---

① 李彬、刘宪阁：《如何想象，怎样激活？——1949 年以来中国新闻事业史研究的现状、路径及内容》，《中国媒体发展研究报告》2010 年第 1 期。

② 吴文虎：《本体迷失和边缘越位——试论中国新闻史研究的误区》，《新闻大学》2007 年第 1 期。

③ 李彬：《"新新闻史"：关于新闻史研究的一点设想》，《新闻大学》2007 年第 1 期。

刊为合法性主体的历史，才是真正称得上报刊史。应以报刊为中心和视野，并以此展开史实、分析报刊与社会关系，以及揭示评价其意义和价值。① 也有学者建议"多向历史学寻求研究方法和灵感"②。这些探讨高度概括出新闻史研究面临的冲击和问题。

近年来，一些学者大胆创新，试图摆脱革命史范式、现代化范式对新闻史书写的束缚，提出多重维度的书写方式，正如李彬所提出的"新闻社会史"，尝试尽量结合新闻与历史，把新闻与历史重新放回新闻史，使之既能体现出浓郁的新闻性，又能体现出厚重的历史性。③ 从早期的"革命史范式"，强调一切以政治为纲书写历史，到强调"冲击—反映"的现代化书写，再到今天提出的多元范式，这些转变体现出中国新闻史研究正在步步进阶，努力寻求跨学科交流、对话，逐渐建立研究的主体性。

数字化兴起为新闻史研究带来机遇与挑战，伴随着新媒体的崛起，量化研究在人文社科界兴起，如何通过数字手段推动新闻史学的研究成为一道难题。量化数据库"通过统计分析从大规模系统数据中挖掘新事实、产生新认识。……这种新的研究范式不仅有助于历史学科自身发展，更能够促进跨学科、跨国界的学术交流与融合，并为全面深入认识中国社会历史特征、平衡东西方学术发展作出贡献"。④ 这种新的方法打开了史学研究的新窗口，发现出单纯依靠传统文字阅读而无法搜寻出的新观点。当然，在定量研究和数据库面前，并不意味着传统史学方法退出舞台，因为对于规律性的现象进行阐述，仍需要还原到具体的历史语境作理解，综合利用社会科学、

---

① 黄旦：《报刊的历史与历史的报刊》，《新闻大学》2007年第1期。
② 王润泽：《离得近，看得细，多研究些问题——中国当代新闻史研究的一种建议》，《国际新闻界》2010年第3期。
③ 李彬、刘宪阁：《新闻社会史：1949年以后中国新闻史研究的一种可能》，《国际新闻界》2010年第3期。
④ 梁晨、董浩、李中清：《量化数据库与历史研究》，《历史研究》2015年第2期。

自然科学和人文科学等多学科方法，有利于更加全面、深刻地挖掘历史，还原历史，镜鉴当下，指引未来。

囿于篇幅，我们难以穷尽建国以来中国新闻史研究的丰硕成果，唯以著作为主简单描绘发展轨迹，以此呈现70年来的中国新闻史学术图景。相信随着史料的进一步开掘，研究方法的进一步拓展，研究队伍的进一步壮大，中国新闻史研究将更加繁盛。

第 四 章

中国传播学的发展历程*

　　传播研究从五四时期进入中国，迄今约有一个世纪了。以1949年为界，可以分成前后两段。前一段是传播学科的史前期，由社会学、政治学、心理学等学科引进了西方对应学科的相关理论，并未有一个独立的学科概念。1949年后大陆的学科进行了调整，50年代社会学与政治学被解散，传播研究也一度中断，只有新闻学零星地引进了一些西方传播研究的片断。而20世纪40—50年代正好是西方，尤其是美国传播学建制化的关键时期。因此，说新中国成立70年以来中国传播学的发展，主要是指1978年改革开放之后。

　　严格说来，"传播学"是在理论旅行过程中，中国学者基于对欧美传播研究的理解，制造出来的一个概念。在西方，一般称为传播研究（communication research）或媒介研究（media studies）。前者流行于美国，后者通用于英国。传播研究成为一门学科，是20世纪40年代以威尔伯·施拉姆为首的美国学者在美国政

---

* 本章根据李彬、刘海龙发表在《现代传播》2016年第1期的《20世纪以来中国传播学发展历程回顾》一文修订而成。

府、军方、基金会等大力资助下逐步建立起来的。① 从施拉姆及其弟子罗杰斯建构的学术史来看②，这一学科化、体制化的传播研究基本上侧重于美国 20 世纪 30 年代兴起的量化效果研究，对于批判学派、建构主义等欧洲传统付之阙如，就连美国 20 世纪初期芝加哥学派的传播研究也被有意无意边缘化，为此一直受到学界质疑。③ 中国在 1978 年之后第二次引进并确立的"传播学"，主要也是施拉姆一脉的学术传统。同时需要说明的是，所谓"传播研究"或"传播学"，一般指传播理论，偶尔兼及应用性领域。另外，"中国"若非明确说明，均指内地或大陆，港澳台地区仅仅作为参照对象，限于篇幅不做详细展开。④

第一节　第二次引进：从"交通"到"传播"

中国人对传播现象的思考源远流长，从先秦诸子到历朝历代思

---

① Timothy Glander, *Origins of Mass Communication Research during the American Cold War: Educational Effects and Contemporary Implications*. Mahwah: Lawrence Erlbaum, 2000. Christopher Simpson, *Science of Coercion: Communication Research and Psychological Warfare*, 1945–1960, New York: Oxford University Press, 1994.

② Wilbur Schramm, Steven Chaffee, Everett Rogers, ed., *The beginnings of communication study in America: a personal memoir*, Thousand Oaks: Sage Publications, 1997；[美] 罗杰斯：《传播学史：一种传记式的方法》，殷晓蓉译，上海译文出版社 2005 年版。

③ James Carey, "The Chicago School and the History of Mass Communication Research", Eve Munson and Catherine Warren, ed., *James Carey: A Critical Reader*. Minneapolis: University of Minnesota Press, 1997, p.14；胡翼青：《传播学科的奠定：1922—1949》，中国大百科全书出版社 2012 年版。

④ 关于台湾传播研究历史的详细描述，参见林丽云《台湾传播研究史：学院内的传播学知识生产》，巨流图书公司 2004 年版。关于香港传播研究历史的总结性文献不多且比较早，参见 Joseph Man Chan, 1992, Communication research in Hong Kong: problematics, discoveries and directions. *Asian Journal of Communication*, 2 (2)。

想家的著述可谓代为不绝，尤其是修辞、礼乐、仪式等方面的传播理念更是影响深远。当然，现代社会科学意义上的传播研究，中国则是引自 19 世纪以来的西方，主要是美国。

中国传播学的第一次引进是在 20 世纪初，主要是芝加哥学派的传播研究范式并涉及美国的宣传研究、民意测验、公共关系以及早期的说服效果研究，杜威访华（1919—1921）、罗伯特·帕克在燕京大学任教（1932 年 9 月到 12 月）均为代表性事件。① 杜威从宏观政治哲学层面介绍了传播的社会功能，帕克则从社会学视角介绍了新闻对群体意识的影响、群众与公众的区别、公众意见的形成原理等政治传播的内容。② 在此背景下，早期美国的传播研究第一次引进中国。

第一次引进的学界主体，是社会学、政治学、心理学以及一些新闻学的研究者。当时把 communication 译为"交通"，既含有信息交流的意思，也含有物质流通的意思。这同美国芝加哥学派对于 communication 的理解一致。今天的"传播"，当年主要指从中心向四周的扩散，而无今天所谓平等双向的交流之意。③ 20 世纪 50 年代郑北渭将 mass communication 译成"群众思想交通"，还保留这一习惯性理解。至于用"传播"翻译 communication，则是 1978 年后第二次引进时的通用译语。从"交通"到"传播"，communication 的两个中文名称及其内涵，代表了中国对传播概念和传播研究的两种不同理解。

传播研究第一次进入中国期间，中国社会学奠基人之一孙本文于纽约大学完成的博士论文《美国媒体中的中国：媒体揭示出的美

---

① 实际上帕克曾两次来中国访问和任教。第一次是 1929 年 9 月。帕克曾在上海大学讲授了一个短期的社会科学课程，原计划去燕京大学和南京大学做演讲，但因为生病而取消。参见 Winifred Raushenbush, *Robert E. Park: Biography of a Sociologist*, Durham: Duke University Press, 1997, p. 128。

② 刘海龙：《中国传播研究的史前史》，《新闻与传播研究》2014 年第 1 期。

③ 参见孙本文《社会学名词汉译商榷》（原载《社会学刊》1930 年第 1 卷第 3 期），《孙本文文集》第八卷，社会科学文献出版社 2012 年版。

国对华公众意见的基础及趋势》（1925）①，通过内容分析和文本解读的方法，描述了美国报刊涉华报道的内容分布及评论表现的政治倾向，当属最早的海外中国国家形象方面的研究。② 中国心理学史的奠基人高觉敷1941年编写的《宣传心理学》，从心理学研究传播问题，引进和总结了许多美国的研究成果。社会心理学家也是中国最早严格进行民意调查（测验）的群体。③ 到三四十年代，民意调查在中国已经比较普及。④ 新闻学主要引进舆论研究、公共关系、广告学等内容，其间成果有燕京大学新闻学系主任梁士纯开设的"实用宣传学"课程（1934）及其《实用宣传学》（1936）一书。他的"宣传"概念，来自美国公共关系先驱爱德华·伯内斯的《宣传》。⑤

　　总的来说，20世纪前半叶中国的传播研究缺乏整体性和学科意识，显得零敲碎打，当然美国传播研究也在各行其是的初创时期。如果以今日学科化、体制化的"传播学"眼光回顾自由自在的"交通研究"，固然觉得毫无章法，但更深层次原因还在于积贫积弱的国运和山河破碎的现实，归根结底无暇顾及也不足以支撑此类研究。所以，中国传播学这段"史前史"被人遗忘，匆匆消逝在大江东去的历史浪潮中，也就在情理之中了。当然，其中一些原创性的学术生气与思想活力，及其被后来体制化传播研究所忽略的某些传统则是值得珍视的。

　　1949年中华人民共和国成立后，由于社会主义现代化建设的需

---

① Pen Wen Baldwin Sun, *China in American Press, A Study of the Basis and Trend of American Public Opinion toward China as Revealed in the Press*. Unpublished Ph. D. dissertation, New York University, 1925.

② 刘海龙、李晓荣：《孙本文与20世纪初的中国传播研究：一篇被忽略的传播学论文》，《国际新闻界》2013年第12期。

③ 张耀翔：《民意测验》，《心理》1923年第2卷第1期；罗志儒：《"民意测验"的研究》，《心理》1923年第2卷第2期。

④ 范红芝：《民国时期民意研究综述——基于民国期刊文献（1914—1949）的分析》，《新闻春秋》2013年第2期。

⑤ Edward Bernays, *Propaganda*. New York：Horace Liveright, 1928.

要，包括确立新的意识形态与文化领导权，中央人民政府开始改造旧中国遗留的一整套高等教育和科研系统，近代以来源自西方的社会科学被取消，与传播研究密切相关的社会学、政治学等专业被解散，直到 20 世纪 80 年代后才逐渐恢复。与此同时，美国的传播学从 20 世纪 50 年代到 20 世纪 80 年代经历了巨变，由于适应冷战以及发达资本主义的商品化、消费主义、大众文化等趋势，传播学从一个自然形成的跨学科地带，迅速发展成一门体制化的学科，日渐得到大学和科研部门的青睐，并受到政府、大公司、军工集团等大力扶植，研究范式也从 20 世纪初芝加哥学派所遵循的基于城市社群的质化研究，转变为哥伦比亚学派所倡导的基于短期效果的量化研究。需要强调的是，虽然传播学总体上从 1978 年开始第二次大规模引进，但之前新中国与传播学并非完全隔膜，至少有两个突出例证足以说明，一是《报刊的四种理论》（1956）一出版，中国人民大学新闻系就在第一时间翻译出来，供内部批判使用；二是 70 年代初，传播政治经济学奠基人斯迈思来华的一段曾被遗忘的学术访问，此次传播学的破冰之旅比施拉姆的中国之行提前十年多。①

1978 年以来，中国社会进入全面改革开放的新时期，形成与前三十年既有联系，更有区别的一系列政治、经济、社会、文化的新格局与大转型。② 关于新时期，清华大学景跃进概括了一个正反合三部曲："用辩证法的语言来说，改革前后数十年中，中国社会经历了一个从高度政治化，到解/去政治化（全能国家的消退，非意识形态化，以商品为核心的消费生活的兴起等），再到重新政治化的过程。"③ 而这也构成传播学第二次引进及其演进的社会历史背景。八十年代初，随着高等教育和科研体系面向西方全面开放，以及亚非

---

① 赵月枝：《传播与社会：政治经济与文化分析》，中国传媒大学出版社 2011 年版，第 244 页。
② 参见李彬《新时期：社会变迁与新闻变革札记》，《山西大学学报》2015 年第 5 期。
③ 浙江人民出版社《政治与社会译丛》第一辑总序。

拉国家、社会主义阵营从政治和文化视野中淡出，加之 1982 年 5 月施拉姆访问"北上广"的主要高校与科研机构，11 月中国社会科学院召开第一次全国传播学座谈会，美国传播学第二次进入中国。

　　传播学在 1978 年后顺利再入中国，除了偶然因素外，在全球冷战的脉络中观察，施拉姆版本的美国主流传播学的引进还具有一定的必然性。在美苏为代表的两大阵营的冷战对峙中，第三世界是一个不确定因素，双方都想尽办法争取让其倒向己方。美国国内的爱国学者按照西方，尤其是美国的发展路径，建构起了现代化理论，从经济、政治、文化等方面，设计第三世界国家走上民主道路的行动路线图。他们认为，贫困导致的下层革命是第三世界国家倒向社会主义阵营的主要原因。只有走上现代化道路，才能够发展经济，建立起稳定的民主制度，从而避免倒向苏联。① 倡导现代化理论的施拉姆正是出于这一动机，积极地投身于对社会主义宣传、发展传播学等领域的研究，而不遗余力地来香港、大陆推广传播学也是这一现代化社会工程的一部分。

　　中国则在"文化大革命"后意识到如果不发展现代化，摆脱贫穷，将危及社会主义制度。用邓小平的话来说，就是"被开除球籍"。但是中国所说的现代化，并不涉及制度，主要指的是科技与经济，这和施拉姆等人所提倡的现代化表面上看都涉及现代传播技术及其应用，但在最终目标上却完全相反。一个是稳定社会主义制度，另一个是推广资本主义民主制度。视野狭隘的施拉姆版本传播学注重传播效率，试图通过现代传播网络促进社会现代化，这与中国当时的"四个现代化"国策一拍即合。正是这个美丽的误会，让传播学找到了进入中国的契机。然而也正是这个美丽的误会，让 1978 年后中国的传播学走了很大一段弯路。

　　第二次引进与第一次明显不同。首先，传播学有了教材和学科

---

　　① ［美］雷迅马：《作为意识形态的现代化：社会科学与美国对第三世界政策》，牛可译，中央编译出版社 2003 年版。

史叙事（如施拉姆在中国人民大学的演讲内容就是传播学的"四大奠基人"①），主要内容为量化效果研究。其次，引进主体不再是社会科学研究者，而是新闻学者，另有个别社会学、社会心理学或国际关系等学者，如中国人民大学社会学系沙莲香及其主编的《传播学：以人为主体的图象世界之谜》（1990）。研究主体的改变也受到以下因素影响：一是社会学、社会心理学、政治学等学科一度中断，20世纪80年代刚刚恢复，而新闻学则保持了连续性；二是新闻属于大众传播的重要方面，许多传播理论既源于新闻传播，又可用来解释新闻和大众媒体的现象；三是传统新闻学的"表达性现实"与"客观性现实"②不仅渐行渐远，而且研究风险较大，而传播学则提供了貌似科学中立的话语体系。于是，施拉姆以"科学""学理"等面目示人的传播学经验学派或行政管理学派，自然吸引了许多中青年新闻研究者。

传播学的第二次引进迄今将近四十年。关于1978年之后传播学的学科演进历程，已有不少描述与总结③，特别是王怡红、胡翼青主编的《中国传播学30年》（2010），包含了翔实丰富的一手资料。作为一个舶来学科，传播学在中国必然遭遇跨文化理论旅行中的主客互动，这里就从外来知识的接受与学术自觉的角度，将1978年以

---

① ［美］威尔伯·施拉姆：《美国"大众传播学"的四个奠基人》，王泰玄记录，《国际新闻界》1982年第2期。

② 这是黄宗智在分析中国革命中的农村阶级斗争时所做的二重区分，参见黄宗智《经验与理论：中国社会、经济与法律的实践历史研究》，中国人民大学出版社2007年版，第90—117页。

③ 王怡红、胡翼青主编：《中国传播学30年》，中国大百科全书出版社2010年版；李彬：《流水前波让后波——对我国大陆传播学研究的回顾和瞩望》，李彬主编：《大众传播学》，中央广播电视大学出版社2000年版；张国良：《中国传播学的兴起、发展与趋势》，《理论月刊》2005年第11期；袁军、韩运荣：《传播学在中国内地》，段鹏、韩运荣编：《传播学在世界》，中国传媒大学出版社2005年版，第321—327页。戴元光：《20世纪中国新闻学与传播学·传播学卷》，复旦大学出版社2001年版；龙耘：《传播学在中国20年》，《现代传播》2000年第3期；廖圣清：《中国20年来传播研究的回顾》，《新闻大学》1998年第4期。

来中国传播学的演进历程划分为三个阶段。

第二节　1978 年以来学术自觉的三个阶段

第一阶段是 20 世纪 80 年代，主题是通过西方传播学的引进，对传统新闻以及宣传理念进行改造。第二个阶段主要在 20 世纪 90 年代，延续至 21 世纪初，主题是强调社会科学研究方法，以规范传播学的学科体系与学术研究。第三个阶段始于 2008 年关于传播研究第二次引入中国 30 周年的集中反思，主题是学术自觉问题，如本土化或中国化。

一　第一阶段

20 世纪 80 年代大量传播学术语和理论的引入，既解构了高度政治化的传统新闻学，从而一度为新闻传播的理论与实践开辟了新的、富有活力的局面，又由于自觉不自觉地疏离新中国的文化政治、淡化社会主义文化领导权，从而埋下后来愈演愈烈的一系列隐患。换言之，这一时期含有正反两方面的经验和教训。当时许多新闻学者或是直接转向传播理论，或是将传播理论引入新闻理论，借助新的理论术语和研究思路重构新闻学体系，取得了新理论、新思想、新观念的一次解放与释放，如出现一批以西方未有过的"新闻传播学"命名的书籍。至于信息、传播、对话、受众、效果等观念的引入，在新闻传播领域开始显现集体无意识下的"去政治化"或"去政治化政治"之际，更是明显改变了新闻与宣传的关系，也深刻影响了中国主流政治及其话语体系，如郭庆光所言：

> 话语体系的改变，意味着思维和观念的变革，这种变革自然会对社会现实进程产生巨大影响。有人曾经问我，传播学作为一种舶来品，对中国传播学、对中国新闻业乃至社会的发展起到了什么作用？我的回答是：传播学对中国社会的进步功莫

大焉——它改变了中国社会的话语体系，并成为主流政治话语体系的一部分。远的不说，你可以做一些量化研究：党的十七大、十八大报告以及党和政府的重要文件文字中，有多少属于、源于传播学的术语。这个作用还不大吗？①

这一时期的主要成果，是传播学基础知识的普及。在1982年第一次全国传播学座谈会上，提出"系统了解、分析研究、批判吸收、自主创造"的16字方针②，"系统了解"成为这一时期的首要工作。1978年起，复旦大学的郑北渭、陈韵昭，中国人民大学的张隆栋、林珊等纷纷发文介绍传播学。除此之外，原北京广播学院新闻研究所所长苑子熙、新华社新闻研究所副所长李启、中国社会科学院新闻研究所世界新闻研究室主任张黎等，也在传播学再次引进中地位突出。如张黎等翻译的《美国新闻史》（1982），突破了"新闻史"观念，提供了媒介与社会的新思路；李启等翻译的施拉姆等《传播学概论》（1984），作为第一部传播学译著，在人们对传播学知识求知若渴之际几被奉为"圣经"。③ 另外，李普曼《舆论学》（1984）④、赛弗林与坦卡德《传播学的起源、研究与应用》（1985）⑤、麦奎尔与温德

---

① 刘逸帆：《传播学深刻影响了中国的话语体系——专访中国人民大学新闻学院执行院长、博士生导师郭庆光教授》，《中国广播》2015年第4期。

② 据王怡红考证，"16字方针"由时任新闻所副所长的戴邦和钱辛波在听取会议组织者张黎和徐耀魁汇报时，确定了其具体内容。戴邦在主持座谈会的发言时，使之公开化和明确化，后又经过会议认可，最终由徐耀魁写入会议综述。见王怡红《从历史到现实："16字方针"的意义阐释》，《新闻与传播研究》2007年第4期。

③ 此书之前的余也鲁译本《媒介、信息与人》，1979年在香港海天书楼出版后就已经在大陆流传，1985年大陆展望出版社影印此书，以《传学概论：传媒、信息与人》的题目在大陆正式出版。

④ 此书为中国人民大学林珊翻译，内部交流，1989年华夏出版社正式出版。

⑤ 此书2000年、2006年经郭镇之翻译，又以《传播理论：起源、方法与应用》在华夏出版社、中国传媒大学出版社出版了原书的第四版和第五版。

尔《大众传播模式论》(1987)①、德弗勒《大众传播通论》(1989)、阿特休尔《权力的媒介》(1989)等，也是第一次全国传播学座谈会后相继问世的颇有影响的译著。其间，中国社会科学院新闻所的一批研究人员与研究生作为学术群体，在推介传播学方面作用显著，如徐耀魁、明安香、袁路阳等。

  这一时期也出现了国人的传播学著述：中国社会科学院新闻所的《传播学（简介）》(1983)、居延安的《信息·沟通·传播》(1986)、戴元光、邵培仁和龚炜的《传播学原理与应用》(1988)、段连城的《对外传播学初探》(1988)、吴予敏的《无形的网络：从传播学的角度看中国传统文化》(1988)、陈崇山等《中国传播效果透视》(1989)等。特别值得注意的是，中国新闻学者还兼顾了传播批判学派。在传播学早期引介中，批判学派不仅没有缺席，甚至对赫伯特·席勒思想的介绍非但时间早，而且篇幅也超过施拉姆。诸多批判理论的译介，也与国外基本保持同步，如甘斯的《什么在决定新闻》出版同年就摘译到中国。1986年第二次全国传播学研讨会上，中国人民大学新闻系研究生王志兴提交论文《欧洲批判学派与美国传统学派的分析》，则是中国学者对此问题的首次发声。翌年，郭庆光又在《新闻学论集》上比较深入地论及批判学派及其理论。② 但由于当时过于依赖施拉姆对传播学的阐释，加之缺乏相关的西学背景，对功能主义的传播学及其"保守的"意识形态又缺乏反思，这一时期并没有充分重视传播学批判学派及其传播理论。③ 另外，在20世纪80年代初就出访美国的中国社会科学院新闻所所长

---

  ① 此书第一版由祝建华和武伟翻译，2008年祝建华又翻译了本书的第二版。

  ② 郭庆光：《大众传播学研究的一支新军——欧洲批判学派评介》，《新闻学论集》第11辑，中国人民大学出版社1987年版。

  ③ 刘海龙：《"传播学"引进中的"失踪者"：从1978—1989年批判学派的引介看中国早期的传播观念》，《新闻与传播研究》2007年第4期；胡翼青：《双重学术标准的形成：对批判学派"夭折"的反思》，《国际新闻界》2008年第7期；李彬：《批判学派与中国》，《青年记者》2013年第1期。

安岗等推动下，公共关系、广告传播、舆论研究等传播学分支学科也开始起步。

尽管传播学的引入对于新闻学界来说总体上是一次思想解放，功不可没，然而由于对欧美学术的长期隔绝，缺乏相应的知识结构，加之对传播理论产生的历史语境缺乏深入认识，导致这一时期对西方传播学的理解往往雾里看花，比较粗糙，并表现为两种类型的误读。一是一厢情愿地将西方传播理论当成放之四海皆准的普遍定理，而忽略其特定的社会政治与文化历史语境，包括冷战社会科学的背景（施拉姆的一系列研究都具有鲜明的冷战色彩，如《报刊的四种理论》[①]）。二是以"我注六经"的方式对西方传播理论任意解读，忽略理论背后的学术规范与方法。

二 第二个阶段

20世纪80年代末到20世纪90年代初，传播学一度陷入低潮与沉寂，直到1992年邓小平南方讲话后，才再次活跃起来。如果说1986年的第二次全国传播学研讨会（黄山）是第一阶段的标志性事件，那么1993年的第三次全国传播学研讨会（厦门）就是第二阶段的里程碑。单从学科与专业建设的角度看，这一时期的发展针对的是前一次存在的两个突出问题，一是将传播理论放回西方社会科学的语境细读，二是规范传播研究及其方法。

第一阶段虽然翻译了一些西方传播学著作，但绝大部分有影响的作品都是教材，内容较为滞后，加之教材缺乏问题意识、省略理论的论证过程等缺陷，从而阻碍中国传播学界深入理解传播学。20世纪90年代后期的翻译高潮，即针对这一缺陷。1997年在杭州第五次全国传播学研讨会期间，黄旦、潘忠党等商议系统引进传播学经典名著，全面展示学科的畛域与视野，由此形成华

---

① 这一缺陷，美国的学者也做了深刻反思与批判，见［美］约翰·C.尼罗等：《最后的权利：重议〈报刊的四种理论〉》，周翔译，汕头大学出版社2008年版。

夏出版社的《传播·文化·社会译丛》。大约同时，中国社会科学出版社的《传播与文化译丛》、商务印书馆的《文化与传播译丛》，南京大学出版社的《当代学术棱镜译丛》等，也包括一系列传播学名家名作与前沿成果。新华出版社在国内外学者推荐下，2004年开始出版的《西方新闻传播学经典文库》和此后中国人民大学出版社推出的《新闻与传播学译丛·国外经典教材系列》《新闻与传播学译丛·大师经典系列》，以及清华大学出版社、中国传媒大学出版社、复旦大学出版社、北京大学出版社等相继付梓的传播学译丛，均使传播学界一举摆脱早年觅书难得的尴尬，而进入望书兴叹的局面。其间，何道宽在译介传播学经典理论方面用力甚勤，译著颇丰。

这一时期中国学界对西方传播学的认知也日益深化、细化，日益具备将其放在更大的社会科学语境下把握的能力，其中有代表性和影响力的专著包括：尹韵公《中国明代新闻传播史》（1990）、张隆栋等《大众传播学总论》（1993）、陈力丹《精神交往论：马克思恩格斯的传播观》（1993）、李彬《传播学引论》（1993）、龚文庠《说服学——攻心的学问》（1994）、张国良《传播学原理》（1995）、关世杰《跨文化交流学》（1995）、胡正荣《传播学总论》（1996）、段京肃《基础传播学》（1996）、孙旭培主编《华夏传播论——中国传统文化中的传播》（1997）、郭庆光《传播学教程》（1999）、吴文虎《传播学概论》（2000）、刘建明《舆论传播》（2001）、崔保国《信息社会的理论与模式》（2001）、张咏华《媒介分析：传播技术神话的解读》（2002）、卜卫《大众媒介对儿童的影响》（2002）、王怡红《人与人的相遇：人际传播论》（2003）、李彬《符号透视：传播内容的本体诠释》（2003）、陈卫星《传播的观念》（2004）、黄旦《传者图像：新闻专业主义的建构与消解》（2005）等。此外，潘忠党对新闻专业主义①、陈卫星对欧洲传播研究②的推介也颇受关注。

以往传统的新闻学研究主要采用人文诠释方法，虽然不乏真知灼见，但往往难以检验其有效性和适用范围，对成果的质量评估也缺乏统一标准。社会科学研究方法试图通过规范研究和写作程序，以克服上述问题。虽然"科学的"社会研究方法也面临争议，且有适用条件，但无疑有助于弥补传统理论研究的一些空疏。在传播学引进初期，由于新闻学者大多具有人文学科背景，传播学背后的社会科学方法并未引起普遍重视。即使少数研究者突破时代局限，涉足其中，也常常由于缺乏系统训练而未能掌握要领。其中值得一提的有 1982 年中国社会科学院新闻研究所陈崇山，使用调查法研究了北京地区的读者、听众和观众③，1983 年祝建华对上海郊区农村的传播网络进行了抽样调查④，1986 年中国人民大学甘惜分创建舆论研究所，使用问卷调查的方法进行的一些有影响的民意测验。⑤ 不过，这些研究大多属于描述性受众研究和调查，未在理论上展开深入探索。在 20 世纪 90 年代媒介市场化过程中，这种描述性甚至功利化的受众调查得到进一步强化。另外，20 世纪 80 年代，关于方法的讨论也开始出现，如祝建华在 1985 年至 1986 年《新闻大学》上发表系列文章介绍传播研究方法⑥，王志兴和郭健针对传播学的方法

---

① 陆晔、潘忠党：《成名的想象——中国社会转型过程中新闻从业者的专业主义》，《新闻学研究》2002 年第 4 期。

② 陈卫星：《西方当代传播学学术思想的回顾和展望》（上、下），《国外社会科学》1998 年第 1、2 期。

③ 陈崇山主编：《北京读者听众观众调查》，工人出版社 1985 年版。

④ 祝建华：《上海郊区农村传播网络的调查分析》，《复旦大学学报》（社会科学版）1984 年第 4 期。

⑤ 王怡红、胡翼青：《中国传播学 30 年》，中国大百科全书出版社 2010 年版，第 63 页。

⑥ 祝建华：《实地调查——传播学研究方法之一》，《新闻大学》1985 年第 9 期；祝建华：《内容分析——传播学研究方法之二》，《新闻大学》1985 年第 10 期；祝建华：《控制实验——传播学研究方法之三》，《新闻大学》1986 年第 12 期。

意义和局限展开争论①。但总的看来，关于研究方法以及规范的认识与实践当时还不够系统深入，方法与理论之间的关系还显得比较割裂，有关论述也大多限于经验主义的量化传统。

20世纪90年代以来，随着研究的深入、国际交往的增多，研究方法的不足与研究不规范问题日益引起重视。卜卫在《国际新闻界》上撰写定量研究方法的系列论文②，就是一例。另外，20世纪80年代出国深造的学者开始反哺国内传播研究，将海外研究经验传授给国内学者。2004年暑期浙江大学开办"国际前沿传播理论与研究方法"高级研修班，2005年复旦大学开设"中外新闻传播理论研究与方法暑期学校"，其他高校也纷纷开设类似暑期班。在这些暑期班上，祝建华、潘忠党、李金铨、赵月枝等海外学者传授传播研究的规范与方法，影响了一批传播学者。复旦大学张国良带领博士生做的验证议程设置、知沟、培养理论、第三人效果等系列研究，中国社会科学院卜卫及其博士生做的有关农民工文化生活等研究，则是将传播理论与研究方法、西方经验与中国问题相结合的典型。

第二阶段推进了传播研究的学科化、规范化、体制化，1997年国务院学位办将传播学提升为一级学科就是突出标志。另一方面，由于资本、市场、产业、技术等强力作用，传播学在落入西方中心主义窠臼时，也显现城市中心主义、媒介中心主义等趋势。这也是第二阶段的突出问题。

三 第三个阶段

严格说来，第三个阶段所涉及的学术自觉从20世纪80年代就已萌发，而且不绝如缕③，当然与2008年纪念中国传播学30周年之

---

① 王怡红、胡翼青主编：《中国传播学30年》，中国大百科全书出版社2010年版，第52、65页。
② 同上书，第113—114页注释6，注释7。
③ 参见上书的学术编年史部分，几乎每年都可以看到关于学术本土化的争论。

后的局面和境界不可同日而语。

如果说在国人尚不知传播学时提出"系统了解、分析研究、批判吸收、自主创造"还是一种理想愿景，那么经过30年的引进、吸收和消化，中国传播研究已经具备"批判吸收，自主创新"的充足条件。首先，经过前两个阶段，中国对于西方20世纪以来的传播理论与研究已有深入了解，译介工作进入边际效益递减状态，新生代学者基本可以阅读原著，像20世纪八九十年代新译本甫一问世洛阳纸贵的情况不复存在，那种如饥似渴的学习阶段告一段落（西方学界同样感叹杰出的传播理论不复再现）。接下来摆在中国研究者面前的主要任务，是如何针对鲜活的社会历史与传播经验，有机吸纳和结合外来理论的科学因素，进而创造性地开创中国理论与流派。其次，随着国内外人员频繁交流，中国学者对于西方传播理论的神秘感已经逐渐消失，开始注意到其中固有缺陷以及同中国经验的一些天然隔阂。再次，后现代主义、后殖民主义等思潮的兴起，特别是中国的和平发展与综合国力大幅度提升，也增加了人们对西方理论"普世性"的质疑。在这一文化自觉与学术自觉的潮流中，李金铨《传播研究的典范与认同》（2014）、李彬《重思中国传播学》（2015）等，都提出类似的反思与自省。最后，随着国力增强，打破西方霸权，争取话语权，提高国际影响力等政治诉求，也影响到与社会政治息息相关的新闻传播学科，不过"走自己的路"这一目标与盲目追求国际期刊（实即欧美期刊，甚至主要是美国期刊）发表的量化管理措施，又在中国高校与科研机构中悖论似地共存。

目前，我们还处在第三个阶段中，自立自觉的目标任重道远，学术理想也有待实践检验。不过从一些迹象中，可以看到这一潮流的日渐涌动。其一，是对西方传播理论的系统反思。前两个阶段，中国学者大多将西方的传播理论当成学习和诠释的偶像，而这一阶段，随着对西方学术的深入了解，人们更倾向于将其当成史料，从知识社会学角度研究西方理论与政经权力、社会思潮、意识形态、技术迷思等相互作用。这种研究进路有助于打破对西方理论的迷信，以现实主义态度对待中国研究中的种种障碍和困难,并通过这种更加全面深入的解读,将传播学真正转换成自己的思想,代表性成果有:周葆华《效果研究:人类传受观念与行为的变迁》(2008)、陈嬿如《心传:传播学理论的新探索》(2010)、芮必峰《描述乎?规范乎?——新闻专业主义之于我国新闻传播实践》(2010)、赵月枝《传播与社会:政治经济与文化分析》(2011)、王维佳《作为劳动的传播:中国新闻记者劳动状况研究》(2011)、曹书乐《批判与重构:英国媒体与传播研究的马克思主义学术传统》(2012)、胡翼青《传播学科的奠定:1922—1949》(2012)、邱林川《信息时代的世界工厂:新工人阶级的网络社会》(2013)和刘海龙《重访灰色地带:传播研究史的书写与记忆》(2015)等。

其二,学术自觉的潮流推进本土化研究。在香港中文大学、复旦大学组织的两次专题研讨会基础上形成的论文集,即《华人传播想象》(2012)和《理论与经验——中国传播研究的问题及路径》(2013),使西方理论与中国研究的讨论达到新高度。赵月枝在2015年的学术访谈《重构中国传播学》中,又对"乡土中国"以及"乡土传播"在中国传播学中的核心地位给予阐发[①]。这方面引人注目的还有大量针对实际问题以及分门别类的探讨,如媒介批评、政治传播、国际传播、广告传播、公关传播、网络传播、危机传播、跨文化传播、健康传播……在市场经济和传播科技的热潮推涌下,媒介经济和新媒体更成为两大"热点"。上述领域固然时见泛泛之论或一些"应景之作",但也不乏高水平学术成果:如王君超的博士论文《媒介批评——起源·标准·方法》(2001)、方晓红《大众传媒与农村》(2002)、张昆的博士论文《大众媒介的政治社会化功能》(2003)、郭建斌的博士论文《独乡电视:现代传媒与少数民族乡村日常生活》(2005)、唐海江的博士论文《清末政论报刊与民众动员:一种政治文化的视角》(2007)、吴飞《火塘·教堂·电

---

① 参见沙垚《重构中国传播学——传播政治经济学者赵月枝教授专访》,《新闻记者》2015年第1期。

视：一个少数民族社区的社会传播网络研究》（2008）、吕宇翔的博士论文《互联网信息传播制度建构》（2012）、曾繁旭《表达的力量：当中国公益组织遇上媒体》（2012）、史安斌《危机传播和新闻发布：理论·机制·实务》（2014）等。

中国传播研究的学术自觉之路经过上述一波三折的三个阶段，如今传播学在中国俨然成为一门显学，学科进入一种常态化局面，其间主要标志有三。一，1997年传播学纳入学科目录，作为一级学科与新闻学并列，以此为契机，新世纪以来博士点、博士生导师以及博士学位论文迅猛增长。二，学会如"中国新闻教育学会传播学研究分会"（2002）、"中国新闻文化促进会传播学分会"（2002）、"中国新闻史学会新闻传播思想史研究会"（2013），学刊如《现代传播》《当代传播》《新闻与传播研究》《国际新闻界》《新闻大学》《新闻记者》，以及《新闻与传播评论》《全球传媒评论》《北大新闻与评论》《中国新闻传播评论》《中国传媒报告》《传播与社会学刊》等辑刊，均为传播学科与研究提供了学术平台。三，学术研究鼎足而三，日趋完善：一为基础研究，如郭庆光《传播学教程（第二版）》（2011）、李彬《传播学引论（第三版）》（2013）；二为应用研究，如丁俊杰《现代广告通论（第三版）》（2013）、胡百精《中国公共关系史》（2014）；三为分支研究或专题研究，如刘海龙《宣传：观念、话语及其正当化》（2013）、丁未《流动的家园："攸县的哥村"社区传播与身份共同体研究》（2014）、李红涛和黄顺铭《记忆的纹理：媒介、创伤与南京大屠杀》（2017）。

第三节　70年来中国传播学发展中的焦点问题

审视1949年以来中国传播研究的风雨历程，可以发现若干时隐时现的焦点问题与现代中国的国运民瘼一路相伴，值得特别关注与专门讨论。

一　主客方变动中的理论旅行

萨义德提出的"理论旅行"① 概念，为理解传播学的西学东渐提供了一个视角。但萨义德理论中的前提条件比较简单：理论旅行的主客双方均保持稳定，理论本身也没有什么变化，只有"旅行"这个变量因素产生的效应。事实上，传播学在中国的理论旅行也为传播学有关理论提供了一个颇有价值的现实范本，诸如话语权力、文化资本、文化霸权等。也就是说，传播学的引入更是一个文化政治问题，而非纯粹的学科发展与单向度的学术积累问题。在这个意义上讲，学者群体（人生史）、教学科研体制、社会文化思潮，甚至中国与世界的政治经济变革背景等，都应成为解读中国传播学发展变革的核心参考理据。

反观20世纪中国传播学的两次引进，理论旅行确实复杂得多。首先，在前后两次引进传播学的过程中，美国的传播研究发生了范式革命：由芝加哥学派转向哥伦比亚学派；由自发形成的十字路口变成道路俨然、各行其道的立交桥。其次，理论接受方也经历了旧中国向新中国的巨变，第一次引进中孕育传播研究的社会学、政治学、心理学等领域在第二次引进时退居边缘，新闻学后来居上。最后，研究主体的知识结构、研究目的，为此也都发生根本变化，新闻学与传播学的关系之争就反映了这一演变状况。其实，除了传播学影响新闻学，新闻学对传播学的影响也显而易见。一方面，"传播学"这个概念也是为同"新闻学"对应而发明的。另一方面，由于中国的传播研究主要在新闻院系下引进和进行，因此大众传播理论一直成为重点，而其他领域要么缺乏关注如人际传播，要么交给其他学科耕耘，如跨文化研究以外语专业为主。今天，这种认知框架又遇到新媒体的挑战，固守新闻的大众传播传统，缺乏对其他传播

---

① ［美］爱德华·萨义德：《世界·文本·批评家》，李自修译，生活·读书·新知三联书店2009年版，第401页。

领域以及相关学科的关注，那么传播研究不仅势必受到制约，而且有可能被其他学科分割蚕食。

二 传播研究的本土化问题

传播研究的本土化问题或者说中国化问题①，从20世纪70年代末开始就一直是中国传播学界（包括港澳台学界）的热门话题。几乎所有主要学者都参与过讨论。在何为本土化、如何本土化的问题上，迄今为止大致形成三类提问方式。

其一，首先承认这一问题的正当性，可以称之为肯定派。这一派认为，传播研究的本土化理所当然，关键在于如何做。建构中国化的传播理论，不是制造一个与西方对立的东西，而是在遵守西方理论建构标准的前提下，从中国的历史文化与社会政治语境出发，"入乎霸权，出乎霸权"，凡是具有主体性的"好的"研究都是本土化的研究。② 至于如何实现这一目标，肯定派内部又形成不同方案。

方案一，是从中国传统文化提炼理论"胚胎"，用现代的社会科学方法建构和检验，东西融合，提出普遍性理论。③ 方案二与之相反，认为本土化的任务在于解释中国的特殊现象，而不是用中国的理论资源建构普遍理论。因此，应从本土实情出发，广泛搜索国际学术的知识库，从中严格选择相关且具有操作性的概念、命题或框

---

① 本土化一词本身隐含着西方普适而中国特殊之意，而任何传播理论归根结底都是本土的，即使经典的传播研究及其理论，也无不孕育于特定的本土语境与传播实践，当然好的本土理论也是好的普适理论，反之亦然。换言之，本土普适是有机统一的，就像费孝通解释其《江村经济》研究，作为个案而不失为中国农村共有"类型"或"模式"。所谓普适与本土的人为区隔，无非体现着一种权力关系或霸权关系。故而，我们更倾向于"中国化"一词。

② 李金铨：《视点与沟通：中国传媒研究与西方主流学术的对话》，《新闻学研究》2003年总第77期。

③ 汪琪、沈清松、罗文辉：《华人传播理论：从头打造或逐步融合？》，《新闻学研究》2001年总第69期。

架，建构起能解释中国的整合性理论。① 方案三，是采用现象学方法，参照中国具体的实践场域，提出有意义的问题，再按照社会科学的研究规则逐步抽象化、理论化，提出与西方对话的本土理论，弥补单一的美国传播研究及其视角。② 方案四，不承认西方理论的普遍性，认为所有知识都是地方性的。因此，本土化的要旨是从地方性的经验和语境出发，通过诠释学的方法，建构和解释属于本土的独特的研究问题和理论，并将本土作为世界的一部分呈现出来，参与同其他地方性理论的对话。③

其二，认为传播研究本土化是一个伪问题或无意义的问题，可以称之为取消派。其基本观点是，本土化的提法本身带有划清界限或排外的民族主义情绪。其中包括两种看法，一种看法认为传播学是科学，没有必要区分哪个地区，在全球化背景下，本土的就是世界的，很难区分何为本土，何为外来。④ 另一种看法认为，本土化将西方理论与中国经验对立起来，对二者均作了教条主义的解读。⑤

其三，将本土化视为一种社会现象，更关注背后的发生机制以及不同本土化话语的正当性，可以称之为知识社会学视角。在这一派看来，传播学本土化是一个自然发生而非人为规划的过程，由此探究外来观念与接受者的互动与协商。在这一提问方式中，本土化

---

① 祝建华：《中文传播研究之理论化与本土化：以受众及媒介效果的整合理论为例》，《新闻学研究》2001 年总第 68 期。

② 李金铨：《视点与沟通：中国传媒研究与西方主流学术的对话》，《新闻学研究》2003 年总第 77 期。

③ 黄旦：《问题的"中国"与中国的"问题"——对于中国大陆传播研究"本土化"讨论的思考》，黄旦、沈国麟编：《理论与经验——中国传播研究的问题及路径》，复旦大学出版社 2013 年版。

④ 陈力丹：《关于传播学研究的几点意见》，《国际新闻界》2002 年第 2 期；陈力丹：《新闻传播学：学科的分化、整合与研究方法的创新》，《现代传播》2011 年第 4 期。

⑤ 胡翼青：《传播研究本土化的迷失——对"西方理论，中国经验"二元框架的历史反思》，《现代传播》2011 年第 4 期。

成为多个标准与研究范式相互竞争的结果。

无论如何看待本土化,都无法回避一个"怎么办"的问题。因为,同国外传播研究相比,甚至同国内其他学科相比,中国传播学均难摆脱相形见绌之感。即使将本土化或中国化问题当作伪问题而取消,还是无法回避实际行动中的路径选择。虽然存在分歧,如今各方的基本共识是不再认同"西方理论,中国经验"的路径,而要求研究者具有主体意识、自觉意识、创新意识。如果沿用理论旅行的主客互动视角观察本土化问题,将它作为一个"实然"而非"应然"的东西,那么会发现中国的传播研究从一开始就不是西方理论的被动接收者,而是积极从自己的需求出发,自觉不自觉地改造西方理论的过程。由此看来,真正的问题不在于是否本土化,而在于何种本土化。

三 去政治化与再政治化

在20世纪七八十年代的中国,传播学两大流派——以施拉姆为代表的、貌似去政治化的"心理动力模式"(经验学派)和以斯迈思为代表的旗帜鲜明讲政治的"社会文化模式"(批判学派),不仅同时在场,而且同样突出。但在前两个阶段,中国传播学界对传播研究的目标与方向却一步步形成一边倒之势,而这一趋势也是以马克思主义道统的批判学派一步步被抑制、被弱化为前提的。随着中国改革的深入,社会矛盾的加剧,多元而驳杂的政治思潮此起彼伏,加之西方批判性学术思想的影响,新世纪以来再政治化成为传播研究日趋明确的学术取向。

考察历史,我们发现传播学界20世纪70年代末便已大批量引入西方马克思主义的思想资源,以《国际新闻界》为首,翻译了一系列欧美传播政治经济学和文化研究的论文,包括赫伯特·席勒的《思想管理者》(全书连载)、巴格迪肯的《媒体垄断》(多章摘译)、赫伯特·甘斯的《什么在决定新闻》(部分章节)等。即使在介绍性文章中,批判学派也同样占据突出位置。如伦敦传播与文化中心主任罗伯特·怀特的《大众传播与文化：向一个新模式过渡》一文，对当时方兴未艾的"文化研究"做了清晰梳理，介绍了雷蒙德·威廉斯、斯图亚特·霍尔和詹姆斯·凯瑞等人的主要理论。[①] 1985年5月12日至21日，英国莱斯特大学传播研究中心主任，时任国际传播协会主席的詹姆斯·哈洛伦访问了中国人民大学新闻系，通过三次学术报告系统介绍了批判学派，批判了美国的行政管理研究。只是这个时期对于新马克思主义以及批判学派的认识还比较浅显，也比较功利，更无学者将西方马克思主义及其传播思想用于分析中国传播实践。20世纪90年代后，随着媒体的市场化改革与资本化运营，引发一系列传媒宏观结构、管理方式、理念和内容上的巨变。与此同时，诞生于硅谷和华尔街的新媒体，更进一步加强了国际资本对媒体的垄断控制。于是，围绕着国家和市场的角色以及其他相关政治问题，中国传播学界20世纪80年代形成的共识逐渐消解，以科学主义逃避政治的手段不再奏效，政治又重新回到传播研究之中。

新一波传播批判研究，也受到人文社会学科潮流的推动。20世纪90年代随着大众文化勃兴，法兰克福学派与英国文化研究的影响日益显著，文艺理论界纷纷涉足文化与传播问题的研究，由此拓展了传播研究的版图，如刘康的《文化·传媒·全球化》（2006）、赵勇的《大众媒介与文化变迁——中国当代媒介文化的散点透视》（2011）等。西方马克思主义对哲学、社会学、政治学等同样产生重大影响，进而广泛波及当代传播研究，曹卫东翻译的哈贝马斯《公共领域的结构转型》（1999）与《交往行为理论》（2004），北京大学社会学系赵斌的《依旧怀念一九六八》（1999）与《社会分析与符号解读：如何看待晚期资本主义社会中的大众文化》（2001），中国社会科学院程巍的博士论文《中产阶级的孩子们：60年代与文化

[①] 刘海龙：《"传播学"引进中的"失踪者"：从1978年—1989年批判学派的引介看中国早期的传播学观念》，《新闻与传播研究》2007年第4期。

领导权》（2006），新加坡国立大学郑永年的《技术赋权：中国的互联网、国家与社会》（2014）等，均属别开生面的传播著述，影响广泛。此外，四川大学文学与新闻学院以赵毅衡教授为首的符号学研究团队，在国内外学术界独树一帜，研究成果往往涉及符号与传播、文本与解读、话语与权力等。在传播研究领域，比较突出的是传播政治经济学。从《传播政治经济学》（2000）开始，文森特·莫斯可、丹·席勒、詹姆斯·卡伦等西方政治经济学者的一批著作被译介到中国，尤其是丹·席勒《传播理论史：回归劳动》（2012）、罗伯特·哈克特与赵月枝《维系民主？西方政治与新闻客观性（修订版）》（2010）等著述，把西方传播研究本身和新闻专业主义置于具体社会历史语境下重新政治化，更是广为人知。另外，李金铨、赵月枝、郭镇之、吕新雨等为代表的传播学者，通过政治经济学视角研究中国的媒体市场化问题，尽管对政治经济学的理解不无差异，但均摆脱经验学派的"媒介中心主义"，从更具社会历史与文化政治意味的国家、资本、权力及公共性等角度剖析媒体与社会转型，在相当程度上扭转了去政治化的学术走向。新一代传播学者如王维佳、邱林川等，又引入北美政治经济学中兴起的"劳动"观念，进一步拓展了中国传播学的理论视野。

第四节　结语:反思与超越

追寻70年来中国传播学的求索历程，总结中国传播研究的利弊得失，未来的中国传播研究面临两个关乎全局的战略性命题。

其一，突破学科壁垒与知识藩篱，以学术自觉和问题意识为导向，探究中国社会与传播的演化状况，以揭示信息系统及其运行机制的自身规律，从而逐步确立并完善立足中国、面向世界的传播理论。借用韩少功的话说："知识只属于实践者，只能在丰繁复杂的人民实践中不断汲取新的内涵——这是唯一有效和可靠的内涵，包括真情实感在概念中的暗流涨涌。从这个意义上来说，文献索引是必要的，却是远远不够的。正如科技知识需要大量第一手的实验作为依据，人文知识也许更需要作者的切身经验，确保言说的原生性和有效信息含量，确保这本书是作者对这个世界真实的体会，而不是来自其他人的大脑，来自其他人大脑中其他人的大脑。"①

不待多言，在黄河落天走东海、万里写入胸怀间的五千年文明历程中，包括费正清所言"伟大的中国革命"中，中国的传播实践形成了别开生面的格局，社会的信息系统呈现了独领风骚的状貌，从而留下了一整套异常丰富而纷繁复杂的思想、体制、传统，如民本意识与天下归心、政党政治与党性原则、人民主体与群众办报、舆论导向与市场取向。中国的传播研究是否具有想象力、创造力、生命力，归根结底还在于能否以高度的文化自觉和文化自信对此作出自己的思想建树，将如此丰厚的专业遗产化解为历史与逻辑有机统一的学理与学统，并在世界学界确立自己的地位与影响，为人类学术共同体贡献自己的聪明才智，而不是局限于、满足于国际接轨与理论旅行。余英时的如下批评，对传播学也不啻为醒世恒言：中国知识界似乎还没有完全摆脱殖民地的心态，一切以西方的观念为最后依据。特别是这十几年来，只要西方思想家稍有风吹草动（主要还是从美国转贩的），便有一批中国知识分子兴风作浪一番……这不是中西会通，而是随着外国调子起舞，像被人牵着线的傀儡一样，青年朋友如果不幸而入此魔道，则从此便断送了自己的学问前途。②

其二，在重视研究方法包括计量统计方法之际，突破研究方法拜物教的思想桎梏。一方面进一步解放思想，破解"兵马未动，方法先行""悠悠万世，科学唯大""何以研究，唯有量化"等教条主义束缚。另一方面打通社会科学的各路方法，如哲学、史学、文学、

---

① 韩少功：《暗示》（修订版），"附录二：索引"，人民文学出版社2008年版，第381页。

② 余英时：《中国文化的重建》，中信出版社2011年版，第237—238页。

经济学、法学、政治学、社会学、人类学、心理学等,针对不同问题,选取不同方法。作为工具,研究方法本应结合研究对象因地制宜,旨在探究问题,揭示规律,创造新知。而一种流行说辞不仅将方法抽离于研究对象并置身于社会历史之上,而且把所谓"科学方法"视为包治百病的灵丹妙药,乃至于求学问道只有统计、问卷、量表才叫"科学",否则就不科学,至少是前科学、浅科学等。相对于当年对计量统计等方法的隔膜,这也是一种形而上学,同样制约或窒息传播研究的想象力、批判力、创造力。事实上,问题千变万化,多种多样,解决问题的方法也应该随机应变,各自不同。西谚说得好,如果你唯一的工具是锤子,就会把一切问题看作钉子。《孙子兵法》异曲同工:"水因地而制流,兵因敌而制胜。故兵无常势,水无常形;能因敌变化而取胜者,谓之神。"

回顾历史,展望未来,中国传播研究的学术追求或可归结为:更具有文化自觉与学术自觉;更凸显历史意识与批判意识;更兼顾新闻与传播、理论与实践、中国与世界的会通。随着民族复兴中国梦的不断实现,中国传播学也当以"独立之精神、自由之思想"(陈寅恪),自立于世界学术之林。

第 五 章

中国传播学研究概览

传播学于1978年进入中国,而我国有关传播问题或传播现象的研究,则存在一个更长的学术发展史。"Communication"这一概念早在20世纪30年代以前就被引入中国,彼时中国本土的社会学和新闻学研究开展了大量有关传播问题的研究。① 可以说,"传播学"是一个新近出现的学术概念,但"传播研究"则存在一条隐秘却从未间断的学术脉络,遍布于传播学的诸多学术传统中,如修辞学、符号学、现象学、控制论、社会心理学、社会文化研究等。

回顾新中国成立以来中国传播学70年的发展,1978年无疑是一个标志性的分水岭。第一,1949—1978年是传播研究的酝酿与发端时期。这一时期我国虽然没有建立传播学科,真正意义上的传播理论研究也乏善可陈,但20世纪初所奠定的传播思想却在此时得以延续与发展,传播理论问题得到了学界的持续关注,可以说传播思想的"魂"并没有断裂,并且为20世纪80年代之后传播学的兴起奠定了基础。第二,1978年至今是中国传播学建立与发展时期。从传播学理论译介,到理论发展与批判,中国传播学逐渐开启了本土化探索历程,并且形成了一系列极具前沿对话价值的理论成果。

---

① 刘海龙:《中国传播研究的史前史》,《新闻与传播研究》2014年第1期。

第一节　理论译介:"传学东渐"的话语进路

　　诞生于20世纪初的传播学早在新中国成立之前就被译介到国内。当时,芝加哥学派代表人物杜威、帕克访华,为中国引入了有关传播功能、公共意见等传播学理论。季达的《宣传学与新闻记者》(1932)、高觉敷的《宣传心理学》(1941)分别介绍了世界各国的战时宣传策略[1]与美国心理学界的宣传效果研究最新成果[2]。当时的国内学者将Communication译为"交通",意为交汇、通达。显然,"传播"一词在进入中国之初,国人就赋予了其"双向沟通"而非"单向传播"的意义和功能。

　　1949年新中国成立之际,正值美国传播学研究的主流范式从芝加哥学派转向哥伦比亚学派的关键时期。1956年张隆栋翻译了施拉姆等人的《报刊的四种理论》,将经过"范式革命"的美国传播学引入中国。1957年,郑北渭将Mass Communication译为"群众思想交通"。[3] 而香港浸会大学则将Communication译为"传理",并在20世纪60年代设立传理系。台湾传播学界开启了一条验证美国传播理论的本土适应性道路。[4] 中国人民大学则翻译了一些"批判资产阶级"的西方传播学论著片段。[5] 1971年斯迈思(Dallas W. Smythe)访问大陆,他已经意识到西方传播学面临的诸多危机,因此提醒中国的传播学研究应该为人类贡献一个不同于西方

---

[1] 季达:《宣传学与新闻记者》,国立暨南大学文化事业部1932年版。
[2] 参见叶浩生《老骥奋蹄:心理学一代宗师高觉敷》,南京大学出版社2004年版。
[3] 郑北渭:《美国报纸的职能》,《新闻学译丛》1957年第2辑。
[4] 孙旭培:《香港、台湾的传播研究》,《当代传播》1999年第1期。
[5] 陈力丹:《传播学在中国》,《东南传播》2015年第7期。

的替代性方案。①

20世纪70年代后期，余也鲁为推动中国新闻传播的研究，先后在香港中文大学和台湾政治大学举办研讨会，施拉姆亲自与会，鼓励学者从历史和本土文化中精炼理论。②当时的香港传播学研究以美国传播学为标杆，致力于新闻自由、权力重组、现实建构等理论探索。大陆也在改革开放之际，优先译介了美国的传播学著作。施拉姆的《传学概论：传媒、信息与人》开创了大陆早期传播研究的学科想象与建构。③1978年，郑北渭译介的《公众传播工具概论》和《美国资产阶级新闻学：公众传播》，引起了学界关注。同年10月，内川芳美访问复旦大学，介绍了传播学的基本情况。1982年，施拉姆访问大陆，促成中国社会科学院召开首次全国传播学研讨会，正式拉开了美国传播学在中国的译介序幕。④与此同时，伴随着李少南、李金铨等香港传播学学者们对国家发展和国际传播的关注，以及台湾传播学学者们对批判理论、视觉传播、国际传播等主题的引入，各种学术交流活动日渐频繁。

自此，国内对西方传播学著作的译介数量渐成规模。从1998年起，国内涌现出大量传播学经典译丛，描绘出一条学科建构的线路图，如中国社会科学出版社的"传播与文化译丛"、华夏出版社的"现代传播译丛·高校经典教材译丛"和"传播·文化·社会译丛"以及商务印书馆的"文化和传播译丛"。此外，还包括中国人民大学出版社的"新闻与传播学译丛"、复旦大学出版社的"媒介与文明

---

① 转引自赵月枝《中国的挑战：对21世纪跨文化传播政治经济学的贡献》，《传播与社会学刊》2014年总第28期。

② 王彦：《香港新闻传播学界的成名与想象（1927—2006）——专访台湾政治大学名誉教授朱立》，《国际新闻界》2017年第5期。

③ 邵培仁：《传播学本土化研究的回顾与前瞻》，《杭州师范学院学报》1999年第4期。

④ 李彬、刘海龙：《20世纪以来中国传播学发展历程回顾》，《现代传播》2016年第1期。

译丛"、清华大学出版社的"新闻与传播系列教材·翻译版"、北京大学出版社的"世界传播学经典教材（中文版）"、南京大学出版社的"当代学术棱镜译丛"以及中国传媒大学出版社的"国外传媒经营管理经典译丛"等。如此丰富而庞大的译介工作，不仅描绘了传播学科的理论知识图谱，①也勾勒出人际传播、组织传播、大众传播等不同的学科领域，延展出健康传播、环境传播、视觉传播等不同的分支领域，同时也形成了经验学派、批判学派、媒介环境学派等不同的研究范式。

1981年，陈韵昭在《新闻大学》（第1—8期）中系统介绍了大众传播的基本概念与研究现状。②同时，大众传播的中层理论也在这一时期被广泛译介，如居延安介绍了有限效果理论，③俞旭介绍了受众理论的四种类型等，④此类译介工作不一而足。1983年，中国社会科学院主编的《传播学（简介）》，可以说是国内较早系统介绍西方传播理论的学术成果。⑤1984年李普曼的《舆论学》、1985年赛弗林和坦卡德的《传播学的起源、方法与应用》、1987年麦奎尔的《大众传播模式论》、1989年德弗勒和丹尼斯的《大众传播通论》等译著的出版，对大众传播理论进行了全景式的系统介绍。这些译著有效推动了中国大众传播学的学科建设。1988年，刘建明出版的《基础舆论学》。1989年，戴元光、邵培仁、龚炜合著的《传播学原理与应用》被认为是中国第一本传播学研究著述，该书在对西方传播理论的引进和推介上可谓意义深远。

---

① 黄旦、丁未：《传播学科"知识地图"的绘制和建构——20世纪80年代以来中国大陆传播学译著的回顾》，《现代传播》2005年第2期。
② 陈韵昭：《传学讲座》，《新闻大学》1981—1983年总第1—8期。
③ 居延安：《心理选择与新闻报道》，《新闻大学》1982年第5期。
④ 俞旭：《大众传播的接受对象》，《新闻大学》1983年第6期。
⑤ 中国社会科学院新闻所世界新闻研究室：《传播学（简介）》，人民日报出版社1983年版。

1981年,居延安在《社会》上第一次论及"人际传播"这一命题,① 推动了国内的人际传播译介与研究。1989年译著《交际技巧与方法:人际传播入门》对影响和支配人际关系的根源、方法和技巧进行了探讨。② 随着米德和布鲁默的符号互动论、戈夫曼的戏剧理论、洛罗夫的社会交换论的译介,国内人际传播研究的学术视野不断扩展。③ 新世纪以来,"人际传播"的研究领域更加多元,以计算机为中介的人际传播(Computer-Mediated Communication,CMC)相关理论纷纷进入大陆,丰富并拓展了国内网络传播研究的新视野。

　　除了对经典的大众传播和人际传播理论译介外,诸如健康传播、环境传播、科学传播、媒介环境学等其他传播学分支学科/学派纷纷进入中国,丰富了国内传播学研究的广度和深度。《国际新闻界》从1979年开始,介绍了席勒、威廉斯、霍尔等批判学者的理论,打开了传播学研究的批判视野。20世纪80年代中后期,北美的媒介环境学派开始引起国人关注。④ 1991年,麦克卢汉著作《人的延伸——媒介通论》的翻译出版标志着媒介环境学派正式进入国内。⑤ 随后,"媒介环境学译丛"中《技术垄断:文化向技术投降》《口语文化与书面文化——语词的技术化》等著作相继出版,直接推动了国内媒介环境学的研究视野。

　　简言之,70年来的理论译介工作为国内传播学研究提供了比较系统的理论资源和参照坐标。学界在对传播学"系统了解"的基础上,也逐渐铺陈了一条"分析研究""批判吸收"与"本土创新"之路。

---

① 居延安:《社会与传播漫谈》,《社会》1981年第3期。
② 王怡红、胡翼青:《中国传播学30年》,中国大百科全书出版社2010年版,第321页。
③ 俞旭:《大众传播的接受对象》,《新闻大学》1983年第6期。
④ 张隆栋:《大众传播总论》,中国人民大学出版社1993年版。
⑤ [加]马歇尔·麦克卢汉:《人的延伸——媒介通论》,何道宽译,四川人民出版社1991年版。

第二节 理论发展:基于七大传统的传播学理论

传播学虽然诞生于20世纪初,但其理论生长的土壤与根源,则广泛存在于其他学术传统之中。克雷格(Robert T. Craig)于1999年发表了一篇对传播学理论系统建构具有里程碑式意义的文章,指出传播学的理论来自于七大传统,即修辞学传统、符号学传统、现象学传统、控制论传统、社会心理学传统、社会文化传统和批判传统。[①]李特约翰在著名的《人类传播理论》[②]中构建了一个庞大的传播理论大厦,而其分类依据依然是这七大传统。考察新中国成立70年传播学理论的发展状况与研究脉络,七大传统无疑提供了一个有效的参考框架。

一 修辞学传统:从语言修辞到视觉修辞

修辞学作为一门古老的学问,是和传播较早发生关联的学术传统。著名修辞学家陈望道于1942年出任复旦大学新闻系主任,修辞学与传播学的"相遇"在这一时期拉开帷幕。不同于传播学研究的其他传统,修辞学传统一开始便携带着明显的本土倾向与内涵。相对于西方修辞学的劝服传统,中国早期传播修辞学延续了本土修辞学的遣词造句传统,更多强调媒介文本表达的实用美学问题。1958年,《新闻战线》上刊发的业务讨论中就强调了修辞手法的运用,[③]

---

① Robert T. Craig, 2010. "Communication Theory as a Field", *Communication Theory*, Vol. 9, No. 2, pp. 119–161.

② [美]斯蒂芬·李特约翰、[美]凯伦·福斯:《人类传播理论》,史安斌译,清华大学出版社2009年版。

③ 黄汉生:《设问辞和文章的波澜——从修辞上分析"为什么说资产阶级右派是反动派?"一文的表现方法》,《新闻战线》1958年第12期。

后来一直在新闻实践中予以倡导。1963 年张弓的著作《现代汉语修辞学》使用大量篇幅分析《人民日报》等报刊的文体特色和修辞语言，媒介文本的修辞问题成为语言修辞研究的重要命题。20 世纪 80 年代，新闻传播与修辞学交流日益密切，信息学、广播电视语言等都一一被纳入现代修辞学的考察范畴。①《新闻大学》先后刊发了一系列文章，对新闻标题的修辞规范问题进行讨论。② 20 世纪 90 年代后期，随着批判性话语分析理论和方法传入国内，修辞学成为媒介文本与现象研究的重要方法论路径。③ 修辞学与传播学在更深层意义上的结合则来自于新修辞学（New Rhetoric）的影响和推动。新修辞学视"同一"或"认同"为核心问题，认为人类的言语行为都是象征活动，因而携带着积极的修辞本质。以言语行为理论为基础的新修辞学无疑为传播交往实践研究提供了一种新的视角和路径，其结果就是将传播修辞学的研究视域从政治领域④转向更为多元的社会文化领域。2000 年以来随着视觉文化的发展，视觉修辞（Visual Rhetoric）成为一个新兴的学术领域。⑤ 米歇尔、潘诺夫斯基、乔丽等人的理论著作逐渐被引入国内，⑥ 视觉修辞方法成为中国本土视觉实践研究的重要方法，⑦ 为视觉研究（Visual Studies）提供了一种新的学

---

① 中国修辞学会编：《修辞学论文集第二集》，福建人民出版社 1984 年版。
② 参见张子让《新闻标题的形象化手法》，《新闻大学》1984 年第 1 期；高国良：《谈标题的多种表现手法》，《新闻大学》1988 年第 1 期，等等。
③ 参见王一川《叙事裂缝、理想消解与话语冲突》，《电影艺术》1990 年第 4 期；胡春阳：《话语分析：传播研究的新路径》，上海世纪出版集团 2007 年版。
④ 赵鸿燕、李金慧：《政治修辞：媒体外交的传播智慧》，《国际新闻界》2010 年第 3 期。
⑤ 刘涛：《何为视觉修辞——图像议题研究的视觉修辞学范式》，《湖南师范大学社会科学学报》2018 年第 6 期。
⑥ 参见米歇尔《图像理论》，陈永国、胡文征译，北京大学出版社 2006 年版；潘诺夫斯基：《图像学研究》，戚印平、范景中译，上海三联书店 2011 年版；玛蒂娜·乔丽：《图像分析》，怀宇译，天津人民出版社 2012 年版。
⑦ 刘涛：《图绘"西医的观念"：晚清西医东渐的视觉修辞实践》，《新闻与传播研究》2018 年第 11 期。

术范式。①

二　符号学传统：主体间传播关系的符号阐释

符号学于20世纪60年代在西方成为一门独立的学科，20世纪80年代被译介进入中国，由此催生了传播符号学的生成与发展。② 1980年，李幼蒸发表的《结构主义与电影美学》可以看作我国符号学与大众传播问题结合的起点。③ 20世纪90年代赵宪章等学者系统整理和发展了西方形式美学及其在日常生活中的传播问题研究。④ 1996年陈力丹倡导应将符号学视为传播学的基础理论之一。⑤ 赵毅衡指出，"在一个学科中，符号学是不言而喻的方法论，这个学科就是传媒学与传播研究"。⑥ 与以索绪尔为代表的欧洲符号学不同，源自美国的现代符号学更加强调实践性，认为符号的意义活动充满了社会生活和个人生活，"不仅讨论表意批判而且讨论解释"。⑦ 因此，符号学的皮尔斯传统极大地影响了传播学的理论发展。李彬首次从符号学的角度对传播内容的本体内涵进行系统阐释。⑧ 隋岩以传播文本为主体研究对象，理论上主要揭示了含指向、元语言机制、普遍化机制等符号学理论问题，实践上则主要探讨中国历史语境中鸦片、缠足、东亚病夫等文化符号的传播机制及其符号意义内涵。⑨ 符号互动论可以视为传播现象研究的理论基石之一，从个体意识到社会共

---

① 刘涛：《视觉修辞的学术起源与意义机制：一个学术史的考察》，《暨南学报》（哲学社会科学版）2017年第9期。
② 赵毅衡：《符号学理论发展与模式更新研究》，《学习与探索》2010年第6期。
③ 李幼蒸：《结构主义与电影美学》，《电影艺术译丛》1980年第3期。
④ 赵宪章、张辉、王雄：《西方形式美学》，上海人民出版社1996年版。
⑤ 陈力丹：《符号学：通往巴别塔之路》，《新闻与传播研究》1996年第1期。
⑥ 赵毅衡：《第三次突变：符号学必须拥抱新传媒时代》，《天津外国语大学学报》2016年第1期。
⑦ 赵毅衡：《符号学原理与推演》，南京大学出版社2011年版，第47页。
⑧ 李彬：《符号透视：传播内容的本体诠释》，复旦大学出版社2003年版。
⑨ 隋岩：《符号中国》，中国人民大学出版社2014年版。

同体的构建无不依赖于这一理论路径。随着互联网时代的来临，社会交流的符号形式与传播机制发生了巨大变化，"虚拟世界"生成的符号机制提供了一个理解"网络社会"的崭新理论视角。① 如同半个世纪前结构主义符号学通过批判意识确立了自身合法性一样，当前的符号学在回应日益复杂的传播机制问题时也面临着方法论的更新问题。②

三　现象学传统：价值性与主体性的再发现

自胡塞尔的《逻辑研究》于1900年面世以来，现象学完成了从一个哲学构想到学派研究纲领的飞跃，它将意向性、还原、直观与先天作为基本原理，同时也将阐释（interpretation）推向了核心概念位置。③ 1960年现象学通过哲学被引入中国，④ 张世英在对黑格尔的《精神现象学》评析时强调了"绝对理念"的社会化过程，即传播对概念普遍性的完成具有关键的作用。⑤ 20世纪80—90年代，我国学者逐步注意到了现象学方法论与传播问题的结合。⑥ 倪梁康对于图像意识的现象学考察可被视为对传播问题的再发现。⑦ 现象学的基础理论将主体体验视为赋予意义的过程，这一点是实证主义研究较为

---

① 孟威：《网络"虚拟世界"的符号意义》，《新闻与传播研究》2001年第4期。
② 陈卫星：《从漂浮的能指到符号的资本》，《中外文化与文论》2015年第3期。
③ 倪梁康等编：《中国现象学与哲学评论：现象与社会理论》，译文出版社2001年版。
④ 巴斯摩尔、周煦良：《胡塞尔的逻辑学和现象学思想》，《现代外国哲学社会科学文摘》1960年第1期。
⑤ 张世英：《黑格尔〈精神现象学〉述评》，上海人民出版社1962年版。
⑥ 参见晓为《〈精神现象学〉对马克思〈巴黎手稿〉的影响》，《兰州大学学报》1982年第12期；张蓬：《现象学方法和结构主义方法》，《兰州大学学报》1985年第10期。
⑦ 倪梁康：《图像意识的现象学》，《南京大学学报》（哲学·人文科学·社会科学版）2001年第1期。

忽略的方面，可以与传统的传播学研究方法形成优势互补。① 本质上，现象学传统的引入是基于当前传播现象下蕴含的复杂的价值性与主体性的再发现。② 中国传统文化的问题意识和思考逻辑可以被重新激活，这为传播学理论的本土化与再创新提供了可能。现象学方法论还增强了传播学当前在新技术运用领域的解释力度，技术现象学即是在"人—技术—世界"的框架之下展开的有关技术对社会影响的研究。③ 受这一传统影响的常人方法学倡导从普通人的日常生活情境中发现传播关系，在当前传播学研究走向日常生活和微观实践之际，这一方法也被广泛地应用于新媒体技术环境下的传播行为与实践研究。④

四 控制论传统：技术逻辑下的传授关系思考

控制论传统的主要思想来源于信息论、系统论和控制论三大传播学经典理论，作为影响了美国传播学主流范式的重要学术传统，控制论传统将传播过程看作是一个各种条件变量组合而成的系统。作为较早影响到我国传播学研究的思想体系，控制论在很长时间内主导了我国的传播学研究。20世纪50年代，当时的"新兴技术"广播电视原理与传播研究便是在这一范式下进行的。⑤ 20世纪60年代，当信息被确立为一种客观存在，控制论为社会科学研究带来了新的方法论。⑥ 20世纪80年代施拉姆访华之后，控制论及相关理论

---

① 范龙、王潇潇：《现象学方法在传播学研究中的应用前景初探》，《新闻大学》2010年第1期。

② 姚晓鸥：《传播学研究方法的反思》，《国际新闻界》2010年第6期。

③ 杨雅、喻国明：《试论技术现象学视阈下媒介技术的"在场效应"》，《当代传播》2018年第1期。

④ 丁未、田仟：《流动的家园：新媒介技术与农民工社会关系个案研究》，《新闻与传播研究》2009年第1期。

⑤ 张培森：《中央台是怎样传播苏联宇宙火箭的喜讯的》，《新闻战线》1959年第1期。

⑥ 西奥博尔德、定扬：《控制论对经济和社会的冲击》，《现代外国哲学社会科学文摘》1966年第5期。

迅速影响了我国的传播学界，新闻制度、政策与管理、受众与传播效果等一系列传播学的宏观、中观和微观领域都受到控制论思想的影响。受众调查法、内容分析法和控制实验法正是在这一传统的影响下常用的三种研究范式。祝建华于1985—1986年在《新闻大学》发表了一系列文章，系统引介了这三种研究范式。① 与其他学术传统不同的是，控制论注重以实践的视角审视传播问题，通过认知、行为和态度等来解决复杂的传播问题。受控制论影响的中国传播学研究主要围绕经验主义的范式展开，主要关注较为具体的社会问题，如媒介事件与传播效果、媒介使用与认同建构、② 公众参与与媒介赋权③等。随着互联网信息技术的发展，传播技术的交互作用被颠覆性地更新，传统媒体日渐式微，迫使人们重新审视传者与受者之间的关系问题，社会网络理论逐渐在传播相关的社会问题研究中占据了重要位置。④ 近年来，随着人工智能技术在传播领域的运用，控制论作为主流传播学的理论预设也面临着来自技术哲学的挑战和"再出发"问题。⑤

五 社会心理学传统：心理实验研究的兴起

社会心理学传统源起于美国，经历了芝加哥学派开创的美国本土社会心理学向科学主义实验心理学过渡的过程。传播学的受众心

---

① 祝建华：《实地调查——传播学研究方法之一》，《新闻大学》1985—1986年等一组文章。

② 参见陆晔《媒介使用、社会凝聚力和国家认同》，《新闻大学》2010年第3期；喻国明、何其聪、吴文汐：《传播学研究范式的创新：以媒介接触与使用的研究为例》，《新闻大学》2017年第1期。

③ 肖荣春、白金龙：《移动的自留地：知识青年、新媒介赋权、场景生产与媒介素养》，《新闻与传播研究》2011年第2期。

④ 李林艳：《社会空间的另一种想象——社会网络分析的结构视野》，《社会学研究》2004年第5期。

⑤ 孙玮：《从新媒介通达新传播：基于技术哲学的传播研究思考》，《暨南学报》（哲学社会科学版）2016年第1期。

理研究、传播效果研究受到早期社会心理学传统的深刻影响。而在我国，基于宣传实践的心理研究更早产生，"思想工作""思想教育""思想改造"等长期在我国的大众传播领域中居主流地位。① 直到新闻专业主义兴起之后，受众心理研究才进入专业化路径。新闻报道如何才能符合受众的接受心理需求，1988 年徐培汀编著的《新闻心理学漫谈》对这一问题给出了相关思考。② 此后，符号互动主义理论进入传播学领域成为社会心理学的基础理论之一。随着科学心理学的兴起，传播学的方法论问题面临新的挑战和发展。科学心理学于 20 世纪 60 年代初期进入我国，其最初运用于教育传播领域。③ 近年来，随着技术手段的提高和多样化，心理实验法成为传播学研究的基本方法之一。我国在 20 世纪 80 年代开始关注这一路径，1986 年，祝建华在将"控制实验法"引进国内时，就包括对受众心理的实验研究。1995 年《新闻与传播研究》通过一个专栏引介了心理实验法。④ 我国大陆较早的实验研究成果可追溯到潘忠党和魏然关于传媒与价值观关系的研究。⑤ 传统媒体时代，我国的传播学界认为大众传媒对于普通受众具有绝对的引导优势。⑥ 2000 年之后，随着认知心理科学实验法的普及，传播学相关研究成果迅速涌现，主要分为两类，一类是用新技术手段对传播学的理论进行验证；⑦ 另一类是运用这一研究方法回应与传播效果有关的实际问题。科学心理学

---

① 刘海龙：《宣传：观念、话语及其正当化》，中国大百科全书出版社 2013 年版。
② 徐培汀、谭启泰编著：《新闻心理学漫谈》，新华出版社 1988 年版。
③ 陈一百：《实验方法在教育心理学中的地位与作用问题》，《学术研究》1963 年第 3 期。
④ 刘晓红：《试论传播心理学的研究内容》，《新闻与传播研究》1995 年第 1 期等一组文章。
⑤ 潘忠党、魏然：《大众传媒的内容丰富之后——传媒与价值观念之关系的实证研究》，《新闻与传播研究》1998 年第 1 期。
⑥ 郑兴东：《受众心理与传媒引导》，新华出版社 1999 年版。
⑦ 喻国明、李彪、李莹：《意识阈限下信息刺激的传播效果研究——基于 ERP 的实验研究》，《国际新闻界》2009 年第 1 期。

理论及其研究方法在当前的政治传播、健康传播、跨文化传播的实证研究中都有广泛的运用。由于能够通过实验设计和流程控制得到精确的测量结果，并且突破旧有的技术条件限制，科学心理学以其定量化、精确化的测量方式渐渐占据重要位置。

六 社会文化传统：传播实践运行的文化逻辑

传播学研究的重要命题之一就是努力回应社会文化命题，探寻社会文化生成的传播。20世纪初，我国学者系统考察了亚洲各民族的习俗，并将我国东北和西南地区的少数民族作为重点考察对象，发掘出大量与文化传播和媒介使用有关的内容。① 20世纪50—60年代学界主要关注西方思想和文化在我国的传播过程问题。② 60—70年代的讨论集中在社会主义文化领域。③ 1985年6月复旦大学召开的传播学研讨会重点讨论了"传播与文化发展"的问题，④ 由此打开了传播学研究的社会文化面向。作为现代社会标志之一的大众传媒对现代化的促进作用，是我国学者较早关注的领域。⑤ 性别与社会文化问题是这一领域最早关注的问题之一，1995年第四届世界妇女大会在北京召开，《新闻与传播研究》在当年组织了媒介与妇女研究专栏，通过翻译作品介绍了传播与性别议题在各国的最新成果。⑥ 卜

---

① 参见《亚洲民族考古丛刊》第一辑至第六辑，出版时间从1916年跨越至1987年。
② 郑宏：《一本传播"儿童学"的译本》，《人民教育》1951年第6期；蒋学模：《政治经济学社会主义部分在我国的传播》，《学术月刊》1959年第10期。
③ 陆定一：《陆定一同志代表中共中央和国务院在全国教育和文化、卫生、体育、新闻方面社会主义建设先进单位和先进工作者代表大会上的祝词》，《文物》1960年第7期。
④ 吴文虎：《对中国大陆传播学研究的思考》，《暨南学报》（哲学社会科学版）1994年第2期。
⑤ 朱增朴：《传播与现代化》，中国新闻出版社1989年版。
⑥ 参见孙五三《亚洲媒介和妇女》，《新闻与传播研究》1995年第2期等一组文章。

卫自20世纪90年代就开始关注媒介使用与儿童教育和儿童权利的问题，并系统性地发表和出版了研究成果。阐释学作为这一领域经典的方法论之一，肯定了理解活动乃是个人视野与历史视野的融合，这使得从个体体验和群体体验的角度阐释特定文化的生成机制成为可能。① 作为芝加哥学派的代表性理论，符号互动论在传播学领域"出场"之际，参与式观察法也一并被引入传播学方法领域，并且成为传播学研究中较早确立的研究方法。此后，传播与社会文化的研究，迅速成为传播学研究的一个重要领域，传播的"社会之维"被极大地打开了。在促进传播学本土化进程中，传播学与民族文化问题备受关注。郭建斌的《独乡电视：现代传媒与少数民族乡村日常生活》较早采用民族志方法，揭示了媒介对社会文化的深层影响。② 当代流行文化的生产和传播机制也引起了众多研究者的关注，以其为基础的大众文化接受效应、亚文化群体传播行为，以及新媒体对当代文化的建构作用等研究，都为传播学理论研究打开了新的维度。

七　批判传统：批判的传播理论

作为一种不同于实证学派的传播学主流范式，批判传统的传播理论主要包含文化研究和传播政治经济学两大部分，其思想资源主要来自法兰克福学派。《哲学译丛》于1978年刊发了一组文章，对法兰克福学派的思想及其代表人物做了较为详细的介绍。③ 1987年，姜克安在向国内传播学界介绍批判学派时，称其为"国际传播学界

---

① 陶东风：《20世纪七八十年代之交流行歌曲的传播语境与接受效应》，《现代传播》2019年第3期。
② 郭建斌：《独乡电视：现代传媒与少数民族乡村日常生活》，山东大学出版社2005年版。
③ 涂纪亮：《法兰克福哲学——社会学学派基本思想的历史发展》，《哲学译丛》1978年第5—6期等一组文章。

近二三十年来最引人注目的变化"。① 但批判学派在进入我国初期时曾经遭遇过"发育不良"的危机，刘海龙称为"传播学引进中的失踪者"，其原因是我国的传播学研究深受新闻学传统的影响，新闻框架限制了对批判学派思想真正价值的理解。② 胡翼青在对中国的传播学研究范式进行反思和批判时指出，批判传统的问题主要体现为理论的碎片化和工具性，理论的系统性危机限制了理论视角的进一步延伸。③ 尽管如此，批判学派在中国落地生根之后，带动了一系列与之相关的理论流派（如政治经济学派、女性主义、后现代主义）的"中国之旅"，相应地形成了一系列西方传播思想史成果——马克思主义对西方传播理论的影响研究、④ 哈贝马斯关于大众传媒与公共领域思想的论述、⑤ 传播学古希腊渊源的批评性考察、⑥ 法兰克福学派经验研究的再发现⑦等等。除了西方传播思想史的梳理，中国的批判研究也涌现出一些极具本土特色的理论成果，如赵月枝从国家与社会角度对本土传播学理论进行了理论构建，⑧ 吕新雨在当代马克思主义视野下对中国不同于西方情境下的公共价值进行了反思，⑨ 以及杨

---

① 姜克安：《传播学研究综述》，《中国人民大学学报》1987年第3期。
② 刘海龙：《"传播学"引进中的"失踪者"》，《新闻与传播研究》2007年第14期。
③ 胡翼青：《论传播研究范式的表层结构与深层结构——兼论中国传播学30年的得失》，《新闻与传播研究》2007年第4期。
④ 支庭荣：《传播逻辑中的人类自省——马克思对西方传播学理论的贡献与影响》，《新闻与传播研究》2011年第3期。
⑤ 刘晓红：《重新理解哈贝马斯对大众传媒与公共领域关系的论述》，《现代传播》2002年第5期。
⑥ 单波、侯雨：《思想的阴影：西方传播学古希腊渊源的批评性考察》，《新闻与传播研究》2017年第12期。
⑦ 连水兴：《被遮蔽的存在：论法兰克福学派的经验性传播研究》，《新闻与传播研究》2018年第3期。
⑧ 赵月枝：《传播与社会：政治经济与文化分析》，中国传媒大学出版社2011年版。
⑨ 吕新雨：《学术、传媒与公共性》，华东师范大学出版社2015年版。

国斌对西方理论与中国本土实践结合之后的理论再发现。① 总体上看，无论是研究范式的深层结构搭建，还是中国传播学本土化的构建与反思，批判传统的丰富理论资源都不容忽视。

第三节　理论批判：传播学理论反思与范式批判

传播学引入中国的相当长一段时间，面对当时中国社会的传播现象和问题，传播学经典理论以及研究范式展示了强大的解释力和影响力。然而，在漫长的学习和接受过程中，由于传播技术环境的变迁、媒介议题的推陈出新，以及中国现实土壤的独特性，这些经典理论和研究范式的局限和不足逐渐显现出来。因此，考察新中国成立70年来的传播学理论研究，一个重要的认识路径就是理论批判，即对经典传播理论和研究范式的批判性检视。

一　经典理论的批判

传播学发展过程中，逐渐形成了"一种具有较强影响力的模式——按照个体参与程度不断增长来划分学科领域"，② 即把传播分为大众传播、人际传播、群体传播、组织传播四个学科领域。围绕这四大传播学领域，中国学者们结合本土实践对相关理论展开了批判性的检验和反思。

大众传播早在1958年就以"群众交通思想"的译名方式被引入

---

① 杨国斌：《悲情与戏谑：网络事件中的情感动员》，《传播与社会学刊》2009年第9期。

② ［美］斯蒂芬·李特约翰：《人类传播的理论（第七版）》，史安斌译，清华大学出版社2004年版，第17页。

中国。20世纪80年代后,大众传播一词开始被广泛使用,戴元光等人在1988年的著作《传播学原理与应用》中较为全面地概述了大众传播的相关理论。① 纵观20世纪80年代初的中国传播学研究,陈崇山②、祝建华③、甘惜分等人开展了大量媒介使用和民意测验等调查,但这些研究多属于描述性调查,未能在理论层面进行深入探索。④ 新千年以后,研究者对传播理论进行了较为全面的验证和反思。2001年张国良团队首次对议程设置理论进行了实证分析,指出在中国经验中媒介议程与受众议程之间存在着明显的"非对称性",⑤ 随后又对知沟理论、培养理论、第三人效果等理论做了一系列验证研究。互联网的兴起,为大众传播带来生机和挑战,祝建华以使用与满足、创新扩散为理论视角,对网络媒体在中国人群中感知和接受因素加以探索,发现不同于传统媒体的新视角和新观点。⑥ 随后,学者纷纷意识到传统的行政式研究范式在理论拓展上面临诸多困境,开始结合更多元的理论视角和认识视角反思传播研究中的技术迷失、意识形态问题,如立足知识社会学维度的传播效果反思、⑦ 聚焦"人即讯息"观点的传播思想探索⑧等。在新媒体环境中,学者对大众传播理论研究进行了更为系统的反思,如彭兰指出

---

① 戴元光、邵培仁、龚炜:《传播学原理与应用》,兰州大学出版社1988年版。
② 陈崇山主编:《北京读者听众观众调查》,工人出版社1985年版。
③ 祝建华:《上海郊区农村传播网络的调查分析》,《复旦大学学报》(社会科学版),1984年第4期。
④ 王怡红、胡翼青主编:《中国传播学30年》,中国大百科全书出版社2010年版,第63页。
⑤ 张国良、李本乾、李明伟:《中国大众传媒"议程设置"功能分析》,《新闻记者》2001年第6期。
⑥ Jonathan J. H. Zhu & Zhou He, 2002, "Perceived Characteristics, Perceived Needs, and Perceived Popularity Adoption and Use of the Internet in China", *Communication Research*, Vol. 29 No. 4, August.
⑦ 周葆华:《效果研究:人类传受观念与行为的变迁》,复旦大学出版社2008年版。
⑧ 陈嬿如:《心传:传播学理论的新探索》,厦门大学出版社2010年版。

当下新媒体仍具有大众传播的介质属性,并提出了"万物皆媒"的概念,打开了媒介边界、媒介融合问题反思的新视野。① 李沁则把 VR/AR、直播技术的使用总结为一种沉浸传播体验,在反思传统大众传播模式的局限后,她提出基于新的媒介环境而产生的传播模式的 IC 矩阵图、传播过程的 IC 螺旋图等,拓展了大众传播的理论视野。②

人际传播研究一度未能引起中国学界的足够重视,直到 20 世纪 90 年代,芮必峰、王怡红等学者分别撰写了大量人际传播研究论文,系统地介绍了人际传播的内涵③、人际传播的关系理论和情境理论等④。如果说传统的人际传播主要强调面对面的沟通与交流,即时通讯软件、聊天室、社交媒体等新兴媒介形态的出现,则使得媒介技术中介的人际传播成为可能,由此推动了基于网络⑤、SNS⑥、微信⑦等新兴媒介的人际传播理论检视与批判分析。当网络媒介创设了一个全新的生存语境和交流情景,传统人际传播中的自我呈现⑧、印

---

① 参见彭兰《"新媒体"概念界定的三条线索》,《新闻与传播研究》2016 年第 3 期;彭兰:《万物皆媒——新一轮技术驱动的泛媒化趋势》,《编辑之友》2016 年第 3 期。

② 李沁:《沉浸传播:第三媒介时代的传播范式》,清华大学出版社 2013 年版,第 78—84 页。

③ 王怡红:《西方人际传播定义辨析》,《新闻与传播研究》1996 年第 4 期。

④ 参见芮必峰《人类社会与人际传播——试论米德和库利对传播研究的贡献》,《新闻与传播研究》1995 年第 2 期;《人类理解与人际传播——从"情境定义"看托马斯的传播思想》,《新闻与传播研究》1997 年第 2 期;王怡红:《关系传播理论的逻辑解释——兼论人际交流研究的主要对象问题》,《新闻与传播研究》2006 年第 2 期。

⑤ 彭兰:《网络中的人际传播》,《国际新闻界》2001 年第 3 期。

⑥ 能向群:《SNS:网络人际传播的现实化回归》,《河北大学学报》(哲学社会科学版)2006 年第 2 期。

⑦ 詹恂、严星:《微信使用对人际传播的影响研究》,《现代传播》2013 年第 12 期。

⑧ 陈浩、赖凯声、董颖红、付萌、乐国安:《社交网络(SNS)中的自我呈现及其影响因素》,《心理学探新》2013 年第 6 期。

象管理①、社会资本积累②等理论问题呈现出新的机制和趋势。随着本土研究的不断深入,学者开始反思西方人际传播理论在中国的适用性问题,由此展开了一系列批判性的文化反思。翟学伟认为,简单地套用西方理论反而会忽视中国人际传播中的重要问题。他创造地提出的"面子"理论,为我国人际传播理论研究注入了全新的认识视角。③

群体传播主要关注群体间的传播动力机制与互动过程。1995年,研究者就注意到初级群体理论,并指出群体传播对人的自我认知、群体意义共享会产生多重作用。④ 群体传播研究的首要命题是对群体形态的识别和把握。研究者不仅关注社会组织层面的群体形态,也关注经由媒介实践所重构的群体形态,其结果不仅丰富了群体传播的外延,也衍生出一系列新兴的群体传播议题,如基于年节这一文化仪式的群体传播实践研究⑤。新媒体语境下,群体传播的新现象、新形式、新议题不断涌现,诸如网络传播结构中的群体认同、群体规范、群体极化等问题进一步拓展了群体传播的理论视野。⑥ 2015年,支庭荣和隋岩同时获批国家社会科学基金重大项目《互联网群体传播的理论、特点与机制研究》,新媒体时代的群体传播引起学界普遍关注。两位学者对群体传播中的"群体"给出了不同的解释,支庭荣所强调的依然是传统意义上的群体概念,更多关注现实

---

① 黄含韵:《中国青少年社交媒体使用与沉迷现状:亲和动机、印象管理与社会》,《新闻与传播研究》2005年第10期。

② 赵曙光:《社交媒体的使用效果:社会资本的视角》,《国际新闻界》2014年第7期。

③ 翟学伟:《人情、面子与权力的再生产》,北京大学出版社2005年版,第93页。

④ 芮必峰:《人类社会与人际传播:试论米德和库利对传播研究的贡献》,《新闻与传播研究》1995年第12期。

⑤ 参见杨立川《年节——中华民族的传播盛宴》,《新闻与传播研究》2002年第4期。

⑥ 彭兰:《网络传播学》,中国人民大学出版社2009年版,第75—85页。

群体或媒介群体的传播实践,而隋岩所强调的群体传播,主要关注新媒体时代"人人都成为传播者"这一传播现实和趋势。基于这一理解,隋岩对第三人效果理论进行了批判性反思,指出群体传播语境下的第三人效果更为显著。①

组织传播早在1983年就以"组际传播"之译名出现在中国社会科学院新闻研究所编印的《传播学(简介)》的基本术语中。但在后来的十多年里,组织传播并未引起中国学者的特别关注。潘玉鹏于1994年指出,我们不仅需要组织传播,还有必要发展有中国特色的组织传播理论与实践。② 随后,彭凤仪从学理维度揭示了组织传播的等级传播、多级传播过程、不同传播模式。③ 如何回应当前社会的现实议题,成为组织传播研究亟待突破的研究视域。在全球化交流体系中,组织只有适应不同的文化环境,才能有效提升跨文化传播的质量与效果。④ 而在"非典"等重大事件中,政府与媒体、公众的信息传播和互动也是组织传播关注的重点。有研究者指出,政府传播是组织传播的一种极特殊形式,其传播是管理行为的延伸。⑤ 随着互联网技术的发展,探讨新媒体对组织间的传播关系重构与影响,成为组织传播理论发展的新转向。互联网时代的组织传播,正在从静态、封闭的结构模式转向了动态、开放的结构模式,"经由传播而组织"构成了组织传播的新观念。⑥ 而进入社交媒体时代,组织传播的重要命题是建立自媒体的媒介人社会组织,重构新媒体语境下的

---

① 隋岩:《论群体传播中的第三人效果》,《新闻大学》2012年第5期。
② 潘玉鹏:《建立中国特色的组织传播学》,《新闻大学》1994年第2期。
③ 彭凤仪:《论组织与组织传播》,《杭州大学学报》(哲学社会科学版)1996年第3期。
④ 黄孝俊:《组织传播的研究模式及思考》,《浙江大学学报》(人文社会科学版)2001年第5期。
⑤ 程曼丽:《政府传播机理初探》,《北京大学学报》(哲学社会科学版)2004年第2期。
⑥ 谢静:《经由传播而组织——一种动态的组织传播观》,《新闻大学》2012年第2期。

组织传播理论。①

二 研究范式的批判

范式是由美国学者托马斯·库恩于 1962 年在《科学革命的结构》中提出的一个概念，主要指学科运行所建构的一套理论基础、规范，以及学科共同体共同遵守的价值和行为规范。② 传播学的范式分类较多，而比较权威的分类方式是波特等人于 1993 年提炼的三种范式：社会科学的范式（social science paradigm）、诠释性范式（interpretive paradigm）和批判范式（critical paradigm）。③ 此外，还有以学派为取向标准的分类，其中以媒介/技术为研究范式的北美媒介环境学范式得到广泛认可，被何道宽称为"异军突起的第三学派"，④ 由此形成了经验学派、批判学派和媒介环境学派的研究范式格局。

经验学派是传播学主流学派的代表性范式，这一学派诞生于美国 20 世纪 40—60 年代，深受社会学功能主义范式的影响，强调通过需求来决定传播形式和内容。功能主义范式在中国一度受到传播学者们的偏爱，但在研究过程中也出现了二元论、决定论等问题。为了解决这一范式困境，黄旦给出的"药方"是从结构功能主义转向建构功能主义。⑤ 2012 年，《新闻大学》以"超越结构功能主义"为专题，组织了八篇笔谈文章，对结构功能主义进行了检视和考察，如刘海龙以知识考古的方式解析了功能主义范式的传播学起源及其

---

① 宋全成：《论自媒体的特征、挑战及其综合管制问题》，《南京社会科学》2015 年第 3 期。

② ［美］托马斯·库恩：《科学革命的结构》，金吾伦、胡新和译，北京大学出版社 2012 年版，第 12 页。

③ Potter, W. James, Cooper, Roger & Dupagne, Michel, 1993, "The Three Paradigms of Mass Media Research in Mainstream Communication Journals", *Communication Research*, Vol. 3, No. 4, pp. 317 – 335.

④ 何道宽：《异军突起的第三学派——媒介环境学评论之一》，《深圳大学学报》（人文社会科学版）2006 年第 6 期。

⑤ 黄旦：《由功能主义转向建构主义》，《新闻大学》2008 年第 2 期。

超越的可能性。① 孙玮强调引入技术哲学或技术现象学理论视角，为超越功能主义范式的传播理论研究拓展了空间。②

批判学派早在 20 世纪 70 年代末就被引介进入中国，成为影响中国传播研究的一种重要的研究范式。研究者早期对批判学派的批判主要集中在其自身的局限性上。比如，批判学派主要关注传播控制与权力问题而忽视了传播过程、受众和效果问题。再如，批判学派主要聚焦历史与整体的总体视角，一定程度上拒绝了传播活动中的微观现象和微观视角。③ 此外，批判学派主张改变社会思想现状和经济结构，寄希望于虚幻的乌托邦，也使得其自身的立场受到质疑。④ 面对 21 世纪互联网的普及和信息社会的到来，经验学派和批判学派的二元对立格局被打破。中国传播研究过程中对批判学派标签化、单一化的理解方式其实是美国主流学派偏见的再现，因此不应以批判学派笼统概括这一范式的研究，从文化研究、政治经济学等具体的研究脉络出发或许才能对传播理论有更准的认知。⑤

媒介环境学派相关著作和思想的引介，为中国传播理论发展提供了新的研究视角。对这一学派的反思主要聚焦于对"技术决定论"的反思，对此，林文刚认为"决定论"实质上是一套连续的系统，而不是单一的、僵硬的范畴。⑥ 技术在媒介环境学派中并非是历史和

---

① 刘海龙：《中国传播研究中的两种功能主义》，《新闻大学》2012 年第 2 期。
② 参见孙玮《微信"中国人的"在世存有》，《学术月刊》2015 年第 12 期；孙玮：《从新媒介通达新传播：基于技术哲学的传播研究思考》，《暨南学报》2016 年第 1 期。
③ 殷晓蓉：《战后美国传播学的理论发展——经验主义和批判学派的视阈及其比较》，复旦大学出版社 2000 年版，第 51—53 页。
④ 刘海龙：《大众传播理论：范式与流派》，中国人民大学出版社 2008 年版，第 89 页。
⑤ 胡翼青：《建构与消解："批判学派"概念的变迁》，《新闻与传播研究》2014 年第 8 期。
⑥ 林文刚：《媒介环境学：思想沿革与多维视野》，何道宽译，北京大学出版社 2007 年版，第 41 页。

社会变化的唯一动因，而是重要的影响因素。胡翼青认为"技术决定论"这一概念背后有权力作用的指向，即基于政界、智库式学者的"媒介乌托邦"式愿望的"技术决定论"扭曲了其内在的真正含义。① 对"技术决定论"的争论也可以看出媒介技术在人类社会中的重要地位，如何重新看待媒介技术与人类的关系是需要进一步思考的问题。

第四节　理论创新：中国传播学的本土化

随着传播学研究的深入，传播学的本土化成为学者普遍关切的问题。中国传播学者在接触西方传播理论之初，就已经深刻地意识到理论创新问题，而给出的普遍的"药方"是本土化理论创新。在1982年第一次全国传播学座谈会上，中国学者提出了"系统了解、分析研究、批判吸收、自主创造"的"十六字方针"。20世纪80年代，在中国传播学最重要的起步探索阶段，中国社会科学院新闻研究所的《传播学（简介）》、戴元光等的《传播学原理与应用》已经意识到了本土研究的重要性。虽然传播学的本土化口号从20世纪80年代就已被提出，但却因为缺少学术对话而"犹如坠入空谷的回音"。② 黄旦认为，"中国大陆的传播学本土化打一开始，所遵循的就是把中国作为问题，用西方的理论和标准，不断显示中国与西方的不同……形成一种与他者为映照的表面的对立"③。从历史维度来看，中国传播研究的本土化实际上遵循的是"西方理论，中国经验"

---

① 胡翼青：《为媒介技术决定论正名：兼论传播思想史的新视角》，《现代传播》2017年第1期。

② 王怡红：《对话：走出传播研究本土化的空谷》，《现代传播》1995年第6期。

③ 黄旦：《问题的"中国"与中国的"问题"——中国大陆传播"本土化"路径之批判》，转引自胡翼青《传播研究本土化路径的迷失》，《现代传播》2011年第4期。

的二元框架。① 这种"拿来主义"在香港学者陈韬文看来，只是传播本土化研究的第一步，还应该基于本土社会的特殊性对外来理论做出补充、修订或否定，并建设基于本土社会的原创理论。②

一 学术概念的中国诠注

传播学概念的"出场"，大多是基于西方资本主义社会体系以及当时的特殊思想语境。而当部分概念"遭遇"中国现实，中国学者往往给出了不同于西方的解释体系，这不得不说是本土话语的一种大胆探索。这种探索主要沿着两个维度展开，一是对诸如"宣传""舆情""公共传播""群体传播"等西方概念的本土阐释，二是对"传学""周边传播""媒体型智库"等本土概念的发明与生产，这使得中国本土的传播创新具有了积极的概念基础。

传播学进入中国之初，对于 communication 一词的翻译，中国学者从汉语语境出发，将其翻译为"交通"。在胡适口译的杜威演讲（1919—1921）中，communication 有时候翻译为"交际"，有时候又翻译为"交通"。虽然"传播"在清末民初时就被使用，但依然强调的是一种单向概念，而交通，是"交"与"通"的并列，更多地意味着一种双向概念，更接近 communication 的本意。所以，在很长一段时间内，communication 的翻译一直遵循着"交通"这种译法，如孙本文的《社会学名词汉译商榷》与戈公振的《中国报学史》。刘海龙认为，以"交通"为突破点，我们可以认识20世纪初的传播观念与传播研究，重新检视中国传播研究的起源神话和集体记忆。③ 20 世纪 80 年代，香港中文大学传播研究中心主任余也鲁将 communication 翻译为"传学"，而将 mass communication 翻译为"传播"。④ 黄旦提出，1978 年

---

① 胡翼青：《传播研究本土化路径的迷失》，《现代传播》2011 年第 4 期。
② 陈韬文：《论华人社会传播研究中全球化与本土化的张力处理》，《中国传媒报告》2002 年第 2 期。
③ 刘海龙：《中国传播研究的史前史》，《新闻与传播研究》2014 年第 1 期。
④ 余也鲁：《传学新词》，《世界新闻事业》1980 年第 3 期。

之后中国学术界所建构的"传播"概念，其实不是英文中的communication，而是mass communication（大众传播）。① 对于"交通"或者"传学"概念的遗忘，在一定程度上也为中国传播学的本土化探索提供了一种新的思考视角，从关注"传播学"转移到关注"传播"上来，拓展了传播学的学科边界以及学科间对话的机会。

"公共传播"概念在西方语境下强调的是传播网络为公共利益服务。从研究视角上来说，中国学者对"公共传播"概念的内涵拓展更多地体现在价值功能层面。江小平认为公共传播的首要目的是劝服，这是对西方强调"服务"理念的一种全新解释。② 吕新雨针对中国媒体市场化过程中出现的市场化与公共服务功能之间的矛盾问题，提出了"中国特色公共传播"的概念，认为从社会主义出发，中国的公共传播的核心必须是以人民为中心，报道以人民为主体的社会实践，激发不同社会群体参与中国社会建设。而吴飞以构建中国公共传播学为目标，认为公共传播最重要的是要积极参与社会实践，指导公众的社会活动，要求学者走出书斋。③

"宣传"在战争中的应用使得该概念具有一种政治色彩。从"旧宣传"到"新宣传"的观念转变，宣传摆脱了意识形态的视角。与西方的媒体私有制不同，中国特殊的传媒经济格局使得"宣传"有其存在的必要性。刘海龙通过对中国宣传观念的产生、当代宣传观念的形成以及宣传观念转型的研究，详细探讨了中国本土的"宣传"概念的内涵。④ 而面对新媒体的兴起，传统的宣传主义正在消解，为了适应党的新闻工作所面对的新形式，"新闻宣传工作"正在被"新闻舆论工作"所代替。当下中国政治话语中惯常使用的"舆

---

① 黄旦：《传播的想象：兼评中国内地传播学本土化之路径》，载冯应谦、黄懿慧编：《华人传播想象》，香港中文大学出版社2012年版。

② 江小平：《公共传播学》，《国外社会科学》1994年第7期。

③ 吴飞：《公共传播研究的社会价值与学术意义探析》，《南京社会科学》2012年第5期。

④ 刘海龙：《宣传：观念、话语及其正当化》，中国大百科全书出版社2013年版。

论"是执政党在社会治理过程中逐渐推演出的"中国式舆论"。随着网络社会的兴起，舆论的阵地开始转移，不经引导的网络舆论时常成为与统治权力对抗的力量，而这种对抗催生了一种新的政府治理术——舆情监测。胡泳认为，中国式舆情与西方舆论的区别类似于"状态"与"过程"的区别，舆论有可能被观察、搜集和测量，而舆情却与社会机构、政治制度相关，并非刻意跟踪、搜集、干预、评估的对象。①

二 中国议题的理论阐释

当西方理论遭遇本土议题，祝建华给出了解决方案是寻找对话，围绕本土语境形成一套整合性理论——"从本土实情出发，广泛搜索国际学术界的知识巨库，从中严格选择直接相关又能操作化的概念、命题或框架，以此为基础发展出整合性理论"。② 早在新中国成立以前，中国学者就已经开始立足于传播视角来解释社会问题和现象。1912年《学报》杂志第一期刊登了署名远公的文章《中华文明之传播》，完整考察了中华文明的传播历史。新中国成立后，马克思主义如何在中国进行传播成为一个主要研究议题，例如"五四"时期马克思主义在中国的传播研究，③"五四"时期《新青年》的传播渠道研究。④ 此外还有学者考察了政治经济学⑤、社会主义⑥在中国的传播历史。这些研究大部分集中在历史学领域，重点揭示的是某个概

---

① 胡泳、陈秋心：《舆情本土概念与本土实践》，《传播与社会学刊》2017年（总）第40期。
② 祝建华：《中文传播研究之理论化与本地化：以受众及媒介效果的整合理论为例》，《新闻学研究》2001年第68期。
③ 彭明：《五四时期马克思主义在中国的传播》，《教学与研究》1964年第1期。
④ 李龙牧：《五四时期传播马克思主义思想的重要刊物——"新青年"》，《新闻战线》1958年第2期。
⑤ 蒋学模：《政治经济学社会主义部分在我国的传播》，《学术月刊》1959年第10期。
⑥ 黎澍：《论社会主义在中国的传播》，《历史研究》1954年第3期。

念或者某个事物的传播过程。新闻传播领域的研究更多体现在宣传层面，主要包括宣传效果①、宣传方法②、宣传实践③等问题的考察。可见，传播的"问题意识"早在改革开放之前就已经埋下了种子。

必须承认，20 世纪 80 年代，传播学理论研究主要停留在译介阶段，真正有中国本土特色的研究出现在 20 世纪 90 年代以后。中国学者立足中国本土的基本国情和实践土壤，尝试对西方传播学理论进行本土化验证和反思。具体来说，传播学者主要关注中国社会转型时期新议题、新现象，尝试提出一套不同于西方的理论框架和解释体系。其中，围绕"三农"议题、政治传播议题、媒介融合议题、少数民族议题等极具中国特色的代表性公共议题，中国学者提出了一系列"超越西方"的诠释框架，并在此基础上形成了比较丰富的创新成果。

（一）"三农"议题传播的理论阐释

从传播视角对中国乡村问题进行研究，我们可以更清楚地理解乡村社会变迁的原因以及中国当下乡村社会的性质和基本特征。方晓红以媒介为主线，探索了大众媒介与农村文化生活的关系。④ 乡村传播在西方社会的研究工作，并不是以学科的形式出现，而仅仅体现为针对某一类现象的多层次研究，乡村与农民只不过是传播研究的一个对象或主体形式。而在中国，李红艳认为要将农村看成一个信息系统，而不是零散的传播议题的集合，因此提出要构建中国的乡村传播学，研究乡村社会内部信息传播系统以及与之相应的外部信息传播系统之间的相互关系。⑤ 立足于中国独特的城乡特点与乡村变迁，中国学者以乡村传播为主题，编辑出版了一套"乡村传播文库"，包括《中国乡村传播学》《中国乡村传播实证研究》《中国乡村传播心理模式》

---

① 白汝瑗：《讲究宣传效果，改进宣传方法》，《新闻战线》1959 年第 16 期。
② 孙雪天：《提高报纸的宣传质量》，《新闻战线》1959 年第 6 期。
③ 田流：《从农村实际看农村宣传》，《新闻战线》1959 年第 14 期。
④ 方晓红：《大众媒介与苏南农村文化生活关系研究》，《当代传播》2004 年第 4 期。
⑤ 赵月枝、林安芹：《乡村、文化与传播：一种研究范式的转移（上）》，《教育传媒研究》2017 年第 4 期。

《中国乡村网络传播》《中国乡村科技传播》《中国乡村电视传播》《中国乡村新闻案例分析》等著作，尝试描绘乡村传播的基本问题及其不同于西方的学术内涵。乡村传播的问题起点是乡村问题，而乡村文化则是学者共同关注的一个认识维度。沙垚认为乡村文化传播是一个双重且动态的概念，是乡村传播研究的分支方向。① 赵月枝将乡村放在全球化体系中去研究，认为乡村文化是当今世界体系中的乡村文化，这一全球化视野为中国的乡村研究提供了一种新的范式。②

农民工流动是在中国城市化过程中出现的一种特别的人口流动现象。中国传统的农村社会是以血缘、亲缘关系为主的"熟人社会"，而当农民工进入城市这一陌生的空间，他们的社会生活与关系如何维系，新兴媒介技术又在其中扮演着什么角色？这些问题构成了中国农民工研究的逻辑进路：以"媒介"为线，以"社会关系"为纲，揭示农民工群体的身份认同与社会适应状况。丁未对身处深圳的攸县出租车司机群体的流动图景研究③、曹晋对上海家政钟点女工的手机使用情况分析④都是这种路径的典型研究。陶建杰运用社会网络分析的方法来研究农民工的人际传播网络，认为农民工身处众多相互重叠的小团体，其人际传播网络体现出明显的"核心—边缘"结构和"小世界"特征。⑤ 除了关注农民工这一特殊的群体，留守儿童也成为中国社会转型中出现的特殊群体，其媒介素养⑥、媒介使

---

① 沙垚：《乡村文化传播》，《新闻与传播研究》2015 年第 12 期。
② 赵月枝、林安芹：《乡村、文化与传播：一种研究范式的转移（上）》，《教育传媒研究》2017 年第 4 期。
③ 丁未：《流动的家园》，社会科学文献出版社 2014 年版，第 313 页。
④ 曹晋：《传播技术与社会性别：以流移上海的家政终点女工的手机使用分析为例》，《新闻与传播研究》2009 年第 2 期。
⑤ 陶建杰：《农民工人际传播网络结构分析》，《现代传播》2016 年第 10 期。
⑥ 郑素侠：《参与式传播在农村留守儿童素养教育中的应用——基于河南省原阳县留守流动儿童学校的案例研究》，《新闻与传播研究》2014 年第 4 期。

用①等问题的研究，同样构成了中国"三农"知识版图中的重要议题和内容。

（二）政治传播实践的理论阐释

由于中国国情的特殊性，政治传播研究和实践都体现出有别于西方的学术路径和现实维度。②在社会抗争、舆论引导、对外传播等政治传播议题上，相关研究都呈现出明显的中国话语和阐释体系。而抗争问题是在中国转型过程中出现的一种重要的社会现象。根据事件类型和抗争主体的差异，中国的社会抗争呈现出不同的机制、形式和语言，由此推动了社会抗争理论的多元化，如杨国斌关于中国"网络行动"的理论阐释③。从"以理抗争""以法抗争"到"以势抗争""以气抗争""表演式抗争"，中国的社会抗争实践超越了西方"抗争政治"的理论谱系，呈现出独特的本土形式和内涵。作为一种极具本土特点的传播实践/政治行动，表演式抗争创设了一个剧场式的身体政治景观，我们可以通过身体视角来把握抗争话语的运作逻辑。④此外，新媒体的兴起对政府传统的宣传体系带来巨大冲击，中国政府也在积极寻求一种新的传播话语体系——包括对内宣传和对外传播两个维度。对内宣传方面，面对新媒体平台的舆论冲击，执政党积极寻找"政党调适"的媒介方案，逐渐"背离了传统的宣传主义，建构一种吸纳专业主义、煽情主义等不同范式元素的'杂糅化'形态"，⑤这种新的传播范式成为中国政治传播的新实

---

① 李艳红、刘晓旋：《诠释幸福：留守儿童的电视观看——以广东揭阳桂东乡留守儿童为例》，《新闻与传播研究》2011年第1期。

② 荆学民、苏颖：《中国政治传播研究的学术路径与现实维度》，《中国社会科学》2014年第2期。

③ 杨国斌：《连线力：中国网民在行动》，邓燕华译，广西师范大学出版社2013年版，第5页。

④ 刘涛：《身体抗争：表演式抗争的剧场政治与身体叙事》，《现代传播》2017年第1期。

⑤ 龙强、李艳红：《从宣传到霸权：社交媒体时代"新党媒"的传播模式》，《国际新闻界》2017年第12期。

践。对外传播方面，中国高度重视国际传播能力建设，积极寻求突破现有国际传播格局的新方法和新路径。党的十八大以来，中国对外话语体系构建的核心思路和方法是对"新概念新范畴新表述"的修辞再造。① 姜飞认为突破现有国际传播格局需要思考三个问题，即"超越垄断、渠道建设和有机补充"。②

（三）媒介融合实践的理论阐释

党的十八大以来，以习近平同志为核心的党中央高度重视传统媒体和新兴媒体的融合发展，强调融合发展的关键在于融为一体，合而为一。作为在西方新闻媒体的融合实践过程中产生的新名词，"媒介融合"较早出现在蔡雯的新闻编辑论述中。③ 媒介融合研究的关键在于如何实现媒介融合。与西方媒介融合以技术逻辑为推动力不同，中国语境中的媒介融合遵循的是政治逻辑、技术逻辑和市场逻辑共同作用。政治逻辑上，媒介融合既是做好意识形态工作的战略要求，也是壮大主流舆论的紧迫任务；技术逻辑上，新闻产品必须走向相融，创造融合性新闻产品；市场逻辑上，需要将市场作为重要的资源配置手段，发展成果经得起市场的检验。④ 中国只有走出"传统媒体的落后身份，陈旧的内外制度和既有新兴媒体市场格局的阻隔"⑤ 等结构性困境，媒介融合才能真正摆脱窘境。在媒介融合的过程中，西方国家纸媒的生存环境逐渐势衰，但是在中国的特殊媒介环境下，中国的党政媒体却并没有受到经济力量的冲击。王海燕

---

① 刘涛：《新概念新范畴新表述：对外话语体系创新的修辞学观念与路径》，《新闻与传播研究》2017年第2期。

② 姜飞：《新阶段推动中国国际传播能力建设的理性思考》，《南京社会科学》2015年第6期。

③ 蔡雯：《"专家型"记者和"融合型"编辑——浅谈美国新闻人才培养模式的变化》，《今传媒》2005年第10期。

④ 林如鹏、汤景泰：《政治逻辑、技术逻辑与市场逻辑：论习近平的媒体融合发展思想》，《新闻与传播研究》2016年第11期。

⑤ 朱鸿军：《走出结构性困境：媒体融合深层次路径探寻的一种思路》，《新闻记者》2019年第3期。

通过对媒介融合语境下西方和中国的报纸行业进行对比，认为中国经验的特殊性，决定了我们需要重新反思媒介实践的政治经济学原则。①

（四）少数民族传播的理论阐释

中国作为一个多民族聚居的国家，少数民族的传播问题也成为中国传播学者关注的独特问题。郭建斌在国内较早关注少数民族传播问题，并以云南大学为中心，形成了一个聚焦民族传播问题的研究团队。郭建斌关注独龙族的现代传媒使用问题，如电视与乡村日常生活之间的关系问题②以及电影与滇川藏大三角地区的社会变迁问题。③ 同样是以独龙族为研究对象，吴飞从传统的火塘、电视、教堂三种"媒介"入手，研究独龙族社区的传播网络。④ 这些研究都从媒介社会学入手，考察少数民族地区的传播媒介与空间、社会文化之间的关系。孙信茹认为，这样的研究取向要面对以下问题：我们如何在这些研究中心寻找到不同个案之间的关联，从而建立起民族传播研究的理论框架？她进而提出民族传播的三个基本概念：媒介化、日常语态以及超越乡土，并且提出民族传播应该把握住媒介在场、媒介逻辑以及媒介意义三者之间的关系。⑤ 中国少数民族传播研究与西方媒介人类学研究有很多相似之处，如使用的研究方法等，但是中国的传播学者也在积极寻求研究视角上的突破。郭建斌认为

---

① Haiyan Wang, Colin Sparks. 2018, "Chinese Newspaper Groups in the Digital Era: The Resurgence of the Party Press," *Journal of Communication*, Vol. 69, No. 1, pp. 94 – 119.

② 郭建斌：《独乡电视：现代传媒与少数民族乡村日常生活》，山东人民出版社2005年版。

③ 郭建斌、陈静静：《电影大篷车：电影与滇川藏大三角地区社会变迁》，民族出版社2008年版。

④ 吴飞：《火塘·教堂·电视——一个少数民族社区的社会传播网络研究》，光明日报出版社2008年版。

⑤ 孙信茹、杨星星：《媒介在场·媒介逻辑·媒介意义——民族传播研究的取向和进路》，《当代传播》2012年第5期。

可以在民族国家内部进行"跨文化传播",用国家之间的文化差异眼光来看待国内不同民族(或文化)之间的差异。①

三 本土思想的理论推演

中国传统文化和实践中蕴含着丰富的传播思想遗产,成为中国本土传播理论建设的重要源泉。虽然提出原创性理论以及与西方传播学对话都颇为艰难,但是中国传播学者的探索从未停止。1957年,方汉奇研究中国历代封建王朝中有关言论自由的政策,探索了中国古代的言论机制。② 1988年,吴予敏的《无形的网络》较早从传播学的视角来研究中国传统文化,提出了反映中国传统文化模式特征的三种传播结构——"生命(生活)—传播结构"、枝杆型的"社会—传播结构"、偏心圆型的"历史—传播结构"。③ 这种从传播学角度来阐释或反思中国传统文化的研究路径后来被称为"华夏传播"。华夏传播关注的是中国传统社会中的传播活动与传播观念。④ 1997年,孙旭培出版的《华夏传播论》以及此后主编的"华夏传播研究丛书"(如《说服君主——中国古代的讽谏传播》《汉字解析和信息传播》《传在史中——中国传统社会传播史料初编》),成为早期中国传播学研究本土探索的重要学术实践。李彬对唐代的传播方式、士人传播以及民间传播加以专门研究,旨在"追索唐代新闻传播的整体意义,力图从经验与超验、历史与逻辑相统一的角度确认其历史地位"。⑤ 由金冠军和戴元光主编的《中国传播思想史》四卷

---

① 郭建斌:《民族国家内部的"跨文化研究":困境? 出路?》,《新闻界》2018年第8期。

② 方汉奇:《历代封建王朝对言论和新闻自由的迫害》,《新闻业务》1957年第4期。

③ 吴予敏:《无形的网络——从传播学角度看中国传统文化》,国际文化出版公司1988年版,第209—212页。

④ 黄星民:《华夏传播刍议》,《新闻与传播研究》2002年第4期。

⑤ 李彬:《唐代文明与新闻传播》,新华出版社1999年版,第290页。

本，从古代到现当代，全面挖掘和梳理了各个时代的"传播思想"。此后，李敬一①、邵培仁②、谢清果③、潘祥辉④、李红⑤、姚锦云⑥等学者比较系统地关注中国传统文化或思想遗产中所蕴含的传播观念，努力以"华夏传播学的名义"与西方对话，追寻和确认中国传播的本土身份。除了对中国传统文化与实践的传播学阐释，中国本土理论研究也取得了一些探索性成果。林之达通过考察传播学与心理学的研究对象，揭示两个学科研究对象之间的实际关系，并提出了一个全新理论——传播的两级效果论。⑦ 黄星民提出的"风草论"是对中国传播理论本土化创新的一大突破。"风草论"主要包含三个层面的传播意蕴：注重传播过程的"风化风行"，关注受众主体的"草偃草起"，探索传播效果的"风吹草偃"。⑧ "风草论"是对中国传统文化传播思想的总结与创新，引起了邵培仁⑨、陈世敏⑩等学者的共鸣与讨论。

　　回顾中国传播学 70 年的发展历程，成果丰富，但中国的传播学研究还未能摆脱西方传播学的总体框架，关于本土传播现象的研究存在明显的"囚徒困境"。即便是目前备受关注的华夏传播，也同样遭遇了诸多批评，认为其未能摆脱西方传播理论所设定的"元命

---

① 李敬一：《中国传播史论》，武汉大学出版社 2003 年版。
② 邵培仁、姚锦云：《传播理论的胚胎：华夏传播十大观念》，《浙江学刊》2003 年第 1 期。
③ 谢清果：《华夏传播引论》，厦门大学出版社 2018 年版。
④ 潘祥辉：《华夏传播新探：一种跨文化比较视角》，复旦大学出版社 2018 年版。
⑤ 李红：《老子与媒介批判》，《国际新闻界》2011 年第 4 期。
⑥ 姚锦云、邵培仁：《华夏传播理论建构试探：从"传播的传递观"到"传播的接受观"》，《浙江社会科学》2018 年第 4 期。
⑦ 林之达：《传播心理学初探》，北京大学出版社 2004 年版，第 19 页。
⑧ 谢清果、陈昱成：《"风草论"：构建中国本土化传播理论的尝试》，《现代传播》2015 年第 9 期。
⑨ 邵培仁、姚锦云：《寻根主义：华人本土传播理论的建构》，《新疆师范大学学报》（哲学社会科学版）2013 年第 4 期。
⑩ 陈世敏：《华夏传播学方法论初探》，《新闻学研究》1993 年第 71 期。

题"，依然停留在对中国圣贤的"西方注解"层面。虽然有学者提出了新的概念或者理论，但是大多未能形成学术对话，也没有在国际学术界引起反响，处于一种自说自话的状态。必须承认，中国传播学的本土化创新道路，特别是突破西方传播理论的问题语境和阐释框架，依然任重道远。

第 六 章

西方传播学的中国本土化

中国新闻传播学的研究，和其他西方引入的"资产阶级学科"比如社会学、人类学、西方经济学等学科一样，在建国前三十年对于西方学术的译介和了解都非常有限。甚至在改革开放之后的前20年，虽然传播学会同新闻学顺利在1997年以"新闻传播学"的形式得以位列教育部"一级学科"名录，并且从20世纪80年代中后期开始进行了十多年的策略化的传播学"本土化"的理论讨论和创新，但对于西方传播学理论仍然是粗线条的简单了解和吸收。在最近二十年，随着中国学术界总体能力的提升，中国新闻传播学在对西方理论的译介、吸收、对话、反思和理论发展方面，无论是在深度和广度上都有极大的进展。

第一节 高度内卷化、"赢家通吃"的西方传播理论？

与我国1949年新中国成立差不多同一时段，欧美学界在第二次世界大战结束以后在新闻与传播研究领域发生了很大的变化。如果从最简化的视角看来，西方传播学理论经过70多年的演化历程，大致经历了研究旨趣的转移与美国传播学科的确立、经验研究和批判研究路径的争论、传播研究的文化转向、认识论转向以及晚近的"本体论转向"等多次范式转移。但是，一般来说，学科理论的发展通常都是多种研究传统并行的。虽然在某些特定的阶段，一些特定的理论传统和研究范式可能比另外一些传统影响要更大一些，但是那些相对隐藏的研究范式并未消失。因此，从学科理论知识实践的角度来说，可能有非常多种分类方式来对第二次世界大战后的西方传播理论的发展进行描述。

基于以上考虑，在提及西方传播理论时，我们可以有三个基本的视角。首先，顺应中国传播学最主要从美国借鉴学科和理论资源的发展状况，以从美国为主、欧洲大陆为辅的视角来看待"西方"传播理论的发展历史进程，将传播学理论发展看作是有历史阶段性特征的非连续体。从这个视角看，它涵盖了历史阶段相互交错的各个学派和理论发展阶段，例如芝加哥学派、哥伦比亚学派、耶鲁学派、传播政治经济学派以及颇有争议的"施拉姆学派"等；同时，它也包括一般意义的分支学科化的理论分类法，比如一般意义上所提到的大众传播理论、组织传播理论、人际传播理论。

其次，本文将借鉴罗伯特·T. 克雷格（Robert T. Craig）的观点，将传播理论看作具有多种传统并行和交叉的研究领域。克雷格将美国为主的传播理论划分为七种主要的理论传统（口语传播/修辞学传统，符号学传统，现象学传统，控制论传统，社会心理学传统，社会文化传统以及批判传统，详见表1），这些传统构成了传播理论的"元模型"（metamodel）。虽然由于学科专业设置、社会语境、学术传统与学术关怀的不同，建国以来的中国传播学研究理论旨趣及重点和美国传播学界有重大区别，但是这些学术理论传统在我国仍然有较多的引入、对接和呼应。不过需要关注的是，在叙述最近美国传播学界的理论进展（例如晚近发生的认识论转向、本体论转向导致的理论关怀的转移）及其与我国传播学界的互动与关联层面，我们将在一定程度上跳出克雷格的理论传统划分法。

表1 罗伯特·T. 克雷格提出的七种研究传统与我国新闻传播研究的关联

分类	口语传播/修辞学传统	符号学传统	现象学传统	控制论传统	社会心理学传统	社会文化传统	批判传统
我国新闻传播研究的典型对接领域	广告学，公共关系，播音主持以及其他新闻传播实务教育和研究	新闻文本，媒介符号，流行文化符号学研究	身体与媒介研究	广播电视研究，人机交互研究，人工智能研究	受众调查，大众传播研究，舆论舆情研究，网络新媒体用户研究	媒介仪式研究，流行文化研究，数字文化研究	传播政治经济学，乡村传播，发展传播

再次，从广义的"理论"范畴来看，虽然传播学早期与相对少数的社会学、心理学、信息科学和技术哲学的理论关系最为密切，但是传播学理论和各学科尤其是社会学、心理学交叉，在传播学被"创立"之后产生了数量众多的、具体的、细化理论种类，比如议程设置理论、框架理论、文化认同理论、旁观者效应理论等数百种理论[①]，我们在提到这些理论时可能直接提及理论名称，也可能将他们归纳在不同理论传统下面进行讨论。

同时，正如王金礼已经注意到的，杰弗森·D. 波利（Jefferson D. Pooley）和戴维·W. 帕克（David W. Park）在2003年对于英文传播学界半个多世纪以来的1600份传播研究文献做了一次内容分析，他们对传播学研究文献的总体特征得出了六点倾向于负面评价的结论：传播学学科（filed）中心主义，北美和欧洲中心主义，全

---

① 公共服务性的传播理论网站 Communication Theory（www.communicationtheory.org），截至2019年5月5日，一共列出了310种不同的传播理论。

国和国际比较研究少，各个子领域之间学术交流很少，数量很少的学派或者研究机构占据主导，以及西方白人学者"赢家通吃"现象明显①。王金礼将之进一步概括为"'赢家通吃'几乎是主导既有传播学史研究的通则：研究者的注意力过度集中于北美和欧洲的传播研究、过度集中于伯明翰当代文化研究中心（CCCS）、芝加哥学派、应用社会研究所（BASR）等极少量的建制化研究及其少量的著名（白人）研究者，其他研究机构、学者尤其是女性学者却未能受到应有的关注"②。英文传播学界这种学科本位意识强、欧美中心主义、研究碎片化（缺乏全国和国际比较研究、各个子领域之间缺乏学术交流）的学术内卷化现象，以及早期研究学派、学术传统开创者、北美和欧洲中心主义与男性中心主义"赢家通吃"的现象，伴随着晚近理论分化明显、细化理论数量众多但总体影响力不高的特征，对于我国传播理论研究有何启示？

第二节　传播理论的正式引入：
"科学化"与"本土化"

一　传播学的确立和传播理论的引介

系统地引入西方传播学的进程，大约与1978年的改革开放同时开始。1978年7月，郑北渭教授在复旦大学新闻系资料室编辑出版的《外国新闻事业研究资料》第1期上所翻译的传播学文章《公众传播工具概论》和《公众传播》（艾伦·K.艾吉），这里建国后最早的公开的传播理论译文。随后一个标志性

---

① Pooley, J. & Park, D., "Communication Research," in Peter Simonson, Janice Peck, Robert T. Craig, and John P. Jackson Jr. (eds.), The Handbook of Communication History, New York and Landon: Routledge, 2013, pp.76-90.

② 王金礼：《传播的理论与理论的传播：传播学史研究及其知识社会学方法》，《南京社会科学》2017年第2期。

的事件，是 1982 年 4—5 月，美国传播学者、美国传播学学科建制化的主要推动者之一——威尔伯·施拉姆（Wilbur Schramm）在他的学生余也鲁的陪同下访华，访问了广州、上海和北京的多家新闻教育和研究机构。这次访问在中国学界引起了广泛的反响，迅速推动了中国传播学学科化。

随后，一系列美国的传播理论被引介进来，其中有通过翻译国外流行的传播学教材、有影响力的传播学著作和论文，也有我国学者自行撰写的介绍性著作、教材，以及少部分我国学者撰写的传播理论著述。截至 1997 年"新闻传播学"一级学科的建立，大多数美国传播学重要的传播学思想和理论学派都有简单的引介。向芬在《中国大陆传播学著作出版现状简介（1983—2008）》一文中，统计了从 1983 年《传播学（简介）》出版以来的 593 种著作。其中，在 1983—1997 年阶段，译作共 21 种，除两部偏向信息时代的普及性专论著作之外，其他几乎全是传播学及其分支学科的教材。国内作者编撰的论文集或者专著，除了两部工具书、不到十种专论性著作之外，其余 70 多种都是介绍性教材。刘海龙曾经这样评价我国在 2006 年之前的各类译介性教材："我们的教材引进主要侧重于大众传播理论，对传播研究的其他领域（特别是人际传播、修辞学等）介绍得还不够；泛泛的概论介绍偏多，而具有一定深度的理论考察还比较少；此外，在理论范式的介绍方面也还不够开放，仍是客观经验主义范式一统天下的局面。"[①] 这个判断也基本适用于我国学者撰写的大部分教材或者介绍性著作。在这个阶段，对于传播学理论的引进、吸收还处于较为肤浅、简单译介的阶段。

---

① 刘海龙：《被经验的中介和被中介的经验——从传播理论教材的译介看传播学在中国》，《国际新闻界》2006 年第 5 期。

表2　　　　　　　传播学译著统计（1983—2008）①

年份	数量	年份	数量
1983	0	1996	0
1984	2	1997	4
1985	1	1998	5
1986	1	1999	8
1987	1	2000	18
1988	1	2001	2
1989	3	2002	4
1990	1	2003	9
1991	3	2004	9
1992	3	2005	9
1993	0	2006	4
1994	1	2007	7
1995	0	2008	9

二 传播理论的两种"本土化"

然而，虽然这个阶段的译介和著述都以介绍性著作为主，但与此同时，也有一个非常典型的特征，即对传播学和传播理论的本土化尝试。1982年施拉姆访华之后，同年11月25—26日，在中国社会科学院新闻研究所召开了第一次西方传播学座谈会（后来也被称作"第一次全国传播学研讨会"）。这个座谈会虽然参加的人数只有20多人，但是有17家知名的新闻研究机构和新闻实业单位的人员参加，非常具有代表性。在这个座谈会上，会议发言触及了当时传播学引入的几个重要问题，并且确立了几个重要的学科发展的理论基点。第一确立了对待传播学的基本态度，即把"传播学"界定为一门可以借用的"科学"，以求将之中性化；第二把传播学作为与新闻学定义为"发生密切关联的新兴学科"，潜在地在学科定位上为新闻学的补充性学科；

---

① 向芬：《中国大陆传播学著作出版现状简介（1983—2008）》，王怡红、胡翼青主编：《中国传播学30年（1978—2008）》，中国大百科全书出版社2011年版。本章对部分数据进行了调整。

最后为中国学界未来的传播学发展提出了后来被总结为"系统了解、分析研究、批判吸收、自主创造"的16字研究方针。①

王怡红后来撰文解释当时的主要考虑,"尽管传播学的概念、研究方法和观念等引起了社会关注,(但)一些人对来自西方的传播学始终抱持怀疑态度,把传播学定位成'资产阶级新闻学''资产阶级的意识形态''精神污染''唯心论''伪科学'等。这些影响不仅使得后来传播学的引进工作经历了一波三折,而且也对传播学引进者们形成了很大的政治压力。在这种背景下,以何种态度对待传播学,是取是舍,赞成与反对,已经产生比较直接而尖锐的争论。"面对这种压力,"引进者们在感受政治正确性的压力与强调意识形态的现实中,已经到了非常自觉的程度,这就是,力求在任何时候都不犯路线与方向的错误为基准"②。为了降低可能的政治风险,同时最大化地利用当时改革开放带来的"倡导科学"的大气候,与会者们提出了"16字方针",以及将传播学"中性化"为一种科学,是对这种学科发展背景的一种策略性呼应。1986年,第二次全国传播学研讨会议又进一步明确提出了"建立有中国特色的传播学"的目标。

比这稍早,陪同施拉姆访华、时任香港中文大学传播学讲座教授和传播研究中心主任的余也鲁教授,在1978年3月就在香港中文大学召开了"中国传学研讨会",通过其论文《中国文化与传统中传的理论与实际的探索》的宣讲,提出了"传播学研究的中国化"问题。同年6月,香港中文大学传播研究中心在台北政治大学主办了第二次中国传播研讨会,将台湾70年代以来的同类理论尝试进行了汇集和交流。随后,余也鲁协助厦门大学创办传播学系,并以此为基础进一步在中国大陆推动"中国传"的研究。1993年,在余也

---

① 徐耀魁、黄林:《西方传播学研究座谈会综述》,《国际新闻界》1982年第4期。
② 王怡红:《从历史到现实:"16字方针"的意义阐释》,《新闻与传播研究》2007年第4期。

鲁的推动下成立了华夏传播学术委员会，通过"中国传播研究资助项目"，向国内新闻、传播与文史学者招标，先后两次立项，计五史六论共11个项目。①

这种传播学"本土化"倡议获得了很快的反响。例如，苑子熙在《新闻广播电视研究》1983年第6期上发表文章《传播学与中国》，这是继全国传播学座谈会确立的"16字方针"及余也鲁在大陆倡导中国传的研究之后，开始显露出传播本土化研究的一个议题②。1988年，吴予敏所著的《无形的网络——从传播学的角度看中国的传统文化》出版，从传播学角度梳理中国传统社会的传播结构，将其划分为生命—传播结构、社会—传播结构、历史—传播结构，从而建构了一幅虽然有争议但是完整、立体的中国传统社会传播图式。③ 在20世纪90年代，厦门大学成为大陆传播学本土化的一个学术中心，是三次与传播学本土化相关的研讨会召开之地。1993年5月，在厦门大学先后召开了两个传播学研讨会。首先，大陆、台湾、香港三地学者首次聚首，共同展开了深入讨论。一年后在会上22篇研究成果的基础上，编辑出版了《从零开始：首届海峡两岸中国传统文化的探索座谈会论文集》一书④。随后，第三次全国传播学研讨会由中国社会科学院和厦门大学联合举办，会议提出要建立"中国特色的传播理论体系"。这个"特色体系"的主要含义是指：传播学研究要从中国实际出发，为中国实践服务，研究和借鉴国外

---

① 余也鲁：《传播学及"中国传"在中国的破冰之旅（1982—2002）》，王怡红、胡翼青主编：《中国传播学30年（1978—2008）》，中国大百科全书出版社2011年版，第609—619页。

② 王怡红、胡翼青主编：《中国传播学30年（1978—2008）》，中国大百科全书出版社2011年版，见"编年史·83年部分"第41—45页。

③ 吴予敏：《无形的网络——从传播学的角度看中国的传统文化》，国际文化出版公司1988年版。

④ 余也鲁、郑学檬主编：《从零开始：首届海峡两岸中国传统文化的探索座谈会论文集》，厦门大学出版社1994年版。

传播理论，总结中国传播观念和实践等。这个体系的标志性事件，是 1997 年由人民出版社出版的《华夏传播论》①。这本书由孙旭培主编，由 27 人参与撰稿。全书分为 6 编，分别是绪论、传播与媒介、各领域的传播、传播主体是人、传播体制、中外传播交流对中国文化发展的影响，共 25 章。本书在一定程度上可以看作是华人学者圈对于中国传统文化与社会的传播现象、原理和规律进行探寻的代表之作。

然而，尽管有长达十多年的探索，对于什么是传播学的"本土化"，以及是否需要进行本土化，一直有不同的观点。例如，1995 年第 6 期的《现代传播》发表了李彬的《反思：传播研究本土化的困惑》和王怡红的《对话：走出传播研究本土化的空谷》，两篇文章分别对"本土化"的动议和实践进行了质疑。前者以"旗袍"作为比喻，从本地经验的独特性出发，认为本地经验用外来理论进行解释，有西方女子穿旗袍"不伦不类"之感。王怡红则认为"本土化"动议为时过早，在未曾充分了解和系统借鉴西方理论的基础上，"本土化"更加像是一种情绪化的口号。李彬更加注重西方知识霸权带来的知识控制问题，而王怡红恰恰相反，认为更重要的是要考虑中国传播学的"世界化"问题。随后多年，虽然参与争议的各方学者的构成、观点有所变化，但是争议一直持续。

总体来看，这一时期的传播研究"本土化"动议和实践，明显和"16 字方针"一样，带有很强的、对学科环境策略性应对的色彩。简略地看，虽然分处各地的华人学者从个人的角度来说立场有很大的交叉，但是从大的方针立场角度，大陆学者的本土化重点在于以学科的本土化来强化传播学科的正当性，而港台学者则更加希望通过本土知识和理论的挖掘来部分实现传播学术的"去殖民化"。换句话说，大陆学者尤其是"16 字方针"隐含的立场是既可以"本地化"（localization），如孙旭培所主张的"传播学中国化是指研究

---

① 孙旭培主编：《华夏传播论：中国传统文化中的传播》，人民出版社 1997 年版。

对象的中国化",以及"我们致力于传播学研究中国化,当然也不能因此导致一个结论:我们可以创立一门完全不同于西方传播学的中国传播学"①;也有可以是更加严格意义上的"本土化"(indigenization),如余也鲁所主张的"中国传"的目标,即"在中国的丰富文化遗产和传统中,一定存在许多传的原则,可是我们都不把它叫作传。……中国人虽然没有把传归结成一种学问,但它是分散在我们的生活当中的",他主张,中国的问题"用传的观点来看,可以得到很多很有趣的发现",也即是说,可以用传播学知识来分析和发现中国历史、中国经验,也可以从本土历史过程中归纳新的传播理论。但对于港台"本土化"研究的推动来说,具有更强的"去殖民化"政治意味的"本土化"或许是更高和更根本的目标。不过,虽然出发点有细微差别,双方同在本土知识梳理、本土应用研究和本土理论构建方向上还是趋向于一致的。

然而,公允地说,这个阶段为数不多的"本土化"著述,虽然多数研究都希望对西方理论进行理论反思并结合中国本土知识和经验进行理论再创新,但是有相当一部分是用中国观念、历史现象和事实,来匹配、替代西方传播学的早期传播概念和理论观念(即朴素意义上的"本土化",indigenization),或者用西方理论来相对直接应用于解释和分析中国现象(即初步意义上的"本地化",localization)。这些研究虽然都是非常重要的早期"本土化"尝试,也是中国传播学理论探索的珍贵遗产,但是无论是对中国传播经验、知识和观念的总结,还是对中国传播实践的反思与指引,抑或是在知识广度还是理论深度上都还存在明显的欠缺,离1986年确立的"中国特色的传播学"距离还非常远。

三 "科学化"的受众调查:理论引用和理论反思

从传播学引入到1997年间,除了大规模的引介和"本土化"尝

---

① 孙旭培:《〈华夏传播论〉招标启事》,《新闻与传播研究》1994年第1期。

试之外，一个重要的研究现象就是受众调查研究的迅速兴起。受众调查之所以能够迅速发展，有两个重要原因。一方面，受众调查由于和"读者""受众"相关，因此和政治意义上的"群众"相关联，从而获得了正当性。我国传播学引入后最早进行大规模"受众调查"的陈崇山曾经这样引述当时的状况：

"党的十一届三中全会重新确立了解放思想实事求是的思想路线，在全国拨乱反正的形势下，1981年5月12日……安岗（中国社会科学院新闻研究所所长）发表了题为'研究我们的读者'的著名演讲，说：'为读者的问题，就是为什么人的问题。''研究读者，就是要解决我们怎样直接为广大群众服务得更好的问题，这无论是在新闻理论上还是在实践中，都是一件大事情。'他强调：'我们要尊重自己的读者，向读者求教，从多方面为读者服务，同时要从中引导和提高他们。用共产主义思想提高读者是头等重要的一个问题，应放在第一位。无产阶级新闻学的第一章是否就应当写读者。'安岗同志的这篇演讲，把受众从接受新闻传媒灌输的对象，提高到接受新闻传媒服务的主体，确立了受众在新闻传播活动中的主体地位，在新闻界产生很大反响，也为我国受众研究奠定了理论基础。"[①]

另一方面，受众调查由于其和一般社会科学经验研究的量化研究方法关联较为紧密，因此在很大程度上也被认为是"科学"研究，这与前述的当时总体的社会情境相关，也符合当时将"传播学"定义为一种"科学"的策略化思路。正是在这种背景下，陈崇山开展了后来被称之为中国受众调查起点的"北京受众调查"（又被简称为"北京调查"）。陈崇山对"北京调查"总结有十条，主要分为调查的权威性、调查方法、研究发现、社会及学界影响四个方面，其中有五条（研究小组成员构成、随机抽样方法、问卷设计、调查执

---

① 陈崇山：《中国大陆传媒受众调研的发展历程》，王怡红、胡翼青主编：《中国传播学30年（1978—2008）》，中国大百科全书出版社2011年版，第273—291页。

行和计算机辅助分析）强调了对于实证调查研究方法的严格规范和执行。

在"北京调查"之后，我国受众调查研究迅速发展，数量急剧增加，一个相对稳定的传播受众研究群体形成并且持续活跃，发展出党报"群众路线"，舆论研究和为媒体市场化的受众研究三种类型[①]。从1980年至1988年，在各类新闻刊物上发表的有关受众研究的论文共计有226篇；从1983—1998年，《中国新闻年鉴》共统计到了131次受众调查；介绍受众研究方法的著作也愈发呈现专业特征，较著名的有戴元光的《大众传播学的定量研究方法》（2000）和柯惠新、祝建华、孙江华合作编著的《传播统计学》（2003）[②]。在20世纪90年代中国大陆也出现了大量市场化的市场调查公司和媒介调查公司。

新闻与传播学界也分别在1986年、1992年和2001年召开了三次"全国受众调查研讨会"。经过大量的具体操作，中国新闻传播学者在"受众调查"的基础上，展开了"研究方法"的学界讨论，传播学的经验研究方法并进行了一些理论创新尝试。例如，陈崇山在1993年提出了"受众本位"的概念，与当时业界和学界主流"媒介本位"进行讨论；[③] 柯惠新根据亚运宣传调查结果提出了"亚运宣传广播电视传播效果模型"[④]，针对我国受众的具体广播电视收看收

---

① 刘海龙：《从受众研究看"传播学本土化"话语》，《国际新闻界》2008年第7期。

② 张丹：《三十而立：中国传播学研究群体的发展历程与时代特征》，载王怡红、胡翼青主编：《中国传播学30年（1978—2008）》，中国大百科全书出版社2011年版，第453—468页。

③ 陈崇山：《受众本位论》，中国社会科学文献出版社2008年版，第305页。

④ 陈崇山：《广播电视亚运宣传对受众态度影响的分析报告》，《中国社会心理的轨迹——亚运宣传效果调查报告》，北京广播学院出版社出版1991年版，第148—184页。柯惠新、黄京华、陈崇山、金文雄：《广播电视传播效果的模型研究》，《中国社会心理的轨迹——亚运宣传效果调查报告》，北京广播学院出版社1991年版，第258—267页。

听习惯进行了广播电视用户调查的模型调整和创新;中国人民大学喻国明提出"传—受互动方格"模型,被认为是中国传播学者首次提出的具有中国特色的传播模型①;黄家汉、宋小卫、郭镇之等提出了传播学要重视和开展受众权益及视听者权益的研究问题。陈崇山、卜卫、孙五三、张学洪、王怡红、裘正义、柯惠新、方晓红等学者,还就大众媒介与农村、现代化、儿童、女性等课题展开了一系列实证研究。这些研究都借用传播学研究以及一般社会科学的实证方法开展,并且从西方传播学理论以及传播学与社会理论、文化理论的交叉理论的某些核心理论概念出发(比如受众、现代化、性别、社会发展),或者对我国的传播和社会实践现象进行解读,或者根据这些现象和状况进行理论的总结与反思。

刘海龙从区分"原生性"的"本土化"(indigenization)和全球化意义上的"本土化"(location)的角度,认为中国的受众调查发展的主要动力,"不是西方的传播理论,而是本土的政治与经济实践。尽管不少研究采取了美国传播研究的形式,但是模仿只是表面或局部现象。西方的传播理论不但没有主导中国的研究,反而被整合进了中国传播研究之中"。②从这个角度来说,传播受众调查研究所揭示出的理论探索实践,可能更加具有某种"本土化"的特征,而且这种特征也延续和深入到最近十年的"网络舆情"与"舆论学"研究之中。

第三节 纵深整合阶段(1998—2019)

自1997年传播学与新闻学一起并列进入教育部一级学科列表之后,中国传播学发展再次加速。无论新闻传播学教育机构开设的数

---

① 陈崇山 2008 年访谈录。
② 刘海龙:《从受众研究看"传播学本土化"话语》,《国际新闻界》2008 年第 7 期。

量、西方著作译介数量（部分参见表2）、本土著述发表数量[①]都在急速增加。在这个过程中，中国传播学对于西方理论的译介、吸收、应用、反思和创造都进入了纵深整合的阶段。

一 传播思想史研究

进入21世纪以后，传播学界一个非常重要的现象就是传播思想史研究的兴起。一大批欧美学者撰写的传播学史和理论发展史著作被译介进来，其中比较受到学界关注的译作有斯蒂文·小约翰的《传播理论》（陈德民、叶晓辉译，1999年），罗杰斯的《传播学史——一种传记式的方法》（殷晓蓉译，上海译文出版社2002年版），约翰·彼得斯《交流的无奈——传播思想史》（何道宽译，华夏出版社2003年版；后被译为《对空言说》）等，这些译作为中国传播学界勾画了一个西方传播学理论和思想的发展脉络，为中国学界形成对传播理论更深入的共同理解打下了基础。

除了翻译西方学者著述，中国传播学界也开始对西方尤其是美国的传播思想史进行系统的爬梳。粗略统计，这个阶段有超过30本中国学者撰写或者编著的关于西方传播学科发展史、传播理论和思想发展历程的专著或者论文集。其中，最有代表性的是两位年轻一代的学者——南京大学的胡翼青以及中国人民大学的刘海龙。胡翼青通过《传播学：学科危机与范式革命》[②]《再度发言：论芝加哥学派传播思想》[③]《传播学科的奠定：1922—1949》[④] 三部著作，对美

[①] 张国良、张巧雨：《中国传播学研究近况实证分析——以专业期刊论文为研究视角（2008—2013）》，《现代传播》2015年第9期；张国良、胡薇：《传播学在中国30年：以专业期刊论文为研究视角》，载冯应谦、黄懿慧编：《华人传播想象》，香港中文大学香港亚太研究所2012年版。

[②] 胡翼青：《传播学：学科危机与范式革命》，首都师范大学出版社2004年版。

[③] 胡翼青：《再度发言：论芝加哥学派传播思想》，中国大百科全书出版社2007年版。

[④] 胡翼青：《传播学科的奠定：1922—1949》，中国大百科全书出版社2012年版。

国传播学的学科与传播思想发展历程进行了系统的梳理。刘海龙在系统引介美国传播学理论的同时，也关注西方尤其是美国传播思想和理论在中国的引入、吸收和反思的过程，其《重访灰色地带：传播研究史的书写与记忆》[①]，从知识社会学的角度对美国和中国传播学发展的若干重要节点进行了反思性梳理，挑战甚至推翻了相应的学术定论和成见。这种系统化的引介和反思的视角，为中国学界对西方传播学理论的进一步理解和未来的理论反思和创新，提供了比直接的翻译引介更为扎实的基础。

二 "重新"发现批判传播学派

刘海龙在其"'传播学'引进中的'失踪者'"一文指出，在传播学的跨文化交流过程中，产生了一种相当奇特的传播批判学派"失踪"现象。虽然传播批判学派的思想早在20世纪70年代末和80年代初就在大陆传播学界得到关注和介绍，但学者们大都是用新闻理论的框架去解读，低估了该学派的真正价值，甚至对它们"视而不见"[②]。例如，无论是20世纪70年代斯迈思的来访（比施拉姆访华早了约11年），还是早期各种简介书籍中对批判学派的简单化描写，都没有得到学界真正的关注。相反，对于20世纪80年代和90年代希望尽可能将传播学"科学化"的中国早期传播学研究者来说，高度关注传播技术、传播现象的政治性的政治经济学派，在很大程度上是一种需要谨慎远离的理论体系。

然而，在1998年以后的十多年中，传播学界有一个明显的"重新发现"批判学派尤其是政治经济学派的阶段。有多本本土撰写、有影响力的教材开始采用较大篇幅来介绍批判学派，例如郭庆光的

---

① 刘海龙：《重访灰色地带：传播研究史的书写与记忆》，北京大学出版社2017年版。
② 刘海龙：《"传播学"引进中的"失踪者"：从1978—1989年批判学派的引介看中国早期的传播学观念》，《新闻与传播研究》2007年第4期。

《传播学教程》、李彬的《传播学引论》等。批判学派的主要经典也被大量翻译过来，无论是法兰克福学派还是英国文化研究学派的主要著作，都被成体系地翻译进来。一些境外华人学者，比如加拿大西蒙菲莎（Simon Frazer University）的赵月枝，美国杜克大学的刘康，香港中文大学的邱林川，以及中国大陆境内的郭镇之、卜卫、吕新雨等人，也在通过不同的研究路径来开展批判传播学研究。在这个过程中，一些深度运用批判学派理论来对中国传播现象和实践进行分析的作品涌现出来。例如，邱林川的《信息时代的世界工厂》被认为是"互联网这种现代信息技术，与当代中国工人阶级形成联系起来考察的第一部中文著作"[1]，赵月枝的《传播与社会》将当下时代的世界传播实践以及世界结构中的中国传播放入政治经济学视野下进行系统而深入的分析，从传播现象和实践背后的权力逻辑，并以此反思当下传播研究各种问题。卜卫等传播学者则在长期的研究过程中，将批判学派的社会介入传统和发展问题联结起来，以"传播行动研究"的方式来回应学界对"发展传播学"的批判与反思。[2] 在这些研究中，批判学派的理论不再是一种纯粹西方"外来"学术理论，而是一套多元的认识论和方法论，它既可以启发以新的研究视野来讨论中国和世界的传播实践，同时，它自身也是需要通过自我反身性来不断进行反思和发展的理论话语体系。

三 重新审视本土化问题

进入 21 世纪，对于传播"本土化"的努力在进一步持续。著述层面，有郑学檬编著的《传在史中：中国传统社会传播史

---

[1] 邱林川：《信息时代的世界工厂》，广西师范大学出版社 2013 年版，见该书封底清华大学沈原教授评语。

[2] 卜卫：《"认识世界"与"改造世界"——探讨行动传播研究的概念、方法论与研究策略》，《新闻与传播研究》2014 年第 12 期。

料选辑》①，金冠军、戴元光主编的三卷本《中国传播思想史》②，谢清果等的《风草论：建构中国本土化传播理论的尝试》③和《华夏传播学引论》④等。相较于上一个阶段的《从零开始》以及《华夏传播论》，这些著作的理论系统性有明显提升。

与此同时，传播学界对于"本土化"的学术反思仍在继续，并且对推动"本土化"理论构建进程的"16字方针"的反思也在深化。例如，单波对"16字方针"所包含的四个方面以及其中隐含的"本土化"倾向提出了四点质疑："当研究还没有深入展开，思想就被意识形态所限定，谈何系统了解？当我们把西方社会文化的现实背景、问题与传播学理论割裂开来，谈何分析研究？当我们在各种主义之间左右摇摆，迷失价值判断，失去对中国现实文化需求的分析，谈何批判吸收？当我们还没有客观观察中国现实的传播现象与问题，并在全球化背景下加以辨析，谈何自主创造？"⑤ 在此基础上，单波从"学术研究即社会介入"的思路出发，认为"全球化（本地化）与本土化的矛盾"并非中国传播学科发展困境的症结所在，"从本质上讲，我们遭遇此种困境，是因为我们没有真正意识到传播研究的根本意义不是对人类传播现象的反映和概括，而是对人类传播实践的设计和开拓"。虽然单波断言"本土化"理论没有考虑到"对人类传播实践的设计和开拓"未必正确，但是这四点质疑以及关于"对人类传播实践的设计和开拓"的强调，的确是"本土化"理论必须要面对并致力解决的重要问题。

---

① 郑学檬编著：《传在史中：中国传统社会传播史料选辑》，文化艺术出版社2001年版。

② 金冠军、戴元光主编：《中国传播思想史》（古代卷·近代卷·现当代卷），上海交通大学出版社2005年版。

③ 谢清果：《风草论：建构中国本土化传播理论的尝试》，《现代传播》2015年第9期。

④ 谢清果：《华夏传播学引论》，厦门大学出版社2017年版。

⑤ 单波：《如何表现中国传播研究的智慧？》，《新闻大学》2008年第2期。

四 传播理论视野的新锐扩展（2016—2019）

最近几年，中国社会的传播状况进入了全新的阶段。一方面，中国互联网和数字媒介技术发展从跟随者变成了全球引领者之一，数字媒介深度改变了中国社会的运行状况，而技术领先地位也带来了国内传播状况的微妙变化；另一方面，随着"一带一路"倡议等大型国际合作项目的切实开展，中国各类传播实体、新闻传播学界以及一些普通人群都在一定程度上与"一带一路"国家的国际传播和公共外交发生了更加紧密的关联。与此同时，我国的传播研究也在迅速扩展，无论是传统领域的研究，还是新锐领域的研究，在这个阶段都获得了巨大的进展。

这些快速发展的研究领域，包括政府主导下的媒体融合研究、大数据研究、人工智能研究、网络舆情与舆论学研究、"一带一路"倡议推动的国际传播与跨文化传播、批判学派视野的"劳动"研究以及乡村传播，媒介学的兴起，以及媒介主体性、物质性、具身性、后人文主义研究等众多新锐扩展研究领域。这些领域既承接了经典传播理论、社会理论和文化理论的主要理论关切，又根据现有的复杂社会传播状况发展出了新的关注点和理论发展空间；既受欧美相关理论和方法的影响，也能根据我国具体的情况进行理论方法适用的反思与创新。虽然由于发展时间过短，暂时还难以对这些领域进行全面的概括和总结，但是这些新锐研究和国际学界的研究进展在一定程度上保持了同步。更重要的是，在传播学早期发展过程中曾经起到重要作用的跨学科多元理论和方法融汇和碰撞的趋势，在这个过程中表现得也非常明显，传播学者试图通过对理论和实践的双重反思以进行理论创新的努力也非常明显。这种趋势预示着，经过多年的理论探索和积累之后，中国社会所面临的复杂传播状况，正使得具有中国特色的传播学理论构建面临着一个新的契机。

第四节 讨论与启示

习近平在哲学社会科学工作座谈会上的讲话中指出:"当代中国正经历着我国历史上最为广泛而深刻的社会变革,也正进行着人类历史上最为宏大而独特的实践创新。这种前无古人的伟大实践,必将给理论创造、学术繁荣提供强大动力和广阔空间。这是一个需要理论而且一定能够产生理论的时代,这是一个需要思想而且一定能够产生思想的时代。"当下中国的信息通信技术应用的快速发展,在社交媒体、互联网应用、媒介融合、移动通信及互联网技术等诸多媒介技术推动的传播领域在全球范围内都具有领先地位。具有中国特色的新闻和传播政治政策环境、文化情境、受众与用户媒介实践模式和沟通模式,也和"西方"各个社会文化运作状况不同。这种状况会同中国社会在新中国成立以来发生的深刻、全面、巨大的变化,使得具有发展和丰富中国特色的传播理论成为一种时代的迫切需求。

然而,正如本章所揭示的,无论是中国还是以美国为代表的西方传播理论发展,都存在明显的问题。美国早期的传播研究具有相对广阔的视野,尤其是芝加哥学派的研究体系和视野,和欧洲激进的批判学派以及传播学的经验学派都有重要的区别。这种广阔的视野和跨学科互动给传播学早期研究带来了蓬勃的生命力和理论创造力。自从施拉姆采用划分特定边界的方式确立了传播学科的研究范围和理论边界之后,美国实证量化的传播经验研究成为主流。虽然传播学理论还在持续借用其他学科尤其是社会学的理论成果,并且呈现出传播理论持续而迅速地细化以应对相对具体化、应用化的传播研究,但是传播学理论也越来越陷入琐碎化、内卷化的发展趋向。李金铨不无忧虑地指出,"施拉姆时代力求和别的学科接枝,后来从新闻传播建制内产生的文献却力求'独立自主'",传播学研究"引用其他社会科学的文献愈来愈少，引用传播领域的文献愈来愈多"，传播学者"抱住一个小题目，在技术上愈求精细，眼光愈向内看，问题愈分愈细，仿佛躲进自筑的一道墙围，得到心理安全，拒绝与外界来往的压力，其结果是不但忘记更大的关怀，更阻碍思想的创新"①。

出于多种原因，中国的传播学研究从一开始就有发展"本土"（indigenous）理论的较强愿望，并且在20世纪的最后20年进行了几次集中的尝试，产生了几部颇有分量的研究成果。然而，这些研究更多从中国传统文化和古代历史进行本土理论的构建尝试，而相对忽略了当下中国社会变革中存在的巨大而丰富的现实资源以及对中国当下社会状况进行总结的各种理论储备。而另一方面的本地化（localization），则主要在借用西方传播方法来分析中国当下社会，并且进行一定的理论反思和理论创新总结，反而在催生另外一种具有本土印记的传播理论生产。这种理论生产更加注重与当下中国社会的政治、文化的连接，而不是对西方理论的单纯借用或者对话。然而早期的这两种本土化倾向，在某种程度上都有"过度"和"过早"的嫌疑，在尚未清晰把握西方传播学学科史和理论、方法发展历程，也对中国当下的传播状况尚未有足够深入研究的情况下，就开始从两个方向致力于本土理论的体系化创新和发展。并且，在这种创新过程中，和社会理论、文化理论、中西哲学的借鉴和反思也不够。总体来看，这些理论创新既没有完成构建与西方不同的"中国传播学"的本土理论，也并没有实现将传播研究对象"中国化"的"本地化"。

进入21世纪以后，中国传播学开始了高速发展、纵深整合的阶段。在梳理中西传播思想史的同时，对于西方传播理论的深入引介、对话、反思也在深度进行，并逐渐在多个重要理论层面与全球最新进展对接。最近几年，在传播学的"本体论"和认识论转向、传播

---

① 李金铨：《传播研究的典范与认同》，《书城》2014年第2期。

的身体与主体性、传播政治经济学的劳动视角、互联网与数字平台的社会连接、计算传播学与人工智能研究方面，中国的传播学和西方传播学开始有一些同步进展的迹象。同时，在某种程度上，中国当下部分较新的传播学研究逐渐增大了其他部分学科的跨学科研究与合作，例如，计算机研究、社会学、政治学、公共管理等学科的合作正在增加，呈现出与传播学早期发展过程中曾经起到重要作用的跨学科多元理论和方法融汇和碰撞的趋势。虽然这些跨学科合作还有巨大的扩展空间，而新闻传播学的中国理论创新其实也与中国社会科学的总体发展状况和理论创新状况紧密关联，但之前较长时段的探索积累和当下的快速学科发展还是为传播理论的中国化以及具有中国特色的传播理论的发展提供了一个基础。在这种基础上，如果能够结合具有中国特色的新闻传播理论的理论积累进行综合思考，进一步深入研究中国独特的新闻传播实践以及基于"一带一路"倡议、"人类命运共同体"理论的全球传播实践，那么具有"中国特色、中国风格、中国气派"传播学科体系和理论话语体系可能将在可预见的未来出现。

第七章

新闻传播学方法研究

规范化是现代学科建制下学科合法性的基本要求。首先，从学科发展来看，新闻传播学对学科合法性的追求，一方面相对于文学、哲学、历史学、经济学、法学、政治学等老牌学科，中国新闻传播学科显得非常年轻，新闻学自20世纪初诞生至今不过百年时间，传播学自20世纪70年代末引入中国也就40年出头的光景，过短的历史使得新闻传播学科缺乏老牌学科传统悠久、家底厚实的自信；另一方面在现代学科建制强调规范化的标准影响下，规范化不足而带来的知识生产专业门槛低和科学性不强，同样是影响新闻传播学学科不自信和其他学科诟病新闻传播学合法性的重要因素。其次，在更宏大的社会结构和制度安排层面，学科建制化有赖于行政组织的授权，在我国突出表现为是否被纳入国家设置的学科门类、不同的学科层级（如一级学科或二级学科）以及是否具有本科、硕士或博士招生资格等等，这些都彰显了我国的学科建制身处"学术共同体与科层制组织二维空间"。① 最后，从我国社会科学的发展来看，20世纪80年代，整个时代呈现出启蒙和思想进步的特征，因此整个学术界出现了崇尚思想家、哲学家和人文学者的热潮。20世纪90年代

---

① 朱冰莹、董维春：《学科评价省思：场域特性、价值趋向与制度构建——兼议一流学科建设评价》，《科技进步与对策》2019年第8期。

的改革开放，市场经济和伴随而生的社会科学的方式，导致学术界对科学、实证和规范的追求，① 这集中体现在以邓正来为代表的知识分子所倡导的学术规范化和学术自主化运动。

研究的规范化，是指研究的程序和过程是否符合学术共同体所达成的一系列准则与原则。② 在中国学术的发展中，学科的规范化经历了不同层面的变化，这包括技术层面（例如学术剽窃的界定、引文规范等），还有制度层面（例如引入学术期刊的匿名评审），以及价值层面（如对于本学科核心议题、概念和方法以及学术追求的共识）。规范性既是保障学科合法性的基础，正如阎学通指出的"从深度国际评论走向学术研究是一个学术规范化的进程"③，新闻传播学领域同样充斥着大量的随笔、感想和新闻评论，这导致学科内的大量争议成为学术研究和非学术观点之间的对撞。另一方面，规范化的研究也是创新的基础和前提，学术进步有赖于知识的对话、碰撞和累积发展，缺乏规范性导致很多研究自说自话，无法形成有效的学术对话。④

在衡量诸多学科规范化的标准中，学术研究方法是否规范化，这是影响到新闻传播学整个学科知识是否规范化的底层知识生产机制。规范性在很大程度上是由科学的研究方法所保障的。一门学科是否具有比较系统的研究方法和学术规范，是判断其是否成熟的重要标志之一。⑤ 方法不仅是确保研究的规范化、科学化的基础保障，也是推动知识发展的重要手段。需要承认的是，我国新闻传播学领域尚未形成真正的学术共同体，更谈不上相对

---

① 程广云：《学术突围：重构当代中国学术话语》，《江海学刊》2010 年第 2 期。
② 杨玉圣、张保生主编：《学术规范导论》，高等教育出版社 2004 年版。
③ 阎学通：《改革开放 40 年的国际关系学术研究》，《国际政治科学》2018 年第 4 期。
④ 彭玉生：《"洋八股"与社会科学规范》，《社会学研究》2010 年第 2 期。
⑤ 许家林、蔡传里：《论我国会计科学研究方法的研究与学术规范建设》，《珞珈管理评论》2007 年第 1 期。

一致的学术认同和共识。这个领域因为缺乏学术共同体建立起的完善的学术制度，导致各种外部的力量不需要"转译过程"，直接长驱直入，① 在各种学术失范中，"最严重的失范是研究方法的失范"。②

第一节　新闻传播学科的建制与研究方法的规范演变

传统印象中，诞生于人文学科的新闻传播学科并不像归属于社会科学的社会学、政治学、法学和经济学等学科那样重视研究方法，甚至认为研究方法在新闻传播学科的发展历史演进几乎是与本学科特质无缘。然而，梳理新中国70年乃至更早时期新闻传播学科发展历史，发现这种印象是一种想当然的偏见，事实是，新闻传播学研究方法与新闻传播学科共生共长。新闻传播学逐步由无到有，由弱到强，新闻传播研究方法也同时在规范化的道路上越趋科学化。

一　新中国成立前（1918—1943）新闻学的诞生及研究方法的提出

1918—1943年是我国新闻学诞生和初步发展时期。选择这一时间段的原因是，首先，学界历来以1918年北京大学新闻学研究会的成立作为我国新闻学正式诞生的标志，而在1943年中国共产党正式确立马克思主义的办报方针之前，中国的新闻业受到西学东渐和五

---

① 李红涛：《中国传播期刊知识生产的依附性：意识形态、机构利益与社会关系的制约》，《传播与社会学刊》2013年第23期。
② 孙旭培：《新闻传播学术：失范与规范》，《新闻与传播研究》2003年第6期。

四运动的影响，基本是民主自由、学派多元的格局态势。在19世纪20年代，民国时期的一批新闻人如徐宝璜、任白涛、邵飘萍、戈公振等人有关新闻实践的著作陆续出版。但是，虽然这一时期新闻学已诞生，但其研究也仍以报刊创立、发文采编为主，加之当时国人办报救亡图存的意义远远大于报刊著述本身，所谓的"新闻学"研究并不是新闻业关注的重点，在研究方法层面，也没有严格意义上的书面关照。①

而这一时期提到并对新闻学研究方法进行概述和总结的有两个人，一个是李公凡，另一个是黄天鹏。李公凡在1931年出版的《基础新闻学》中专门开辟了《新闻学研究法》的专节，提出要用正确的方法认识新闻学。"没有方法，或是方法不对，则研究就不会有结果，或虽有结果而不正确。有正确的研究方法，对学问始有正确的认识，同样要对新闻学有正确的认识，也就必须有正确的新闻学研究法。"② 李公凡提出了四种主要的研究方法——历史的、观察的、比较的和实际的。历史的研究法指要在信任和了解基本事实的基础上，认识"新闻学的学科根据"；观察的研究法强调的是新闻学者根据特定历史时期进行"精锐的观察"，而观察的准确与否，则取决于个人科学训练的程度；比较的研究法要求学者根据许多不同的理论来加以比较研究；实际的研究法注重让学者"实际地走到报馆或者通讯社里面去"，重视新闻的实践特性。③

1933年4月，黄天鹏出版了《新闻学入门》一书全书分上中下三篇，上篇为研究新闻学的方法，中篇为研究新闻纸的方法，下篇为研究新闻事业的方法。在该书中，黄天鹏将新闻看作一种实践活

---

① 张振亭：《试论我国新闻传播研究方法的演变》，《江西社会科学》2009年第11期。
② 李公凡：《基础新闻学》，上海联合书店1931年版，第23页。
③ 同上书，第23—27页。

动，除了提出了读报看报的方法外，也提出了注重实践、运用比较、唯物史观、从大众出发等研究方法。① 该书是我国第一本专门论述新闻学研究方法的著作，成为我国新闻学研究方法的奠基之作。

二 新中国成立前30年（1949—1978）马克思主义新闻学的演进与马克思主义方法论的盛行

随着抗日战争局势的日渐紧张，国家内外矛盾的日益激化，共产党和国民党在救亡图存的宏大历史主题下产生了各自不同的政治思想和意识形态。共产党在成立之初就将马克思主义作为其指导思想，李大钊1922年2月在北京大学新闻记者同志会成立大会上就明确阐述了这一观点。虽然在这一时期，马克思主义被引进中国，但在当时的社会情境下，马克思主义仅仅是众多思想启蒙流派中的一个，并未占据主导地位。

在后续的思想传播中，马克思主义不断得到发展。1937年，张友渔出版了《新闻之理论与现象》一书，他用阶级斗争的思想来阐释报纸、政治和舆论的关系，受到了当时青年人的欢迎。1940年，毛泽东发表了《新民主主义论》，确立了马克思主义在中国革命的指导地位。马克思主义在新闻学领域的指导地位的正式确立是在1943年。1943年9月1日，陆定一受毛泽东指示，在《解放日报》发表了著名的《我们对于新闻学的基本观点》。该文在一开头便表明了辩证唯物主义新闻学的姿态，并同"资产阶级新闻学""法西斯新闻学"划清了界限。② 通过对新闻层面"唯物主义"和"辩证法"剖析，该文确立了马克思主义方法论在新闻领域的指导地位，"干净利落地完成了一次影响解放区的'范式革命'"。③

---

① 黄天鹏：《新闻学入门》，上海光华书局1933年版。
② 刘海龙：《中国新闻理论研究的范式危机》，《南京社会科学》2013年第10期。
③ 同上。

自 1943 年以来，到新中国成立，再到"三反五反"、阶级斗争和"文化大革命"的二十余年中，马克思主义和它的具体思维方法成为了我国新闻学研究的主导甚至唯一的方法论支撑。这一时期，我国的新闻学研究一度被政治化，成为阶级斗争和意识形态的工具。① 因此，该时期鲜有关于新闻学研究的学术著作和研究方法的探讨，即便是部分有关新闻学的阐释，也主要以口号、语录、工作指示为主。张振亭认为该时期的新闻学研究方法是"异化"的马克思主义研究方法，主要表现在用马克思基本原理取代新闻规律、二分的无产/资产阶级意识形态，以及脱离历史和实证的曲解。②

在后续 20 世纪 80 年代出版的一批著作中，我们也可以看到这一时期的一些学者对马克思主义新闻学的反思与批判。甘惜分在《新闻理论基础》一书中表示，马克思主义的一般原理不能等同也不能取代于新闻学。对辩证唯物主义和历史唯物主义的使用还是要"具体问题具体分析"。③ 艾丰在阐释新闻的性质时，区分了作为"手段"的新闻和作为"社会现象"的新闻，认为后者作为一个独立里的范畴，有着自己的特殊规律。④ 当时的中国正在经历思想和政治上起伏不断的变革和革命，在这一特定的历史时期，新闻更多的是被当作政治斗争的工具，而非独立的学科。虽然学者们当时的反思影响有限，但是这些声音为后续新闻学的"拨乱反正"开了先河。

三 1979—2000 年传播学的引入和社会科学方法的引入

1978 年，中国开启了改革开放，整个社会不论是政治经济，还

---

① 陈力丹：《新闻传播学：学科的分化、整合与研究方法创新》，《现代传播》2011 年第 4 期。

② 张振亭：《试论我国新闻传播研究方法的演变》，《江西社会科学》2009 年第 11 期。

③ 甘惜分：《新闻理论基础》，中国人民大学出版社 1982 年版。

④ 艾丰：《新闻采访方法论》，人民日报出版社 1982 年版。

是文化科技都处于一种生机勃勃的状态，社会科学（包括新闻传播）也是在这种较为开放的社会氛围中开始萌芽。当时的报纸杂志和电视等大众媒体高速发展，"大众传播成为中国现代化的一根支柱，社会要求推进对大众传播的研究"（廖圣清）。[①] 在整个社会的这种风潮下，传播学初期引入的一些科学化的概念，包括"受众""传播效果""把关人"等，让长久以来受"宣传""阶级斗争"等观念影响的学者感到了新鲜，"他们还通过突出传播学的科学性，把传播学作为一种科学方法，来获得研究与思考的自由空间"。[②]

在这样的社会情景和知识场域中，受众研究成为这个时期浓墨重彩的最大亮点。正如王怡红指出的"一些以媒介多功能理论为研究假设的受众调查，直接冲击了新闻媒介的单一喉舌理论，激发了新闻媒体的公众意识，培育了信息社会所不可或缺的受众观念，将受众的重要性与大众传播的效果研究一起推向了传播研究的前台。"[③] 在学术实践领域，1979年复旦大学的学生做的受众研究，卜卫在80年代对妇女儿童做的一系列受众研究，1982年中国社会科学院新闻所和首都新闻学会所做的第一次大规模的读者、听众、受众调查等等，都成为中国新闻传播学中的标志性事件。特别是中国社科院新闻所从事的受众调查，是"中国研究人员第一次尝试用量化的思维来解决新闻传播中的问题"[④]，被安岗誉为"中国新闻事业史上一次突破性的行为"（崔清活，2007）。[⑤] 从1980—1988年，在各类新闻刊物上发表的有关受众研究的论文共计有226篇，[⑥] 受众研究被认为是中国当时

[①] 廖圣清：《我国20年来传播学研究的回顾》，《新闻大学》1998年第4期。

[②] 王怡红：《传播学发展30年历史阶段考察》，《新闻与传播研究》2009年第5期。

[③] 同上。

[④] 朱卉、聂慧敏：《我国新闻传播学量化研究方法历史概述》，《新闻世界》2015年第3期。

[⑤] 崔清活：《中英传播学教育比较研究》，博士论文，复旦大学，2007年。

[⑥] 陈崇山：《中国大陆传媒受众调研的发展历程》，《新闻与传播研究》1998年第4期。

传播学研究中"有所突破，取得成绩最大的"研究领域。①

在研究方法的学术研究中，这个时期的代表性人物是祝建华，1985 年他在《新闻大学》发表了《传播研究的实地调查》《内容分析》《实验控制》三篇介绍性论文。1987 年祝建华发表的论文《传播学量化研究的科学起源》，被认为是最早的以科学方法论为对象的论证文章。② 这篇文章提出了当时看来超前的观点，例如学术的过程比结果更加重要，结论要通过证据或逻辑支撑。

1992 年之后，伴随中国进入市场经济，传播学研究开始发生明显变化，原来寻求促进新闻领域变革的问题不再是传播学术思想领域的中心，研究者开始把学术立场和研究兴趣转向了传播学与经济变革和文化建设相互联系等方面③。与此同时，整个新闻传播学术界也在蓬勃发展，1997 年第五届传播学研讨会关于传播学的方法和规范问题已经成为大家关注的重点。④ 这和整个 90 年代中国学术界对于学术规范的讨论是密切相关的。90 年代，学术领域关于方法规范的探索成为"学术界的一大学案"。⑤ 在新闻传播领域，因为历史、文化和学术训练等多方面原因，存在着很多"记者式研究"，⑥ "随感录""夹叙夹议的散文"。⑦ 特别是 1997 年新闻传播学升为一级学科，学术地位的提升和研究不够深入的尴尬局面，研究方法和规范被寄予厚望成为寻找突破的点（张振亭，2009）。⑧

---

① 徐耀魁：《我国传播学研究的得与失》，《新闻与传播研究》1998 年第 4 期。
② 陈力丹：《新闻传播学：学科的分化、整合与研究方法创新》，《现代传播》（《中国传媒大学学报》）2011 年第 4 期。
③ 王怡红：《传播学发展 30 年历史阶段考察》，《新闻与传播研究》2009 年第 5 期。
④ 廖圣清：《我国 20 年来传播学研究的回顾》，《新闻大学》1998 年第 4 期。
⑤ 杨玉圣：《学术打假与学风建设》，《河北经贸大学学报》1998 年第 4 期。
⑥ 黄旦：《突破"记者式"研究的框式——对新闻理论研究现状的思考》，《杭州大学学报》（哲学社会科学版）1994 年第 2 期。
⑦ 孙旭培：《我国传播学研究向何处去》，《新闻与传播研究》2000 年第 1 期。
⑧ 张振亭：《试论我国新闻传播研究方法的演变》，《江西社会科学》2009 年第 11 期。

20世纪90年代，在研究方法的学术研究中，中国社会科学院新闻所的卜卫和刘晓红成为这个领域当仁不让的探索者和实践者。刘晓红发表了多篇论文将心理学方法介绍进入新闻传播领域，[①] 卜卫1996年开始在《国际新闻界》连续发表七篇研究方法的介绍。最值得一提的是两人在从1994—1996年三年时间里，承担了中国社会科学院重点课题"社会科学成果评估指标体系的研究与设计"，其编辑出版的《社会科学成果价值评估》更是为中国社会科学知识界做出了巨大的贡献。

需要承认的是，尽管进步巨大，但是这个时期中国新闻传播学研究方法的使用和总体水平仍然比较低。相关研究基于对这个时期学术期刊发表论文的分析统计发现，从80年代到90年代中期，大量的文章还是介绍和探讨型的，定量研究的数量非常非常少。[②] 对20世纪90年代开始的12年间，《新闻与传播研究》《新闻大学》《现代传播》三本期刊的计量统计发现，共计只有80篇实证研究的论文，在具体的研究方法上，调查统计（主要是问卷）是使用最多的方法，其次是内容分析法，实地调查和实验法是最少被使用的方法。[③] 如果我们将中国的研究放置于与同时期美国的比较中，会更加清晰地看出当时的学术知识特征。根据李彪对于中美学术期刊基于随时抽样的比较分析发现，从90年代中期到2000年，中国的研究方法使用比较简单，且大部分是"二手资料法"，美国的研究方法则比较多元且平衡。[④]

[①] 刘晓红：《试论传播心理学的研究内容》，《新闻与传播研究》1995年第1期；刘晓红：《试论心理学在传播学研究中的作用》，《新闻与传播研究》1996年第3期。

[②] 黄旦、韩国飚：《1981—1996：我国传播学研究的历史和现状——对几种新闻学术刊物的简略考察》，《新闻大学》1997年第1期。

[③] 陈昆玉、江宇：《我国传播学实证研究的进步与不足：对二十世纪九十年代以来传播学实证性研究报告的统计分析》，《当代传播》2002年第4期。

[④] 李彪：《新闻传播学研究方法的构造——对1995—2007年我国四种主要学术期刊的考察》，《国际新闻界》2008年第1期。

四 2001—2018 新闻传播学的大繁荣和研究方法的演变

进入新世纪后，整个中国的社会环境发生了重大变化，一方面是媒体和社会变迁更加密切地交织在一起，另一方面新闻传播学迎来了蓬勃发展的新阶段。在这其中，我们将研究方法的发展分为两个阶段：2001—2010 年，学科高度发展与研究方法的进步甚微；2011—2019 年，研究方法的大繁荣和学术共识的缺乏。

进入新世纪后，方法类专著和译注大量涌现，研究方法逐渐被纳入日常教学科研中。在研究方法的各种教材和书籍的翻译、引入和撰写中，较有影响力的包括 2000 年戴元光和苗正民编著的《大众传播学的定量研究方法》，2002 年王锡苓的《传播学研究方法》，2003 年柯惠新、祝建华等人编著的《传播统计学》。在其基础上，不少高校将研究方法纳入传播学的教学体系，但有研究者指出，目前的实证方法课程不仅课程质量上不够规范、在设计上缺乏连贯性、在具体操作上也存在着方法和概念之间的不衔接。[①] 我们必须承认的是，因为研究方法领域优质师源的缺失是一个核心的问题："学科内能够真正掌握研究方法的学者数量较少，这就导致了一些高校教师在自身尚不熟悉研究方法的情况下，就贸然开始进行研究方法的课程教学工作。"[②] 研究方法的训练直接影响了本领域的知识生产，一个最直接的体现就是博士生的论文写作。有研究通过对 1988—2011 年间中国新闻传播学 516 篇博士论文的内容分析发现，"在 2003 年以前，量化研究的使用基本为零"，总体上，51.55% 使用了质化方法、30.62% 属于思辨研究，11.05% 采取了质化量化混合方法，

---

① 王锡苓、姚慧、段京肃：《对实证研究方法课程在我国新闻传播学教育中现状的思考》，《国际新闻界》2007 年第 7 期。

② 周翔、韩为政：《新闻传播学研究方法教育中的现存问题与提升路径探析——以武汉大学研究生精品课程〈新闻传播研究方法〉为例》，《河南教育》（高教版）2016 年第 10 期。

6.78%属于量化研究。①

因此,在21世纪的第一个十年,研究方法并未取得实质性的进步,这种状态在多项研究中得到了验证。有研究对1995—2007年来我国新闻传播学界四种主要学术期刊的刊载文章的研究方法进行了考察,发现主流研究方法是思辨辩证法②。还有研究以1998—2012年15年间四本代表性学术期刊为案例,发现实证研究里以定性研究为主,具体研究方法则集中在个案研究、历史文献等。③ 如果说四本期刊或者不同时间段存在着差异,还有研究对特定的期刊进行分析,例如1994—2003年《现代传播》的研究发现,定性占比多,定量研究很少。④ 有研究对2008—2010年《国际新闻界》的发文统计发现,批判或诠释是最主要的研究方法⑤。还有研究对2009年我国新闻传播学界三本主要学术期刊和2005—2009年《现代传播》的论文进行分析,发现295个样本中,定性占85.2%,而且大部分定性采用的是观察研究(69.3%),"倾向于描述和解释传播交流,依靠现存理论的标准来批判传播"。⑥

当然,如果中国新闻传播学自身作为参考比较,比较20世纪八九十年代的状态,从某些维度上很容易得出中国新闻传播学的方法在不断地规范和发展。但是,在全球化的今天,中国早已是全球知识共同体的有机组成部分,因此非常有必要比较这个时期中国与其他国家在

---

① 吴锋:《中国大陆新闻传播学博士生导师现状统计研究》,《现代传播》2008年第1期。
② 李彪:《新闻传播学研究方法的构造——对1995—2007年我国四种主要学术期刊的考察》,《国际新闻界》2008年第1期。
③ 刘尚正:《15年来我国新闻传播研究方法透视》,硕士论文,南昌大学,2014年。
④ 张莹、申凡:《从〈现代传播〉(1994—2003年)管窥我国十年来的传播学研究》,《现代传播》2004年第5期。
⑤ 刘方:《传播学研究方法使用概况——基于对〈国际新闻界〉2008—2010年期刊的分析》,《东南传播》2011年第7期。
⑥ 沈翠婷、王海龙:《中国大陆地区传播学研究方法的应用现状分析——对我国三种主要学术期刊的考察》,《东南传播》2010年第4期。

新闻传播研究领域方法的发展状态。有研究以 1996—2005 年中美两国新闻传播两本顶级期刊（《新闻与传播研究》（以下简称《新传》）和美国的《大众传播季刊》）为案例，发现鲜明的对比是《新传》是人文主导，JMQC 是实证主导。① 如果我们将时间拉长，将《新传》与美国新闻传播学界另一本顶级期刊 Journal of Communication（简称《传播学刊》）比较分析，更加细致的考察发现，在定量研究中《新传》集中在内容分析，《传播学刊》则在问卷、实验和内容分析上比较均衡；在定性上，《新传》使用最多的是文献分析法和档案分析法。②

近些年，大数据、机器学习等热潮席卷整个社会科学，新闻传播学也不例外，各种新的研究方法不断被引入，可谓是乱花渐欲迷人眼。2005 年，黄旦和丁未基于对大陆传播学译著的研究提出，"我们总是有一种学科意识或者情结，忙于填补各种空白。目前大陆传播领域教材兴盛，深入研究过于凋零；只见忙于填补所谓的各种'空白'，不知或不屑做细致具体的个案研究。许多学术的狂热不到一两年，在尚未冷静下来之前，就为新的狂热所代替。这些狂热或许可以给文化活动增添一些作料，但却没留下什么学术发展的痕迹"③。

这种反思在方法大繁荣的今天同样给我们以提醒。在中国新闻传播学领域，大数据等方法的引入导致了两种极端的态度和认知，这也造成了对此的巨大争议：狂热和排斥。一方面，有学者认为，在中国新闻传播学最基本的方法根基尚未稳健，大量新的研究方法的引入和介绍，如同快速新鲜的研究议题，让不具备研究基础且喜

---

① 江宇、朱莹：《比较视野中我国内地新闻传播学研究》，《西南石油大学学报》（社会科学版）2009 年第 3 期。

② 董天策、昌道励：《中美新闻传播学研究方法比较——以 2000—2009 年〈新闻与传播研究〉和〈Jounal of Communication〉为例》，《西南民族大学学报》（人文社会科学版）2010 年第 7 期。

③ 黄旦、丁未：《传播学科"知识地图"的绘制和建构——20 世纪 80 年代以来中国大陆传播学译著的回顾》，《现代传播》2005 年第 2 期。

欢追逐新鲜的浮躁学界更加躁动。正如有学者指出的，"今天你要是不说大数据、机器学习或者高级方法，都不好意思和别人说你的研究，但实际上我们很多同行连最基础的回归分析都没搞清楚"（XX，2018年访谈）。"目前就是不会走，先要飞"（XXX，2019年访谈）。另一方面，尽管很多研究在呼吁以问题为导向，方法为研究服务，是通过严密的程序方法进行科学的推断和论证。但是，目前中国新闻传播学的同仁并不具备以理论贡献为主要考核的共识，而是——正如前文提到的——以社会现象或者理论性较弱的研究问题为导向。① 这也成为大数据等研究方法被攻击的主要依据：缺乏问题意识。这种狂热和排斥之间的争议，集中体现了目前学术界共识的缺乏。实际上，方法、问题和理论是相互佐证支撑。理论和研究问题是论文的核心，方法为理论服务，但任何问题假设需要方法的检验和证明，否则都是一种假说。②

如果我们仍然从期刊论文方法的使用来看，目前新闻传播学的主要方法仍然是以思辨为主流。正如张国良对中国新闻传播学方法的两次研究回复，在前三十年（1978—1998）"思辨（其中多有主观臆断、片面武断以及老生常谈的情况）仍然为主流，占65%"，实证方法从无到有，但是尚未成为主流，这在很大程度上导致了"创新乏力、质量偏低"。③ 2008—2013年张国良再次对这个领域进行回顾，发现思辨仍然是最大比例的研究方法（56%），而在这其中"概念推理"（75%）是最主要的思辨类型。④ 同样的，我们以中国

---

① 苗伟山：《中国新闻传播学海归学者的学术实践与身份认同》，《新闻与传播研究》2018年第12期。

② 丰帆、周萃：《传播学研究的动力：多层面、多角度、多方法——香港城市大学祝建华教授访谈录》，《新闻记者》2005年第7期。

③ 张国良、胡薇：《传播学在中国30年：以专业期刊论文为研究视角》，载冯应谦、黄懿慧编著：《华人传播想象》，香港中文大学、香港亚太研究所2012年版。

④ 张国良、张巧雨：《中国传播学研究近况实证分析——以专业期刊论文为研究视角（2008—2013）》，《现代传播》2015年第9期。

新媒体研究最火热的案例为例，相关研究通过对 2010—2012 年 6 本 CSSCI 新闻传播期刊关于微博的研究发现，在研究方法层面，思辨性论文近 7 成；大部分研究停留在诸如意见领袖、社会网络、媒介环境学等单个理论的解释层面，且 "85% 的研究论文没有进行文献回顾，每篇论文平均引用 5.21 篇理论文献。"① 与此对应，有研究通过对海外 54 篇关于微信的实证研究发现，大部分研究已经不止于单一理论的检验和拓展，而是进入到多个理论整合建构模型的阶段。② 与此同时，相关的研究也发现这个阶段美国新闻传播学的研究仍然维持在以量化为主导（50.78%）、兼具质化（32.44%）、同时混合研究方法并存的局面（16.58%）。③

第二节　共识、争议与核心议题

一　方法的背景：学科规范化与研究方法

从历史性的梳理中我们可以看出，中国新闻传播学研究的实证性一直不太高，大量的文章没有方法的支持，停留在思辨的层面。尽管有人试图将思辨研究纳入批判研究的路径中，但是早有学者指出，实际上我们的研究"没有批判学派的思辨能力和理论色彩（因不具备这样的理论功底），又不谙美国学派的实用调查技能和方法，实际上是用美国的理论做定性研究"。④ 这种批判之后的十多年，类

---

① 杨喆、冯强：《微博研究回顾：主题、理论与方法——对 6 份 cssci 新闻传播类期刊相关文献的定量分析（2010—2012）》，《广东社会科学》2013 年第 4 期。

② 甘春梅、梁栩彬、李婷婷：《使用与满足视角下社交网络用户行为研究综述：基于国外 54 篇实证研究文献的内容分析》，《图书情报工作》2018 年第 7 期。

③ 李小华：《多维视角与深度探析：美国传播学旗舰学刊论文分析》，《中国出版》2013 年第 8 期。

④ 黄旦、韩国飚：《1981—1996：我国传播学研究的历史和现状——对几种新闻学术刊物的简略考察》，《新闻大学》1997 年第 1 期。

似的情况并没有得到根本性的改善。2007年基于学术期刊论文的文本统计发现,很多论文"既不是纯粹的实证研究,也不能算是严格意义上批判研究,更多是各人体会和感想之类的论文"。① 不仅如此,尽管上文相关的引文中提到质化研究的数量和比例都在攀升,但实际上很多质化研究"没有系统的收集和分析原始资料的要求,具有较大的随意性、习惯性和自发性……与随感而发有几分类似"②。

方法规范化的缺失严重阻碍了学术知识的积累、对话和发展。这种对话的障碍是多个层面的,第一是学科内部的无法对话,各说各话是无法建设学科的,只有在同一概念下,同一文献体系的基础上进行交流和讨论,才能推动学术交流和讨论③。第二是新闻传播学科与其他社会科学的对话,有研究认为"对于社会科学研究范式的认知缺乏使对话与交流的平台难以搭建"。④ 最后,这种规范性的缺乏也导致了海内外学术交流的困难,"大陆新闻传播研究属封闭型,写作的格式和内容均与西方学术传统要求相去甚远"。

鉴于这种现状和影响,实际上学术共同体一直在努力地借用方法来营造整个学科知识的规范性。20世纪80年代用问卷调查来进行受众分析的努力体现出学术同仁对方法的追求;90年代新闻传播学上升为一级学科后,为了证明其科学性合法性,方法无疑是一种最为重要的知识建构;2000年后随着社会的急剧转型和研究对象的丰富性,以及出于对学科自主性的担忧,⑤ 方法成为规范整个学科发

---

① 江宇、朱莹:《比较视野中我国内地新闻传播学研究》,《西南石油大学学报》(社会科学版)2009年第3期。
② 张振亭:《试论我国新闻传播研究方法的演变》,《江西社会科学》2009年第11期。
③ 杨玉圣、张宝生:《学术规范导论》,高等教育出版社2004年版,导言。
④ 孙旭培:《新闻传播学术:失范与规范》,中国社会科学网,2014年3月20日。
⑤ 李红涛:《中国传播期刊知识生产的依附性:意识形态、机构利益与社会关系的制约》,《传播与社会学刊》(香港)2013年第23期;丁志远、吴飞:《中国大陆传播学研究分期问题的实证分析》,《当代传播》2010年第2期。

展,取得学科合法性地位,以及学科独立性和自主性的手段和方式。

然而,这种通过方法进行规范化和科学化的努力遭遇着很多困境。首先,这种困境来自学者对自身、学术和社会关系的认知。有研究者指出"传播学者许多人论多证少,有人甚至只论不证,新闻传播研究者凭直感和空话铺成一篇篇'应该'(should)如何的论文,独独说不出'是'(is)什么"① 这分别对应着研究中的"应然"和"实然",前者体现了强烈的社会规范意识,往往是学者们所熟悉的臧否现实提出对策的研究思路;后者反映了一种基于现实的实证主义精神,对事件/现象本身进行客观系统的描述分析。中国的新闻传播学学者往往将自己置身于社会管理者的角色,导致了更习惯从"应然"的角度思考,缺乏方法支撑的"实然"研究,往往让这种"应然"变成了观点先行、价值先行的空洞说白。其次,这和传统中国的思维训练以及知识认知有关,整个传统的文化脉络是以思辨、整体性和感悟为主,"使中国传统哲学的理论思维比较轻视经验考证和逻辑推理,也没有产生出用以把握对象世界的严谨的概念系统和逻辑规则,从而使中国传统哲学无论是对世界本体的理解,还是对事物本质的把握,始终带有挥之不去的神秘性和模糊"。最后,制度性的束缚,这包括政府导向、社科基金、期刊发表和个人晋升等等原因,都对知识生产产生了重要的形塑影响。

二 方法的核心:认知传统、认识论和方法论

在新闻传播研究领域,20世纪共有两次影响较大的"西学东渐"。一次是20世纪初"民主"和"科学"、马克思主义的传入,另一次是20世纪70年代,传播学被引入中国。如果仔细比较,我们会发现,虽然两次新闻传播研究领域的"西学东渐"都对中国本土的学术发展形成了挑战,但两者造成的后果和后续发展并不相同。

---

① 李金铨:《超越西方霸权:传媒与文化中国的现代性》,牛津大学出版社2004年版,第4页。

第一次有关民主科学、马克思主义的引入在认识体系上更加宏观、整体，它引领了后续国人办报、新闻出版、救亡图存的热潮；而在第二次传播学的引入过程中，西方有关理论框架的阐释裹挟着方法论的一套体系对当时处于低潮期的新闻学研究提出了巨大挑战。它更加集中、具象，并在很长时间内成为我国新闻传播学科建制和寻求本土化路径的重要原因。

中国在漫长的历史发展中所形成的学术传统与近现代欧美社会所建立的"现代科学体系"具有全然不同的侧重点和聚焦点，这也成为后来我国诸多新闻传播学者挣扎在"学术失范"泥潭中迷茫不解的主要原因。目前学界有关方法和方法论的核心议题之争，归根结底是一种认识论之争，即对于什么是知识（knowledge），应该如何去理解并应用知识存在不同的阐释。简言之，中国传统的思维方式关注总体趋势和宏观把控而不拘小节；现代的西方在文化发展的逻辑上却截然相反，它讲求逻辑、细节和严密的推理。西方学界在认识论、方法论和方法的设定上形成了完整的逻辑链条。如澳大利亚学者卡特和里图（Cartery and Little）所言，认识论决定方法论的选择，同时认识论又通过具体研究方法得以展现。换句话说，对"知识是什么"的理解将会决定我们用什么样的方法展开研究。[1]

传播学虽然不是自然科学，但由于其最初的发展源自心理学、统计学、社会学等遵循自然学科逻辑的学科，因此在传入中国时带有鲜明的方法认知论。在西方的社会科学方法论中，认识世界大致可以包含四个角度：实证的（positivist）、诠释的（interpretative）、建构的（constructionist）以及批判的（critical）。[2] 其中，社会科学的方法在很大程度上受到了自然科学的影响。而在中国的语境下，

---

[1] Carter, S. M., & Little, M., 2007, Justifying knowledge, justifyingmethod, takingaction: Epistemologies, methodologies, and methodsinqualitativeresearch, *Qualitative health research*, Vol. 17, No. 10, pp. 1316–1328.

[2] Neuman, L. W., 2007, *Social Research Methods*, 6/E. Pearson EducationIndia.

学者认识世界的视角直到近代也并没有得到细致的划分，相反，对于事物的阐释依旧沿着传统文化中发散、多元的思维模式展开。孙旭培在概括中国新闻学研究的思维方式和治学方式时说，"中国学术研究和传播总是以道和德为出发点和归宿，即'文以载道'，侧重整体把握和宏观着眼，'坐而论道'，很少做微观细致的分析研究"①。同样，郭可等学者在比较中美新闻传播学术传统时表示，宏观思辨的学术思维方式使得研究规范难以确立，以此导致我们的学术研究质量无法得到提升。②

内嵌在这一"学术方法不适"情境中最主要的担忧包括两个层面，即"技术性"和"创新性"的问题。前者指代西方社会科学的研究方法如何被正确、有效的吸收和接纳，即"能否学会"的问题。新闻传播学的发展曾经历过严厉的批评和低潮期，特别是在1989年到1991年，当传播学被指责为"文化帝国主义工具""资产阶级意识形态"时，学习遭到批判，更无法谈及掌握。③ 随着20世纪90年代以来，学术环境得到改善，新闻传播学者和人才日益增长，如何培养一批真正懂方法、会方法的学术人才成为一个显著问题。虽然在过去的几十年中一些学者努力著书立说传播研究方法，但国内新闻传播学的方法体系建立仍处于起步阶段。第二个是"创新性"的问题，其实也是学术自主性和独立性的问题。这一问题所关心的是我们如何应用传播学这些"舶来"的理论和方法研究中国问题。黄旦和韩国飚对1981—1996年的新闻传播研究刊物的发表进行了梳理，认为我国学者的研究"难成气候"，主要原因在于机械套用国外

---

① 《北大新闻学茶座——孙旭培教授谈中国新闻传播学研究的失范与规范》，《国际新闻界》2010年第12期。

② 董天策、昌道励：《中美新闻传播学研究方法比较——以2000—2009年〈新闻与传播研究〉和〈Jounal of Communication〉为例》，《西南民族大学学报》（人文社会科学版）2010年第7期。

③ 王怡红：《传播学发展30年历史阶段考察》，《新闻与传播研究》2009年第5期。

理论；而定量研究影响力也不够，是因为"不谙美国学派的实用调查技能和方法"。① 而随着近些年高校研究机构大量引进"海归"或有留学背景的新闻传播人才，中西方有关认识论和方法论差异趋势正变得越来越大，有关研究方法的矛盾关系也进一步凸显。

三 方法的呈现：质化 VS 量化

方法意味着特定的规则和惯例，是学术共同体默认的一套标准。尽管在整个社会科学领域，关于质化和量化的讨论不断，但是新闻传播学领域还未对此有较为规模化的关注。也许正如某研究认为的，一方面，对方法的评述需要建立在对其充分理解并有相关实践经验的基础上，"这样我们才具备了评述它的资格"；另一方面，国内的学术研究仍然以思辨为主，质化和量化的"差异还没有给国内学者造成足够的困惑"。换言之，关于质化和量化的讨论是在研究方法普及后的更加深入细致的探索。

在目前既有的研究中，大部分文献都倾向于将质化量化的方法进行区别比较，凸显两者的差异性，例如有研究从研究问题、程序、策略、工具等方面区分两者的不同，有的从认识论、本体论、具体方法、特征、研究过程以及对彼此的批判来阐述量化和质化方法的区别。但是，越来越多的学者质疑这种将质化量化截然对立的思路，强调两种方法各有优劣，呼吁在研究中将质化和量化进行整合运用。

在新闻传播学有限的讨论中，有研究从认识论的层面，认为定量和定性都是源于经验主义，认为知识只能来自人的感官经验，故而特别强调经验证据。两者的分歧则在于客观经验主义和主观经验主义，但是建立在经验主义认识论基础上的共性让他们都遵循观察、归纳、演绎、测试和评估。尽管如此，对于质化和量化仍然存在着很多的认识误解，特别是很容易将两者放在"质量对立"的二元框

---

① 黄旦、韩国飚：《1981—1996：我国传播学研究的历史和现状——对几种新闻学术刊物的简略考察》，《新闻大学》1997年第1期。

架中。对此,孙五三和刘晓红对七个常见的关于质化研究和量化研究的认知误区进行了系统性的深入探讨,认为两者并非与某种特定的"科学哲学、推理逻辑、抽样及测量技术,以及某种价值观有固定的联系"。对此,她们提出具体方法的选择应该以研究问题为导向,选择最适合的与之匹配的方法。

在具体实践层面,我们必须承认的,因为学术的专业化分工和研究者的兴趣偏好,导致很多研究者很难理解使用不同研究方法的论文,这极大妨碍了学术的有效对话与互动。一名量化研究者提到"我也很想看质化研究的论文,但是看不懂,是真的看不懂"。(2015 年访谈);但习惯于质化研究的学者则说,"我的研究基本都是访谈、田野和话语分析,看不懂那些量化的研究,看见数字都头晕"(2017 年访谈)。如果说以上因为个体未涉及质化或量化的学术训练,导致彼此之间沟通障碍,那么那些兼具质化和量化能力的学者又是如何看待这个问题?量化的方法因为有比较统一的标准,因此大家很容易能判断出研究的品质;但是质化方法因为很难用一个标准化的尺度去衡量,因此意见分歧会很大。

四 方法的质疑:方法 VS 问题,本土关怀 VS 国际视野

有关研究方法的争议问题随着新闻传播学不同的历史阶段而不同。20 世纪 50—80 年代,我国的新闻研究基本处于"有无方法"的论争中。受到意识形态和政治化的影响,这一时期的新闻传播无论是对内的本土研究还是对外的引进传播都遭遇很大瓶颈,停滞不前。20 世纪 90 年代到 21 世纪初是"方法的规范性"争论,这一时期西方的"科学研究方法"大范围传入中国,围绕这一变动探析的主要是方法层面的评价标准问题,如数据收集、分析、写作格式、操作规范等。陈昆玉和江宇对我国 1990—2001 年间《新闻大学》《现代传播》《新闻与传播研究》的 80 篇实证研究进行了分析,发现这一时期的大多数实证研究存在统计分析不够深入、格式不规范、

理论框架不明等问题。① 从21世纪初起开始，方法的引入和应用不再像之前那么流行，学者更加关注的一个问题是"引入之后怎么办"，即我国的新闻传播学在接受了西方社会科学的一套系统研究方法后，如何"为我所用"，并实现本土化的成长。换言之，方法的引入代表了学术规范化和学科化的过程，也被认为是"我国学界与世界学术共同体接轨的一种积极表现"，但是接轨之后的目的是什么？我们并非为了方法而方法，而是将方法作为一种手段和途径，进而实现更大的学术追求和贡献。

伴随这一历史阶段同时出现的是新闻传播领域又一个范式转移的可能。互联网技术和新媒体的发展日新月异，社会关系急剧变化，随之而来的是新闻传播领域研究议题的"百花齐放"，研究方法也伴随着大数据、人工智能、算法的出现日益挑战着传统"质化""量化"的认知脉络。俱鹤飞对1981—2017年的知网数据中5731篇传播学研究文献进行历时分析发现，自2005年我国传播学议题呈现强烈的分散化和更新迭代。② 在这种情况下，方法的使用在很大程度上成为学术发表的"敲门砖"，"科学方法"和在此基础上的技术方法创新已成为当下新闻传播领域学术发表的基础共识。

研究方法的"脱嵌"也引发了部分学者的担忧。目前的讨论集中在两个方面：第一，对方法的盲目引进的质疑，并没有意识到包括方法、理论和研究问题等作为一个整体性的学术发展。陈力丹认为，新闻传播学界对科学方法的"兴趣盎然"是一个好现象，但也要提防"单纯使用源于自然科学的研究方法而忽略了人文—历史—哲学的理性思维"。③ 因此，这类质疑可以更多地视为，在某种程度

---

① 陈昆玉、江宇：《我国传播学实证研究的进步与不足——对二十世纪九十年代以来传播学实证性研究报告的统计分析》，《当代传播》2002年第4期。
② 俱鹤飞：《反思与突破：我国传播学研究40年之进路——基于知识图谱的文献量化分析》，《西部学刊》2018年第10期。
③ 陈力丹：《新闻传播学：学科的分化、整合与研究方法创新》，《现代传播》2011年第4期。

上，仍然是学术规范性的问题。因为，学术作为一个体系性的知识，嵌套在更大的研究脉络、理论发展，以及具体的研究问题和不同研究的风格套路中，单纯地引入一些方法——或者更加确切地说，对于某种统计技术或者分析方法的引入——导致了形式上的规范性，而非实质上的学术性。这种情况又表现为两种比较的方式：

一种是非常简单的数据统计，例如，我们经常可以看到一些"量化研究"实际上仅仅是使用小规模的样本进行问卷调查，然后经过简单的比例运算，在资料呈现上采用了图表的形式，基本上没有对变量关系的考证，而所得出的结论是差不多不需要借助调查即可以知道的"常识"。

还有一种类型是对于前沿的、高级方法的引入，有对象提出的，"在一大堆眼花缭乱的数据分析后，不知道作者到底想要说明什么东西？"这两种情形代表了两个极端，但是相同的评述都是，往往没有新的知识贡献，这也体现了学术论文的评价标准中，并非唯方法论。

第二是层面的关注，即更多地上升到学术自主性和知识独立性层面去讨方法，这超越对于方法或者知识本身的探讨，更多地与国家、民族、本土化、全球化等概念结合在一起。

在这类讨论和争议中，核心的主题是"学术何为"的争议，体现了中国知识分子的身份认同和学术追求。在西方社会科学传统中，学术是为了知识贡献，某种程度上体现为对抽象层面理论的追求，知识贡献和理论贡献是判断学术知识的主要标准。在中国知识传统中，"西为中用，古为今用"以及"中学为体，西方为用"等都体现了非常强烈的实用主义思路。因此，中国新闻传播学对于现实社会的影响和贡献成为本土学术共同体的共识。在这种区别下，量化研究已经被质疑鸡毛蒜皮、过于琐碎。

方法也往往和本土性的讨论混杂在一起。正如刘海龙所言，"本土化问题之所以难解，在于它将理论的一般性与特殊性、人文学科与社会科学研究、应用研究与理论研究、普世主义与西方霸权等多组复杂的问题都搅拌在了一起，牵一发而动全身"。① 因此，我们在讨论之前必须理解什么是本土性？如何产生？有什么值得反思的地方？否则就会陷入对一个本身含混不清的概念无意义的争执。首先，本土化的概念目前就存在很多争议，整个社会科学本身就是源自西方的知识体系，但随着全球化的深入，整个知识发展都是全球学者共同推动的结果，我们很难找出一个完全的、纯粹的本土化的知识。其次，本土化是随着中国走向全球化的过程中被发现的，两者相互依存，我们无法脱离开全球化而谈论本土化。第三，关于方法和本土化，正如有学者指出的，我们需要区别用学术资源理解本土资源和将问题、理论和方法全部本土化。如果是前者，则应该欢迎各种理论和方法；如果是后者，也许并非有能力有兴趣卫道。

最后，还有一种流行的话语认为中国的问题过于复杂，量化研究过于简化，脱离现实。这类看法对量化研究的思路不甚了解。面对纷繁复杂的社会现象，研究者无法面面俱到，涵盖所有影响因素。各个学科都是从各自的路径和视角切入，贡献多元化的理解，试图在多元对话中丰富对社会复杂性的理解。理论也是在这种思路下对于现实的简约化思考，这种简约化的核心在于甄别关键的变量，"让研究者在纷繁复杂的现实中把握并提取感兴趣的关系"②。

第三节　总结、讨论与新闻传播学研究方法的应然图景

如果仅从学术性的视角探讨研究方法的发展演变，可能只需要解释清楚两个概念：认识论（epistemology）与方法论（methodolo-

---

① 刘海龙：《传播研究本土化的两个维度》，《现代传播》2011 年第 9 期。
② 庞珣：《国际关系研究的定量方法：定义、规则与操作》，《世界经济与政治》2014 年第 1 期。

gy）。认识论解决的是"知识是什么"的问题；而方法论解决的是"研究方法是什么"的问题。但是，由于中国新闻传播学的学科历史发展的特殊性，使当下该学科的研究方法发展远超出认识论和方法论的探究范围。在对中国近百年的新闻传播学发展进行梳理后，我们发现，新闻传播研究方法的产生与变化与中国近百年的历史发展脉络有着千丝万缕的联系，时代主题、政治背景、意识形态、学术制度等，一度成为影响甚至左右研究方法的重要因素。因此，历史的和情景式的探究中国新闻与传播研究方法的变迁十分必要。研究方法变迁成为中国新闻与传播研究发展的时代缩影，诠释展现出中国新闻传播研究在走向规范化、科学化和本土化中的彷徨、困境和不懈努力。

在70年学科发展历程中，新闻传播研究方法的发展呈现出规范与多变、分化与融合、本土与国际的诸多冲突、矛盾和困惑。首先，来自东西方文化思维方式和认知方式的差异，成为我国新闻传播很长时间难以融入国际社会科学体系对话的重要原因，同时，这也是很多西方理论无法在中国扎根并展现解释性的重要原因。[①]虽然我们可以从中国传统文化的积淀中尝试开拓一片传播学的独立性领地，但是，中国的"仁""道"古语和思辨性阐释很难做到现代社会科学所标榜的可证伪和可操作。其次，正如上文论证，来自质化和量化、研究方法的规范性问题也一度成为学界争论的焦点。

中国新闻传播学研究在70年间走过的道路亦是追求学科独立性、自主性的过程。而当下的学科建制遇到的主要问题除了规范性、精准性、独立性的问题，最重要的是理论的本土发展。祝建华在谈论受众研究的经历时，提到了他在大陆、美国和中国香港使用研究方法的不同阶段，并认为，"理论的本土化"问题最为重要，同时也

---

① ［美］布莱恩特主编：《媒介效果：理论与研究前沿》，石义彬译，华夏出版社2009年版。

最为困难。① 这其中包括的问题有：如何有效地对接中国国情和西方理论？如何在此基础上做出有益且具有开创性的发展？理论的本土化还可以从哪里来？当下，对于本土化研究的提倡和不懈努力，是诸多中国学者共同的愿望，但是这样一个愿景却因为交织在高压的论文产出要求、"学术民族主义"、反对学术霸权等因素下而呈现出全然不同的表现方式和结果。

其实，对研究方法的探讨，折射出两个尚未被充分关注的话题。

第一，方法的片面引入，学术理论不足。正如祝建华提出的"精确化只是科学化的一个充分条件，而非必要条件。科学化的必要条件是理论化"。西方社会科学作为一个整体性的社会性知识，即使方法也包括方法论、方法和技术，在实际研究中更是与相关研究路径、理论选择、研究问题等密切相关。这从我们对于相关方法的选择性引入，就得以窥见。90年代研究方法相比较80年代有很大发展，但是目前看来总体上缺乏理论的牵引，这不仅导致使用最为广泛的问卷调查有相当一部分停留在简单的描述性统计的层面，还有对实验法这种最普通分析变量因果关系的方法的不被重视。正如有研究提出的"研究者对统计调查方法的高度热情与对实验等其他实证方法的冷淡形成了鲜明的对比"。

第二，主义讨论过多，具体研究较少。早期我们对西方实证范式的引入，比较片面和局部的。正如王怡红指出的（2009），"由于整个中国传播学界对传播学的整体面貌还处于混沌和懵懂状态，对传播学跨学科起源，分支研究领域的发展，传播学研究的思想流派等，知之不多，更无法顾及理论研究和生成理论的社会历史与知识脉络之间，具有怎样整体与个别的联系等"。在21世纪开始的阶段，一个非常值得关注的学术现象是，尽管中国仍然处于新闻传播学研究方法的普及阶段，但学者们开始意识到方法论或者说关于不同学

---

① 祝建华：《精确化、理论化、本土化：20年受众研究心得谈》，《新闻与传播研究》2001年第4期。

术流派范式和路径等更大层面的思考，我们可以将之视为学术自觉性和主体性，研究者开始有意识地反思，了解自己的研究处于某个特定的学术路径和脉络中，并反思每个学术路径的优劣，这代表着学术自反省和深入。但是另一方面，反思的目的是为了更好地从事具体的研究，但是大量这样的反思和思辨，在不同历史阶段不断闪回，却没有不断深入，大量的研究陷入非此即彼的二元或多阶段说，并没有意识到不同路径之间的交融互动。更重要的是，仅仅停留在对于学术脉络或路径的反思，没有具体实在的研究很难切实推进知识的贡献。

第二编

新闻传播学分支研究

第八章

广播学电视研究

　　工业革命以来，科技迅速发展，广播电视作为大众传播媒介，推动着人类社会进入了电子时代。广播电视吸纳着科技进步带来的成果的同时，也在人类社会进步历程中发挥着难以替代的作用。随着越来越多不同身份、不同学科背景的人，从不同的媒介渠道、不同的研究视角针对广播电视展开了越来越系统和深入的钻研，广播电视学应运而生。中国广播电视研究起步于20世纪20年代，从无到有、从广播到电视、从广播电视新闻学到广播电视学，随着研究队伍不断壮大，研究成果日益丰硕，研究水准全面提升，知识体系不断完善。同时，以1959年北京广播学院正式成立为标志，经历了半个多世纪的发展，中国广播电视高等教育事业也日趋繁荣，不断取得显著的成就。据"中国高等教育学生信息网"的不完全统计数据，截至2019年4月，在全国30个省市自治区的范围内，以中国传媒大学、复旦大学、中国人民大学等为代表的共222所高校开设广播电视本科专业，覆盖地区广、开设院校多。

第一节 1992年前:作为新闻学的一个分支

一 1976年之前

自1923年出现广播、1958年出现电视开始,国内对于广播和电视有了初步的认识,也是我国广播电视研究的诞生和萌芽阶段。改革开放之前的广播电视发展,经历了20世纪20年代初到1949年的战争时期和新中国成立、社会主义初级阶段建设初期的时期。在这几十年间,广播电视研究领域的学者和业务实践领域的从业者为我国的广播电视事业发展和研究奠定了非常坚实的基础,有着非常重大的意义和价值。

(一)研究概况

1. 广播

广播刚进入中国时,其给予人们最初的印象还停留在娱乐性的价值上,且由于平民收音机的保有量极少,因此关于广播的研究非常有限,基本只停留在对于国外广播事业的出现和发展进行现状描述的层面,更深入的关于广播的性质、传播、价值等理论的研究还尚未形成。

1928年,国民党中央广播电台成立,国民党统治区内开始出现民营电台,收音机的数量也开始不断增加,广播的影响力不断扩大,广播的研究维度初步扩展至理论、历史、作用和业务等领域。在广播的特点上,这一阶段的研究主要从技术层面出发,对广播与电话、电报等进行技术原理的对比;从传播特征上,与传统报纸、杂志等传播媒介进行对比,从对比中探讨其优劣。在广播的作用上,广播的宣传、新闻报道、社会教育、信息沟通、娱乐等作用都有所涉及，但学者们比较强调的是宣传教育作用，[①] 但基本只停留在感性层面，缺少理性的分析与思考。在广播的业务研究上，其节目研究、播音研究和宣传技巧的研究都有所涉及。此外，关于受众的分析也引发了人们的一些初步思考。在这个阶段，学者们对于广播的宣传技巧从不同角度出发有过一定的讨论，主要集中在如何运用广播节目形式吸引听众，观点分别有综合运用不同的广播节目增强宣传效果、先娱乐后宣教、针对不同层次和类型的听众设置不同的广播内容等。

1937年抗日战争爆发后，广播的覆盖范围进一步扩大，逐渐成了具有一定大众化特征的传播媒介，在战争期间，战时广播在即时的新闻传播和人民的宣传鼓动方面发挥了非常巨大的作用，成了中国新闻事业中非常关键的存在。自此，广播的新闻属性正式被确立，广播的研究也被并入了新闻学的范畴之中。1940年，延安新华广播电台正式开播，标志着中国共产党领导下的新型人民广播事业正式诞生，在马克思主义新闻理论的指导下，其成了中国共产党和人民的喉舌。在这个时期，人们对于广播的作用和价值展开了非常系统的总结和讨论，涉及对内、对敌、国际宣传和战场联络等方向，研究不断深入。其中，1946年11月30日，周恩来在给新华社时任负责人的信中专门谈到了广播新闻的几大特点；1947年，由陈沅提出的广播的"心理作战""播音教育""政治宣传"的三项作用，都有较大的理论影响力。广播史论方面的成果有延安（陕北）台先后播出的《介绍XNCR》《大家都来说话——XNCR周年纪念广播》《陕北台二周年告听众》等以及《XNCR陕北阶段工作的简单总结》等文章。[②]

1949年新中国成立后，广播电视新闻的研究进入了新的阶段。

---

① 王文利：《中国广播电视新闻研究简史》，湖南师范大学出版社2008年版，第29页。

② 同上书，第31页。

1950年2月，国家新闻出版总署在新闻工作会议上对广播电台的发展给出了以发布新闻、社会教育和文化娱乐为主的方向，并要求广播的发展应"自力更生"；1952年12月、1954年11月、1955年12月，一次全国广播工作会议分别召开，为广播在我国的发展不断指明道路和前进方向。20世纪60年代，广播新闻研究对广播新闻的特点、作用等问题进行了进一步细致深入的研究，并且产生了《毛主席的〈目前的形势和我们的任务〉是怎样播送的?》《一篇珍贵的新闻稿》《根据毛主席的评论写的消息》等一些珍贵广播历史的研究成果。

2. 电视

而电视研究方面，1949年之前，由于国际社会电视的发展仍处于实验阶段，国内还尚未出现电视台，因此研究还停留在课堂和实验室，主要针对其原理和技术进行基本的介绍和阐述。20世纪40年代末，包括国民党政府在内的国人开始酝酿开办自己的电视台。主要成果有1927年6月刊登在《科学》杂志的文章《电视之进步》，该文章具体描述了作者在美国观看的电视实验。1928年，孔祥鹅的文章《参观电传话影机纪实》是最早目睹电视的作者介绍电视的文章之一；1932年，在中央研究院蔡元培院长的支持下，杨简初主持进行了电视原理样机的实验并获得成功；1933年，《中国无线电》杂志连载了六篇《电视学》文章，作者赵真觉从技术角度详细介绍了电视的构造与运用。还有一批电影研究者将电影与电视进行了对比研究，得出了电视将对电影形成挑战、电视是电影的未来等预测和讨论。同时，电视的新闻属性也被逐渐挖掘出来，任白涛曾在其著作《综合新闻学》中论述了电视的发展和电视对新闻传播可能带来的影响；胡道静曾在其著作《新闻史上的新时代》中预言电视新闻的时代即将到来。1946年，孟炎的文章《电视是怎样发明的?》描述了电视发明的历史和电视的技术原理，并从电视应用角度对未来电视发展进行了展望，是早期电视史研究的重要成果之一。

1958年，中国的电视事业诞生，电视研究正式走上正轨。1959

年,《广播业务》刊登了文章《从事电视广播的点滴体会》,周峰的这篇文章是新中国成立以来最早刊登在正式刊物的电视研究文章。这篇文章从电视实践角度出发,针对电视传播特征、节目制作、观众接受等层面给出了实践体会性的结论,对后人的研究起到了较大的启发性。此后,据不完全统计,改革开放前,有关电视研究的文章约82篇,占广播电视研究总篇数的七分之一,且全部集中在1960年至1966年的7年间,以电视业务和电视文艺两类所占比例最大,分别为52%和30%。① 而电视新闻研究方面,主要针对电视新闻的传播和作用及电视新闻制作环节进行了探讨。这个时期,电视史研究几乎是空白。1966年5月开始的"文化大革命",导致电视研究进入了休眠。

(二) 研究特点

我国1976年之前的广播电视研究,开始涉及广播电视的技术特性、历史、属性、传播特点、功能作用和业务等方面,初步具备了一定广度,这些研究成果对于后人起到一定的启发作用,为我国广播电视的研究奠定了基础。在这个阶段,广播电视的研究还大致上处于感性认知、缺乏理性思考的层面,以工作总结为主要形式,缺乏相应的深度;由于广播的发展已臻成熟,而电视的研究尚在起步阶段,二者的研究成果对比之下呈现出严重的不平衡。研究思路上,运用到一些阶级斗争的理论和战争时期形成的党报理论进行观照和审视广播传播;研究框架上,大体将广播电视纳入新闻学的框架体系中进行研究,广播电视学科意识尚未觉醒;研究方法上,主要采用经验的总结和人文思辨相结合的研究方法,定量实证等研究方法尚未被应用到研究当中。②

---

① 刘燕南:《中国大陆电视研究的历史回顾与探讨(台湾)》,《二十一世纪两岸广播电视发展趋势研讨会论文集》1999年10月。

② 赵玉明、艾红红、庞亮:《广播电视学学科体系建设研究》,中国广播电视出版社2015年版,第5页。

(三) 广播电视教育

从 20 世纪 20 年代初到 1959 年的这一时期可视为我国广播电视教育的奠基阶段。在 1959 年之前，我国并没有一个针对广播电视人才培养的系统，这方面的业务人才主要来源于广播管理机构和各广播电台所组织的培训班中培养出的采编播和技术人员。1959 年北京广播学院（现为中国传媒大学）正式开始招生，标志着我国广播电视教育经历了短训班、中等专科教育、高等专科教育三个阶段之后，正式步入高等本科教育阶段。"文化大革命"初期，广播学院停办；1973 年恢复办学，接收工农兵学员。[①]

二 1976—1992 年

1976—1992 年是我国改革开放和思想解放的新时期，在经历了较长一段时间的政治动荡与混乱后，社会开始进入缓慢的复苏与重建期，学术研究与高等教育也开始回到发展的正轨。

（一）研究概况

首先，人们开始对"文化大革命"时期有所混淆的有关广播电视的理论问题进行梳理与澄清。党的十一届三中全会之后，中国进入到了全面改革开放的新的历史时期，广播电视改革也被纳入到了中国社会改革之中，成了一个重要组成部分。其中，针对广播电视的本质、作用与功能的研究，以及在改革过程中会出现什么问题和现象，自然成了广播电视学术研究的重点领域。1980 年 10 月，第十次全国广播工作会议召开，系统总结了我国广播电视事业自创办以来的历史，承前启后地为广播电视发展做出了规划和展望，对广播电视传播此后的新面貌起到了重大影响。1982 年，广播电视部政策研究室成立，中央三台及其他省、自治区和直辖市的广播电视厅和省级台也陆续成立了相关研究机构。同时，大量广播电视新闻研究的成果被发布出来。

---

① 张振华：《当代中国广播电视学》，中国国际广播出版社 2013 年版，第 409 页。

在这样的背景中，1980年，北京广播学院进行系科调整，原新闻系重新组建为新闻系、播音系、文编系和电视系；结合广播电视教学的需要，广播电视的研究开始突破新闻学的框架体系，向广播电视的纵深领域迈出探索的步伐，最终孕育了广播电视学的雏形。[①]与此同时，传播学和信息论的引入也极大促进了广播电视的研究。自此，广播电视的研究由分散、自发和个体的研究开始向有组织、有计划的个体、群体研究相结合的方向发展。1986年10月，中国广播电视学会正式成立，这是一件在广播电视的研究史上具有里程碑意义的事件。它既标志着我国的广播电视界对广播电视的学术研究的认识产生了质的飞跃，也标志着建设一个具有中国特色的广播电视学科已经从少数人的呼吁与倡导变成了整个广播电视系统的共同意志。[②]同时，在这个历史时期，1979年《北京广播学院学报》（现更名为《现代传播》）的创刊、1982年《电视文艺》（后定名为《中国电视》）的创刊、1988年2月《中国广播电视学刊》的创刊等优秀广播电视刊物的创办热潮，为广播电视的研究开辟了许多新的学术交流平台，成了汇聚众多广播电视研究者进行学术成果交流的阵地。这一阶段也是我国广播电视人才培养的发展阶段。

（二）研究特点

1. 承上启下，拨乱反正

在这个时期，我国的广播发展日渐成熟，电视事业诞生后经过最初的萌芽探索阶段，也已进入发展的正轨。虽然"文化大革命"期间，广播电视的发展一度陷入了长时间的停滞，但改革开放的到来及时拨乱反正，解放了人们的思想，为广播电视的改革带来了新鲜的活力。新的时期，广播电视学术研究开始重视对广播电视的性质、功能、作用进行有针对性的研究和探讨，广播电视的学科意识

---

① 赵玉明：《中国广播电视通史》，中国广播影视出版社2014年版，第416页。

② 赵玉明、艾红红、庞亮：《广播电视学学科体系建设研究》，中国广播电视出版社2015年版，第6页。

逐渐孕育，逐渐突破新闻学的传统框架，为广播电视新闻学的设立提供了基础。

2. 专业研究队伍开始形成和组建

随着广播与电视事业的不断发展完善，广播与电视行业逐渐形成，随之有越来越多的人投入到了广播电视的行业建设中来。广播电视的研究队伍研究机构也逐渐扩充至许多新建立的研究部门与机构和保有相关专业的高等院校，研究视野和角度逐渐丰富和立体起来。

3. 学科专属理论开始建立和完善

广播电视的发展步入正轨后，日益走入人们的视野和日常生活之中，其社会影响也越发明显，从而开始形成其独立的研究体系和范畴，发展成为一门相对独立的学科。在这样的语境下，信息论、传播学等理论开始被人们引入学科研究之中，对我国的广播电视研究产生革命性的促进作用。在信息论和传播学视阈下，许多相关理论问题的探讨和研究取得了很大的突破，得出许多崭新结论。

4. 国际学术交流日益活跃

上海国际电视节、四川国际电视节等活动的推出，是我国广播电视学术交流开始活跃起来的重要标志。中外广播电视的节目交流为我国广播电视的实践打开了全新的窗口，极大地促进了我国广播电视的进步，为广播电视的学术研究注入了新的生机，也为之后我国广播电视的进一步发展和变革奠定了重要的学理基础。

（三）代表性成果

1.《新闻广播电视学——理论与应用研究》，该书为苑子熙专著，四川省广播电视厅新闻研究所编，书中探讨了新闻广播特征、理论广播及其效果分析、录音报道与其发展趋势、记者的工作性质和道德情操、广播节目与新闻意境及提高广播电视节目的关键等重要问题。

2.《实用广播电视新闻学》，该书由北京广播学院新闻系编，书中涉及了中外广播电视事业史、广播电视新闻业务及采编、节目主持人概论等内容，较全面地总结了广播电视新闻学科的知识全貌。

3.《电视新闻论集》，该书收录了作者杨伟光所撰写的33篇涉及电视性质及任务、电视传播方式及特点、电视新闻的采编等方面内容的文章。

4.《电视新闻学》，该书由黄匡宇所著，书中运用新闻学、传播学、语言学、图像符号学、心理学、接受美学等交叉的学科知识对电视新闻在理论和实践方面进行了非常深入的论述及探讨。该书最大的价值在于率先用语言学基础理论探讨电视新闻声画之间的辩证关系，提出了"声画双主体"结构理论，科学地论述了"声音"的叙述功能和"画面"的证实功能。①

5.《中国电视新闻学》，该书由方亢、李子先、孙孔华、蔡贤圣、车永进等著，书中结合我国电视新闻实际并借鉴西方适合中国实际的观点，对电视新闻及其地位、电视新闻原则、传统、特性、规律、表现要素及体裁、分类以及电视新闻的应用理论等进行了论述。

（四）广播电视教育

1977年起，我国的统一高考招生制度得以恢复，全国各高等院校的正常教学秩序也在逐步回到正轨，北京广播学院也恢复了正常的招生。20世纪80年代后，全国普遍开展广播电视院校的开办工作。1986年浙江广播电视专科学校（2004年起更名为浙江传媒学院）成立，设立了新闻、播音、文艺、摄录等专业；1993年，山西省创建了广播电影电视部管理干部学院作为培养各级各类管理人才的高等院校。这一时期，全国共有17个省的广电厅（局）开办了广播电视中专学校。②另外，除了广播电视专业院校的开办，全国许多综合院校也开始在新闻系之下开设广播电视新闻专业，这使得广播

---

① 徐培汀：《二十世纪中国的新闻学与传播学》，党建读物出版社2002年版，第342页。

② 张振华：《当代中国广播电视学》，中国国际广播出版社2013年版，第410页。

电视人才由广播电视系统自己培养的固有模式得以突破。20世纪80年代后期,复旦大学、中国人民大学、厦门大学、武汉大学等综合类大学中的新闻院系内先后创立了广播电视新闻专业;20世纪90年代初,南京大学、杭州大学、四川大学等院校的新闻院系下设的新闻学专业也先后开始设立广播电视方向。同时,其他一些综合性大学的中文院系或戏剧、电影类的院校也纷纷开始利用自身资源的优势开设电视类专业;一些著名工科院校也发挥自身传统的无线电专业优势,将目光瞄准广播电视行业的需求,扩大其科研领域,开始注重培养相关的专业人才。综上所述,到20世纪90年代初,一个多学科、多规格、多层次的广播电视教育网络已基本形成。[①]

第二节 1992—2012年:与时俱进的广播电视新闻学

1992年,邓小平的"南方谈话"与中共十四大后,我国的改革开放进一步深化,全国人民的思想被进一步解放,中国特色社会主义的建设进入新时期。在这个时期,广播电视新闻对大众的舆论引导、政令的传递,或是人们社会生活中的信息交流和服务的提供都具有了更重大的意义和责任。

1992年10月,党的十四大提出建立社会主义市场经济体制,由此引发的在市场经济体制下广播电视应不应该顺应市场、广播电视的改革应该走怎样的路等问题成了广播电视业界、学界讨论和思考的重点问题。中共中央、国务院发布的《关于加快发展第三产业的决定》中,将广播电视纳入第三产业。针对这个问题,1992年11月,广东新闻台理论研讨会首度讨论了"市场经济条件下的广播电视改革"的话题;1993年,《中国广播电视学刊》发表了以"市场

[①] 赵玉明:《中国广播电视通史》,中国广播影视出版社2014年版,第410页。

经济与广播电视改革"为主题的系列研究文章；同年,《广播电视决策参考》开始设置广播电视与市场经济栏目。据不完全统计，1992年至1995年，在全国各学术期刊上发表的涉及"市场经济与广播电视"主题的论文多达180多篇。[①] 具体到新闻学界，由于信息论的引入，"信息"的概念被广泛应用，从而出现了关乎新闻的商品性的讨论。新闻作为一种媒介产物，必然带有作为第三产业的媒介所具有的特性。第三产业作为一种社会服务行业，决定了媒介的服务性，也就决定了新闻在隶属第三产业前提下的商品性。此时人们开始认识到，新闻除了具有宣传性和意识形态性外，还是一种带有经济实践色彩的"商品"。自此，广播电视的属性及功能的观念得到革新。属性与功能的变化带来的自然是发展方向与改革路线的变化，原本作为事业属性的广播电视业开始正式向经营型产业转变。1998年的《中国广播电视论纲》中对中国广播电视的性质进行了阐释"是党、政府和人民的喉舌，作为社会主义的现代化传播媒介，还具有文化属性和产业属性"[②]。2004年的《中国广播电视新论》也分别论述了中国广播电视的产业属性和产业功能。可以看出，20世纪末和21世纪初，广播电视的产业化经营成了进一步持续讨论的焦点，广播电视理论上的突破带来的以市场经济为取向的广播电视的集团化改革浪潮陆续启动。

广播电视喉舌论自20世纪80年代形成后，一直是广播电视领域占据指导地位的基础理论，而传播学和信息论的引入为传统喉舌论扩展了内涵与外延，除了宣传功能外，还强调了广播电视的信息传播功能。广播电视的信息传播功能联结了信息的制造者与受众，在整个广播电视媒介的过程中处于极其重要的位置，"受众不仅是传播内容的接受者，还是传播内容的选择者、反馈者和参与者，同传

---

① 王文利：《中国广播电视新闻研究简史》，湖南师范大学出版社2008年版，第307页。

② 杨伟光：《中国电视论纲》，中国广播电视出版社1998年版，第49页。

播者共同完成节目传播环流""受众在传播体系中处于支配地位。传者对传播内容虽有控制权,但归根结底要按照受众的愿望和需求办事,否则媒体的地位会发生动摇。"①

随着市场经济语境下竞争的愈发激烈和信息传播语境下受众主体地位的确立,在这个时期,广播电视新闻的业务实践做出了许多重要的改革。中央和各地方电台、电视台以新闻改革为重点,坚持做好广播电视新闻的舆论引导和正面宣传作用,取得了非常良好的效果。以中央电视台为例,为了实现建成世界一流电视台的目标,中央电视台对新闻节目进行了全方位的改革,大量增加新闻节目播出次数、不断开设新的新闻节目,对老的新闻节目进行从内容到形式的全面改版,大量采用直播和现场采访的形式。改革后的中央电视台经过这些内容的充实和形式的调整,大大提高了新闻节目的质量和实效性,吸引了更多观众的关注、扩大了收视面。

由此,我国的广播电视业发展进入了一个飞速发展的黄金时期,极大地促进了广播电视新闻的研究逐渐走向成熟。1992年11月,在国家技术监督局颁布的国家标准体系中,广播电视学作为独立学科被写进《学科分类与代码》,隶属于"新闻学与传播学"学科,成为正式的二级学科。这也标志着我国的广播电视学学科地位获得了社会肯定。

一 研究特点

(一)从分散、孤立逐步转变为有计划、有组织的课题性研究,初具规模化和系统化

1992年3月,我国广播电视史上首次全国性的讨论广播电视研究工作的专门会议——全国广播电视研究工作会议在江苏省常州市召开,会议由广电部政策法规司和中国广播电视学会主办。该会议的《纪要》明确了"建立有中国特色的社会主义广播电视理论、发

---

① 徐光春:《中华人民共和国广播电视简史》,中国广播电视出版社2003年版,第478页。

展有中国特色的社会主义广播电视事业"的目标，要求"应用理论与基础理论、决策研究与业务研究、现状研究与历史研究，要统筹安排、协调发展。在研究任务的落实上，要适当分工。"会议还同时规划确定了1992—1995年三年间的全国广播电视研究课题115个，其中包括22个重点研究课题。广播电视新闻的研究开始着眼宏观层面，从整体上进行全面、系统的学术理论梳理，研究成果开始具备一定分量和较为完整的体系。

（二）学理性程度不断加强，注重与广播电视实践的深度结合

相比于20世纪80年代，这个时期的广播电视新闻研究表现出越来越明确的学理性特征，不断拉近与其他人文社会科学研究的差距。主要表现为：一是学术讨论中运用信息论、传播学等专业学科理论和术语进行学术阐释和探讨的比重开始不断增大。二是一批由具有中高级职称的经验丰富、理论扎实的专业研究人员所组成的研究队伍已经基本形成，其中以北京广播学院为代表的许多综合性高等院校的新闻院系中从事广播电视研究的人员为主力军，还包括以国家广电总局、中央及各地方广播电台电视台等为代表的直属事业单位的有关研究部门中的一批研究人员与一线记者、编导等专职人员。由于这些"学院派"研究者的加入，越来越多的科学有效的研究方法被引入广播电视新闻的研究，一改以往工作总结型和经验表述型占主导的局面，研究成果越来越具有理论性和思辨性。

（三）广播电视理论研究体系与模式逐渐形成

在这一阶段，广播电视学的学术研究逐渐形成了包括社会学研究、文化批评研究、艺术学研究和意识形态研究等现如今较为典型的广播电视新闻研究模式。社会学研究将视角放在广播电视社会传播的效果方面，采用实证的研究方法是这一研究模式的特点，如较大样本数量的观众收听收视调查等。艺术学研究从艺术创作的角度，对广播电视作品、广播电视传播等进行艺术分析、阐释与评价，这方面的研

究成果在广播电视研究中占最大比重，涉及的具体研究文本也最为广泛。文化批评研究往往秉承着较强的理性态度和批判精神对广播电视实践进行冷静和理性的监督。意识形态研究主要从意识形态角度和主流文化的要求和属性出发，以规范具体的广播电视实践为最终目的，这种研究模式是最具历史积累和中国广播电视理论特色的。

（四）学术争鸣和创新意识的增强

随着广播电视改革的不断深化、广播电视事业的不断发展以及学术研究的政治和社会环境的不断宽松，学术领域内新旧的不同观念必然会发生互动和碰撞，不同观点的争鸣带来的必然是学术的繁荣和整体学术水平的提高。在这个阶段内，争鸣主要围绕着广播电视的"本质"和"创作"两方面进行。首先，1992年6月16日，中共中央、国务院颁布的《关于加快发展第三产业的决定》中将广播电视纳入第三产业的范畴，宣告着广播电视的商业属性正式为官方所接纳。然而长期以来广播电视事业作为党的喉舌和宣传工具的观念束缚了广播电视具体实践的发展，基于这样的矛盾状态，媒体的商业属性和文化属性引发广泛的大讨论，最终确定了广播电视文化与产业双重属性的本质。关于广播电视的文化品格和品位的问题也是这一时期内学者们争鸣的对象。通过这次争鸣，学者们从理论上基本廓清了主流文化、精英文化和大众文化与广播电视的关系，并且充分认识到优秀文化在我国广播电视发展过程中起到的基础性作用。[1] 这一时期在广播电视新闻研究领域出现的其他较有影响的学术争鸣还有：关于电视声画关系的争鸣、跨国电视传播对民族传统文化的影响、关于电视新闻改革卫星传播对我国电视的影响、关于"纪录片"与"专题片"的界定、中国早期广播史部分内容及研究对象等。[2]

---

[1] 欧阳宏生、唐牧希：《改革开放四十年：中国广播电视学术研究的历史进程》，《现代传播》2018年第8期。

[2] 王文利：《中国广播电视新闻研究简史》，湖南师范大学出版社2008年版，第312页。

二 代表性研究成果

这个时期是我国广播电视新闻研究的黄金时期，包括理论、实务、历史等维度在内的研究都取得了极大进展和突破，积累了大量成果。

（一）理论研究

1.《中国电视论纲》

《中国电视论纲》是国家哲学社会科学研究"九五"规划重点项目，由杨伟光主编，章壮沂、罗明、王录、王甫、欧阳宏生、王锋、张君昌、时统宇、尹鸿、童兵、郭镇之、韩泽、胡智锋、刘建鸣、张群力、尹桂馥集体撰写而成。该著作以中国电视发展的历史和现状为基础，阐明和揭示了中国电视事业的性质、功能、人物与中国特色社会主义电视的节目、技术、管理、经营发展的基本规律，并论述了中国电视理论建设、从业人员基本素质及电视观众对于发展社会主义电视事业的影响和作用。这是一部较为全面系统论述中国特色社会主义电视理论的著作，具有政治性、科学性、综合性、实践性和前瞻性的特点，有较高理论层次和较强的指导作用。其主要内容：一是提出了中国电视的新闻传播、文化娱乐、社会教育和信息服务四项功能和党和政府的喉舌、现代化大众传播媒介、独特的现代文化形态和第三产业四种属性。二是明确了中国电视节目的总的指导方针和规划管理要坚持社会主义方向。三是揭示了中国电视对海外报道树立良好国际形象、创造良好的国际舆论环境的目的和如何做好海外报道的艺术。四是明确了电视的发展需要先进科学技术作为重要保障。五是总结出电视事业的良性发展需要确保电视事业科学化体制的建设和完备的法制化管理。

2.《中国广播电视新论》

《中国广播电视新论》是国家广播电影电视总局委托中国广播电视学会实施的重点研究课题，由赵德全、艾红红、时统宇、胡正荣、柯妍、牛亚君、成越洋、陈福清、胡智锋、兰孝兵、史雪云、喻国明、赵彦华、曾舟、王锋、邓慧文、徐迅、雷跃捷、刘俊善、李澎集体撰写而成。其主要内容及观点有：一中国广播电视的根本性质是党、政府、人民的

"喉舌""舆论工具",是现代化大众传播媒介,是社会意识形态的重要组成部分,具有文化属性和产业属性的双重性质。二提出对广播电视受众研究的重视,认为受众是积极、主动的信息寻求者,对受众进行分类是广播电视节目设置的基础、应对电视市场竞争的合理选择、电视媒体内部竞争的迫切需要和经办电视节目的必要前提。三强调广播电视产业化经营的重要性,产业化经营包括广告经营、节目经营、网络经营和资本经营,总结出广播电视产业经营的"七个有利于"原则。四提出建立新型广播电视管理体制,要理顺各种管理关系,通过改革、改组、改造,实行要素的重组、资源的合理配置,建立符合现代广播电视发展趋势的广播电视法律体系。五强调广播电视的中心工作是宣传,技术要为宣传工作服务,为广播电视节目提供保障。

3. 其他代表性理论研究成果

杨伟光主编的《电视新闻分类与界定》《中国电视专题节目界定——研讨论文集锦》《电视新闻论集》,叶子著《电视新闻学》,庞啸著《实用电视新闻理论》,黄匡宇著《理论电视新闻学》《电视新闻语言学》,张俊德著《现代广播电视新闻学》,王甫著《电视新闻的视觉传播优势》。

(二) 实务研究

1.《中国应用电视学》

该书由北京广播学院电视系学术委员会、《中国应用电视学》编辑委员会编著而成,全书分为四篇29个章节,分别为本体篇、节目篇、制作篇、技艺篇,初步勾勒出了电视应用理论的全貌。任金州、钟大年认为此著作"第一次建立了电视作为一门学科的理论框架"。[①]

2. 其他实务研究成果:张君昌编著《应用电视新闻学》《电视新闻摄制》,朱羽君、雷蔚真著《电视采访学》,涂光晋著《广播电视评论学》,王振业著《广播电视新闻评论》,雷跃捷、张彩主编《电视新闻频道研究》,曹璐著《广播新闻业务》,周小普著《广播

---

① 高鑫:《电视艺术学》,北京师范大学出版社1998年版,第2页。

新闻与音响报道》等。

（三）历史研究

1.《中国电视史》

中国电视史由我国首位新闻学女博士郭镇之撰写。该书是她在自己博士毕业论文《中国电视史稿》的基础上修改。介绍了中国电视从1966到1996年30年从无到有，从小变大，从幼稚进入成熟的经过。

2.《中国广播电视通史》

《中国广播电视通史》是全国广播电视系统首次立项的国家社科基金项目研究成果，也是我国第一部完整的广播电视通史，由赵玉明、哈艳秋、袁军、郭镇之、艾红红、戚庆莲、潘继秋、马元和、陆原撰写而成。该书总结了中国广播电视事业80余年的发展历程，史料翔实、实事求是、视野开阔、史论结合，不仅对中国广播电视事业从无到有、从小到大的发展过程进行了十分客观的全景描述，还对这一历程进行准确、客观的评价分析；同时还重视物证、图文结合，直观地还原历史，增强了可信度和可读性。

3. 其他历史研究成果

徐春光主编《中华人民共和国广播电视简史》，刘习良主编《中国电视史》，艾知生、刘习良主编《中国改革开放辉煌成就十四年——广播电影电视卷》，于广华主编《中央电视台简史》，杨伟光主编《中央电视台发展史》，张振华主编《中国广播电视概要》，林青主编《中国少数民族广播电视发展史》等。

三 广播电视教育

90年代以来，市场经济改革的浪潮对我国广播电视事业的发展起到了极大的促进作用，国家及广播电影电视部采取了多种有力的措施加大了对广播电视教育尤其是广播电视高等教育的投入，使得广播电视教育进入蓬勃发展的时期。[①]

[①] 赵玉明：《中国广播电视通史》，中国广播影视出版社2014年版，第410页。

1992年11月，国家技术监督局颁布的国家标准体系《学科分类与代码》内，"广播与电视"正式列入了"新闻学与传播学"学科范围之中的二级学科，在这其中包括"广播电视史""广播电视业务""广播电视理论""广播电视播音"和"广播电视其他学科"等多个三级学科。另外，在"文艺学"学科范围内，"广播电视文艺"与戏剧、戏曲、电影等学科并列成为三级学科。① 1993年，原国家教委颁布了《普通高校本科专业目录》，新闻学属于文科学科的门类，下设8个专业。1997年3月出版的全国哲学社会科学规划办公室主编的《哲学社会科学各学科研究状况与发展趋势》之中，《新闻学》章节论及广播电视研究时表示："90年代以来，广播电视已成为一个独立的学科，研究进展迅速，但由于起步较晚，理论方面还比较薄弱。"② 1998年，教育部修订本科专业目录，新闻传播学上升为一级学科，下设新闻学、传播学两个二级学科，之前的八个专业合并调整为新闻学、广播电视新闻学、广告学和编辑出版学四个专业。广播电视新闻教育迎来了新的发展。

首先，广播电视新闻学的办学规模不断扩大。1985年至1999年，中国内地高校增设广播电视新闻学专业点的速度还比较平稳，15年间增设了17个广播电视新闻学专业点，而到了2000年，仅这一年就增设了13个专业点，2001年又猛增了18个专业点。③ 到2006年，全国高校中开设有广播电视新闻学专业的院校高达158所。④ 截至2011年，全国共有215所高校开设广播电视新闻学专业。⑤ 另外，广播电视的中专教育和其他形式的教育同时在发展，规

---

① 赵玉明：《谈谈广播电视研究和广播电视学学科建设》，《现代传播》2007年第4期。
② 同上。
③ 蔡尚伟：《广播电视新闻学》，复旦大学出版社2006年版，第273页。
④ 广播电视年鉴社：《2006年广播电视年鉴》，中国广播电视出版社2007年版，第615页。
⑤ 广播电视年鉴社：《2011年广播电视年鉴》，中国广播电视出版社2012年版，第607页。

模日益扩大。

其次,广播电视新闻学的办学层次也有了较大幅度的提高。1979年,北京广播学院就已经开始招收电视新闻专业的硕士,20世纪90年代中后期,有越来越多的高校开始在新闻学、传播学的硕士点下设立广播电视新闻方向。2002年起,复旦大学开始在博士学位授权一级学科下设置广播电视学专业。中国传媒大学也开始在博士学位授权一级学科下设置广播电视新闻学专业。

另外,专业的传媒类院校开始转型和组建。2004年9月,经教育部同意,北京广播学院更名为中国传媒大学。更名后的中国传媒大学充分发挥其传媒领域的综合学科优势和学科特色,形成了以新闻传播学、艺术学和信息与通信工程专业等为龙头,多学科交叉渗透、协调发展的学科体系,目前已成为中国广播电视学科的教育重镇。2004年5月,浙江广播电视高等专科学校经教育部批准,升格为本科院校并更名为浙江传媒学院,目前已基本形成以传媒类与艺术类专业为主干并涉及多种学科的专业体系。2000年9月,原国家广电总局管理干部学院划归山西省教育厅管理并与国家广电总局共建,同时更名为广播电影电视管理干部学院,该校是全国唯一一所独立设置的广播影视高职高专成人高校,也是广电总局干部培训的基地,2013年其经教育部批准后升格为本科院校并更名为山西传媒学院。

最后,广播电视系统内工作人员的在职培训工作也取得快速发展,从业人员的培养工作走上市场化、社会化的道路,形成"政府管理、行政指导、单位自主、院校服务"的社会分工。

第三节 2012年至今:新媒体挑战下的广播电视学

20世纪中叶,电视作为一种"新媒体"强势登场,带来了传播领域的巨大革命,并稳站第一媒体的位置几十年。电视媒体以其受众接受成本的低廉、叙事手法的生活化、视听效果的丰富和逼真等特征,极大地冲击了报纸杂志、广播等传统媒介的受众份额。然而,20世纪末期以来,科技的革新和进步给人类的生活带来了巨大的变化,以迅猛的势头发展起来的网络正日益走进人们的日常生活,成了人们社会生活中不可缺少的一部分。网络催生下的新媒体异军突起,迅速打破我国传媒领域原有的生态格局,使得传统媒体和新媒体之间展开激烈的竞争。新兴媒体的强势崛起伴随着社会的转型,电视从"新媒体"变为"传统媒体",同样遭遇了受众的大幅分流与公信力下降的危机,媒介的融合成为了必然趋势。在当今时代,我们倾向于将"新媒体"理解为以"数字媒体为核心的新媒体",它是通过数字化交互性的固定或即时移动的多媒体终端向用户提供信息和服务的传播形态。[①] 传统广播电视新闻的学科理论已经不再能够适应当前这个瞬息万变的领域,其学科内涵及外延亟待扩展和丰富。如何在新媒体、全媒体、融媒体等诸多传播新理念、新生态、新格局的语境中构建"新"新闻的学理体系,成了急需广播电视学界研究和探讨的课题。

新媒体环境下传统广播电视新闻面临的挑战来自多重方面,首先在于其"即时性"的缺失。在传统的传播环境中,依赖纸质报刊和电视机的传统媒介缺乏便利性和可移动性,而网络和手机等新兴媒体在新闻的传播中体现出的强大的"共时性",不但满足了当下观众对于新闻"时效性"的期待视角,而且为观众提供了除电视媒体官方话语外的多重立体的观察视角,有效弥补了电视新闻报道的缺失。其次,新媒体消解了信息发布者、传播者和接收者之间的界限,双向传播时代随之到来,"人人都是记者"是这个时代的主要特征,每个新媒体使用者只要在移动网络的覆盖之下都可以随时随地发布新闻、传播新闻和接收新闻。与此相反,虽然电视媒体早在多年前就已开始了对双向互动模式的探索,如短信参与、观众来信、观众

---

① 廖祥忠:《何为新媒体?》,《现代传播》2008年第5期。

热线或邀请观众到现场等，但是缺乏互动的媒体"独白"依然是电视新闻的主要叙事方式，这在一定程度上导致了媒体与受众之间的疏离。[①] 然而新媒体使信息传播两端的主客体轻松联结，大大降低了交互成本、提高了观众的参与性，冲破了传统新闻发布与接收的固有模式，让观众的主体性得到充分释放。此外，新媒体还构建了一个自由度极高的开放式的公共话语空间，每个人通过各种个人社交媒介都可以实时进入事件的叙事时空，成为事件话题讨论的参与者甚至主导者。任何新闻事件一旦进入广大网民的视野，即有可能随时建立一个独立的开放的话语场，电视新闻媒体封闭的话语空间便失去了主动性和统治力。

2012年10月，教育部公布普通高等教育本科专业目录，"广播电视新闻学"正式调整为"广播电视学"。本次学科和专业目录的调整，充分显示出我国当前对广播电视学科的认识已经突破了传统新闻学的框架，与广播电视业界的发展开始向更深层次契合，同时也广泛引发了学界对广播电视学科的思考。[②] 作为该学科相对应的广播电视业界，其发展早已超出了纯粹新闻学的范畴，其三大节目的主体构成中，广播电视社教和娱乐节目的播出比例占60%以上。[③] 传媒的发展与革新带来的是广播电视研究的演变，从传统的广播电视到如今的视听新媒体是传媒业剧变的重要表征，传统的广播电视新闻学学科的专业知识体系已经和现有的广播电视业务产生一定脱节，而现有的广播电视学已基本形成相对完整的知识体系，因而广播电视学的调整势在必行。调整后的广播电视学，其研究开始呈现出多元与发散的特点，其研究主体构成更加成熟多样、研究内容更加丰富、研究方法更加多元，尤其对于交叉学科和理论的借鉴和吸

---

① 孟建、董军：《新媒体环境下我国电视新闻的嬗变与发展》，《国际新闻界》2013年第2期。

② 石长顺：《广播电视学：作为学科的内涵与知识体系》，《现代传播》2013年第7期。

③ 同上。

取,不断深化和丰富着广播电视研究的内涵。[①]

一 研究特点

(一) 研究队伍不断壮大、组织建设取得良好成效

随着广播电视领域学术研究的日益繁荣,越来越多的专业与非专业学者从各行各业、各学科门类走进广播电视研究中来。专业研究者主要来自于开设广播电视专业或类似艺术专业的高等院校、相关的广播电视管理部门及一线广播电视媒体三个专业性研究队伍,这三支队伍所汇聚的是各种职业、身份、视角不同的学者或专业从业人员,代表着不同的研究群体,因而也就各自形成了不同的研究风格。高校学者的研究呈现出系统化、理论化的特征,在广播电视本体的理论建构、史学的梳理研究、与文化研究的结合和学科体系建设等方面有非常突出的表现,发挥出不可替代的作用;广播电视管理部门中的研究群体,主要以行业内各管理机构的领导成员为主,这个群体对于提出广播电视事业的高屋建瓴的建设意见、管理经验、政策决策、根本理论导向等有着不可替代的优势,同时还能搭建起沟通政府或媒体机构与市场之间的桥梁;以广播电视媒体从业人员为代表的群体,常年工作于媒体一线,其积累的实践经验和理论往往最为领先和精尖,其研究视角往往紧扣着行业的最新动态和最紧要的诉求。三者相结合、补充,从而构成一个完善的研究队伍。

研究队伍的壮大带来的是组织建设的强化。国家社科基金规划课题中每年有关广播电视的选题占了一定比例。国家广电总局每年围绕行业发展发布40个左右的部级科研课题。同时,为了适应发展,我国最大的广播电视学术团体中国广播电视协会正式更名为中国广播电影电视社会组织联合会。联合会整合了我国广播电影电视业界和学界的学术资源,下属24个国家一级协(学)会,56个二

[①] 欧阳宏生、唐牧希:《改革开放四十年:中国广播电视学术研究的历史进程》,《现代传播》2018年第8期。

级分会和专业委员会，搭建了"学术研究、创新引领"等一系列学术平台，每年围绕广播电视热点难点问题，发布研究选题。①

（二）学术研究成果丰硕，知识体系基本完备

专业调整后，广播电视学术研究的分类更加具体化，学科的体系构建日渐合理。一门学科的体系构建是否合理，关系着该门学科的发展前景：一是因为学科体系构建中必定有该门学科的基础理论，而这也是人们掌握广播电视发展规律的利器；二是因为它有利于专业人才的培养，从而为广播电视行业提供优秀人才。此外，对于广播电视学学科体系的深层次研究，理清广播电视学的发展脉络，有助于研究者把握该学科体系现存的问题和不足，从而帮助研究者对广播电视学的学科体系进行完善与补充。② 广播电视学学科体系内包含基础理论研究、应用理论研究、决策理论研究和史学研究四个学科域；基础理论域内包含本质关系、内部关系和外部关系理论研究等；应用理论域包含广播电视创作实践研究、语言研究等；决策理论域内包含管理制度、政策法规、战略规划等制定的研究；史学域内包含广播电视通史、广播电视专门史的研究等。此外，还包括广播电视艺术学、广播电视新闻学、广播电视美学、广播电视法学、广播电视符号学等跨学科领域。

（三）研究视角不断更新，研究领域充分拓宽

媒介融合视角下，电视媒体不断受到包括互联网、手机、数字化电视、移动电视在内的新媒体的强烈冲击，多媒体交互时代的数字、移动、互联的特征成了传媒业发展的趋势和主题，传统广播电视所缺乏的便捷性、即时性、互动性、选择性等缺点逐渐显现并被放大，以至于电视媒体的地位不断下滑、可替代性大大增加，电视

---

① 欧阳宏生、唐牧希：《改革开放四十年：中国广播电视学术研究的历史进程》，《现代传播》2018 年第 8 期。

② 伊天威、孙薇：《广播电视学：融合视野中的学理重构》，《出版广角》2017 年第 2 期。

的传播功能也受到了一定程度的削弱，一度出现过电视传播生态的失衡与错位现象。因而，融媒体、全媒体的生态构建、维持传统媒体与新媒体的动态平衡与二者之间竞争的调和与包容等议题便成了学术研究和探索的新领域，所涉及的研究维度包括内容生产的求新、理念模式的创新、核心技术的革新、产业布局的更新等方面。内容生产方面的研究在于如何发挥传统电视影响力、号召力和公信力，创制内容扎实、具有文化品格、贴近受众生活、满足观众基本诉求且顺应时代潮流的精品节目，维护好电视媒体的主导地位和品牌力量。理念模式方面的研究在于如何以包容的姿态接纳迅猛崛起的新媒体，如何在形式、内容、经营及渠道等方面进行与新媒体的自然对接与融合。核心技术方面的研究在于如何从技术层面加强媒介之间的交互、消除不同媒介间的隔阂，为新旧媒体互利共存的生态局面打下坚实的物质、科技基础。产业布局方面的研究在于如何打造一个新的"平台型媒体"，充分实现电视、电脑、手机等用户终端在内的多屏联动和广电、电信、互联网的三网融合。

二 代表性研究成果

（一）理论研究

1.《当代中国广播电视学》

该著作由张振华主编，作者站在时代高点，总揽新世纪传媒领域出现的新案例、新技术、新理念，荟萃高端学术研究的最新成果，将广播电视与新媒体领域一系列新概念、新观点加以系统归纳，进行趋势研究，是新时期建设中国特色广播电视理论体系集大成之作。全书涉及中国广播电视理论和实务研究最主要的十大问题，也即总课题之下所划分并展开的十个研究子课题，力求在邓小平理论、"三个代表"重要思想、科学发展观指导下，从中国广播电视学术理论研究的最前沿和行业实践新进展出发，在对新中国广播电视基础理论研究几十年的成果积淀进行全面梳理、对广播电视发展现状进行详尽考察的基础上，实现对中国广播电视理论研究的一次全方位、大跨度、整体性的理论创新和探索。

2.《电视文化新论》

该著作由胡智锋所著,作者聚焦电视文化,重点论述电视的文化生态、文化政策、文化角色、文化传播和文化创意这五个问题。其之所以被称为新论,是因为该著作与以往的相关论著相比较,试图在一个内外结合的大的文化系统中去阐释电视文化问题,采用的是全新的理论框架、话语表达和研究体系。该著作不仅仅探究电视内部文化子系统的问题,同时还将其置于国家社会大的文化系统中综合考虑。该书既有基础理论的阐释,也有政策法规的解读,同时也回应了具体实践中的困惑。

(二) 历史研究

1.《中国广播电视学术研究史稿》

该著作由王文利所著,作者系统梳理了1920—2011年我国广播电视学术研究的发展历史,其具体研究对象为我国大陆广播电视研究活动演进、变迁的历史及内在规律。从时间界限上看,自1920年我国报刊上第一篇报道广播的文章出现直至2011年;从空间界限上看,以中国大陆的主要研究为对象;从内容上看,主要研究广播电视学术史。书中将我国广播电视学术研究历史划分为三个时期。1920—1949年,为开创时期;1949—1976年,为曲折发展时期;1976—2011年,为形成和繁荣发展时期。该书史料翔实、史论结合,既有对历史的真实还原,还有站在今人角度的客观评价,既有学理价值也有史论价值。

2.《广播电视学学科体系建设研究》

该著作由赵玉明、艾红红、庞亮主编,本书针对广播电视学研究和广播电视学学科体系建设研究进行了梳理和论述。广播电视学研究述评包括广播电视理论研究述评、史学研究述评、实务研究述评、交叉学科研究述评和西方广播电视研究述评。广播电视学学科建设研究总论包括广播电视研究的历史与范式,学科的含义与学科建设的探讨,学科内容的架构与学科定位的建设,学科的核心理念与特点，学科体系研究的价值。

三 广播电视教育

2012 年 9 月，教育部修订了 1998 年印发的普通高等学校本科专业目录及 1999 年印发的专业设置规定，出台了《普通高等学校本科专业目录（2012 年）》及《普通高等学校本科专业设置管理规定》。新的专业目录中，原本的一级学科新闻传播学下的二级学科"广播电视新闻学"专业修改为"广播电视学"专业。

据"中国高等教育学生信息网"的不完全统计数据，截至 2019 年 4 月，全国范围内以中国传媒大学、复旦大学、中国人民大学等为代表的共 222 所高校开设广播电视学本科专业，其中大多为综合类高校，且这些院校此前大多已创办新闻学专业，在此基础上增设了广播电视学专业。越来越多的院校开设广播电视学相关的硕士点和博士点，其中设立有广播电视学专业或新闻传播学专业的广播电视方向的博士点的有 12 所高校。

另外，广播电视教育除了秉承着新闻学传统的广播电视新闻学专业取向，还包括研究视角指向广播电视艺术作品研究与创作的广播电视艺术学专业和研究广电相关技术开发和应用的广播电视工程学专业。据"中国高等教育学生信息网"的不完全统计数据，截至 2019 年 4 月，全国范围内开设"广播电视艺术学"相关本科专业的高校共 234 所。而广播电视工程学专业由于教育条件较为苛刻、教学技术门槛相对更高，因此只有 10 余所高校开设广播电视工程学及此类专业等。

当今广播电视学专业学生主要学习马克思主义基本原理和新闻学、广播电视学以及与广播电视有关学科的基本理论和基础知识，同时接受广播电视新闻采访、写作、编导、播音、节目主持等方面的基本训练，具有广播电视节目策划、编辑、采访、管理等方面的基本能力。

第四节　总结

通过对广播电视学作为专业和学科的发展历史进行简要梳理，我们可以看到经过几代广播电视人的不懈努力和拼搏，中国的广播电视学科已经取得了瞩目的成就，不但构建起了日益完善的学科体系，也在全国范围内形成了相当的规模和影响，其研究主体多样，逐渐从感性认识走向了理性的思辨；研究内容丰富，从以往更加重视业务实践的研究转向了对广播电视多个向度的探索；研究视野开阔，日益走向多维与多元，并且在人才培养与学科建设上都有了很大的进步。①

虽然广播电视的学科研究经过几十年的积累和不断充实，已经取得了巨大突破和成就。但不可否认的是，作为一门相对年轻的学科，广播电视研究无论在具体的成果还是学术影响上，与其他老牌人文社会科学领域的学科相比仍有着较大差距，且由于广播电视学科自身的特性，其研究与实践业务的发展之间不免总是存在着较为明显的滞后性。具体而言，主要有以下三个方面的问题：一是传媒研究者的知识结构相对缺少相关社会科学的专业训练与较为开阔的人文综合素养，研究方法的选择上及研究模型使用也略显单一；二是大部分研究成果还只停留在对于当下具体传媒现象的描述、归纳和总结上，即便是所谓前瞻性、对策性和战略性的研究，也大都只停留在对现有资料的整理和感性预测的阶段；三是理论建设方面主要以介绍新理论、新知识的内容居多，少有从学理角度对传媒做出系统、全面、深入的研究，而且在借鉴和吸收外国的传媒理论时，往往会忽视跨语境的理论移植问题，通常会简单地生搬硬套，不能

---

① 欧阳宏生、唐牧希：《改革开放四十年：中国广播电视学术研究的历史进程》，《现代传播》2018 年第 8 期。

做到合理有效地对中国传媒现状及规律进行良好的阐释。①

同时，回顾中外传媒教育史及媒介发展史，我们不难发现，传媒教育很多时候滞后于传媒发展，传媒发展反而倒逼传媒教育创新，继而通过传媒教育与研究去规范引领传媒业态发展，当下尤其如此。② 近几年全国各高校开设广播电视相关专业的数量以较快的速度增长，数据持续增长的背后却也有着令人担忧的现实问题。首先，广播电视相关专业的开设主要以中国中部地区和东南沿海地区为主，西部地区、北部地区则开设较少。分布的不均衡首先与我国经济、社会的地区发展不均衡有关，以至于优质教育的分布也受到一定的影响，同时也与我国广播电视行业的地区发展不均衡有关，优势媒介平台与优质的高校传媒教育之间存在着"作用力与反作用力"，好的平台依托着优秀人才，同时也促进着优质传媒教育的发展。二是广播电视相关专业虽然在各高校迅速"上马"，但相关专业的教育教学机构也是仓促而成、相关教学人员的专业性也难以保证，以至于专业水准良莠不齐，许多弱势高校培养出的绝大多数学生缺乏行业竞争力。此外，从整体来看，广播电视的专业开设也存在着类型分布不均衡的状况。绝大多数高校选择依托传统文学学科，开设门槛较低地广播电视新闻学和广播电视艺术学等专业，而广播电视工程学等相关专业则因为技术难度、人才缺少等问题难以轻易开设，以至于高校培养教育大于社会的真实需求，造成教育资源的浪费。

作为一门年轻的学科，广播电视学的发展任重而道远。

---

① 欧阳宏生、唐希牧：《改革开放以来中国传媒研究发展历程回顾》，《重庆交通大学学报》（社会科学版）2018年第5期。

② 廖祥忠：《未来传媒：我们的思考与教育的责任》，《现代传播》2019年第3期。

第九章

网络与新媒体学研究

1994年4月20日,中国全功能接入国际互联网,标志着中国互联网的开端。从此,网络开始改变普罗大众的生活方式,并形塑着信息时代的中国社会与文化。这一年亦是网络与新媒体学的开始之年。作为新闻传播学中最年轻的一个分支,网络与新媒体学在过去25载中伴随着网络与新媒体技术的发展与产业的壮大而逐渐兴盛起来,成为国内外新闻传播学界中的显学。中国的网络与新媒体学从诞生之初便与技术紧密相扣,与产业交相辉映;从新闻传播学的角度为中国网络与新媒体的发展提供理论解读与思考分析,为该领域的发展提供了不可替代的学术贡献。网络与新媒体已成为新闻传播学科发展的强大推动力,因此在新闻学与传播学这个一级学科内部,网络与新媒体学在很大程度上扮演着"改革者"与"颠覆者"的角色。

第一节 网络与新媒体学科发展历程

一 概念界定

从1994年中国互联网诞生开始,"网络媒体"一词逐渐被广为接受。同时,自20世纪60年代以来,"新媒体"一词被广泛应用在计算机及其他电子媒体,直至在互联网开始普及后与网络媒体产生极大重合。联合国教科文组织就直接将新媒体与网络媒体等同。为了讨论的完整性,本章对这两个概念并不刻意区分。尽管新媒体已经成为司空见惯的词汇,但其概念的界定却一直存在着争议。通常,引用较多的是彭兰的定义:新媒体主要指"基于数字技术、网络技术及其他现代信息技术或通信技术的,具有互动性、融合性的媒介形态与平台",以及相关从事新闻与其他信息服务的机构。[①]

二 学科发展历程

国际上的新媒体研究可以追溯到 20 世纪 70 年代中期,始于肖特(Short)、威廉姆斯(Williams)和克里斯蒂(Christie)的社会临场理论(Social Presence Theory)的提出。[②] 中国内地的新媒体研究因起步略晚而跨越了前网络时期,直接进入网络时代。1994 年朱光烈教授针对信息高速公路提出的"泡沫论"通常被认为是国内新媒体研究的开端。在此之后的 25 年时间里,中国互联网作为世界互联网的一部分,经历了 Web1.0 时代的启蒙,千禧年的互联网泡沫破灭,Web2.0 早期的狂欢,社交媒体的异军突起,以及近期的智能化革命。而中国的新媒体学则一直追随着技术与产业发展的步伐,不断提出与拓展新媒体研究议题,逐渐发展出一个独立又交叉的学术领域。

专业学术组织与专门学术刊物的成立往往标志着一个研究领域独立学术身份的建立。就世界范围内的新媒体学而言,《计算机辅助传播学刊》(*Journal of Computer-Mediated Communication*)创刊于 1995 年,互联网研究者学会(Association of Internet Researchers)成立于 2000 年。除此之外,国际传播学会(International Communica-

---

[①] 彭兰:《"新媒体"概念的三条线索》,《新闻与传播研究》2016 年第 3 期。

[②] Short, J., Williams, E. & Christie, B., *The Social Psychology of Telecommunications*, Chichester: Wiley, 1976.

tion Association，简称 ICA）和国际媒体与传播研究学会（International Association for Media and Communication Research）等综合国际性学会下都先后设有新媒体相关的分支。而在中国内地，新媒体学的确立稍晚于国际。在中国互联网走过第一个 10 年之际，两个学术会议"中国网络传播学年会"和"新媒体与新思维论坛"均在 2004 年召开，并于 2008 年合并为"中国新媒体传播学年会"，成为中国网络传播学会的官方年会。与此同时，《中国网络传播研究》集刊于 2007 年创刊，成为国内新媒体学的首个专门学术刊物。这些会议与刊物的创立都标志着新媒体学已经成为一个独立的学术领域。

三 学科建设

早在 21 世纪之初，新闻传播学者便确立了网络与新媒体学的学术地位，属于传播学的一个分支和子学科。[①] 国内高校纷纷成立网络传播专门机构从事相关研究。其中较有影响的有南京大学的网络研究中心、清华大学的新媒体传播研究中心，以及中国人民大学的新媒体研究所等。在学科发展早期，这些研究机构在组织学术研讨会，创办学术期刊，促进国内国际学术交流上发挥了重要的作用。到 2002 年，中国人民大学、复旦大学、清华大学、华中科技大学、北京大学、北京广播学院等高校均设置了网络传播与新媒体相关方向的专业和课程。目前，新媒体学领域已在中国新闻史学会（一级学会）下设立了中国网络史学会（二级学会），是该一级学会下设的 22 个二级学会中的一员。截至 2019 年 4 月，中国网络史学会拥有 92 个团体会员，主要由高校新闻院系组成，也包含一些互联网公司和互联网治理部门。[②]

目前，拥有新闻传播学学术或者专业学位授予点的院校，一般都开设网络与新媒体方向。而有些高校（例如四川大学文学与新闻学

---

① 匡文波：《论网络传播学》，《国际新闻界》2001 年第 2 期。
② 感谢中国新闻史学会网络传播委员会秘书长曾润喜研究员提供的数据和相关信息。

院）甚至设置了"网络与新媒体"方向，与新闻学、传播学并列。这些学科设置的操作实则是对不少学者眼中的新媒体研究困境的一种突围尝试。正如谢新洲和李彬指出，新媒体研究具有多学科背景的特点，既有媒体自身的研究规律，也需要依仗多学科的知识体系，因此学科局限性的掣肘之下的传播学难以与新媒体发展的大势相融合。① 而陈力丹、魏然等学者也认为，作为工业化社会大众传播产物的传播学架构已经无法解释信息革命化社会互联网传播带来的非线性、圈层、超链接等现象。②③ 相信随着新媒体技术对传媒生态的持续推动，这些对新媒体学的反思会继续体现在学科建设的改革中。

四 人才培养

新媒体技术对传统媒体的冲击也体现在人才培养模式的改变上。传统的新闻传播人才培养着眼于大众媒体传播模式下的专业素质训练。面对新媒体的挑战，不同院校在课程设置上做出反应，却又各有侧重，共形成三种主要模式：一是以中国人民大学和中国传媒大学为代表的"以传统新闻学训练为主，互联网信息传播和应用为辅"的模式；二是以武汉大学和华中科技大学为代表的"以互联网应用和技能训练为主，传统新闻学训练为辅"的模式；三是以复旦大学为代表的"以传播学训练为主，以互联网信息传播和应用为辅"的模式。④ 从第四次学科评估结果来看，这三种模式并没有显示出明显的优劣之分。而面对以大数据、人工智能、智能媒体等为代表的新一轮新媒体冲击，新闻传播课程设置可以进一步强化理论、方法、实践和交叉学科四个模块，突出数据技能、故事素养和交叉视野、

---

① 谢新洲、李彬：《新媒体研究的困境与发展》，《新闻与写作》2016 年第 2 期。

② 陈力丹、宋晓雯、邵楠：《传播学面临的危机与出路》，《新闻记者》2016 年第 8 期。

③ 魏然：《新媒体研究的困境与未来发展方向》，《传播与社会学刊》2015 年第 31 期。

④ 谭天、刘方远：《探析新媒体专业人才的培养》，《新闻与写作》2013 年第 10 期。

数据新闻。①

第二节　网络与新媒体学研究进程

学科领域的建立与人才的培养需要学术研究的哺养，而学术研究的瓶颈又会反过来制约学科的发展，因此有必要对中国的新媒体研究提供一个全景式的历时性分析。我们选取了《新闻与传播研究》《国际新闻界》《现代传播》和《新闻大学》四本新闻传播学领域的CSSCI期刊，对在1994—2018年期间发表的所有关于新媒体研究的文章进行全样本抽取。共获得1762篇论文，其中320篇来自《新闻与传播研究》，296篇来自《国际新闻界》，792篇来自《现代传播》，354篇来自《新闻大学》。以每篇文章为分析单位，对它们分别进行以下项目的编码：发表年份、阶段、研究议题类型、理论框架、研究方法、数据类型、资助来源、关注的新媒体形式、引用情况等。其中研究议题与研究方法的分类参照了金姆（Kim）和韦弗（Weaver）在国际互联网研究综述中的编码分类；② 数据类型则参照了波特（Potter）、库珀（Cooper）和杜潘（Dupagne）在大众媒体研究综述中的编码分类。③

一　新媒体研究25年（1994—2018）

中国互联网走过了四分之一个世纪。随着技术和产业的发展，新

---

① 李晓静、韩羽昕：《欧美新媒体传播硕士课程教学分析与反思》，《新闻记者》2018年第5期。

② Sung Tae Kim and David Weaver, "Communication Research about the Internet: A Thematic Meta-Analysis", *New Media & Society*, Vol. 4, No. 4, 2002.

③ W. James Potter, Roger Cooper and Michel Dupagne, "The Three Paradigms of Mass Media Research In Mainstream Communication Journals", *Communication Theory*, Vol. 3, No. 4, 1993.

媒体研究也日益兴盛起来，逐渐形成一派繁荣之势。1996年是国际新媒体研究的"起飞"之年，这一年相关的论文数量比上年激增近一倍。[①] 然而我国的新媒体研究并不见一个明显的起飞之年，而是呈现逐渐升温的趋势。从1994—2018年四大期刊上发表的新媒体研究论文数量以及占当年论文总数的比例来看，这一领域的发展尽管总体呈上升态势，但也在2003—2006年期间存在短暂的下滑（见图1）。从论文的议题分布而言，各个时期的议题类型也呈现差异（见表1）。

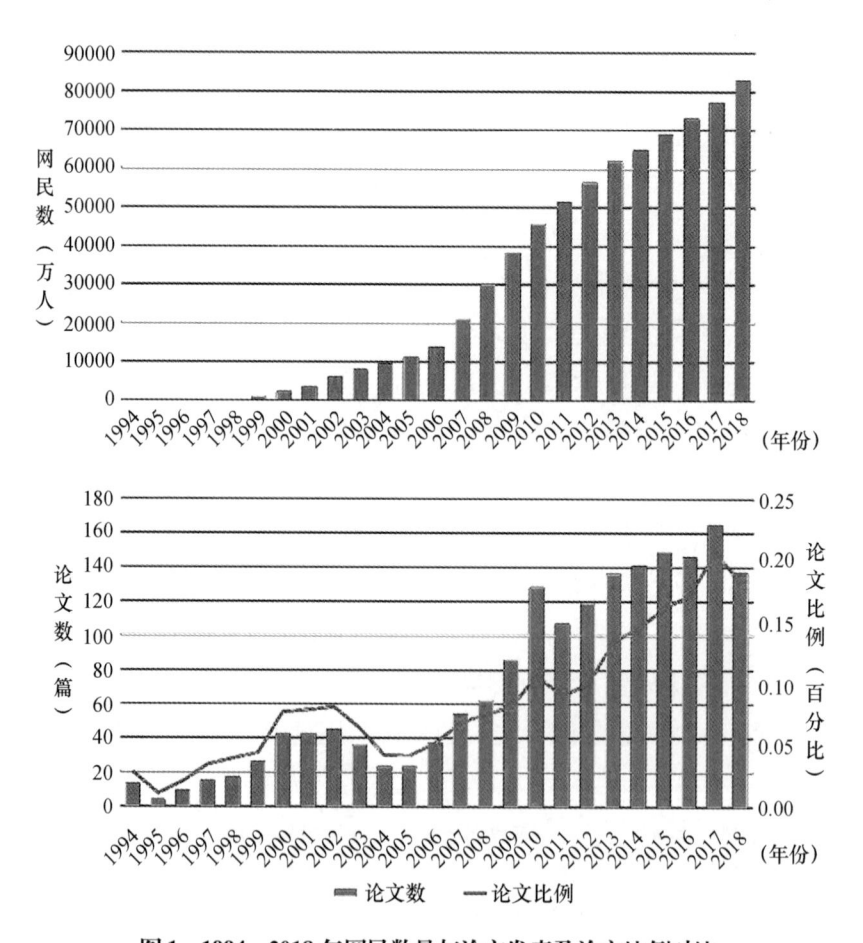

图1 1994—2018年网民数量与论文发表及论文比例对比

---

① Tomasello T. K., Lee Y. & Baer A. P., "New media research publication trend sandoutletsin communication, 1990–2006", New Media & Society, Vol. 12, No. 4, 2010.

表1　　　　　　　　　各阶段研究议题的分布情况

年份	新闻相关	政策法规	使用采用	经济广告	政治民主	文化社会	历史哲学	技术效应	技术问题	教育应用	网站评估	研究相关	其他议题	总数
1994—2000	14	9	10	13	6	22	4	16	23	2	4	6	1	130
2001—2007	26	20	31	29	7	63	3	28	15	9	11	8	6	256
2008—2014	37	47	163	81	68	171	21	75	46	21	9	23	17	779
2015—2018	44	37	101	52	69	141	16	61	24	15	0	20	17	597
总	121	112	305	175	150	397	44	180	108	47	24	57	42	1762

根据互联网技术发展和研究进展逻辑，笔者将新媒体研究的25年大致分为四个阶段。

二　网络启蒙阶段（1994—2000）：从"传统传媒泡沫"的提出到"互联网泡沫"的破灭

1994年中国全面接入互联网。紧接着，具有前瞻性的传统媒体机构纷纷"触网"。1995年1月《神州学人》上网，成为中国第一份电子杂志。同年年底，《中国日报》网站开通，开全国性日报办网站之先河。1997年元旦，《人民日报》网络版正式亮相，标志着"国家队"开始出击新媒体。同时，未来的三大门户网站网易、新浪和搜狐分别在1997—1998年期间成立，成为商业网站的代表力量。在这个阶段里，传统媒体网站与商业网站按照自己的思路逻辑平行发展，却未料到在未来新媒体热潮中将短兵相接。[①] 2000年4—7月，三大门户网站新浪、搜狐、网易先后在美国纳斯达克上市，加入世界互联网产业千禧年崩盘之前最后的狂欢。

1997年国务院信息化工作领导小组办公室授权中国科学院组建中国互联网信息中心（CNNIC），中国首个互联网研究机构诞生。当

---

① 彭兰：《中国网络媒体的第一个十年》，清华大学出版社2005年第1版。

年 10 月，CNNIC 第一次公布了中国网民数量：62 万。我国政府开始重视互联网上的新闻传播活动，在 1997 年 5 月明确了积极支持、促进发展、宏观指导、归口管理的方针；并于 2000 年 4 月成立了网络新闻管理局，负责统筹协调全国互联网新闻宣传工作。

1994 年系中国新媒体研究元年。新媒体学始于朱光烈讨论信息高速公路时提出的"泡沫论"。"信息高速公路"（Information Superhighway）这一说法源自美国克林顿政府在 1993 年提出的信息高速公路计划，旨在推动信息时代的基础设施建设，而基础正是互联网。这一概念启发着学界对新旧媒体进行比较。朱光烈教授认为，不同于广播、电视、报刊等传统媒体，信息高速公路服务具有双向传播、互动沟通和个人化服务的特点，终将让传统媒体化为泡沫。① 这样的预测其实也是当时社会普遍乐观心态的反映。例如中国早期的互联网服务供应商瀛海威时空就在广告词中隐喻式提出"中国人离信息高速公路还有多远？（向北一千五百米）"。

学界与业界的热烈期许与当时中国经济高速发展的时代背景相契合，同时也与国外思想界关于网络新观点的传入有关。从文献计量的结果来看，第一阶段早期的学术研究以跟踪与介绍西方发达国家经验为主，带有很强的启蒙意味，却缺少学术领域的自觉。在该阶段的 130 篇文章中，直接讨论信息高速公路的文章多达 15 篇，论及网络对传统媒体带来的冲击的文章则有 14 篇，直接介绍西方发达国家尤其是美国经验的有 13 篇。同时，国外具有浓重未来主义色彩的书籍也被介绍到国内，引发学界的广泛讨论。其中比较有影响力的著作包括尼葛洛庞帝的《数字化生存》，席勒的《数字资本主义》等，乌托邦式的乐观技术决定论在潜移默化地影响着这个阶段的学界与业界，直至千禧年之交的互联网泡沫破灭。

而到了第一阶段后期，具有前瞻性的新闻传播学者开始在比较

---

① 朱光烈：《我们将化为泡沫——信息高速公路将给我们带来什么》，《现代传播》1994 年第 2 期。

新旧媒体的基础上，思考网络对新闻实务与传播理论带来的变革。例如陈力丹对"大众传播理论如何面对网络传播"以及"网络传播的自由与控制"，程曼丽对"信息全球化时代的国际传播"，丁未对"网络空间的民主与自由"等问题的讨论都是该阶段的高被引论文。① 从研究方法而言，与当时中国新闻传播学研究方法采用的情形一致，这个阶段的新媒体研究以思辨为主，鲜见实证研究。卜卫和刘晓红关于新闻记者网络使用的调查，以及张克旭和黄敏关于网络媒体对台海5·20事件报道的内容分析是极少数采用较为规范的定量实证方法的研究。而把关人理论、框架理论、认知结构和科技建构论是为数不多的几个被讨论的理论框架。②

三 网络勃发阶段（2001—2007）：Web2.0 的异军突起与网络公共空间的威力初显

千禧年之交的互联网业界动荡并没有太多影响网民的热情以及学界的关注，网络媒体的影响力随着互联网的进一步普及而日益壮大。这个阶段最瞩目的变化是从 Web1.0 到 Web2.0 的转变。以门户网站为代表的 Web1.0 实际上是对传统的大众传播模式向网上的延伸，依然遵循专业生成内容（Professional-generated Content，简称 PGC）的编辑发布逻辑。而 Web2.0 的本质是"参与式的架构"，具有交互性、开放性和社交性的特点，用户生成内容（User-Generated

---

① 按照国际学界惯例，引用次数达到100次及以上的论文被列为高被引论文。本章参照的是2019年4月中旬知网数据库中的引用次数。

② 陈力丹：《大众传播理论如何面对网络传播》，《国际新闻界》1998年第5期；陈力丹：《网络传播的自由与控制》，《新闻与传播研究》1999年第3期；陈曼丽：《信息全球化时代的国际传播》，《国际新闻界》2000年第5期；丁未：《网络空间的民主与自由》，《现代传播》2000年第6期；卜卫、刘晓红：《新闻记者的网络使用——〈人民日报〉、新华社、〈中国日报〉记者使用计算机和互联网的报告》，《新闻与传播研究》1998年第3期；张克旭、黄敏：《关注台海：网络媒体关于5·20事件报道的对比分析》，《新闻大学》2000年第4期。

Content，简称 UGC）使得"所有人向所有人的传播"（Communications for all, by all）真正得以实现。① 有学者指出，Web2.0 实质上是一个既继承了传统社会生态又具有自己特质的社会生态系统，是建立在内容之上的社会网络及文化网络。②

千禧年之后，Web2.0 的各种技术应用开始进入创新扩散流程。作为 Web2.0 的早期代表，博客（Blog）于 2002 年进入中国，在 2005 年得到大面积普及，并与主打音视频内容的播客（Podcast）和支持多人协作的写作平台维客（Wiki，又称维基）并称当时的"网络三剑客"。③ 第一代网络红人木子美、芙蓉姐姐等一夜成名。这一阶段 9 篇文章对博客进行了分析，而无专门对播客与维客的相应研究。对木子美为代表的主动型隐私公开化现象，也有 1 篇文章进行阐释。此外，腾讯作为一匹黑马横空出世，从此腾讯的产品 QQ 以及后来的微信开始改变并重塑中国人的沟通方式和生活工作方式。这些影响在后面阶段会更突出，但这一阶段学者还是更多处于观望状态，鲜见 QQ 相关的研究。

如果说 2002 年人民网的南丹矿难报道让人初识全民参与的力量，那么接下来的网络舆论事件则是让这种力量一浪高过一浪。2003 年被称为"网络舆论年"，据统计共有 9 起重大网络舆论事件发生。④ "网络暴民"开始登上历史舞台，并在一系列网络事件，诸如"踩猫事件""韩白论战""铜须门事件"中凸显威力。网民们往往打着"网络通缉令"的旗号将网络事件当事人的线下身份揭露出来进行线上线下的双重讨伐，形成巨大的威慑力。网络到底酝酿出公平与正义，还是暴露出邪恶与疯狂？而为善为恶的边界又在何处？新媒体学界对此从伦理、法律、社会心理等角度多有探讨。值得一

---

① 闵大洪：《中国互联网 Web2.0 阶段的传播与管理》，《中国网络传播研究》2007 年，第 173 页。

② 彭兰：《Web2.0 在中国的发展及其社会意义》，《国际新闻界》2007 年第 10 期。

③ 饶丽娜：《网络三剑客谁主沉浮》，《新闻知识》2006 年第 1 期。

④ 钟瑛、余秀才：《1998—2009 年重大网络舆论事件及其传播特征探析》，《新闻与传播研究》2010 年第 4 期。

提的是，这些网络群体事件从一开始便带有天然的"草根"气质，"本质上是一种对社会公正的渴望"①。

中国新闻网站形成了从中央到地方的完整布局和体系，其中包含三个梯队：中央重点新闻网站、省级重点新闻网站和中心城市新闻网站。②手机和手机短信开始被广泛使用，与之匹配的是各种内容服务，包括手机报等新兴的媒体形式。这样的背景下，媒体融合（Media Convergence）被提上讨论日程。在本阶段的256篇论文中，以这一议题为题的有14篇，多为趋势与策略分析，贡献了多篇高被引文章。例如，孟建和赵元珂从媒介融合的现状出发，对其引发的媒介的裂变与重组、媒介生产方式的革命等层面切入探讨媒介融合现象，进而分析媒介化社会浪潮和未来发展之路。③"信息网络传播权"被列入2001年新修订的《著作权法》，这使得网络传播环境下的著作权保护有法可依。同时政府加大对互联网管理的力度，包括关闭违规网站、论坛等。这期间对网络实名制和手机实名制的讨论也日益激烈，几例博客官司将博客实名制的讨论推向高潮。④

本阶段新媒体研究开始出现系统化、规范化的趋势。传播学经典理论中的议程设置、知识沟、第三人效应、创新扩散、沉默的螺旋等理论均在发表的论文中有所体现。同时，新媒体研究综述在这一阶段开始出现，例如赵莉对1996—2005年网络传播研究的进步与不足的述评，柯惠新对互联网调查研究方法的综述等。⑤更多的实证

---

① 韦路、丁方舟：《论新媒体时代的传播研究转型》，《浙江大学学报》（人文社会科学版）2013年第4期。

② 闵大洪：《2004年的中国网络媒体》，《南京邮电学院学报》（社会科学版）2005年第1期。

③ 孟建、赵元珂：《媒介融合：粘聚并造就新型的媒介化社会》，《国际新闻界》2006年第7期。

④ 陈力丹、付玉辉：《繁荣而活跃的网络传播研究》，《现代传播》2007年第1期。

⑤ 王芳：《十年来我国网络传播研究的进步与不足——对1996—2005年网络传播研究的实证分析》，《国际新闻界》2006年第11期；柯惠新：《互联网调查研究方法综述》，《现代传播》2001年第4期。

研究，尤其是定量实证研究被发表出来，例如谢新洲的关于"沉默的螺旋"假说在互联网环境下的实证研究等。①

2001年1月由北京广播学院（今中国传媒大学的前身）教师撰写的《网络传播书系》（共11本）出版，这是国内第一套网络传播研究的大型丛书和高校教材，标志着该领域的研究进入更为成熟的阶段。之后有关网络媒体的研究著作层出不穷，较有影响的包括孟建主编的《E时代精神——网络媒体新论》丛书（共两辑8本，由新华出版社出版），谢新洲和周锡生共同主编的《网络传播丛书》（共8本，由北京大学出版社出版）等。彭兰的《中国网络媒体的第一个十年》对1994—2003年期间中国互联网发展史进行了全面记录和系统梳理，也是此阶段较为重要的学术著作。同时，国外诸多媒介思想家的著作也被介绍到国内，其中的影响之作包括何道宽翻译的麦克卢汉的《理解媒介：论人的延伸》等系列著作，彼得斯的《交流的无奈》，卡斯特尔的信息时代三部曲等。相对上一阶段广为流传的国外著作而言，这些来自国外高校教授的学术著作已经褪去了未来主义的色彩，加入评判性的反思，为本土学者提供了丰富的思想养分。

四 社交媒体阶段（2008—2014）：关注的力量与人人链接

经过前两个阶段的酝酿，新媒体发展到2008年达到了一个新的高度。2008年中国网民规模与宽带用户数量双双跃居世界首位。网络新媒体在汶川地震、北京奥运、神七发射等一系列重大事件中被广泛运用，被誉为新闻传播领域中影响巨大的、最具发展潜力的主流媒体。因此，2008年被视为中国网络传播从边缘到主流的转折之年。② 同时，新一轮电信重组和3G、4G牌照陆续发

---

① 谢新洲：《"沉默的螺旋"假说在互联网环境下的实证研究》，《现代传播》2003年第6期。

② 胡泳、陈秋心：《中国网络传播研究：萌芽、勃兴与再出发》，《新闻战线》2019年第2期。

放，以 iPhone 和 iPad 为代表的智能手机和平板电脑的出现，使得移动互联网时代徐徐开启。尽管之前手机就被称为"第五媒体"，但一直到这个阶段才彰显出其移动终端的魅力。2012 年我国手机上网的网民数量首次超过电脑上网的网民数量。

社交媒体（Social Media）成为这个阶段最重要的关键词。伴随着全球社交媒体化的浪潮，社交网站（Social Networking Sites，简称 SNS）如人人网（前身为校内网）、开心网在 2008 年前后迎来高潮，紧接着在 2009 年里微博异军突起，以及 2011 年微信时代大幕的揭开。以微信为例，除了其惊人的渗透率外，微信于中国新媒体业还具有特殊意义。在此之前，中国的新媒体产品或多或少跟风于欧美发达国家，在 SNS 和微博上尤为突出。然而 BAT（百度、阿里、腾讯）中国互联网三巨头崛起之后，从微信开始，中国的诸多新媒体产品实现了自主创新，开始在诸如移动支付等方面走在世界前列。[①] 有异于其他社交媒体，微信呈现了一种"公域与私人、现实与虚拟、线上与线下混杂互嵌的移动场景，也由此开启了人类一种崭新的存在方式"。[②] 这个阶段的研究具有从早期的宏观论述"下沉"到用户具体使用行为与效应的趋势。在这个阶段总共发表的 779 篇论文中，163 篇着眼于这个角度，占到了总数的 20.9%。例如，夏雨禾基于新浪微博对微博互动的结构与机制的研究，王秀丽基于问答社区"知乎"对网络社区意见领袖影响机制的研究，方兴东等对微信传播机制与治理问题的研究等均是较有影响的论文。[③]

第三阶段网络群体性事件依然层出不穷，仅 2008 年就有 58 起重

[①] 方兴东、陈帅、钟祥铭：《中国互联网 25 年》，《现代传播》2019 年第 4 期。

[②] 孙玮：《微信：中国人的"在世存有"》，《学术月刊》2015 年第 12 期。

[③] 夏雨禾：《微博互动的结构与机制——基于对新浪微博的实证研究》，《新闻与传播研究》2010 年第 4 期；王秀丽：《网络社区意见领袖影响机制研究——以社会化问答社区"知乎"为例》，《国际新闻界》2014 年第 9 期；方兴东、石现升、张笑容、张静：《微信传播机制与治理问题研究》，《现代传播》2013 年第 6 期。

大网络舆论事件发生，2008年也因此被视为网络舆论监督年。① 同时，国际上风起云涌的"占领华尔街运动""茉莉花运动"借助新媒体的力量发展壮大，也给中国学界带来启发。2013年开始进入互联网的下半场。一个明显的特征是政府成为新媒体领域最主要的议程设置者。② 尽管互联网治理在国际上通行的是"多利益相关者治理模式"，政府在其中仅仅扮演一部分角色。③ 然而，我国政府直接参与传播顶层设计，以"现代传播体系"的建立为目标，因而使得互联网治理继续是学者关注的焦点。④ 与之对应的是网络舆情研究的热潮。早在互联网发展的早期阶段，网络舆论就已经引发了学者的关注。然而网络舆情研究的发展得益于大数据和数据挖掘技术的兴起，多家大数据网络舆情中心陆续成立。有学者就中外传播学领域网络舆论研究做出比较，指出国外的研究多与政治选举相关，以新的传播形态和媒介内容对媒介使用者的影响为关注点；而国内讨论最多的是"网络舆论引导"问题，常常涉及政府形象传播、和谐社会建构问题。⑤

大数据对新闻业带来的挑战与机遇成为一个备受关注的议题，此阶段共有6篇论文对此进行介绍与分析。例如，方洁等对全球视野下的"数据新闻"的介绍，文卫华和李冰以英国《卫报》为例对大数据时代的数据新闻报道的分析。同时，源自前两个阶段的议题在一定时间积累之后，在此阶段也得到了升华。例如人肉搜索现象始于2001年，在2008年前后进入常态化发生的轨道，且在道德、

---

① 钟瑛、余秀才：《1998—2009年重大网络舆论事件及其传播特征探析》，《新闻与传播研究》2010年第4期。

② 胡泳、陈秋心：《中国网络传播研究：萌芽、勃兴与再出发》，《新闻战线》2019年第2期。

③ 章晓英、苗伟山：《互联网治理：概念、演变及建构》，《新闻与传播研究》2015年第9期。

④ 陈力丹：《习近平的宣传观和新闻观》，《新闻记者》2014年第10期。

⑤ 王凤仙：《国外传播学领域网络舆论研究现状——基于ISI三大引文索引数据库的文献计量分析》，《暨南学报》（哲学社会科学版）2015年第2期。

法律及公权力领域最为活跃。有学者指出,人肉搜索中的"范例事件"的启发性是其发生和发展的一个重要机制,谣言与"刻板印象"和"脚本"紧密相关。①

五　智能媒体阶段（2015—至今）：万物皆媒与智能传播

中国互联网在走过二十年之际,又开始下一轮进化。云计算、大数据、物联网、人工智能、AR/VR、区块链这些新技术的兴起给媒体生态带来根本性变革,也给新媒体研究带来深刻的变化。尤其是 2017 年 7 月,国务院发布《新一代人工智能发展规划》,正式将人工智能（AI）提升至国家战略之后,"AI +"给新媒体研究带来新的命题。这些变化不仅包含因新现象、新问题带来的研究命题的更新与拓展；还包含着跨学科交流带来的理论视角、研究路径,甚至理论范式的迭代。尽管新闻传播学一直以来被认为是建立在广泛吸收包括心理学、社会学、人类学、政治学在内的社会科学的养分的基础上发展出来的新兴学科,然而由于种种原因,新闻传播学的"跨学科"性质一直口号高于实际。但是从第四个阶段开始,以问题为导向的研究思路使得新媒体研究开始吸收来自数据科学、计算机科学、认知科学等传统理工科的科研人才,让学术融合成为一个新的趋势。这一点从近期诸多著名高校的新闻传播专业的招聘广告就可以窥见一斑。

新技术给新闻业带来的冲击和挑战是近期的研究热点之一,在这个阶段的 597 篇论文中共有 63 篇（10.6%）从新闻生产系统、新闻分发平台、信息终端等角度进行分析与思考。智能推荐的算法机制带给用户的到底是高效、精准的信息定位,抑或是信息私人定制的"个性化"圈套,最终导致信息茧房？② 同时,作为

---

① 郝永华、周芳：《人肉搜索的第一个十年（2001—2012）——基于集体行为理论的实证研究》,《现代传播》2013 年第 3 期。

② 郝雨、李林霞：《算法推送：信息私人定制的"个性化"圈套》,《新闻记者》2017 年第 2 期。

另一种新闻推送方式,新闻聊天机器人尽管在国内的新闻平台上还未见其身影,但是已经吸引了不少学者的关注,并被认为是新闻业下一个战场。①

对微信与微博的研究继续保持热度。然而与上个阶段的相关研究不同的是,数据挖掘手段使得研究者能够针对具体案例深入挖掘数据,进行现象深描与阐释。例如,通过对某大型社交网站的60万对好友关系的抽取,研究者考察了个体特征、对偶特征以及网络结构特征对在线关系建构的影响。②同时,网络文化的多样性继续为研究者们输送各种命题。网红经济、粉丝经济、IP剧、网络直播、短视频、共享经济等业界关注的现象也成为学术研究的对象,共有20篇论文涉及以上这些话题。

对中国话语与普世价值的讨论并行不悖。一方面诸如"互联网思维""互联网+""网络强国"等战略层面的话语与概念也开始成为研究的热门对象,此阶段共有9篇文章对它们进行探讨。例如,黄升民与刘珊对"互联网思维"之思维的讨论,周鸿铎从媒体融合角度对"互联网+"的阐释等。③另一方面,互联网治理开始直面全球共同面临的挑战,包括隐私、数据安全、被遗忘权(又称"删除权",The Right To Be Forgotten)、信息过载等。在技术发展到智能化阶段的今天,当面对共同的"他者"(AI,或者更广义的技术)时,人类开始打破种族、国别、信仰的藩篱,在更深层次反思人与技术的关系和人类共同的未来。这样的背景之下,我国的传播学者也展示出

---

① 赵睿、喻国明:《"赛博格时代"的新闻模式:理论逻辑与行动路线图——基于对话机器人在传媒业应用的现状考察与未来分析》,《当代传播》2017年第2期。

② 张伦:《个体在线网络关系建构影响因素研究》,《国际新闻界》2017年第4期。

③ 黄升民、刘珊:《"互联网思维"之思维》,《现代传播》2015年第2期;周鸿铎:《我理解的"互联网+"——"互联网+"是一种融合》,《现代传播》2015年第8期。

此类思考的端倪，进行对 AI、虚拟现实等新技术的传播学讨论。①

第三节　网络与新媒体学总结与展望

一　总结与反思

在过去的 25 年中，我国的新媒体学逐渐升温走向繁荣，成为今天新闻传播学中当之无愧的显学。然而在这样"乱花渐欲迷人眼"的表象繁荣之下，实则波涛暗涌。不少学者均表达出对我国新媒体研究理论发展不足，却又高度"内卷化"（Involution）的担忧。② 以第二部分的文献计量研究结果为例，在总共 1762 篇论文中，1540 篇（87.4%）未使用任何明确的理论框架作为指导，而余下使用理论框架的研究中，西方的经典新闻传播学理论如议程设置理论、使用与满足理论等占了绝大多数，基于本土语境下创建的理论几近阙如。不同于互联网诞生于美国之初时带有的去中心化、开放、自由、共享的乌托邦式理想色彩，中国的网络媒体从一开始便无法绕开作为传统媒体延伸的定位，这在中国网络发展的最初阶段尤为突出，大量早期的新媒体研究实则是新旧媒体比较研究。直接导致的后果是问题的核心依然侧重于传统媒体。而面对新媒体，研究者依然使用传统媒体的经典理论，造成"旧瓶装新酒"的局面，不断用新证据去验证旧理论。

这一问题反映在研究选题上便是旧选题的重复与新选题的缺失。例如，互联网发展前两个阶段中一直没有对新媒体用户的采用（Adoption）与使用（Use）予以足够的重视，而更多关注网络媒体对新

---

① 例如，高钢：《传播边界的消失》，中央广播电视大学出版社 2016 年第 1 版；牟怡：《传播的进化：人工智能将如何重塑人类的交流》，清华大学出版社 2017 年版；聂有兵：《虚拟现实：最后的传播》，中国发展出版社 2017 年版。
② 孙玮：《从新媒介通达新传播：基于技术哲学的传播研究思考》，《暨南学报》（哲学社会科学版）2016 年第 1 期。

闻业的影响（见表1）。以网络民族主义为例，这一概念最早出现于2003年，然而关于此议题的讨论并未出现在前三个阶段的四大期刊上。① 有意思的是，这一话题却在第二阶段便吸引了海外华裔学者的目光。留日博士生祁景滢用日文撰写并出版的《中国因特网上的对日言论分析》和旅美学者吴旭用英文撰写并出版的《中国网络民族主义》(Chinese Cyber Nationalism) 便是其中的代表之作。② 他们的工作采用西方传播学的研究思路，将具有中国特点的新媒体研究推介到了非中文世界。另一个典型例子是游戏研究（Game Study）。国际上游戏研究系新媒体研究领域中的热门领域，这从ICA中设置Game Study分支以及几本专门的学术期刊（例如SSCI期刊Games for Health Journal等）的创立即可看出。然而，由于种种原因，即使中国拥有6.26亿的游戏玩家，③ 关于电子游戏的研究一直处于极其边缘的位置，在过去的25年中仅有24篇论文对此进行了研究。有学者指出的新闻传播理论的"结构性贫困"，④ 其原因可能正是以往的新媒体研究不重视普通人的互联网使用经验和社会实践，没有人的故事。⑤

同时，传统媒体思路下的新媒体理论真空又极易被功能主义理论框架所充斥。尽管研究者本着各自的兴趣展开研究，但是各种权力运作在研究议程设置中一直扮演着不可忽视的角色。一个明显的标志便是研究所获得的项目资助。第一阶段鲜见受到国家级和省部

---

① 闵大洪在2009年发表过网络民族主义的论文，详见：闵大洪：《对中国网络民族主义的观察、分析——以中日、中韩关系为对象》，《中国网络传播研究》2009年刊。《国际新闻界》2016年第11期有"帝吧出征与网络民族主义"专题。

② Xu Wu, Chinese Cyber Nationalism: Evolution, Characteristics, and Implications, New York: Lexington Books, 2007.

③ 数据来自《2018年中国游戏产业报告》。

④ 张涛甫：《新闻传播理论的结构性贫困》，《新闻记者》2014年第9期。

⑤ 杨国斌：《中国互联网的深度研究》，《新闻与传播评论》，2017年春夏卷，第2—19页。

级项目资助的论文。从第二阶段开始，受国家级（5篇，占该阶段论文数的 2.0%）和省部级（7篇，占该阶段论文数的 2.7%）项目资助的论文开始少量出现。到了第三阶段和第四阶段，受到国家级（例如国家社会科学基金项目）和省部级（例如教育部人文社会科学项目）项目资助逐渐成为常态。第三阶段，受到这两种级别资助的文章数分别为 140 篇和 160 篇，分别占到了该阶段论文总数的 18.0% 和 20.5%。而到了第四阶段，资助数量分别达到了 205 篇和 111 篇，占该阶段论文总数的 34.3% 和 18.6%。① 尽管我们无法断言项目资助与论文选题之间存在着必然的因果关系，但是不可否认前者对后者的影响。不少学者指出，目前新媒体研究中带有浓厚的"应然"思路和泛滥的"对策话语"。②

这一问题反映在学科建设上则是人才培养依然沿袭传统新闻传播学思路，未能充分展示出新媒体"新"的特性。尽管目前开设"新媒体"相关专业的院校很多，但是其培养方案却混杂不清，缺乏章法，不少课程只是在传统新闻传播课程上添加一点新媒体的噱头而已。新媒体自身的变革和带来的社会冲击在新媒体教育中显得反映不足。

二 未来展望

面对以上问题，历史尚短却又不再年轻的新媒体学如何才能突围而出，在下一轮以智能化为特征的技术进化伊始，改变一味追赶技术而缺少理论构建的状况？

首先，以问题为导向，不囿于传统学科界限，才能不断扩展学科的边界，并有效避免学科内卷化倾向。目前一些新媒体研究者与院校已经开始了理论与实践上的尝试。随着越来越多来自计算机、

---

① 对于同时获得多项资助的论文，统计时只考虑列出的第一项资助。
② 胡泳、陈秋心：《中国网络传播研究：萌芽、勃兴与再出发》，《新闻战线》2019 年第 2 期。

复杂网络、认知心理等学科背景的研究者加入新闻传播学领域,新的研究视角与方法必然会带来更多的思想火花。不少数字原住民(Digital Natives)也已经加入研究队伍并带来更新的视角。同时,一些高校已经开始开设诸如"数据挖掘与可视化""人机传播""计算传播"等新课程,对技术发展做出回应。相信之后会有更多新方法新技术的课程涌现出来,并逐渐成为主流。

更重要的是,伴随着这一轮学科革新而来的可能是对研究范式的重建。始于拉斯韦尔的功能主义范式在传统大众媒体时代提供了诸多诠释性的成功范例,然而却在媒体技术呈现更多具身性和它异性的今天显得捉襟见肘。[①] 重新审视人与技术的关系,对之前的研究范式做出修正,这可能是在不久的将来新媒体研究者需要直面的问题。

我国新媒体学已经走过了 25 个春秋,在取得了不少令人瞩目成就的同时,也存在不可忽视的问题。当下智能化媒体的发展从技术与产业层面为我国新媒体学发展带来了新的契机。在技术努力实现自主创新与引领的同时,人文社会科学发展也同样需要摆脱对西方理论思想的过度依赖,建立起本土的理论体系。未来中国新媒体领域的持续健康发展需要改变缺乏理论自省的自言自语,减少过多以对策为导向的功能主义思辨,真正做到回归新媒体研究的逻辑起点。[②] 回归技术的本质,重抵人—技术关系的核心,在传统与变革、国际与本土的平衡中突围而出。

---

① [美] 唐·伊德:《技术与生活世界——从伊甸园到尘世》,韩连庆译,北京大学出版社 2012 年第 1 版。

② 潘忠党、刘于思:《以何为"新"?"新媒体"话语中的权力陷阱与研究者的理论自省——潘忠党教授访谈录》,《新闻与传播评论》2017 年春夏卷。

第十章

广告学研究

70年是一个相对长的历史阶段,有着清晰的时间序列。历史制度主义注重发展进程中"关键节点"的分析,这意味着制度的改变,是制度变迁的逻辑起点。通常,"关键节点"外在表现为重要历史事件的转折点、起点[1],或者"分水岭事件"[2],是历史过程分析和事件序列分析的切入点,为"无缝的历史提供了可以切割的基础"[3]。对于广告学而言,在70年的发展历程中,可以找寻"关键节点",将其与广告业的发展路径、内在逻辑结合在一起,通过分期的方式描摹时代发展的特性,框架性地呈现各个阶段的发展变化和内在规律。

具体而言,可以从以下几个关键节点切入:第一是1949年,新中国成立,建立起不同于以往的社会主义制度,揭开了历史的新篇章,在此之后新政权开始接管、改造旧中国的广告业,探索社会主义广告的发展。第二是1978年,开启了改革开放的进程,视为历史

---

[1] Andrew Abbott, "On the Concept of Turning Point," Comparative Social Research, 16, pp. 85–106, 1997.

[2] Ronald Aminzade, "Historical Sociology and Time," Sociological Methods and Research, Vol. 20, No. 4, p. 463, 1992.

[3] James Mahoney, Legacies of Liberalism: Path Dependence and Political Regimes in Central America, Baltimore: Johns Hopkins University Press, 2001, p. 8.

的重要转折点,在"以经济建设为中心"的制度安排下,广告业随之复苏,很多学者视为当代广告业发展的开端。第三是1992年,社会主义市场经济成为一种正式的制度安排。市场经济的合法化迎来了商品经济的发展和个人主义的萌芽,当两者结合在一起,推动了广告业进入高速发展的整合期,走向现代化、专业化和产业化的转型道路。第四是2001年,中国加入WTO,进入全球贸易系统,广告市场全面开放,引发广告业的变革,外资广告公司和本土广告公司形成良性竞争的共生关系,成为新世纪的"主旋律"。[①] 与此同时,互联网经历第一次泡沫发展之后开始进入到相对理性的快速发展期,构建了不同于以往的网络社会形态,预示着一种新的断裂的到来。在技术的重塑之下,广告也面临学科发展的重新审视。

从这些关键节点切入,一方面,两个关键节点之间形成了制度的稳定期;另一方面,广告学的发展也在两个节点之间表现出阶段性的同质性,在同一阶段呈现出共同的叙述框架,而在不同的阶段遵循不同的制度逻辑。

第一节 未曾空白的历史:宣传话语中的广告和前学科阶段(1949—1977)

新中国成立后,开始对之前的广告业进行接收、改造。随着社会主义制度的逐步建立,探索社会主义制度框架之内广告的发展也随之展开。但是这段时期政策、路线不断调整,特别是计划经济的确立,广告渐渐失去了发展的制度环境,加之出现了观念的偏见,经历了曲折发展的历程。学者们对这一时期的广告着墨不多,特别是"文化大革命"时期,言之更少。关于这段时期广告的知识生产

[①] 吴晓波:《典型问题》,《国际广告》2003年第1期。

也同样采取了简约化的叙述方式，通常认为进入了停滞期，并无建树。然而，这并不意味着历史的空白，深入这段时期的社会情景和制度环境，仍然可以发掘基于现实的广告知识的建构。

一 从广告到宣传：研究话语的转向

新中国成立后，广告业虽然发展缓慢，但是并没有立刻消失。由于报纸数量迅速增加，"供给制"加重了财政负担，媒体也进行了一些"市场化"的尝试。1949年12月召开全国报纸经理会议，决定报纸实行企业化经营。在转发会议通知时进一步说明："条件好的公营报纸争取自给、报纸定价不低于纸张成本、多登有益广告……"① 这在一定程度上促进了广告的发展，广告收入成为20世纪50年代初报纸的重要收入来源。尽管如此，由于当时经济基础比较薄弱限制了商业广告的发展，政府机关的通告、公告，以及用广告方式传播的党的方针、政策、法令、规章，还有一些启事、消息等成为报纸广告的主流。②

1956年，三大改造完成之后，基本上建立起社会主义公有制。北京市美术公司、上海市广告装潢公司和上海市美术设计公司等一批国营广告公司得以组建，而私营广告公司则逐渐退出历史舞台。在此后的20年里，国家主导下的计划分配、统购统销成为主要的社会生产和流通机制，排斥了市场调节和自主发展的空间，广告慢慢失去了得以存在的市场逻辑。"在1953—1959年间，中国的广告机能发生了深刻的转变。广告的商业情报传达机能依然保留着，但局限在产品信息、包装、告知的范围内。广告在诱导消费方面的机能，随着重工业优先的政策实施而不断萎缩。"③

---

① 陈国权：《谁为媒体提供经济支持？——1949年以来中国媒体经济体制变迁与趋势》，《新闻与传播研究》2018年第10期。

② 同上。

③ 黄升民：《广告的消失和复活——中国广告市场发展的重要转折》，《黄升民自选集》，复旦大学出版社2004年版，第83页。

与此同时，从国家层面开始越来越注重广告服务于政治宣传和社会生产的功能，逐步将其纳入宣传的话语体系。1957年，商业部发出通知，要求全国商业系统认真做好广告宣传工作，明确指出商业广告的任务之一是配合国家政策、政治运动进行政治宣传。商业部还提出了社会主义广告的性质和任务，即"真实、美观、经济、实用"和贯彻实行党和国家的政策的要求，反对资本主义庸俗的气氛。① 广告成为社会主义经济、政治和社会发展的宣传工具。20世纪60年代初，"个人消费品广告急剧减少，后来仅剩下生产资料及书籍、电影、展览会等文化类广告。一些地区曾一度停止执行广告管理办法和制度"。②

这个阶段内外广告有别。20世纪50年代，随着新中国对外贸易③的恢复发展，外贸广告在突破西方封锁线中获得一定发展。只是当时对外贸易主要是与苏联和东欧国家进行的大宗以物易物，所以初期广告宣传较少。1958年由外贸部、商业部、文化部、国家工商行政管理总局联合发出了《关于承办外商广告问题的联合通知》，明确规定："外商来华广告统一由上海市广告公司、天津市广告美术公司、广州市美术装潢公司负责承办"，"地方商业局和工商行政管理局领导广告公司的业务活动"，"广告公司的主要任务是经办艺术性和事务性的工作，不主动招揽外商来华广告业务，不签订长期的

---

① 陈培爱：《中外广告史——站在当代视角的全面回顾》，中国市场出版社2002年版，第78页。
② 同上。
③ "外贸"这种新中国的特殊经济贸易体制：中国的外贸体制实际上是沿用的苏联的外贸体制，就是国家统制对外贸易，只有国家授权的专业进出口公司才能经营，除此之外其他任何人或者组织都不能经营对外贸易。外经贸部那个时候政企不分，这样一个政府机构，它下面挂着一些"中"字头的公司，如中国什么进出口公司，像粮油、纺织品、轻工等等进出口总公司。鉴于中国这样的外贸体制，进出口广告也被视为进出口贸易。转引自祝帅《新中国前30年广告研究的格局及其基本面向——1949—1979年间中国的广告学术论著的历史与分析》，《广告大观》（理论版）2009年第2期。

固定合同，佣金可由20%提高到30%，由国内外广告公司平分，各报刊则不允许直接对外承揽外商来华广告"。①

20世纪60年代初，随着国际形势的变化，我国对外贸易由对苏开始转向西方资本主义国家和港澳地区，为了配合出口商品的对外宣传，1962年成立了专营外贸广告的上海广告公司。② 随着对外贸易的推进，作为特殊形式，外贸广告在服务于对外经济交往中获得一定的发展空间。但当时这种外贸广告被视为进出口贸易的一部分，是对外宣传的有机组成，国家权力直接参与外贸广告的资源分配、调节和管理，而外贸广告根据国家对外贸易的需求履行对外宣传的职能。

"文化大革命"时期，广告的命运急转直下，被视为资本主义的产物，甚至被一度视为破坏计划经济的毒瘤，出现了一些特别极端的看法，如"广告费用的增长是帝国主义腐朽的表现"，"广告是资本主义剥削的巧妙的残酷的手段"等等。③ 这一时期，橱窗广告被破坏、户外广告被拆除，"报纸广告只剩电影预告，许多设计人员下放劳动，不少技术档案资料被销毁或当作废纸出售"。④ 1970年1月19日，刊登完最后三条工业广告之后，《人民日报》取消了广告版面。这些反映了当时社会观念中人们对广告的认知，在现在看来充满了意识形态的偏见。

在商业广告退场的同时，外贸广告也受到冲击。"文化大革命"期间，外贸广告已经比较少了，1967年中国出口商品广告的唯一代理公司——上海广告公司⑤停业。尽管如此，外贸广告并未完全中断。当时进出口公司的业务部门仍然利用"贸易合同项下的宣传

---

① 丁淦林、房厚枢：《20世纪中国学术大典：新闻学传播学出版学》，福建教育出版社2005年版，第76页。
② 姜弘：《广告人生》，中信出版社2012年版，第19页。
③ 王五兰、田同生：《对广告问题的探讨》，《经济问题》1981年第4期。
④ 祝建华、左贞：《广告与上海新闻媒介》，《新闻大学》1986年第13期。
⑤ 上海广告公司停业后归到了上海外贸包装公司。

费",委托海外经销商在当地进行广告宣传。① 除此之外,政治广告、文化事业广告仍然存在,在政治标语和口号宣传中寻得一席之地。

这一时期,广告随国家政治经济制度的调整在起伏中曲折发展,广告研究也随之以游离的方式展开,并未完全消失。研究成果主要是一些感想、政论类的文章,严格来说这些文章还称不上真正的学术研究,基本停留在感性认知和经验的层面,如尹舟谈对报纸广告的认识;② 与此同时,这一时期多是从历史、文学、艺术等学科的视角进入涉及广告的问题,如步及对解放前"月份牌"年画史料的梳理;③ 马克从实践角度分析了电影宣传画的创作;④ 方圆在谈商业美术时指出商业美术包括多种形式的广告以及广告在沟通生产和消费中发挥的桥梁作用。⑤

总体来看,这个时期的广告研究是零散的、不系统的,即使提及广告的概念、知识,也只是一种泛化的认识,往往蜕化为其他学科体系中的点缀或者以案例的形式存在,并没有形成有清晰学科边界的研究领域,更谈不上从广告学科的主体视角出发。在接管旧广告进行改造的基础上,国家开始用马列主义的理论和话语,重新建构对广告的认知,强化广告的宣传职能,广告研究随之出现了宣传话语的转向。同时,这种研究有助于形成对社会主义广告观念的认知,但并未形成广告学科意识,也谈不上学术规范。与之相伴的是研究主体的分散、缺乏共同的学术群体认同。尽管如此,却也是一段不曾空白的历史,恰恰是这样的存在,构成了这一时期广告研究

---

① 具体的做法是出口公司在海外经销商签订商品成交合同时,在价格上让出一定比例的折扣,并注明这笔折扣是用于经销商在当地市场做广告使用的;广告做过以后,海外经销商还需返回广告发票的复印件,作为广告确实做过的凭证。转引自姜弘《广告人生》,中信出版社2012年版,第33—34页。

② 尹舟:《谈报纸上的广告》,《新闻战线》1958年第2期。

③ 步及:《解放前的"月份牌"年画史料》,《美术研究》1959年第2期。

④ 马克:《论电影宣传画的创作》,《美术》1957年第1期。

⑤ 方园:《商业美术漫谈》,《装饰》1959年第6期。

的独特性，并进一步影响着之后对广告的观念建构。

二 宣传的需求与商业美术教育中的广告

早在1920年，上海圣约翰大学就成立了报学系，开设广告学课程，成为高等院校中最早在新闻传播学科设置广告课程的学校。在北京平民大学新闻学系的课表中，《广告学》是新闻学专业三门理论课之一。[1] 1921年，复旦大学、沪江大学分别在商科中设置广告学课程。[2] 这一时期的广告创意依赖美术设计，所以艺术设计学科中也开设过广告课程，如1922年，中华美术大学开办"广告画专门科"。[3] 1927年，周柏生在其创办的"柏生绘画学院"开设了1年制的月份牌特科等。[4]

新中国成立后，开始对高等院校进行接管和改革。1949年10月，华北人民政府高等教育委员会在中央人民政府教育部成立前就明确宣布"废除反动课程添设马列主义的课程，逐步地改造其他课程，"[5] 之后开始以马列主义为指导配合国家建设的需要进行全国公、私立学校院系、专业的调整，取消民国时期的课程体系，学习苏联高等教育发展模式，建立起社会主义的高等教育体系。在这个过程中，高等教育成为马列主义的重要学习和传播阵地，并借此完成了思想改造和意识形态的认同。

这时高等教育的目标是为国家建设服务，重点发展工学和农学。

---

[1] 邱立楠、王妍：《民国新闻教育的理念、实践设计与当代启示——基于民国大学新闻教育的考察》，《视听》2018年第10期。

[2] 桂世河、汤梅：《中国广告学专业教育起源于民国时期的商科教育》，《科技风》2018年第5期。

[3] 《中华美术大学添招特别生广告》，《申报》（上海版）1922年9月9日第4版。

[4] 《柏生绘画学院暨附设月份牌特科招男女生》，《申报》（上海版）1927年7月14日第4版。

[5] 袁爽：《新中国成立初期高等教育的变革与发展研究（1949—1957）》，博士学位论文，贵州财经大学。

相较之下，实施计划经济后，企业的商业属性丧失，商科步入低谷，除了保留会计学等个别商科专业，其余商科专业不复存在，这也直接导致民国时期设置在商科体系之下广告教育的衰退，广告相关课程也没有得以延续。① 与此同时，新闻专业也面临调整，原来开设在新闻系中的广告学课程逐步失去生存空间，几乎被取消。原燕京大学新闻系主任蒋荫恩 1948 年曾赴美进修广告学，归国后返回燕大执教却并未教授广告课程，之后在院系调整中改做总务工作。在 1950 年出版的《燕京大学新闻系概况》中，"报纸的发行与广告"仍是该系的选修课程之一，② 但到 1952 年，燕京大学在院系调整中被撤销，新闻系并入北京大学。

这一时期，广告课程已经从民初商科或者新闻学的归属设置退居到商业美术、装潢设计等领域。如蔡振华、徐百益、丁浩等老一辈广告人先后转入美术学的教学与研究之中。与此同时，中央工艺美院、北京工艺美术学院设有商业美术专业，特别是中央工艺美院在课程设置中涉及商品宣传卡、橱窗广告、商品包装等与广告相关的具体门类。此外，四川美院、鲁迅美术学院等艺术类院校在美术设计类、包装设计类的课程中也涉及部分广告内容。1958 年吉林艺术学院开始招收广告学专业，但实际上教学中依旧以美术设计为主。③ 1959 年在上海召开的"21 个开放城市广告会议"中指出："商业广告是经常向人民群众如实地介绍商品，指导人民消费的基本方法之一，是社会主义文化领域中一种美术形式"，再次强化了广告的美术归属。也正是基于此，有学者认为这一时期的广告教育主要局限在美术领域中，以教授美术设计为主，并不涉及商品经济中的

---

① 桂世河、汤梅：《中国广告学专业教育起源于民国时期的商科教育》，《科技风》2018 年第 5 期。

② 祝帅：《新中国前 30 年广告研究的格局及其基本面向——1949—1979 年间中国的广告学术论著的历史与分析》，《广告大观》（理论版）2009 年第 2 期。

③ 桂世河、汤梅：《中国广告学专业教育起源于民国时期的商科教育》，《科技风》2018 年第 5 期。

广告运作和经营,因此不是真正意义的现代广告学教育。① 实际上无论是课程设置还是专业设置,这时的广告都不是从自身学科发展的角度出发进行的规划,广告的经济属性消失了,只剩下从属于美术学科的作为艺术形态的外壳。

在这段历史中,受战时宣传机制的影响,对广告的认知呈现出较为明显的路径依赖。随着社会主义制度的建立,形成了资本主义广告与社会主义广告二元对立的话语框架。因此,广告有"社会主义"和"资本主义"之分,资本主义国家的广告是为资产阶级服务的,社会主义广告是为国家为人民服务的,两者有根本的区别。在这种制度框架下,随着对内对外广告宣传的需求,这一时期看重的是广告所承担的政治宣传任务,而非沟通生产和消费的功能。党和国家逐渐将广告视为意识形态宣传的工具,开始将其置于与资本主义相对立的社会主义意识形态的话语体系之中,关于广告的叙事出现了话语转向,回避广告的商业功能转而强调广告的政治宣传功能,强调广告服务于国家政治经济发展的作用。通过消弭广告与宣传之间的界限来化解逻辑解释上的鸿沟,广告成为政治宣传的有效工具,宣传的属性得以确立并逐步强化。

尽管如此,随着政治运动的开展,关于广告的认知也随之发生变化,从最初强调社会主义广告与资本主义广告的本质差异性,转变为商业广告是资本主义商品经济的产物,是资本主义的附属,逐渐丧失其存在的合法性。"文化大革命"时期,政治意识形态上升为社会运行的最高标准,商业广告的社会机制解体。皮特·伊文思(Peter Evans)指出在理解政策创新及政策连贯性时,必须要清楚"国家行动的知识基础和国家影响社会知识发展和应用的过程,这是非常重要的一个问题"②。在这一时期,国家行动的知识基础是社会

---

① 潘向光:《中国大陆院校广告教育的历史走向》,《现代传播》2000年第1期。
② Peter A. Hall, "Conclusion: The Politics of Keynesian Ideas," in Peter A. Hall, ed., The Political Power of Economic Ideas: Keynesianism across Nations, Princeton: Princeton University. Press, 1989, p. 362.

主义的意识形态,"任何一种意识形态的基本功能就是说明权威与义务的合法性而产生节约成本"①。显然,这一时期的社会主义意识形态无法为与商品经济有着天然联系的商业广告提供得以合法存在的制度基础,国家逻辑成为影响广告知识生产的主要力量。在历史制度主义的视角下,特殊的意识形态和文化传统影响到了制度框架中的社会团体对自身经济利益和制度权力的定义,随着后者的变化,国家结构也会发生相应的变化。虽然政策是社会集团压力之下的产物,但是利益的表达和他们所能施加的压力也依赖于他们所处的组织结构。②

在这种情形下,虽然关于广告的实践和话语一直存在,但是随着院系调整,原有的广告教育和广告研究逐步边缘化,失去了生存和发展的空间,在新的高等教育体系之下并没有广告学的一席之地,也没有形成稳定的有认同感的广告研究群体。关于广告的话语被局限在宣传的叙述框架之下,存在于行政规章之中。但是这种话语和研究实践为后来学科的发展提供了观念认知的基础,虽然并不必然导致学科的建立,但却成为构成学科不可缺少的组成,可视为前学科时期。

第二节 去意识形态化:求同存异的研究探索与初步的科学构建(1978—1991)

1978 年,中国确立了"以经济建设为中心"的方针,在改革的制度环境下,思想观念也在新旧冲突中发生认知的变迁。这一时期,广告业获得新生,1979 年被称为改革开放后的广告恢复元年,然而

---

① 杨光斌:《政治变迁中的国家与制度》,中央编译出版社 2011 年版,第 30 页。
② 同上书,第 49 页。

恢复发展却并非坦途。

一 为广告正名：关于广告合法性的探讨

改革之初，社会结构急剧变化，利益格局取向多元，广告的恢复备受质疑和争论，一开始就陷入了合法性危机。如何正确地认识广告，如何将被视为"资本主义附属"的广告纳入社会主义的意识形态和制度体系成为其获得合法性的关键。[①]

1978年6月，上海市美术公司成立了以王庆元为组长的五人调研小组，为推动重新恢复广告业务进行实地走访调研，得出结论："从商品的生产销售来讲，我们需要广告"，并向上海市商业局递交了《关于恢复商品宣传服务的报告》和《拟将部分政治宣传牌改为商品宣传牌的报告》两份报告，要求恢复商品的广告宣传和恢复路牌广告。[②] 在调查中，王庆元将广告与商品的生产销售联系起来，强调了广告的经济属性。

1978年12月，胡耀邦开始担任中宣部部长，面对社会公众甚至两会代表和委员对广告恢复的强烈质疑，指派中宣部新闻局进行调查，并明确表示要对正确的、正当的改革举措给予支持。这一年年底，时任上海包装广告进出口公司广告科科长的丁允朋根据自己从事外贸广告过程中的经验认识写了一篇《文汇内参》，提出有选择地恢复国内广告的建议和设想，在获胡耀邦批示后，于1979年1月14日以"为广告正名"为题发表在《文汇报》上。文中指出："对资本主义的生意经要一分为二。要善于吸取他有用的部分，广告就是其中之一。我们有必要把广告当作促进内外贸易、改善经营管理的一门学问对待。"并指出"我们对国外广告也要做引进工作，洋为中用，吸取一些国家广告之所长，来发展社会主义的广告"，"我们的

[①] 孙美玲：《解构与重构：20世纪80年代中国广告业合法性的获得》，《浙江传媒学报》2018年第2期。

[②] 寇非：《广告·中国（1979—2003）》，中国工商出版社2003年版，第11页。

报纸、刊物、广播、电视等，都应该多为我们的新产品、新技术、新工艺、新的服务部门作好广告"。① 这篇文章采取了一分为二的辩证态度，尝试把广告看作经营管理的学问，将其与资本主义生意经剥离开来，广告不再是资本主义的产物而是工商企业参与市场竞争的重要工具，有可能存在于任何商品经济的社会经济形态之中，解除了广告与资本主义"必然"联系的固有认知。

1979 年 11 月 8 日，中宣部正式发布《关于报刊、广播、电视台刊登和播放外国商品广告的通知》（以下简称《通知》），指出"为了适应'四化'建设和对外贸易发展的需要，促进科学技术交流，增进中国人民对各国情况的了解和增加外汇收入，各报刊、广播、电视台在刊登和播放国内产品广告的同时，可开展外国商品广告业务。刊登和播放外国商品广告，应根据我国对外贸易政策及需要，着重于介绍有利于四化建设和可供借鉴参考的生产信息"。② 这则《通知》被看作新中国成立以来第一个正式意义上指导广告工作的文件，明确了社会主义中国开展广告的方向，对广告正名具有重要意义。

针对广告恢复发展中引发的争议，1980 年 8 月 10 日，北京商学院张庶平在《人民日报》发表文章《要研究点广告学》。1981 年 1 月 31 日，唐忠朴在《人民日报》上发表评论员文章《广告的生命在于真实》，回应广告恢复中出现的问题，并于同年 9 月出版了他和贾斌共同主编的《实用广告学》，成为新中国第一本全面梳理广告发展的书。1982 年中国广告学会成立，并于同年 8 月在太原主办了"第一次全国广告学术讨论会"，针对社会主义国家是否需要广告，广告的定义、性质和任务是什么，社会主义广告与资本主义广告的区别等一系列问题进行了讨论。

---

① 丁允朋：《为广告正名》，《文汇报》1979 年 1 月 14 日。
② 陈刚：《当代中国广告史（1979—1991）》，北京大学出版社 2010 年版，第 205 页。

经过讨论，学界业界对于如何理解社会主义国家的广告基本达成了共识，认为广告的性质取决于它所依附的并为之服务的社会经济形态。我国的广告为社会主义经济建设服务，其性质与资本主义广告有着本质区别。广告之所以能够在资本主义社会高度发达并在很大程度上促进了资本主义社会的生产和流动，并非广告具备资本主义属性，而是因为资本主义社会成熟的商品经济为其提供了发展基础，这实际上是"去意识形态"的过程。

这一时期，主张广告恢复的推进者们，通过去意识形态化的方式破除了资本主义意识形态对广告的束缚，解构广告与资本主义的关系，为社会主义广告的合法性提供了主流意识形态的支持和辩护。政府也在"摸着石头过河"的改革中，秉持"不争论"的行动逻辑，而研究者则不断建构着符合社会主义制度期待的"广告"，并通过这种建构消解改革前主导的"广告是资本主义产物"的偏见认知，从而为广告的合法性提供理论上的依据。处于改革探索中的中国广告业在民间和官方、大众与精英之间的妥协、协商、对话中迸发出生机，尽管这种生机在日后的发展中也屡次遭遇各种危机。[1]

二 全球语境与本土语境：广告知识的引介和广告研究的探索

与广告合法性争议相伴而生的是现代广告基本知识的严重匮乏和理论体系的缺失。现代广告学起源于 19 世纪末 20 世纪初的美国，已经是发展比较成熟的学科。在发展中国家现代化的进程中，引进和借鉴外来思想和理论是一个普遍现象。1981 年，《中国广告》创办，是国内第一本广告专业刊物，也因此成为早期介绍广告知识、探讨广告业务和开展广告研究的主要刊物。除此之外，综合类新闻传播期刊也在这个过程中起到一定作用，但是总体而言，发表的关于广告的文章较少。

---

[1] 孙美玲：《解构与重构：20 世纪 80 年代中国广告业合法性的获得》，《浙江传媒学报》2018 年第 2 期。

在广告恢复之初，《国际新闻界》发表了一些介绍国外广告发展的文章，在介绍苏联广告时，特别添加编者按："近来，我国一些报纸刊登有关广告读者来信和评论文章。他们在肯定广告作用的同时，也指出人民'对广告作用的误解和登广告的草率已经引起了事实上的混乱'，呼吁'要研究点广告学'，并提出'借鉴外国'的问题。"①文中重点介绍了苏联对广告错误认知的纠正和恢复广告的具体措施。此时的苏联也处于广告发展的探索期，其做法除了有助于破除对广告的误解之外已无更多先进经验可供学习。

当时对美国和日本广告的介绍占据较多篇幅，如吴书剑对美国广告发展史进行了介绍，②并摘译1978年7月22日美国《编辑与发行人》周刊刊登的关于美国报刊广告与电视广告发展历程的文章。③张景明、王泰玄摘译美国学者丹尼尔·J. 布尔斯丁的著作《美国的流行作品》中的《美国广告问题的形成与特点》一文。有意思的是译者特别在译文下面添加了注，即"资本主义社会作广告，不是为了发展生产，而是为了推销商品。所谓广告的'更新作用'，有两个意思：一是消除旧产品，二是推销新产品，为的使人们产生一种'厌旧喜新'的无限量地追求新奇商品的心理"。④刘明华在《日本广告杂谈》中，较为全面地介绍了日本报纸广告、电视广告、广播广告、杂志广告蓬勃发展的现状。⑤

此外，《新闻战线》也发表了一系列文章介绍美国和日本广告的情况，如姜桂英谈了美国电视广告的制约问题；⑥慧珍对美国广告小

---

① 赵荣麟：《苏联的广告》，《国际新闻界》1980年第4期。
② 吴书剑：《美国的广告》，《国际新闻界》1979年第3期。
③ ［美］迈克尔·墨菲：《报刊广告与电视广告的起落》，吴书剑译，《国际新闻界》1979年第2期。
④ ［美］丹尼尔·J. 布尔斯丁：《美国广告问题的形成与特点》，张景明、王泰玄译，《国际新闻界》1982年第1期。
⑤ 刘明华：《日本广告杂谈》，《国际新闻界》1983年第3期。
⑥ 姜桂英：《美国电视广告受谁制约?》，《新闻战线》1987年第5期。

景的描述;① 楼小燕对美国电视广告片的生产流程的介绍。② 此外，还有一篇申明河对当时菲律宾报刊电视广告发展现状的介绍。③ 这一时期，除了新闻传播类期刊，1987年、1988年的《商业研究》也对世界广告形式进行了系列介绍，具体包括交通广告、杂志广告、包装广告、空中广告、户外广告等。《现代日本经济》《国际问题资料》等期刊也发表了一些关于日本广告的介绍。如郭碧翔对战后日本广告报纸、杂志、广播、电视、户外广告牌、直接信函等出现的一些新情况和新特点的介绍。④

这一时期在对国外广告知识引入和介绍的基础上，尝试了本土化广告研究的探索，打开了广告研究的理论路径，开启了多元的议题探讨。这场现代广告知识的引入起于争议，也是在争议中成就了一批本土化的研究成果，主要集中在以下几个方面：

第一，围绕广告实务进行的多议题研究。如赵育冀就现代广告战略规划的原则问题进行了分析。⑤ 张天君对广告策略进行了具体的界定。⑥ 高晓红对1979年起步的电视广告创作方法进行了探究。⑦ 王继德介绍了几种简易可行的广告效果测定方法。⑧ 此外，关于广告媒介的选择，⑨ 从语言学、修辞学等角度探讨广告文案创作、广告表现形式、广告内容特点，⑩ 构成了这一时期主要的研究主题。

第二，围绕广告与新闻关系的争论形成了广告学科体系的初步

---

① 慧珍：《美国广告小景》，《新闻战线》1980年第2期。
② 楼小燕：《美国电视广告片的生产》，《新闻战线》1981年第2期。
③ 申明河：《菲律宾提倡健康的报刊电视广告》，《新闻战线》1982年第5期。
④ 郭碧翔：《战后日本广告媒体的新特点》，《现代日本经济》1985年第5期。
⑤ 赵育冀：《现代广告战略问题的探讨》，《北京商学院学报》1985年第4期。
⑥ 张天君：《广告策略初探》，《商业研究》1985年第11期。
⑦ 高晓红：《电视广告创作方法探究》，《新闻战线》1989年第11期。
⑧ 张殿国：《试论广告效果测定的几种方法》，《商业科技》1986年第8期。
⑨ 程国平：《如何选择广告媒介》，《管理现代化》1988年第3期。
⑩ 乔全生：《从语言角度谈包装广告的形式和内容》，《山西大学学报》（哲学社会科学版）1989年第2期。

想象。这一时期，报纸、广播电台、电视台开始恢复商业广告的经营，按照"事业单位、企业化运营"的双重体制运行，广告成为弥补中央财政拨款不足的经济来源，于是出现了"广告新闻化"现象，引发了关于广告与新闻关系的讨论。1985 年《新闻学刊》第一、第二期连续刊载文章探讨广告与新闻的关系问题。经历这场讨论，对广告的本质和理论边界有了更清楚的认识，以此为基础聚焦了一批广告基础史论的研究。如赵育冀对社会主义广告存在与发展的客观依据，地位与作用，性质与原则等较为全面系统的论述；[1] 傅汉章对社会主义广告体系的探讨。此外，还出现了一些关于广告史的研究，如仲富兰对中国古代广告起源发展的分析；[2] 兰殿君对我国商业广告的历史追溯。[3] 通过广告史的研究一方面形成了广告史论的学科体系，另一方面也通过历史回溯的方式再次确认了广告的合法性。

第三，广告分支学科研究的开展，主要体现在与心理学、语言学、新闻学的交叉，其中关于广告心理学的探讨较多。1983 年刘学宏探讨了广告与心理学之间的关系。[4] 1985 年徐培汀对广告心理学具体的研究内容进行了较为详细的阐述。[5] 乔桂云在对国内外广告心理学研究新动向梳理的基础上提出广告心理学是商业心理学的分支，是研究广告媒介对消费者产生心理变化及其规律的一门科学。[6] 此外，广告语言学、期刊广告学等概念也被提出。[7]

第四，研究方法的突破。值得注意的是，这一时期出现了定量研究的论文。俞振伟采用内容分析的方法，选取上海的《解放日

---

[1] 赵育冀：《社会主义广告基本理论问题探讨》，《北京社会科学》1987 年第 1 期。
[2] 仲富兰：《中国古代广告探源》，《复旦学报》（社会科学版）1985 年第 6 期。
[3] 兰殿君：《我国商业广告小史》，《文史杂志》1988 年第 5 期。
[4] 刘学宏：《广告与心理学》，《经济与管理研究》1983 年第 4 期。
[5] 徐培汀：《广告心理学初探》，《新闻大学》1985 年第 10 期。
[6] 乔桂云：《国内外广告心理学研究新动向》，《应用心理学》1986 年第 3 期。
[7] 李志武：《期刊广告学初探》，《编辑学报》1989 年第 4 期。

报》《文汇报》《新民晚报》为研究对象，采用抽样方法和分类抽样的方法对1985年年初至1988年10月底的上述三家报纸共4197份建立抽样框架，进行量化分析。① 这篇文章在一众介绍、感想描述类的文章中格外突出，从中可以看出研究者对研究方法的主动尝试。

除此之外，20世纪80年代中后期，出现了一批以广告学命名的著作，虽然数量有限，却在当时产生了较大影响。比较有代表性的有傅汉章和邝铁军合著的《广告学》（1985），杨荣刚的《现代广告学》（1987），汪洋、苗杰主编的《现代商业广告学》，宋顺清、刘瑞武编著的《广告学原理与应用》（1990）等。这些书籍大多是概论性质，教材的编写体例，尝试把西方广告知识和中国的广告实践结合起来，搭建起较为宽泛的学科框架，一定程度上缓解了当时广告基础知识的匮乏，具有特定的历史价值。1991年年底，中国友谊出版社出版了一套《现代广告学名著丛书》（见表1），因其统一的灰色封面设计风格，被称之为"灰皮书"系列。该丛书较为系统地介绍了西方广告理论和实践，被奉为广告的经典读本和理论工具，对广告的认知不再仅仅局限于简单的美术设计而是提升到学科的层面，从而进一步推动了中国广告从传统向现代的转型。

表1　　　　中国友谊出版社《现代广告学名著丛书》一览

书名	著者	译者
《一个广告人的自白》	［美］大卫·奥格威	林桦
《广告心理》	［日］仁可贞文	李兆天
《广告运动策略新论》（上、下册）	［美］丹·E. 舒尔茨	刘毅志

---

① 俞振伟：《报纸广告：趋势、模式与特征——1985—1988上海报纸广告内容分析》，《上海大学学报》（社会科学版）1989年第6期。

续表

书名	著者	译者
《广告攻心战略——品牌定位》	［美］丹·海金斯	刘毅志
《广告媒体研究》	［美］吉·苏尔马尼克	刘毅志
《怎样创作广告》	［美］汤·狄龙	刘毅志
《成功广告80例》	颜伯勤	

毫无疑问，从西方到中国是这一时期广告知识的主要传播方向，借鉴学习西方的广告理论，进行本土广告研究的初步探索是主流，但偶尔也闪烁着从中国流向西方的知识微光。1989年，徐百益出版了英文著作 *Marketing to China: One Billion Customers*，与其英文文章《The Role of Advertising in China》《How to Do Marketing in China》，成为西方了解中国广告的一扇门。① 这种探索虽未形成蔚然之势，却显示了中国广告人的努力尝试。

这一时期广告研究在全球语境和本土语境中开展，在改革的实践和社会主义制度中重新建构广告的意义。在这个过程中，西方广告知识的引入开启了本土现代广告研究的启蒙，介绍、学习和普及是这一时期广告学知识生产的主要路径。与此同时，早期广告业的开创者也在欧美的知识框架内开启对广告实务的思考和梳理，对广告的认知不再仅仅局限于美术设计而是提升到科学的层面，开始有了广告科学和广告学科的意识，从而进一步推动了中国广告从传统向现代的转型。但这一时期的广告研究仍然主要集中在"术"的层面，而对"学"的探讨远远不足，并未完成从"术"到"学"的转换，也还没有形成稳定的学术范式。

---

① 智颖：《徐百益：中国广告业的先驱——徐百益之子徐本健回忆父亲》，《中国广告》2019年第1期。

三 走向建制化：广告学科的制度建设和专业教育的起步

1982年，厦门大学广告学专业开始筹办。其中的契机是西方传播学的引入，当时关于传播学的教育实践已经在香港开展起来。早在1967年，余也鲁在香港浸会大学创设传理学系，1974年出任香港中文大学崇基学院新闻与传播学讲座教授，兼任传播研究中心主任及传播学主任。随着传播学引入大陆，在余也鲁和上海《新民报》老报人徐铸成的促成下开始尝试新型新闻传播教育的探索。于是1983年6月，厦门大学新闻传播系正式成立，包括广告学、新闻学、广播电视学和编辑出版学四个专业，1984年秋，开始招收广告学专业四年制本科。① 厦门大学成为改革开放后第一个设立广告学专业的高等院校。

作为先行者，缺乏专业的师资力量，没有成型的课程体系和教材是厦大广告学专业面临的最大困境，也是这一时期高校广告教育的共同难题。以厦门大学为例，当时教授广告学的老师全部来自新闻系、中文系，为了培育专业师资，提升教学水平，采用了"请进来+走出去"的方法。一方面，余也鲁凭借其海外资源，邀请外籍教师来校讲课，同时，派出教师前往美、日以及香港等院校进行专业培训；另一方面，唐忠朴负责联系国内广告业界富有实践经验的专家以讲座形式进行实务教学，如陈梁、程春、罗真如、李谋等，都曾到厦大讲过课。同时，也积极推荐厦大老师参与广告实践，如安排首届本科生，由教师带队到北京广告公司实习等。②

与此同时，如何构建广告学的课程体系是走向专业教育必须要解决的问题。在余也鲁的牵头下，成立了专家小组，起草教学计划，

---

① 唐忠朴：《我国高校第一个广告学专业创办过程的回忆》，《中国广告》2019年第1期。

② 同上。

最终确定广告学教学大纲。具体课程包括：广告学概论、中外广告史、广告设计基础、广告文稿写作、印艺传播、广告摄影、广播广告、电视广告、大众传播学、传播媒介概论、公共关系学、广告业务实习。① 由此，搭建起广告学专业教育的课程体系，也为其他高校广告学专业的建设提供了可以借鉴的范本。到 20 世纪 80 年代末，厦门大学广告学专业已经可以依靠自己的师资，完成一个教学周期；90 年代初，厦大推出了中国第一套广告学教材——《21 世纪广告丛书》，进一步推动广告专业教育的发展。②

之后，1988 年北京广播学院（现中国传媒大学）设立广告学专业，1989 年开始招生，同年，深圳大学设立广告学专业，成为全国最早建立广告学专业的三所高校之一。1992 年北京商学院（后组建为北京工商大学）设立广告学专业。同年，北京大学艺术学系开设广告学专业，后于 2002 年并入新复院的北京大学新闻与传播学院，组建为广告系。1990 年 4 月，中国广告协会学术委员会在厦大召开"全国首届高校广告教育研讨会"，与会人员包括部分学术委员以及国内十多所已开设广告课程的院校代表，③ 其中包括设立广告学专业和未设广告专业但开设广告学课程两部分。这一时期，还有高校以培训班的形式开展广告教育，比如暨南大学 1984 年开办了"广告人员培训班"，1988 年"该校新闻系与成教学院合作，开办三年制广告与公共关系大专班，并把广告学概论和电视广告专题等课程引入新闻专业本专科的教学中"。④

此外，各种短期学习班、函授学校也构成了这一时期广告教育的另一个面向。1986 年，中国广告协会创办了中国广告函授学院，

---

① 唐忠朴：《我国高校第一个广告学专业创办过程的回忆》，《中国广告》2019 年第 1 期。
② 林莹：《陈培爱：从广告学教育的荒原到森林》，《中国广告》2008 年第 12 期。
③ 同上。
④ 潘向光、丁凯：《中国大陆院校广告教育的历史走向》，《现代传播》（《中国传媒大学学报》）2000 年第 1 期。

首批近 5000 名学员报名参加；1989 年，又联合北京广播学院，开办"广告专业证书班"。① 我国老一辈广告人徐百益提到，当时他每年要外出四五次为各种学习班讲学，主讲广告学和市场营销学，听课对象较为广泛，包括企业管理人员、广告从业人员和工商行政管理部门主管广告的干部等。②

　　总体而言，这一时期广告学被划归到传播学的体系之下，从传播的角度切入，将人类广告活动作为思考的逻辑起点，从最初意识形态层面的争议到建构社会主义的广告观，在求同存异的基础上对中国和西方的广告理论和广告实践进行重新审视，并在引进、借鉴西方广告理论的基础上建构社会主义广告的知识框架。随着高等学校广告专业教育的开展，学科名称得以正式确立，迈入走向建制化的开创期。在学科建设的初期，交织着东方和西方、学界和业界之间的互动，呈现出西学东渐的西方视角和业界实践先于专业教育的特点。同时，在本土实践基础上积极探索如何立足学科发展，如何筹备教学资源、建设教学体系，进行人才培养。当时绝大多数高校并不具备进行广告学专业教育的软硬件条件，因此，并未迎来大规模的发展，整体处于拓荒期。截至 1992 年，全国只有 6 所高校设置了广告学专业。相较而言，社会办学则没有那么多条条框框的制约，于是，社会力量独立办学或者与高等院校合作办学成为广告专业教育不足的有益补充。尽管有诸多不足，这仍然标志着中国广告学发展到了一个新的阶段，广告教育进入正规高等教学的发展轨道，开始了学科的构建。

---

　　① 潘向光、丁凯：《中国大陆院校广告教育的历史走向》，《现代传播》（《中国传媒大学学报》）2000 年第 1 期。
　　② 《孜孜不倦学到老，兢兢业业育新人——访我国广告业前辈、广告学专家徐百益》1986 年第 1 期。

第三节　市场逻辑主导下现代广告学的整合发展(1992—2001)

1992年是一个新阶段的起点。这一年邓小平的"南方谈话"从根本上终止关于"市场经济姓资姓社"的争论，为最终中共在十四大上确立社会主义市场经济的改革路线扫除了障碍。市场经济正式确立后，当代中国改革运动也随之明确了未来前行的航向，改革的动力从观念突破转向制度的创新。1992年的物价改革与1994年的税制改革很大程度上解决了价格混乱的问题，促进了全国公共市场的形成。到90年代中期，价格双轨制逐渐退出历史舞台，市场终于实实在在成为资源配置的主导力量，广告的作用因此凸显。1993年3月，国务院转批国家计委《关于全国第三产业发展规划基本思想》，其中明确把广告业列入第三产业发展的重点。同年7月，国家工商局、国家计委印发《关于加快广告业发展的规划纲要》的通知，进一步肯定了广告在社会主义市场经济中的重要作用，这也是第一次从国家层面鼓励支持广告业的发展。在这种制度环境下，伴随产品市场化以及企业市场化的深入，广告业迎来蓬勃发展。

一　外生观念的本土化：广告研究的自觉尝试

1992年之后，广告市场逐步开放，广告公司如雨后春笋般涌现。私人广告公司迎来创办的高潮，外资广告公司进入大陆。1993年广告公司的数量是1992年的近三倍。① 外资广告公司带来专业化和科学化的广告运营理念和实操工具，广告策划、CI、效果调查、品牌形象、市场营销等深入到具体的广告实践活动中。这也促使本

---

① 陈培爱：《中国广告教育二十年的发展与基本经验初探》，《江西财经大学学报》2000年第2期。

土广告主和广告公司开始转变对广告的认知，经过"去魅"，广告从单纯的传播消息的文字或者简单设计的图文形式逐步转变为专业化分工、科学化操作、流程多元复杂的现代营销传播活动。"商业文化和商业言辞很好地融进了中国的流行文化和社会景观，以致中国严肃的学者不能再视广告为混乱的、不值得研究的物质文化了。"①

随着广告实践的开展，广告研究开始突破原来从设计包装、文学修辞等边缘的、交叉的外围视角切入的研究路径，进入到广告基础理论的探讨。广告研究走过最初的知识引入转而进入有意识地自觉探索的阶段，而这也是外生观念本土化的过程。一方面，在引入西方广告理论的基础上结合本土实践开启了借用西方成熟的广告理论解读本土广告的对话，从而从介绍知识进入到阐释知识、应用知识的阶段。另一方面，外资广告公司进入后，原本在本国无往不利的广告原理、法则、方法和工具在中国这片广阔复杂且特殊的市场上也遭遇了"水土不服"后的本土化适应和调整。

关于这一时期的广告研究，很多学者进行了各种量化的分析。其中姚曦、李名亮以《全国报刊索引》（哲学社会学版）为主要资料来源，统计分析了G2（信息与知识传播）和F7（贸易经济）两部分"广告"主题词下的论文，这一时期的具体数量分布如表2所示。

表2　　　　　1992—2001年广告学研究论文年发文量②　　（单位：篇）

年份	1992	1993	1994	1995	1996	1997	1998	1999	2000	2001
论文数量	56	71	95	144	136	179	272	261	238	110

---

① ［美］王瑾：《品牌新中国——广告、媒介与商业文化》，何朝阳、韦琳译，北京大学出版社2012年10月第1版，第7页。

② 姚曦、李名亮：《中国大陆广告学论文研究现状定量分析》，《新闻与传播评论》2003年第1期。

1992—1993年这段时间广告研究文章偏少，主要是老一辈广告人和一些新进入的研究者。20世纪90年代中后期迎来了广告研究的快速发展期，研究论文的数量平稳上升。1994年，《现代广告》创刊，1996年《广告大观》创刊，与《中国广告》《国际广告》共同组成广告学领域的四本期刊，成为学界和业界交流和发表的重要平台。同时，伴随广告高等教育的高涨，广告乃至新闻传播大类的专业教师逐渐成长起来，成为知识生产的主力。随着CI、品牌形象、整合营销传播等的引入，一方面，业界找到提升专业化水平的理论依据，而另一方面，研究者们开始探讨广告实践中西方广告理论本土化的问题。此外，围绕"广告代理制"的试行（1993）、《广告法》的正式实施（1995），关于广告经营管理的探讨成为学者们关注的另一焦点，研究趋向多元化和纵深化。

1995年徐智明在成功获得中国邮政广告公司的集资后创办了北京广告人书店，1997年更名为龙之媒广告文化书店，成为全国首家广告专业书店。1996年该书店根据市场需求和行业发展策划出版"龙之媒广告选书"，不仅引进许多西方广告的经典读本，如唐·舒尔茨的《整合行销传播》、大卫·艾克的《品牌领导》、克劳德·霍普金斯的《我的广告生涯·科学的广告》以及大卫·奥格威的全部著作。另外，还集结了当时富有实践经验又深具理论素养的研究者，推出"大专院校广告教材系列"，涉及广告媒体投放、广告心理、广告策划、广告创意、广告调查等内容。如黄升民的《广告调查——广告战略的实证基础》、陈俊良的《广告媒体研究——当代广告媒体的选择依据》、马谋超的《广告心理——广告人对消费行为的心理把握》等。这套书的推出让广告教材从概论概述进入细分深耕，成为许多院校的专业教材，并以此为基础形成了较为完整的课程体系和学科知识框架。

同时，这一时期广告学术会议的召开也较为频繁，呈现出学术交流与广告实践紧密结合的特点。其中，中国广告协会每年举行一次全国广告学术研讨会，"广东、四川、上海、陕西、广西、甘肃、宁夏、浙江、福建、山东等省、自治区、直辖市也分别进行广告专题研讨活动。（中国广告协会）报纸、广播、电视、广告公司委员会，每年也都召开年会，就广告行业发展的突出问题进行学术交流和研讨"。① 此外，中国广告协会学术委员会也定期组织学术研讨会。1995年5月25日在上海召开了第三届学术委员会会员代表大会，赵晨仔当选学委会主任，提出每年出一本论文集、每年围绕广告业发展中的重大问题组织一次论证等计划，并先后确立了"广告业的经营与管理""广告人才需求培养""广告效果的研究与分析""广告行业竞争力""中国广告业生态环境"等议题，在学委会的学术研讨会上进行了讨论，汇编成论文集出版，成为这一时期广告研究成果的集中体现。这个时期广告学术委员会的成员主要来自业界，多立足于实践，针对广告业发展的现状以及发展中出现的问题进行探讨，由此，形成了业界与学界紧密相连的互动机制，且呈现出业界先于学界的探索和尝试。

总的来说，这个阶段伴随广告业的快速发展，广告研究开始走向自觉，尝试在中国这片广阔的市场空间中找寻作为外生观念的各种西方广告理论的合适的生发机制，形成了稳定的专业知识生产主体和学术研究的机制，产生了一批学术论文和专著。原国家工商行政管理总局广告司司长郑和平曾说："我国广告理论研究已经不再是分散在企业经营管理、媒介传播，以及文学、艺术等多学科内部的边缘理论研究，而是从多学科出发，汇集成一股有中国特色的广告专业学术主流。"② 在这个过程中，市场取代意识形态成为主要驱动力量，在业界和学界的对话中形成了广告研究从现实问题出发寻找解决办法的应用性研究路径，开启了广告科学性和专业性的研究话

---

① 杨培青：《专论：广告学术研究要立足现实，展望未来》，《1997中国广告年鉴》，新华出版社1997年版，第34页。

② 郑和平：《龙之媒广告选书·序》，引自马谋超《广告心理——广告人对消费行为的心理把握》，中国物价出版社1997年版。

题。但也正是基于此,这种研究的自觉或多或少地缺乏深层次的理论反思和集体化的学界回响,作为年轻的应用性学科,其自觉的程度与其他社会科学相比还有很大差距。

二 正式制度安排下:广告学科的蓬勃发展

广告业高歌猛进地发展,催生了广告专业办学的热潮。1993年,广告学作为正式专业出现在国家教委第二次修订后的专业目录中。在这个阶段广告教育走过最初的建制化,开始扩张并迎来繁荣发展,暨南大学(1994)、武汉大学(1994)、吉林大学(1994)、中国人民大学(1995)、复旦大学(1995)、兰州大学(1996)、上海外国语学院(现上海外国语大学,1997)等相继成立广告学专业或广告系。

1993年,中国传媒大学(原北京广播学院)开始招收广告学方向硕士研究生,[①] 2001年则招收了国内广告学方向第一届博士研究生。1997年,武汉大学以广告学为主体成功获批传播学硕士点,同年开始进行广告学方向硕士研究生的招生。2002年,武汉大学再次以广告学为主体,成功获批传播学博士授权点,用了八年时间完成了广告学本科、硕士、博士不同层次的办学。[②] 除新闻传播学院之外,工商管理类学院、艺术类学院等也开始设立广告学专业。

1997年,国家教委(教育部)颁布了再次修订调整后的专业目录,广告学属于传播学下的三级学科,传播学属于新闻传播学下的二级学科,确立广告学为新闻传播类本科专业之一。新闻传播类本科教育层面设有新闻学、广播电视学、广告学、编辑出版学,在研究生教育层面设有新闻学、传播学,广告学是传播学的一个研究方向。1998年,中国人民大学、复旦大学、中国传媒大学等高校获得

[①] 黄升民、丁俊杰等:《30所高等院校广告教育现状分析及建议》,《广告新生代》,中国广播电视出版社1997年版,第24页。

[②] 参见武汉大学新闻与传播学院网站。

传播学硕士学位授予权。截至 2002 年，全国已经有 26 所院校招收广告学方向的硕士研究生，6 所院校招收广告学方向博士研究生，①到 2003 年全国开设广告专业的院校已经有 210 多所。②

在广告高等教育快速发展的同时也隐含着一些不可回避的问题，除较早开办的重点院校有较好的师资、教学经验和办学条件之外，大多数学校缺乏专业师资。这一时期，广告学教师大多来自中文、新闻、经管等专业，接受过广告学专业教育甚至获得博士学位的非常少。同时，作为应用性较强的学科，任教老师却大多数缺乏业界实践，只能依据教材上课，专业教学经验不足。广告高等教育的快速发展和师资力量不足的矛盾仍然十分突出。

第四节　技术与断裂：转型探索中的广告学（2002—2019）

2001 年，中国加入 WTO，广告市场全面开放，逐步进入全球化的生产和贸易体系，集中体现在外资广告公司大举进入，对中国一线城市的重量级广告公司造成较大冲击，对此他们尝试通过整合进行应对。③ 进而引发了外资广告公司本土化与中国广告公司规模化的深度探讨。另一方面，2000 年前后经历了第一次"泡沫"后，互联网开始进入相对理性的快速发展阶段，伴随着信息技术革命的推进，由此塑造了"一个新的支配性的社会结构——即网络社会：一个新的经济，也就是信息化、全球化经济"，④ 引发政治、经济、文化乃

---

① 《2003 中国广告年鉴》，新华出版社 2003 年版。
② 陆斌：《广告教育正是欣欣向荣时》，《现代广告》2005 年第 1 期。
③ ［美］王瑾：《品牌新中国——广告、媒介与商业文化》，何朝阳、韦琳译，北京大学出版社 2012 年 10 月第 1 版，第 38 页。
④ ［美］曼纽尔·卡斯特：《千年终结》，夏铸九译，社会科学文献出版社 2006 年版，第 321 页。

至社会生活等各方面的革命性变化。肯尼斯·博尔丁①认为不同的技术及其所型塑的社会模型之间的边界是断裂的,即"断裂边界","在断裂边界上,一个系统突然变成另一个系统,换言之,在其动态发展过程中,他突然跨越了再也没有回头路的分界点"。②

断裂边界意味着新的社会结构和媒介生态系统,作为依附性极强的广告业,也同样发生着各方面的转变。全新的技术体系和关键生产要素对广告研究和产业实践的渗透无论在广度上还是深度上都是空前的。在愈加开放且成熟的市场环境和数字媒介崛起的双重压力下,广告不得不进行适应性转型——从过去依赖传统媒体转向以互联网为基础的新媒体。在这种背景下,传统广告的生存危机越来越凸显。

一 广告理论的自觉建构和创新

中国广告业经历了从学习到积累的过程,开始进入到反思和批判的阶段。前期主要学习西方广告业的发展经验和理论研究,甚至直接拿来应用,快速成长的同时也忽略了中国的独特性。实际上,广告与一个社会的政治经济文化有着密切的联系。以欧美为主流的西方广告发展模式是在发达国家自身的社会政治经济文化环境中逐渐形成的,整个广告产业结构也是与其社会政治经济体制相适应的。虽然欧美的成功案例对中国这样后起国家的广告发展起到过不可估量的作用,但是西方化并不是中国化,就中国而言,它的市场环境、政治环境、媒介环境和文化传统,与欧美和其他国家、地区是不同的。

在这个阶段初期,广告业在快速发展的同时被遮蔽的问题也日

---

① 肯尼斯·博尔丁(Kenneth Boulding, 1910—1991),美国经济学家,曾任美国经济学会会长,论著宏富,代表作有《和平经济学》《经济学的重建》《组织革命》《经济政策原理》《20世纪的意义》《超越经济学》《形象》等。

② Boulding, Keneth, The image: Knowledge in life and society. Ann Arbor: University of Michigan Press, 2010.

益凸显。在广告发展模式的选择中,中国不可能完全按照西方的制度、环境、模式和标准来确定自己的发展道路,而是需要在反思和批判中明确两者之间的差异,根据实际情况,寻找出适应本土发展的新路径。随着广告业的全面开放和互联网的冲击,如何立足中国国情,探索广告产业发展的问题成为学界的共识。围绕广告产业的发展,研究主要集中在以下几个议题:一是对广告产业发展现状、存在问题及现有政策的思考;二是对广告产业构成主体——广告公司和广告媒介的经营管理和发展趋势的研究;三是对新媒体环境中广告业发展模式和实现路径的研究;四是对中国广告产业的市场结构和产业结构转型的研究。[1]

针对上述议题,研究者们如陈培爱、张金海、陈刚、黄升民、丁俊杰等以一种学术自觉的反思和批判的视角立足中国的广告实践,产生了一批回应现实、引导发展的学术成果,逐渐汇聚成中国广告产业发展模式的研究,并成为这个阶段的主导性问题。较之前的研究,这些成果兼具一定的现实意义和理论价值,更为系统和深入,进一步明确了中国广告研究不能简单照搬发达国家的经验,而是要对中国问题进行中国式的研究。这场学术讨论,在行业内外产生了较大的反响,成为广告业"十二五"规划的重要思想来源。在某种意义上,标志着中国的广告学术界逐渐摆脱了长期以来追随行业发展的依附状态,确立了前沿性的引领行业发展的新角色。[2]

与此同时,改革开放以来,广告的发展经验也为构建自己的话语体系创造了良好基础。研究者们对中国的社会结构、市场特点和发展道路所塑造出的中国模式的特殊性达成共识,逐渐突破传统的西方广告话语体系,使建构中国的理论成为可行。如 2010 年以来,北京大学陈刚及其学术共同体提出了"发展广告学"。陈刚认为随着

---

[1] 陈刚、孙美玲:《结构、制度、要素——对中国广告产业的发展的解析》,《广告大观》(理论版) 2011 年第 4 期。

[2] 同上。

广告产业的发展作为明确的问题凸显出现，发展广告学应运而生。发展广告学在分析和探讨中国广告产业内在特点和规律的基础上，提炼影响广告产业发展的关键因素，解释广告产业变化的路径，从而建构了一个富于解释性和判断力的系统的理论框架和话语体系。发展广告学是对发展理论的应用和拓展，并非简单照搬和沿袭。[①]

二 广告学科的数字化调整与转型

随着新兴技术系统在社会创新中越来越广泛的应用，创新已经从物质改造范畴延伸到社会范畴，具有深刻的革命性。技术的发明创新有着自身的运行逻辑，即内在的规律性。新兴技术创新与传统技术创新有所不同，表现出鲜明的生态特征，它能感知环境并通过调整自身来做出适当反应，是一种没有边界限制的、开放的、包容的、超越工具的系统的创新。这种创新内嵌到社会结构之中，进而引发生产方式的变革。在产业技术范式的层面，以互联网为基础所形成的新兴技术系统是现代广告发展成熟以后最具革命性的影响因素，它不断地渗透、影响着广告的生产。

随着互联网的快速发展，无论是宏观的社会结构、市场环境还是中观的媒介生态、广告业都发生了深刻的变化。对互联网的认知也从最初的新媒体逐渐转变为产业思维和平台思维，互联网重构了新的时空场景，中国广告业所面临的生存和发展环境更为复杂。在这种情况下，互联网推动了传统广告业的变革和创新，互联网和广告的结合催生了互联网广告。伴随技术的进步，从最初的互联网合约广告发展到相对精准的互联网定向广告再发展到竞价广告进而发展出广告交易平台、需求方平台、供应方平台、数据管理平台等，产生了程序化广告。在这个过程中，互联网广告从展示到效果再到大数据，无论是产业形态、运营模式还是策略创意都发生了深刻的变化。

---

① 陈刚：《什么是发展广告学》，《广告大观》（理论版）2012年第6期。

随着数据和计算的引入催生了新的广告生产要素和广告运作体系，重构着广告的内容生产、广告的生产主体、广告生产资料、广告生产工具和广告生产关系等，进而影响广告的知识生产和学科发展。如对广告的界定越来越模糊，原有的学科理论范式解释力不足，广告公司的经营模式、服务模式、传播模式相应地发生转型。一个典型的例子就是传统4A广告公司的衰落，而微信、微博等社交平台上各种新形式的广告屡见不鲜。面对这种改变，基于大众传播时代建构起来的广告理论体系呈现出了种种的不适应性。

这个阶段中国互联网的发展与西方国家相对同步，这也让中国和西方站在了互联网广告研究的同一起跑线上。目前，中国已经成为仅次于美国的全球第二大互联网广告市场。由于互联网的新生特点，关于互联网广告的研究一开始就带有创新性。早期的研究试图描述什么是网络广告，它的特点、表现形式和规律，由于囿于当时互联网发展的阶段和对其媒体属性的认知，难免以传统广告为参照进行阐释。随着互联网的发展，开始从技术、商业与社会等多维层面对其进行理解，目前以互联网为基础的新兴技术已经快速演化成大数据、区块链、人工智能等全新的技术形态。在新的时空场景中需要重建广告学自身的学术品格，知识生产和知识创新迈入新的时期，开始尝试构建中国广告学的方法和理论体系。因此，这一时期出现了一批以互联网广告为研究对象的学术成果，跳出了传统的范式走向了理论创新的路径。

三 广告学科的数字化调整与转型

当前，无论是广告行业发展还是理论研究都面临重新构建，广告学作为应用性强，与行业发展密切相关的学科，需要直接从行业发展和理论创新中探索适应自身发展特色的模式，而广告教育是承载广告学科发展的重要基石；广告学科的发展也直接影响到广告行业和教育的发展。这一时期广告学科同样面临数字化的调整与转型发展。

在转型中，作为新兴的交叉性综合性学科，广告学首先表现出明显的创新性。新的传播时代需要创新性的学科理念和学科理论，在具体的广告教育中要给学生提供满足前沿发展的优秀教材、实践案例以应对不断变化的技术、商业、消费、广告模式；从教学内容和知识体系上看，将有利于广告学科的研究方法和知识结构充分引入到广告教育中，进一步提升广告学的科学性和学理性。

其次，广告学表现出明显的融合性。一方面是学科之间的融合。在学科建设中应该打破学科界限，科学而合理地对经济学、心理学、统计学、艺术学、管理学等进行吸收与发展。但同时也要注意避免为了融合而融合，出现异化沦为其他学科的附庸，甚至成为边缘学科。而另一方面，体现为新闻传播学科内部之间融合。在传统的新闻传播学科中，广告、新闻、广播电视学与编辑出版学等边界较为清晰，相对独立。在互联网构筑的数字生活空间中，广告、新闻、广播电视等都是其中的内容，彼此之间的边界开始消融。从信息传播内容的角度思考，广告的价值在于为广告客户生产、传播积极的有影响力的内容，实际上新闻与传播学科内部的各个专业，都应是广告教育的内在部分，而不是彼此独立的各个专业。所以，广告学科应该逐渐打通同其他专业的界限，基于广告专业的价值和需求，把学科内部其他专业的核心课程，整合为广告教育的有机部分。①

在这个过程中，另一个需要解决的问题是作为广告学科的知识生产主体，广告专业出身的教师一方面并未完全成长起来，师资匮乏；另一方面却又面临知识结构老化的现实。当前，大多数专业教师接受的都是传统的广告教育，无论是理论体系还是操作实务都难以应对社会现实的问题，难以满足学生的求知需要。而且广告教育的资源绝大部分集中在北京、上海、广州等一线城市，而身处二三线城市高校中的教师大多很难有机会接触最新的营销传播。总体来

---

① 陈刚：《关于广告教育数字化转型的思考》，《新闻与写作》2017年第10期。

看，广告专业的师资力量有待提高，而且比较欠缺适应教育改革或者引领改革的教师。数字时代广告学科的转型是各所高校当前面临的共同课题。①

第五节　结语

纵观中国广告学这 70 年的发展，可以发现三条脉络交织在一起共同型塑了今天的学科面貌。一是影响和决定广告学科演进方向的各种宏观制度、中观制度和微观制度。其中宏观制度上集中体现为计划经济走向市场经济的制度变迁；中观层面主要涉及与广告相关的产业制度、传媒制度、企业制度的变迁，如第三产业的发展、传媒体制的改革以及国有企业改革、私人企业的合法化等提供了广告发展的市场空间。微观层面主要是广告自身制度的变迁。另一条是广告实践的过程，经历了从单一的国营广告公司经营模式到合资广告公司、私人广告公司、外资广告公司多样化的竞争态势再到目前"去广告化"的互联网平台经营。而在这两条之外，关于广告的观念认知的变迁——从意识形态化到去意识形态化一直贯穿始终。就中国广告学科的变迁历程来看，呈现出的是自上而下的政府主导和自下而上的行业自觉实践相结合的发展轨迹，总体表现出一种渐进式多重制度因素综合影响的演变路径，局部呈现出国家主导的强制性制度变迁的特征。

在多重制度逻辑的影响之下，广告学逐渐形成了自己独特的学科范式。在观念层面，完成了社会主义广告学科的建构，形成了同行之间共同认可的研究领域和研究方法，取得了一系列研究成果；在社会建制层面，以正式学科制度的形式获得发展，形成了一批以高校教师为代表的职业化学者，有稳定的学术组织和常态化的学术

---

① 陈刚：《关于广告教育数字化转型的思考》，《新闻与写作》2017 年第 10 期。

会议以及学术期刊，完成了课程体系和学生培养方案的建设。如果把广告学置于当代学科发展的话语之中可以发现，相较于其他人文社会学科，广告学依然"稚嫩"。

第十一章

编辑出版学研究

　　编辑出版活动是对信息进行加工、复制和传播的过程,也就是常说的编辑、印刷和出版行为。编辑出版学是研究编辑出版的学科,通过对编辑出版生产实践的学理性研究,发现编辑出版活动中的真理规律,教育以培养人才,最终指导生产实践。由于编辑出版活动本身的驳杂性,应用性、前沿性、交叉性是编辑出版学区别于其他新闻学与传播学学科的主要特点。为了适应编辑出版生产中教育、专业和大众出版的主要领域划分,知识和阅读成为编辑出版学学科的两大关键词,知识关乎知识的生产、传播、传承,阅读则主要强调读者阅读内容时的精神愉悦感。顺着社会对知识与阅读的需求及其形态变化的线索,便可以管窥新中国成立70年以来我国编辑出版学学科何以从职业培训转变为一门独立学科,厘清其创立、壮大与变革的脉络,又是怎样在21世纪面临数字化挑战;以适应知识与阅读的变迁为原则,同时也可以回答编辑出版学应当如何完善自己的学科体系,又何以从研究对象和方法上实现数字化的转型,从而对这一学科的存在问题与发展方向做出科学预判。

第一节 "从无到有,从有到兴,兴中有变":编辑出版学的 70 年之路

不同的时代、不同的社会对其需求的不同,重知识、轻阅读或是重阅读、轻知识,造就了历史上每一时期的编辑活动和出版产业面貌。在学科性质上,编辑出版学研究的是编辑出版活动,作为"嫁衣的嫁衣",它与现实生产实践直接对接,反映出强烈的目的性、当下性和本土性。自新中国成立以来,知识与阅读孰为重心的反复摇摆,使我国编辑出版学在适应编辑出版行业需求的前提下,从职业培训变为独立学科,再到数字出版转型,整个学科发展历程形成了阶段特征明显的三个时期。新世纪后,数字化浪潮再一次引发阅读与知识结构的嬗变,促使编辑出版学学科研究对象与方法向数字出版产业和数字化研究法调整转变。"用以为先"是我国编辑出版学遵循的基本原则,由此产生了我国编辑出版学学科"从无到有,从有到兴,兴中有变"的 70 年之路。

一 "嫁衣"的"嫁衣":用以为先的编辑出版学

编辑出版学是一门与现实的生产应用直接对接的学科,先有编辑出版活动,后有编辑出版学。编辑是"以规划、设计、组织精神文化生产和以鉴别、选择、优化精神文化成果为手段,以传播、积累、发展精神文化成果为目的,而在著作者和视听者之间进行的社会文化活动"[①],出版是"将经过加工提炼的知识信息产品,通过某种生产方式大量复制在一定的物质载体上,并进行广泛传播的过程",出版的基本环节包括"出版项目策划、作品的编辑加工、物质

[①] 向新阳:《编辑学概论》,武汉大学出版社 1995 年版,第 4 页。

产品制作、出版物发行"①。所以，编辑与出版活动本身常常被称为是"为他人作嫁衣"，编辑出版学无疑是"嫁衣的嫁衣"，它的目的性在于这一学科不仅仅停留在发现真理，而是要利用真理，它的一切研究成果应当直接或是间接地指导有关编辑出版的文化活动，包括内容生产、阅读行为、制度管理等各个方面。但凡我们说到编辑出版学时，已经包含了大量的当下特征，就如同其定义一样，相比梳理诸如编辑学、出版学、发行学等概念，这一学科更加关心"现在是什么"或者"现在用什么合适"，学科的概念和分支紧随着整个国家文化生产的建设与需求。所以，我国特有的文化管理制度是我国编辑出版学的当下性所在，通过推动出版事业的发展来满足我国人民日益增长的精神文化需求则成为其最终目的。正是对接文化生产产生的目的性与当下性，也使得编辑出版学成为一门强调本土、本地特色的社会科学。"用以为先"是编辑出版学这一学科遵循的基本原则。

以应用性为指向，编辑出版学这一学科门类的诞生蕴含着鲜明的目的性、当下性和本土性。我国拥有悠久的典籍编纂历史，目前学界公认的最早的编辑活动可以追溯到孔子编纂六经，古代文人素有藏书、作注的传统，版本学、校勘学、目录学、方志学等诞生于此，也是我国编辑出版学的源头。但是现代意义上的编辑出版活动发轫于19世纪，先是西方传教士在我国设立印刷机构，利用铅活字、铜模、石印技术印刷发行出版物，而后才被民间商人和清政府采用，民国时已经广泛应用于我国自己的图书印刷发行事业。内容、市场、技术、机构是我国现代出版业形成的四大要素，具体表现为商务印书馆、中华书局、世界书局三足鼎立，小书局和报刊团体星罗棋布的产业格局。编辑出版的实践生产活动促成了早期经验总结式研究的出现，"出版学""编辑学"的概念就产生于这

---

① 罗紫初：《出版学导论》，武汉大学出版社2014年版，第4—5页。

一时期。① 新中国成立后，编辑出版这一学科就共命运似地与我国的出版事业紧紧联系在一起，尤其是改革开放之后报刊图书业的全面复兴，编辑出版学旨在为我国现代出版事业献计献策、培养人才，在这一应用导向下，最终形成了高校教育、组织机构、专业期刊三位一体的学科体系。

正是因为与书籍报刊出版事业的应用针对性，作为"嫁衣的嫁衣"，书籍报刊的策划、编辑、印刷、出版、发行应作为一个产业整体来考虑。尽管有关编辑学、出版学、图书发行学等概念的关系与归属问题仍存在争议，但是在目前国家高等教育正式专业目录中，编辑出版学是列于新闻学与传播学一级学科下的三级学科。在实际的编辑出版活动中，一部出版物或是一种出版模式中的每一个部分、环节都会影响最终结果的好坏，因而在研究中，越来越多的研究者也倾向于把编辑出版看作是一个整体活动来研究。

二 按需而变：中国编辑出版学草创与发展的三阶段

无论是内容、市场、技术、机构，还是其他因素，最终都是以引发知识和阅读结构的改变来推动编辑出版生产活动的进步发展，编辑出版学以应用为导向的创立、建设和延伸，也是围绕这两个关键词运转的。知识和阅读可产生变动的具体形态知识的创造、传承、传播和阅读的观感，在特定的历史时期它们的需要是不同的，往往是像天平一样向其中一边倾斜。从新中国成立至今，社会对知识和阅读重要性的左右摇摆，使编辑出版学的草创与发展的历程形成了特征鲜明的三个阶段。

（一）"1949—1978 年"，编辑出版学作为一种职业培训手段期。

---

① 比较典型的例如在1949年3月由广州国民大学李次民通过广东自由出版社出版的《编辑学》。此外还有中国人民大学和港台学者时不时地出版过《书刊编辑学教学大纲》《杂志编辑学》《现代杂志编辑学》与《报纸编辑学》等几本著作。参见王振铎、龙玉明《编辑学学科体系已臻成熟——纪念中华人民共和国成立60年之编辑学研究》，《河南大学学报》（社会科学版）2009年第4期。

由于旧中国的基础教育普及程度相当落后，新中国建立伊始，我国的文盲比例占到全民人口的八成，知识的传播成为绝对优先的主题，面对出版机构中极大的人才缺口，编辑出版学自然而然地以为出版社、印刷厂、书店的员工培训基本业务能力为第一要义。事实上，在民国时期，就有学校、机构专门开设出版类课程培训人才，例如上海图书学校、商务印书馆的商业补习学校、苏州美术专门学校等。[①] 1951 年，北京师范大学向新华书店总店职工开设了出版业务培训课程。1953 年，上海印刷学校开办，它是"新中国成立后第一所培养中等印刷人才的学校"。1956 年，中央工艺美院虽然开设了书籍装帧设计本科专业，但其职业培训色彩是显而易见的。"从 1956 年到 1961 年，先后成立的培训机构有中国人民大学新闻系的出版专业、北京大学古典文献专业和文化学院三处"。[②] 彼时的编辑出版学尚不能作为一支独立的学科，充其量是一门技艺，原定"三五"计划中推进的出版教育事业因为"文化大革命"的爆发也被迫中止。

（二）"1978—1998 年"，编辑出版学的建立扩大期。20 世纪八九十年代的一个重要的时代主题是"重拾商品经济，走向市场经济"，出版界发生了"自主经营、自负盈亏"、社长责任制、"三联一放"、畅销丛书策划等重大变革。[③] 在经历十多年的精神匮乏期后，新出的图书报刊受到民众的广泛追捧，像 20 世纪 80 年代就有文学"黄金时代"的说法，一部新小说或是译作可能需要彻夜排队才能买

[①] 阮捷、张志强：《民国时期的出版教育研究》，《河南大学学报》（社会科学版）2012 年第 6 期。

[②] 方厚枢：《新中国出版教育的历史回顾》，《出版史料》2005 年第 2 期。

[③] "三联一放"指的是：1987 年，中宣部、新闻出版署发布《关于当前图书发行体制改革的若干意见》，进一步提出"放权承包，搞活国营书店；放开批发渠道，搞活图书市场；放开购销形式和发行折扣，搞活购销机制；推行横向经济联合，发展各种出版发行企业群体和企业集团"。其主要目的是鼓励和扶持民营书业参与图书销售发行，作为新华书店"主渠道"的补充。参见宋木文《出版体制改革的历史回顾（上）》，《中国出版》2006 年第 6 期。

到，于是阅读一词取代了知识成为出版行业扩大生产规模的关键词。1983年6月6日，中共中央、国务院发出《关于加强出版工作的决定》指出："在建设高度物质文明的同时，一定要努力建设高度的社会主义精神文明……充分调整和培训提高编辑队伍是当务之急。"① 先前的散点培训已经无法胜任这一工作，在胡乔木的倡议下，武汉大学、北京大学、复旦大学、南开大学设立了编辑、印刷、发行一类的本科专业，还有诸如"河南大学、南京大学、武汉大学、中国科技大学等单位还采取'借窝下蛋'的方法，挂靠中文系、图书馆学系、新闻系等培养出版方向的硕士和博士研究生"②，此后还有四川大学、清华大学、北京师范大学、河南大学等。面对这一冉冉升起的新兴学科，国家教委于1993年把"编辑学"列入《普通高等学校本科专业目录》。

（三）"1998年至今"，编辑出版学转型发展期。1998年，在教育部新颁布的《普通高等学校本科专业目录和专业简介》中，"编辑学""出版管理学""图书发行学"等专业被合并统一成"编辑出版学"，列在一级学科"新闻与传播学"之下。从这以后，"学科体系的建设开始向整合性方向发展，初步消弭了编辑出版学研究中出现的'大出版，小编辑'与'大编辑，小出版'之争，将以文化内容创新为特征的编辑学与以印刷复制、发行营销为特征的出版学链接起来，把二者视为同等的、互相补充、互相关联的一个统一的学科链"。③ 在武汉大学、北京大学、北京广播学院等院校的表率下，整个"十五"期间，全国共产生了29个出版学方向的硕士学位授予点和七个博士学位（方向）授予点。硕博体制的建立使编辑出版学不仅仅再只是培训编辑出版人才的手段，它需要通过结构转型以满

---

① 王波：《出版教育过去、未来共斟酌》，《编辑之友》2001年第3期。
② 同上。
③ 王振铎、蔡冬丽：《编辑出版学的学科体系建设》，《出版发行研究》2007年第12期。

足自己作为一门学科的知识再生产循环，本身就是知识生产者的一部分。互联网信息技术在全社会各行业掀起的数字化浪潮，成为新世纪另一项推动编辑出版学转型的力量，它以阅读为关键字塑造了全新的数字出版产业，作为一门应用型学科的编辑出版学，其研究内容和方法势必发生改变。

三　数字出版产业：编辑出版学科的最大变量因素

数字出版产业的兴起改变了阅读的内容与形式，也改变了知识生产与传播的方法，促使编辑出版学学科研究对象与方法的调整转变。2018年7月中国新闻出版研究院发布的《2017—2018中国数字出版产业年度报告》显示，2017年我国数字出版产业整体收入规模已经超过7000亿元，[①] 2007年时这一数字仅为360亿元，[②] 这一巨大的跨越背后是出版传媒全行业的重新洗牌。在出版业的内容、市场、技术、机构四大要素中都发生了翻天覆地的改变：计算机技术的广泛使用培养了新型的数字化阅读市场，作者可以通过网络平台而非传统出版机构直接发布作品，社交网络平台用户也能够以合写、问答等方式共同创造内容，读者可以借助互联网直接购买图书或是直接阅读电子书，图书的评价者变为大众点评打分，一种内容衍生开发形成了多媒体、跨行业的产业链和分析圈，影视、游戏、网络广告占据了国民文化消费的主体，互联网巨头之间的资本博弈正在挤压传统出版社的生存空间……传统出版单位逐渐丧失内容话语权，纸媒的读者正在流失。自学科成立以来，编辑出版学的主流研究对象一直是传统纸媒行业，面对新的内容生产方式和营销发行策略，旧有研究成果中的理论和应用都开始失效，在传统出版业陷入迷茫

---

① 李明远：2017—2018中国数字出版产业年度报告发布2017年数字出版产业总收入突破7000亿元，《中国新闻出版广电报》2018年7月25日，第1版。

② 郝振省编：《2007—2008中国数字出版产业年度报告》，中国书籍出版社2008年版，第19页。

之中，以应用性为导向的传统编辑出版学则变为"无用"之学。当下性都要求编辑出版学的研究中心需要向数字出版转移，以为数字化的文化娱乐产业建设与发展提供智力支持为目的，而本土性则要求编辑出版学不能忽视传统出版单位的转型升级问题，甚至它才是与我国国家文化命脉紧紧相连的首要问题。

因为互联网时代是消费者的时代，编辑出版学亟待建立新的针对数字出版的理论体系，此过程需要围绕"阅读"这一关键词，逐一回答"读者阅读什么""读者怎么阅读""读者如何获取内容""读者如何消费""作者是谁"，反向构建数字出版物、数字阅读行为、网络营销、数字版权、数字编辑与在线发布组成的一整套数字出版理论，而后进一步探讨传统出版社内部的组织机构调整、互联网融资与项目孵化、行业互动协作范式等更加专精化的问题。从 2005 年开始，数字出版确实成为编辑出版学领域的热点研究主题。但是，其中一个常见误区便是仅从生产者的角度讨论如何数字化，无法击中读者阅读"痛点"的改良如同原地打转，解决阅读问题才是一切转型的根本出路。

编辑出版活动的另一个关键词"知识"也未曾隐匿，数字化改变了知识生产、获取和传播的方式，它使包括编辑出版学在内的所有学科面临研究方法的转型。在数字化的发源地欧美发达国家，数字技术本就是科研的产物和工具，数字化在专业出版领域的影响甚至明显大于大众出版和教育出版。科研工作对知识生产、获取、传播的效率有着极强的要求，利用数字工具分析数据、在线发布成果、网络获取论文等率先在学界被广泛应用。我国的数字化兴起于大众阅读领域，它对科研本身的价值往往是被忽略的，数据库、知识服务、学术社交只被视作是专业出版领域的研究对象之一。数字化的科研，意味着利用互联网思维和计算机技术解决人力难以应对的科研环节，诸如利用大数据、人工智能、VR 技术处理数据、演算模拟、具象呈现等增强研究成果的可信度、实证性，势必成为编辑出版学研究中越来越显著的趋势。

第二节　编辑出版学学科生态的建立成形

编辑出版学发展的第二个阶段也是国家改革开放施行、百废待兴之时，高等教育与科研体制的重建与复兴成为所有学科的首要目标，以知识为关键词，编辑出版学完成了从职业培训到一门独立学科生态系统的快速发展。一门学科的生态系统一般可以包括高等教育体系、用于发布展示成果的"科研阵地"、流派分明的研究成果三块内容，新中国成立70年以来，编辑出版学通过教育培养模式、研究队伍、专业期刊、定期会议、论文著作等方面的逐步积累形成，"从最初的依托于汉语言文学、图书馆学等学科，发展到今天已经成为相对独立的学科体系，编辑学、出版学、编辑出版史、现代出版技术、图书营销学、出版社经营管理"。[①]

一　"傍立而生"的教育培养模式

改革开放前我国已经有部分大学开设了培训印刷、装帧业务课程和专业，1983年北京印刷学院（1978年，在中央工艺美术学院印刷系基础上成立）和武汉大学开设的印刷和发行专业，重点都尚未落到编辑出版活动的核心。1984年7月25日，胡乔木在写给教育部的《就试办编辑专业问题复教育部信》中倡议在高校开设编辑学专业。就在同年，新华书店总店和武汉大学依托图书馆学创办了我国第一个以培养发行人才为主的高等教育专业。翌年，北京大学、复旦大学、南开大学纷纷开设编辑学专业。因此，李频把1984年视作中国编辑出版教育阶段划分的一个重要的节点。[②] 教学的主要内容是

[①] 刘拥军、李宏葵：《编辑出版学专业20年发展追溯》，《出版发行研究》2005年第2期。

[②] 李频：《出版专业教育转型分析框架略述——问题单及其结构的试清理》，《出版科学》2011年第2期。

教授和研究编辑出版实践生产中的经验，总结概括其基本原理和普遍规律，安排编辑出版相关的工作实习。目前，至少已有70多所高校开设了编辑出版学本科专业，如果计入"出版发行学""图书发行学"及相关专业，这一数目可能会超过200个。它们每年稳定向社会输送5000多名专业人才，是我国编辑出版事业重要的新生血液。

研究生培养是学科向专精化、自足化方向发展的必要条件。早在1986年，上海、河南、陕西、四川等几所大学和科研机构已经开始招收编辑学专业的研究生，武汉大学则在1987年开始招收出版学专业的硕士。到2006年，全国招收出版学硕士研究生的高校已经超过20个。博士方面，2003年，武汉大学、北京大学、北京广播学院等开始以出版发行学、出版学等专业名录招收博士生。不过，直到2010年，国务院学位委员会才批准了出版硕士专业学位的设置方案，出版专业研究生教育方被纳入我国研究生教育体系。经过多年探索，各个高校也大多具备了适合自己特点的教学培养方案。截至目前，全国共有83所本科院校开设编辑出版专业，其中985高校有13所，并呈现出本科教育稳中有进、研究生教育快速发展、出版科研持续发力等特点（参见表1）。可以说，编辑出版学业已拥有了本、硕、博三层完整的培养模式，学科知识生产的再生产循环趋于完备。

表1　　　　　　　985高校编辑出版学专业招生情况

大学名称	所在院系	本科招生	硕士招生	博士招生
北京大学	新闻与传播学院	编辑出版学（15人）	传播学（编辑出版学）（2—4人）	
	信息管理系		图书情报与档案管理（编辑出版学）（2人）	图书情报与档案管理（编辑出版学）

续表

大学名称	所在院系	本科招生	硕士招生	博士招生
复旦大学	中国语言文学系		出版（专业学位）（34人）	
	新闻学院		传播学（编辑出版方向）（4人）	
南京大学	信息管理学院	编辑出版学（12—15人）	出版学（自设）（6人）	图书情报学（编辑出版学）
			出版（专业学位）（22人）	
武汉大学	信息管理学院	编辑出版学（30人）	出版发行学（自设）（32人）	出版发行学（自设）
		数字出版（30人）	出版（专业学位）（8人）	
中国人民大学	新闻学院	编辑出版学	出版（专业学位）筹建中	传媒经济学（出版研究）
北京师范大学	新闻与传播学院		传播学（编辑出版方向）（7人）	中国现当代文学（现代出版与文化传播）（出版理论与实务）
华东师范大学	传播学院	编辑出版学（30人）	传播学（文化理论与编辑出版实务方向）（3人）	
			出版（专业学位）（14人）	

续表

大学名称	所在院系	本科招生	硕士招生	博士招生
南开大学	文学院	编辑出版学（25—30人）	出版（专业学位）（15人）	
	商学院		图书馆学（图书与出版管理方向）（1人）	图书馆学（图书与出版管理）
四川大学	文学与新闻学院	编辑出版学（16人）	编辑出版学（自设）（5人）	传播学（编辑出版方向）
			出版（专业学位）（6人）	
华中科技大学	新闻与信息传播学院		出版（专业学位）（11人）	
华南理工大学	新闻与传播学院	编辑出版学		
中南大学	文学与新闻传播学院	数字出版（15—18人）		
浙江大学	人文学院	编辑出版学（20人）	中国现当代文学（出版方向）	中国现当代文学（编辑出版与当代文化）

注：本科招生、硕士招生、博士招生指每届招生人数，本表格数据收集整理于各985高校招生信息网和中国研究生招生信息网，截至2019年4月30日。

在学科建立后的30多年里，编辑出版学自己的教材和教师队伍都得到了快速发展。教材的数量和水平代表了一个学科理论研究基础的指标，也是教学质量好坏的重要参照。辽宁教育出版社在20世纪90年代中叶出版了我国第一套"普通高等教育编辑出版类规划教材"（18 种）。目前，罗紫初、吴培华、师曾志、易图强、蔡雯、郑士德等人主编的各类编辑学、出版学、图书发行学教材在高等院校广泛使用，张立、陈洁等还编写了数字出版学教材。与其他学科相比，编辑出版学的教师不仅要有扎实的理论知识，还要有出版编、印、发的实践经验，"科班"教师和行业教师并存是编辑出版学的一大特色。据称，"早在武汉大学图书发行专业创办之初，就与新华书店总店合作，采取送出去、请进来的办法培养师资队伍"。① 肖东发说："20 年前，我们有一大批富有实践经验的编辑家、出版家，但还没有从事出版教育的专家。经过多年的教学实践，现在我们有了一批从事出版教育的教授、学者。"② 这些教师有不少还有留洋或是海外访学经历。尽管没有精确的统计，但是从那时的全国几十人，到现在几千人，编辑出版学通过独立的本、硕、博培养机制，正源源不断地壮大自己的专业师资力量。

但是，我国编辑出版学教育的挂靠问题始终困扰着这一学科的体系自建。20 世纪 80 年代最先开设编辑出版专业的武汉大学、复旦大学、北京大学、南开大学就是挂靠在图书馆学、新闻系、中文系之下，当时招收研究生的高校也多是借着新闻、法学、文学等学科的名义。甚至在 1993 年，国家教委初次把"编辑学"列入"专业目录"时是放在一级学科"文学"下面的"中国语言文学类"下面。时至今日，编辑出版学仍未被国务院学位委员会列入"授予博士、硕士学位和培养研究生的学科、专业目录"中去，编辑出版学博士教育中专业名称和所授予的学位经常是不统一的。"这种方式培养的大多数是针对某一特定编辑业务或出版业务的人才。很明显，这种培养模式……不利于耦合型编辑出版人才的成长，也不能满足社会

---

① 黄先蓉：《我国编辑出版学教育的历史沿革及其创新走向》，《出版发行研究》2001 年第 10 期。

② 肖东发、许欢：《我国编辑出版学教育的回顾与展望》，《河北大学学报》（哲学社会科学版）2003 年第 1 期。

对编辑出版人才综合素质的要求。"① 一方面毕业生"偏科"严重，另一方面，编辑出版学的教师资源也容易受到其他强势学科专业的"侵吞"。因为知识和阅读是无所不包的，所以编辑出版学与任何学科都有相关，但是任何学科都难以成为其主导，正如张志强再三呼吁的：编辑出版学亟待成为一门一级学科以拥有自己多学科交融又独立的教育培养体系。②

二 产研互动的"科研阵地"

任何一门学科的发展都需要自己的"科研阵地"来进行研究、发布成果、交流成果，主要由团体机构、专业期刊、学术研讨会等组成。罗紫初认为：编辑出版学学科繁荣的表现有学术团体成立、专业出版发行研究机构出现、出版研究刊物涌现、学术会议召开四点。③ 我国编辑出版学"科研阵地"，其建立与高校教育的小高潮几乎是同期的，都是在学科发展的第二阶段，表现出一种产研互动的特点。

编辑出版学自己的专业期刊不仅仅是研究论文发表的平台，它们也让这些研究成果得以纳入国家统一规划的学科评价体系之中。在20世纪80年代的十年里，先后创办的编辑出版学专业期刊有北京的《出版发行研究》（1985）、《出版工作》（1987年公开发行，后改为《中国出版》（1991）、《科技与出版》（1982）、《编辑学报》（1989）、《编辑学刊》（1984）、《编辑之友》（1985）等。其他诸如《中国科技期刊研究》（1990）、《出版科学》（1993）、《现代出版》（1994）、《出版广角》（1995）等期刊也都创办于20世纪90年代上叶。据统计，在目前《中国期刊全文数据库》收录的5300多种学术

---

① 王振铎、蔡冬丽：《编辑出版学的学科体系建设》，《出版发行研究》2007年第12期。
② 张志强：《英美国家的出版学学科归属及对我国的启示》，《中国出版》2009年第9期。
③ 罗紫初：《改革开放30年的出版学研究》，《编辑之友》2008年第6期。

期刊里，出版类相关的有 32 科；而在《中文核心期刊目录总览》评选出的 1800 种中文核心期刊中，出版类的占到了 10 种。[1] 可以说，我国的编辑出版学在最初的十多年的时间里已经创办发行了这一学科领域最主要的核心期刊。

学术团体和专业研究机构是编辑出版学研究的先锋力量。其中最重要的是 1985 年成立的专门研究出版发行理论和应用的学术机构中国出版发行研究所，1989 年更名为中国出版科学研究所，2010 年经中央机构编制委员会办公室批复二度更名为现在的中国新闻出版研究院。除了作为智库对国内外出版业历史、现状和趋势进行研究、献计献策，每年都会定期发布官方产业报告，它还负责组织、承办大型的行业活动、学术会议，牵头制定出版行业标准规范。各大高校依托教育资源、大学出版社、大学图书馆等成立了自己的编辑出版研究机构，例如北京大学现代出版研究所、南京大学出版研究所、武汉大学出版研究所等。一些出版行业协会、出版社、出版集团自己设有用于学术研究的分支机构、部门。另外像北京开卷信息技术有限公司这样的民营企业也是编辑出版学"科学共同体"中的重要组成部分，但是总的来说还是以国有、事业性质单位为主。[2]

编辑出版学的学术会议是推动学科成熟的重要因素，教学师资、研究机构、产业人士可以在同一平台分享、讨论最新的研究成果和产业动态，主要起着产学研信息交流的作用。20 世纪 80 年代编辑出版专业开始招生之时，大型的学术会议已经陆续举办。例如，1987年时，全国编辑、出版、新闻、教育、史志工作者在郑州召开了研讨普通编辑学的大会；1988 年原新闻出版总署同教育部于武汉召开了全国高校编辑学专业负责人联席会议，商讨编辑学教育发展问题。基于我国出版单位长期的事业性质，国内较为权威的学术团体和专

---

[1] 李建伟：《编辑出版学学科建设现状与发展》，《中国出版》2013 年第 5 期。
[2] 吴赟：《中国编辑出版研究学术史简论》，《河南大学学报》（社会科学版）2008 年第 5 期。

业研究机构是大型学术会议召开的主要主办者或是承办者。1992年，具有独立法人资格的全国性群众学术团体中国编辑学会正式成立，学会每年都会召开一次编辑学学术年会和编辑学理论研讨会，并将研讨中产生的优秀论文出版成年刊《中国编辑研究》。新世纪则有新闻出版业互联网大会、数字出版博览会等。

编辑出版学"科研阵地"的关键词是"知识"，目的是为了推动知识的生产、分享与应用，但是随着市场经济和数字化浪潮的发生，民营资本正在影响"科研阵地"的布局。在数字出版庞大阅读市场催生下，艾瑞、智研、中商产业研究院等信息资讯分析公司，以及腾讯、阿里巴巴、百度等互联网巨头旗下的研究机构，它们发布的数据报告往往成为编辑出版学科研的重要依据。同时，越来越多的数字出版企业开始自办大型学术会议，比较重要的有咪咕数媒举办的中国数字阅读大会，到2019年已是第五届。

三　学科交叉的研究成果

对于学科而言，知识实现高效有序生产与传播的结果是科研成果的大量产出，编辑出版学从新中国成立之初的职业培训转向一门专业性研究学科的根本标志是著作、论文、报告等科研成果的积累。这些研究成果主要面向基础理论、实务研究、出版史、数字出版等方面，涉及图书馆学、中国文学、营销学、历史学、情报与文献学等众多相关学科，其学科交叉的特色显著。

基础理论研究是对编辑出版活动的根本属性和基本原理进行解释的研究，主要回答编辑出版概念内涵、编辑出版活动的实用功能、研究对象的界定、编辑出版学学科性质及与其他学科关系的理解等问题。[1] 教材和专著是这一研究方向的支柱，例如叶再生的《编辑出版学概论》、邵益文的《普通编辑学》、罗紫初的《出版学原理》、

---

[1] 李建伟：《编辑出版学建设的"十一五"回顾及"十二五"展望》，《中国出版》2011年第3期。

向新阳的《编辑学概论》、张志强的《现代出版学》等；论文有宋原放的《关于出版学的对象与任务》、阙道隆的《出版学的几个重要范畴》、张立的《关于出版学理论体系的构想》、于洪飞和朱四光的《出版科学体系和基本原理的研究》、王振铎的《编辑学：中国特色的传播学》、李新祥的《试论出版学的学科体系》等较为出彩。罗紫初认为，我国编辑出版学理论研究主要经历了从定义、对象、性质、内容的归纳与阐释到学科体系探讨及分支学科构建的过程，使整个编辑出版学学科体系的基础得以奠定。[1]

实务研究主要内容包括出版编辑策划、营销发行、组织制度等，有相对明确的方向性和期刊平台。比如《编辑之友》《编辑学报》《中国编辑》就会较多发表一些编辑工作经验和规律总结性质的论文，《出版发行研究》《中国出版》《出版广角》则更多有关图书营销发行、组织制度相关的论文。"转企改制"是我国出版行业新世纪的一个重要战略调整，于是也成为研究的重点，不少研究者研究发表了论文以回答出版社如何进行集团化建设、快速融资、对接市场等关键问题，例如柳斌杰的《中国出版业的重构与展望》、尚邵湘的《新闻出版业改革及面临的问题》、吴培华的《大学出版社在转制新课题面前的再思考》等。从成果数量来看，实务研究的论文是编辑出版学领域所有研究方向中数量最多的，也符合学科极强的应用针对性这一特点，它总与当下出版产业的实际问题息息相关。

"以史为镜"是我国人文社会科学研究的惯有特点，编辑出版史研究同样是本学科中的"常青藤"。编辑出版史的论文相对集中于《中国出版史研究》《出版史料》。专著方面以肖东发、万安伦、吴永贵、李明杰等人的《中外出版史》《中国出版史》《民国出版史》等较为经典，其他还有《唐代出版史》、《宋代出版史》、《浙江出版史》等专题研究的著作出版。以改革开放30周年、新中国成立60周年、改革开放40周年等为契机，也产生了《新中国中央级出版社

---

[1] 罗紫初：《改革开放30年的出版学研究》，《编辑之友》2008年第6期。

60年变迁纪实》《新中国出版60年回顾》《中国新闻出版业改革开放30年》等一批专著。编辑出版史学研究的重点一般是出版制度，不过近年来，张元济、王云五、陆费逵、章锡琛等近现代出版家研究又成一热点，诸如《中国近代十大出版家》"中国出版家丛书"纷纷问世。

数字出版无疑是新世纪以来编辑出版学研究的高频主题关键词，对于出版产业和学术圈都是全新的领域，相关研究成果主要在回答数字出版的基本原理和内涵界定、传统出版单位如何转型、新兴数字出版商如何生产、政府部门如何管理这四个问题，实质上是与学科自身、出版产业、管理者的对话。基于这种探索性，数字出版研究成果多论文与报告，专著和教材有所产出但总量较少，又同样可以包含基础理论、实务研究、法律制度等细分方向。张立的《我国数字出版产业的发展趋势及对策分析》、徐丽芳的《数字出版：概念与形态》、刘灿姣和黄立雄的《论数字出版产业链的整合》、陈洁的《数字出版赢利模式研究报告》、陈超英的《传统出版社向数字出版跨越的三条路径》、匡文波的《网络出版》、孙玉玲的《大数据时代数字出版产业的发展趋势》等都是这一方向比较典型的论文成果，研究思路通常是：用一种新的技术视野或是理论，从编辑出版的定义内涵出发，重新阐释分析编辑出版实务工作的数字化转型。

另外还有版权保护制度、中国出版"走出去"、出版文化等研究方向也颇有成绩，然而国际视野、交叉学科、实证调研是目前编辑出版学研究存在的问题，或者说也是研究进一步发展的突破口。第一，数字出版兴起于西方发达国家而后传入我国，因此它们的先进技术、管理经验和产品创新都是我国的借鉴对象，但是这方面的优秀成果依然不足，尤其是专题性质的他国出版史著作几乎没有。国内大型的编辑出版学国际研讨会寥寥可数。这与编辑出版学的兄弟学科传播学、新闻学相比差距明显。第二，由于学科独立化固有的一些模式，编辑出版学研究同样存在过于抽象化、为理论而理论的情况，结果是研究与应用的脱节，导致学术圈的自我封闭，当前诸如"传统出版数字化思考""融合出版研究""出版制度创新"这样具体对象和问题不明的研究不在少数。表现在就业上便是编辑出版学"科班出身"的毕业生反而没有专业优势。编辑出版学作为应用学科本就有着学科交叉性，学科交叉的意义在于现实问题的针对性，数字出版更加讲究以多学科融合的研究方法解决出版实践中的具体问题，例如网络文学出版、区块链版权保护技术、数据库知识服务等。第三，我国的编辑出版学学科建立之初是归在一级学科"文学"之下，很多高校的编辑出版学专业也的确就挂靠在中文系，因此我国的编辑出版学研究带有很强的文学批评色彩，传播学、社会学的实证调研显得相对欠缺。但是，编辑出版学的应用性导向使之十分需要对产业、市场、消费的调研统计、数据模拟，尤其数字出版的海量内容信息和各种数据库、大数据算法、人工智能为编辑出版学研究方式的实证主义转型创造了有利条件。所以，与当前的出版产业一样，编辑出版学研究也面临着研究对象与研究方式的重新洗牌。

第三节 政产学研的共同挑战：数字出版研究 20 年综述

数字出版无疑是我国编辑出版学进入新世纪以来最大的主题，以阅读为关键词，编辑出版学研究对象变为了数字出版产业和数字阅读内容，以知识为关键词，数据库与动态数据的统计、分析、预测将学科的研究方法带向深入，形成了不同于传统编辑出版学而带有数字出版研究特色的教育模式、"科研阵地"和研究成果。以赖茂生的《从电子出版到数字出版》和张春的《网络环境与数字出版》作为先声，数字出版主题研究至今已有近 20 年的研究历史。与国外数字技术发轫于科研、军事等专业知识生产领域不同，我国的数字出版是以阅读市场的方式出现，以电子阅读和网上书店为代表，掀起了政产学研共同面对的数字化挑战，因此我国的数字出版研究总体上显示出同起点、同进退的特征，整体的探索性、实验性较强。也只有顺应阅读与知识两大关键词的数字化趋势，编辑出版学学科才能发现问题、解决问题，不落后于时代潮流的需求，体现其应用性学科的价值所在。

一 教育模式与"科研阵地"面对数字化的融合聚焦

面对全球性的数字化浪潮，新闻出版总署要求出版单位在2020年之前完成数字化转型，这不仅仅是出版行业的发展机遇，同时也是编辑出版学高校教育和科研的既定要求。2005年是中国数字出版发展的关键一年，这一年数字出版的概念被行业广泛认可，数字出版的产业链和规模开始成形，编辑出版学的教学模式和"科研阵地"也大约在这之后同步转型。

编辑出版学教育的数字化主要发生在教学内容和培养方式之中。数字出版所需人才的要求与传统出版业不同，除了传统编辑出版活动中的实务技能，还强调对数字编辑技术和互联网营销发行的熟稔，尤其对当下读者阅读"痛点"的掌握。所以，不少高校的编辑出版学专业的教学安排中加入了网络编辑、电子编辑等新课程。例如，2005年之后，中国传媒大学在研究生课程设置中加入了电子编辑出版研究，河南大学、华南理工大学则有网络编辑研究、网络出版课程。2012年，教育部将数字出版专业作为特色专业正式列入本科专业目录，成为继编辑出版专业之后又一个出版专业。北京印刷学院、浙江传媒学院等五所院校已在招收数字出版专业的本科生。数字出版复合型人才比传统编辑出版更要求其工作者走出编辑室，去"触摸"网民们的数字阅读习惯和内容喜好，因此需要一种时刻与出版一线相联系的人才培养方案。武汉大学的"平台+模块"课程体系聘请数字出版业内专家作为兼职教授，将数字出版实践引入课堂。浙江大学产学研一体化教学模式中的六个实践基地，包括咪咕数字阅读和浙江数字传媒两个数字出版实习点。大量编辑出版学教师边教学边总结，发表了众多数字出版教学改革相关论文。同时，与课程配套的数字出版教材也纷纷出炉，例如匡文波的《数字出版教程》、陈洁的《数字时代的出版学》、黄孝章的《数字出版实用教程》等。

数字出版的"科研阵地"主要是事业性质、高校与行业共建、行业自建的研究机构，编辑出版专业期刊上的数字出版专栏，以及各类以数字出版为主题的学术研讨会。中国新闻出版研究院下设数字出版研究所，与北京印刷学院共建了"中国数字出版人才培养基地"，可以说是国内最重要的数字出版研究机构。各大高校也纷纷成立了自己的数字出版研究单位，例如北京印刷学院数字出版与传媒研究院、武汉大学数字出版研究所、浙江大学数字出版研究中心、中国科技大学新媒体研究院等。而像人教社的人教数字教育研究院、方正的方正技术研究院数字出版分院、中图创想（北京）数字出版技术研究院等则是行业自建的研究机构，负责所属企业的数字出版业务与技术创新，这些研究成果如若投入生产对整个出版行业也是有共享意义的。尽管国内目前尚无数字出版专门的学术期刊，但是此前形成的核心刊物集群都设有数字出版的专栏发表最新相关成果。（参见表2）数字出版主题学术会议主要有国家新闻出版广电总局广播科学研究院的国际数字版权管理创新发展论坛，中国新闻出版研究院每年举办的中国数字出版博览会、中国数字出版年会，行业协会牵头召开的各种专题研讨会，以及各大高校主办的研讨会、论坛、沙龙。中国知网联合多家大学图书馆举办的数字出版与数字图书馆融合发展国际研讨会、咪咕数媒的数字阅读大会等则是行业自办的学术会议。

表2　　　　　"数字出版"主题论文刊载来源统计　　　　（单位：篇）

刊名	刊载数
《出版广角》	612
《科技与出版》	543

续表

刊名	刊载数
《中国出版》	524
《出版发行研究》	508
《编辑之友》	227
《出版科学》	174
《中国编辑》	143
《中国科技期刊研究》	135
《现代出版》	134
《编辑学报》	119

注：表中数据根据中国知网中文学术期刊文献资源库收录论文检索、计算所得，截至2019年3月底。

二 直面数字出版产业的研究成果

数字出版是编辑出版学学科发展第三阶段的核心关键词，除了出版史研究以外，当前的绝大多数编辑出版学的论文主题都绕不开数字出版的研究视域。在中国知网的中文期刊文献库中搜索"数字出版"主题的论文，可以看到：从2000—2018年年底，发表的"数字出版"主题论文共计9630篇，2005年开始相关研究呈现爆发式增长，并在2013年到达峰值，随后有所下降。（参见图1）这一结果既印证了2005年作为数字出版转型的关键一年受到学界的关注，也表明其后研究数量的快速增长存在一定程度的过热、饱和，近几年的"冷却"实则向理性靠拢。对"数字出版"主题的论文进行下一级的主题细分和梳理，能够发现数字出版产业、数字出版业务模式、数字出版物技术、数字版权保护、传统出版转型这五个方向是研究的聚集之地。其中，数字出版产业、数字出版业务创新与商业模式是编辑出版学对接应用的目的性和当下性表现；国有出版单位是我国社会主义出版事业的中坚力量，传统出版转型研究数量突出正体现了我国编辑出版学的本土化特征。（参见表2）此外，作为新兴的研究领域，行业报告和概念界定也是当前数字出版研究重要的阶段成果。

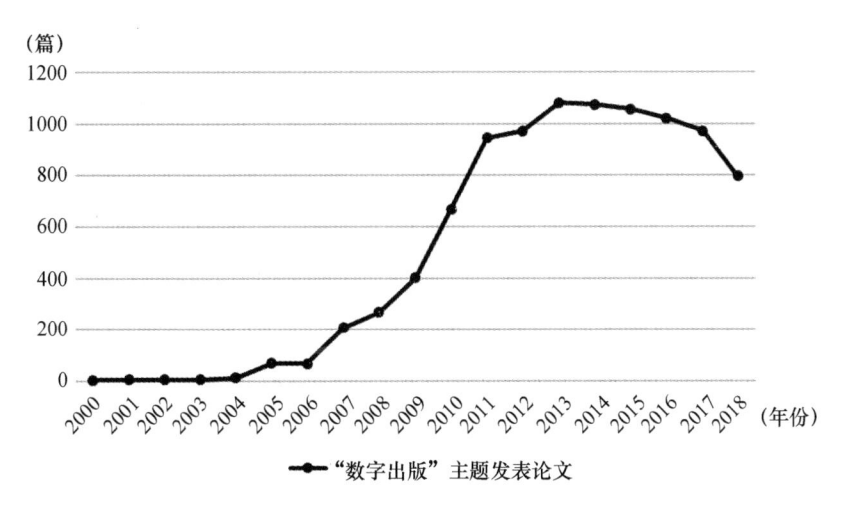

图1 "数字出版"主题发表论文数量统计

注：数据根据中国知网中文学术期刊文献资源库收录论文进行检索、计算所得，截至2019年3月底。下文图表统计口径皆同于此总量。

行业报告是数字出版应用与对策研究的事实基础，提供数字出版产业规模、用户行为、分块增速的相关数据统计以及趋势分析，一般为国家事业性质的研究机构或是民营信息服务企业发布。其中最具权威的当属中国新闻出版研究院发布的《中国数字出版产业年度报告》，自2007年首发以来每年都会定期发布。该报告对电子书、数字期刊、网络游戏、移动出版、在线音乐、互联网广告等产业模块进行详细的统计梳理，是生产和研究最重要的行业数据资料来源。非官方的行业报告主要有艾瑞咨询的《中国数字出版行业研究报告》、中商产业研究院的《中国数字阅读发展现状及核心企业分析》、智研咨询的《中国数字出版市场深度调研与发展前景预测报告》等，其他诸如凯度的《中国社交媒体影响报告》、腾讯的《微信影响力报告》、百度的《移动互联网发展趋势报告》等，对于相关领域的数字出版研究也有所助益。随着数字出版产业的持续发展，行业报告日后或成为数字出版史研究的原始史料。

表3　　"数字出版"主题论文研究方向主题词频统计

研究方向	主题词频	词频总数
传统出版转型	出版社（1012）传统出版（586）数字化转型（382）企业管理（287）数字出版人才（174）	2441
数字出版业务模式	学术期刊（476）优先数字出版（465）科技期刊（402）中国知网（332）数字出版平台（289）手机出版（171）	2135
数字出版产业	数字出版产业（1122）数字出版产业链（365）数字出版基地（242）数字出版企业（206）产业链（171）	2106
数字出版物技术	出版物（682）电子书（271）	953
数字版权保护	法律保护（254）版权保护（252）数字产权（172）	678
总计		8313

　　数字出版概念界定虽然在数量上不多，但其对于这一研究领域的理论架构和应用分析却至关重要，因为研究范畴的把握往往潜藏着研究视域。知网上，被引最多的前100篇"数字出版"主题论文中，有关数字出版概念的尽管只有七篇，然而徐丽芳的《数字出版：概念与形态》、张立的《数字出版相关概念的比较分析》分别拥有高达135次和130次的引用数量。这一数据说明，数字出版概念界定在数字出版各个研究方向中具有基础性的作用。在"数字出版"之前还有电子出版、网络出版等不同说法，徐丽芳提炼总结了前人观点，提出"所谓'数字出版'就是指从编辑加工、制作生产到发行传播过程中的所有信息都以二进制代码的形式存储于光、磁、电等介质中，必须借助计算机或类似设备来使用和传递信息的出版"。[①]

---

① 徐丽芳：《数字出版：概念与形态》，《出版发行研究》2005年第7期。

张立在辨析了电子出版、桌面出版、网络出版、互联网出版与在线出版、手机出版、泛网络出版、跨媒体出版等概念之后，认为数字出版"指用数字化的技术从事的出版活动"，且是"一个更准确、更本质的概念来作为这个时代出版业发展的代名词"。[①] 此外，张大伟、黄孝章、张建明、张志林等人也对数字出版概念的认识和界定发表了独到的观点。技术本质和出版流程可以说是两人对于数字出版的共同见解，此后官方、学界和产业基本沿用了这一界定，"数字出版成为此类出版现象的统一称呼"。[②]

数字出版产业研究指的是从宏观层面对我国数字出版产业进行总和式研究，抽象梳理数字出版的产业链组成，通过分析产业内外部各个生产主体的关系，阐释数字出版产业的结构和布局，由此探讨产业存在的问题和发展趋势，诸如魏玉山、万安伦、方卿、陈丹、陈丽菲、陈洁等人都是数字出版产业研究的代表学者。尽管具体到单个模块和元素存在观点差异，但是目前学界对于按照上游、中游、下游的结构来划分数字出版产业链的方式形成了较为一致的认同：上游是内容提供商，包括传统出版社、唱片公司、文学网站、游戏开发商等；中游是信息中转商，诸如平台运营商、技术提供商、网络服务商；下游直接连接着读者，主要有产品分销商、终端设备商和读者。[③] 从这一结构也可以看出，学者一般认为新兴数字出版商主要是以平台、技术、网络、终端等数字化手段加入到原本出版社、读者二元对立的产业模式之中，与实体书店、图书馆、印刷厂形成竞争关系。正是基于这种认识，他们一方面普遍认为传统出版社优于内容而劣于技术，另一方面对数字出版产业的发展才会产生主导

[①] 张立：《数字出版相关概念的比较分析》，《中国出版》2006年第12期。

[②] 韩素梅、秦海珍：《2006—2016年关于数字出版的文献规模及主题分布——以CSSCI刊论文为例》，《中国出版》2017年第12期。

[③] 该数字出版产业链结构概述主要根据《数字出版产业赢利模式的创新——基于产业链维度的考量》《试析数字出版的图书产业链转型》《产业链视角下的数字出版产业发展》《论数字出版产业链主体及其功能定位》等多篇高被引论文加以整合。

整合说①、多元经营说②、协作融合说③三种主要观点。学者更多主张产业链中各个主体的分工协作，而数字出版领域的资本实践则一般走的是一家主导整合、旗下多元经营的路子。当前，越来越多的研究者从产业链重组的角度探索数字出版发展道路，例如将读者作为内容提供商的社群原创出版研究，或是以平台串联上下游的数字版权管理平台研究，还有国内外产业链对比研究等，数字出版产业链研究走向多元化。

数字出版业务模式是微观层面数字出版企业向读者提供数字内容产品与服务以获取利润的具体出版方式，决定着数字出版产业链能否持续运转，我国一度存在的网络内容免费、电子书无利可图、数字出版简单化等问题都使之有值得深入研究探索的需要。学者们主要通过大量个案研究，尤其是对国内外新兴数字出版企业、大型数字出版集团的成果经验进行了总结和提炼，包括亚马逊、爱思唯尔、施普林格、培生教育、阅文集团、中国知网、知乎、微信等典型案例，分析其原理、特点和问题从而提出新的业务和模式观点。这一研究领域按照出版内容和生产主体有着比较明显的类型划分：大众出版领域的业务模式包括全媒体出版、自助出版、IP（版权）运营、社交出版、有声书、移动出版、众筹出版等，主要研究者有张志强、范军、周国清、闫伟华、周百义等；教育出版领域有以在线教育、数字教材、MOOC（慕课）、按需出版为主，研究者有刘锦宏、叶文芳、陈莹等；专业出版领域突出变现为数据库、优先出版、知识服务、开放存取等业务和模式，代表研究者有徐丽芳、孙玉玲、张新新、陈世华等。从编辑出版学的应用导向性来看，大众出版领

---

① 周利荣：《我国数字出版产业链整合模式分析》，《出版发行研究》2010年第10期。

② 邓香莲：《数字出版：传统出版产业链的价值延伸》，《科技与出版》2007年第12期。

③ 张晋升、杜蕾：《数字出版产业链融合的价值和路径》，《中国出版》2010年第16期。

域集中了最多的研究力量，也侧面反映了我国数字出版产业的主要矛盾在于内容生产与读者需求之间的不平衡、不适应，阅读仍然是当前数字出版研究的核心关键词（参见图2）。因此，数字出版业务模式研究的下一阶段需要更多地从读者入手，以读者阅读心理和行为为切入口，从技术、理念、制度等角度探索符合消费市场的数字出版业务模式创新，将大数据的理念和方法引入出版生产，或是探讨利用人工智能进行出版的可能性，都是从精准满足读者个性化阅读需求的逻辑出发的。

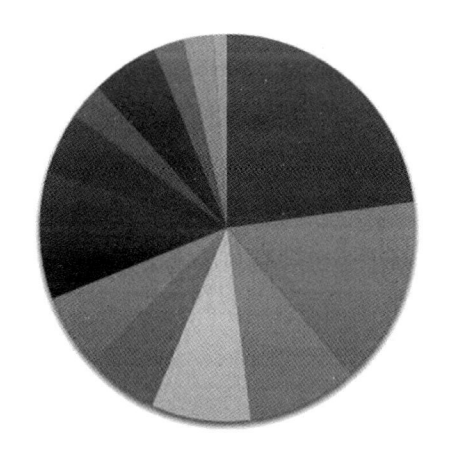

■ 全媒体出版（282） ■ 自助出版（194） ■ 移动出版（115）
■ 数据库（105） ■ IP（版权）运营（77） ■ 众筹出版（77）
■ 按需出版（67） ■ 知识服务（64） ■ 有声书（64）
■ 优先出版（37） ■ 社交出版（37） ■ 开放存取（34）
■ 在线教育（32） ■ 数字教材（32） ■ MOOC（慕课）（14）

图2　数字出版业务模式各关键词论文数量统计

传统出版转型是我国数字出版研究中占比最大的部分，这是由我国国情决定的，传统出版单位是我国出版事业的主要力量，原本事业性质的出版体制面对市场化、数字化亟待转型升级成为能够以优质数字出版物满足民众阅读需求、运转良好的数字出版商，它是我国政府部门、出版产业、学术研究共同的条件，这是产学研共同面对的问题。所以，除了北京印刷学院、南京大学、武汉大学等学院派研究力量外，来自中国建筑工业出版社、外语教学与研究出版社、生活·读书·新知三联书店等多家传统出版社也积极参与研究，形成了学界与业界共同关注参与研究的局面。诸如蔡翔、杨海平、梁春芳、潘文年、陈少华、秦艳华、王志刚等人从企业管理、人才培养、媒介融合、商业模式、编辑职能等多角度进行了探讨和研究，研究还呈现出丰富性的特点。另一方面，来自"一马当先"的美洲经验和"较为先进"的欧洲经验以及国内的典型案例也是学界重点关注的对象。[①] 在研究范式上，大多数均是结合现状和生产要素，总结、提出具有针对性的数字化转型路径。转型措施的主要观点集中在理念、消费、生产、政府、用户等层面上，具体有数字化理念、构建产业链、技术创新、人才培养、内容创新、品牌建设、多元赢利模式等，即将数字出版产业和业务模式的研究成果引入传统出版社转型之中。由于研究的资料多来源于国内出版单位的尝试和国外经验，成果论点的趋同化问题也比较明显，缺少数据实证和理论原创。

表3　　　　　数字版权保护相关论文关键词词频统计

关键词	词频
法律保护	287
DRM	258
数字版权管理	232
数字水印	51
数字版权管理系统	41

---

① 万安伦：《论人类出版的内涵、外延、阶段及风貌》，《出版参考》2019年第3期。

续表

关键词	词频
区块链	22
（技术）标准（化）	12
云计算	10
DCI	6
规范	1
总计	920

数字版权保护不仅代表着作者合法权益、社会公平正义、鼓励文化创新等问题，更重要的是它关系着数字出版产业能否持续发展，被盗版占据的市场显然是没有盈利空间的。自2006年《信息网络传播权保护条例》出台和《2008中国数字版权保护研究报告》发布后，学界对于数字版权保护问题的研究开始逐步深入。研究者黄先蓉、周安平、于文、王迁、俞锋等人从法律保护、标准规范、DRM技术、数字版权管理（系统）、DCI系统、云计算等方面提出了数字版权保护的探索角度和方案观点（参见表3）。此外，公民版权意识、行业协议、代理机构也是被大量论及的方面。数字版权保护研究的一大特点是计算机科学与法学的交叉研究，其中大量的论文成果出自计算机专业或是法学专业的研究者之手；第二是关键词在同一篇论文中的共现，说明多数研究者主张运用"组合拳"解决数字版权保护问题。近年来，区块链技术成为数字版权保护的又一研究热点，诸如《基于区块链技术的数字版权保护》《基于区块链的数字出版版权保护》等论文提出了利用区块链技术进行数字版权保护的优势和可行方案，这一领域正受到学界越来越多的关注。制度、法律、技术是数字版权保护的三大基石。

数字出版物技术研究的对象是电子出版物的载体技术和格式标准，2006年国务院发布《2006—2020年国家信息化发展战略》和2007年召开了首届中国数字出版趋势与技术高峰论坛之后，学界开始明显地关注数字出版物技术发展和应用。数字出版物技术以计算机技术为基础，注重技术在出版实践中的应用反馈，所以这一领域的研究成果多是由具有计算机科学背景的数字出版从业者发表，或是计算机专业、信息管理专业的研究者和出版专业研究者共同完成。EPUB 电子书标准化技术、PDF 文档格式技术、CEBX 结构化版式文档技术、DITA 信息构架技术是以往数字出版实践和研究中占比较多的内容，施勇勤、周敏、唐翔、郭玉洁等人对这些新技术的基本原理、发展状况及其在数字出版领域的应用现状进行了分析，并针对其在目前的数字出版应用实践中存在的问题提出了改进方案。随着计算机技术的换代升级，AR 技术、VR 技术、HTML5 超文本标记语言等新型内容可视化呈现技术也进入到数字出版和研究者的视野，正成为新的研究热点。（参见图 3）数字出版物技术的发展依托于计算机科技的进步，所以相关研究的突出特点一是很强的专业性，非技术专业出身的人很难进行深入研究，二是跟随整个计算机技术研发与应用的潮流，同时依赖于数字出版实践的检验和创新。

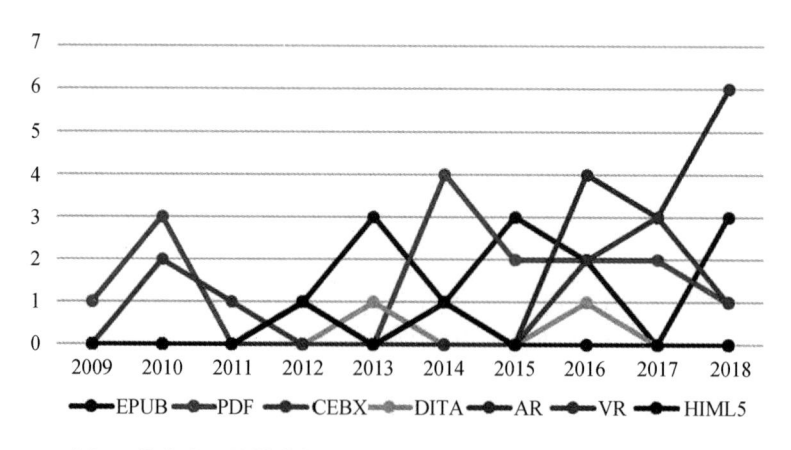

图 3　数字出版物技术各主题论文近十年论文发表数量变化统计

三　"回归阅读，改新知识"：数字出版研究的问题与方向

学者们近 20 年的学术探索使数字出版研究积累了可观的教学经

验和科研成果，随着数字出版产业规模的不断扩大，这一新兴研究领域正在逐步成为编辑出版学研究的主流。即便如此，我国的数字出版研究依然尚未成熟，从知识与阅读两大关键词的矛盾与平衡中，我们可以管窥数字出版研究现存的问题以及下一阶段的发展方向。

我国的数字出版研究"偏科"明显，阅读的重视程度远远不够，所以应当注重以读者阅读行为研究作为其他研究的基础。以知识的传播为途径实现社会主义精神文明建设是我国编辑出版行业的第一要义，过强的目的性反而使国内的编辑出版研究始终带有一种计划性的视野局限，长期的计划经济让研究者产生了"修改计划"便可以"修改市场"的错觉。所以，数字出版方向的研究成果往往只是从宏观层面对出版工作者提出如何数字化的要求，期望用一套数字化方案一气呵成地将传统出版替换为数字出版，却少有人从数字阅读出发分析数字出版的因果联系。丛挺等人在统计分析了2005—2016年的220篇CSSCI来源期刊数字出版研究文献后指出："其中采用经济学、管理学、传播学和信息科学进行研究的文献数量占据前四位，分别达到60篇、42篇、36篇和30篇……而采用社会学、心理学、法学等其他学科理论的研究文献相对较少，不到10篇。"[①] 这即很明确地反映了当前数字出版研究中对读者数字阅读行为研究的严重不足，直接的结果是许多数字出版"对策研究"无法真正产生效益，或是只能跟在产业后面做一些经验总结而难以进行预判。

我国现有的数字出版研究还存在理论原创性缺乏的问题，网络文学与移动出版产业亟待自己的原创数字出版理论。数字出版发源于西方发达国家，当前研究中包括长尾理论、媒介融合、跨媒体叙事、创新扩散、破坏性创新等主要使用的理论工具也无一不是舶来品，我国原创的数字出版理论十分罕见，阅读研究缺失也是间接原因之一。在数字化初期，照搬西方经验或许是可行的，但是随着我

---

① 丛挺、李芳序、马傲雪：《基于定量分析的近十年我国数字出版理论研究进展（2006—2015）》，《出版发行研究》2016年第9期。

国自身数字出版产业规模的快速增长，西方理论工具势必越来越与我国国情脱节。例如，在美国市场份额巨大的 Kindle 电子书阅读在我国至今未能站稳脚跟，不少论文极力鼓吹这一亚马逊终端模式的观点其实是值得商榷的。相反，根据每年的数字出版产业报告显示，增速惊人的网络文学和移动出版才是我国的"特色产业"，内容 IP 运营泛滥和移动网络服务商相互掣肘的乱象也正需要研究者以读者阅读行为为基础创造具有中国特色的数字出版理论，将其打造为我国文化全球化战略的重要组成部分。

第四节　结语

尽管我国编辑出版学学科本身就是围绕知识生产与传播建立的，在 20 世纪 90 年代末也已自成体系、粗具规模，但是数字出版时代的来临，原有的学科建制逐渐显得陈旧僵化，迫切需要针对数字出版研究进行专业教育、"科研阵地"、评价体系的二次调整。专业教育上，编辑出版学教育中原本存在的"挂靠"问题在数字出版专业教育中愈发明显，尤其是一些高校将其放置在文学院系之下，从目前的现状来看，这对数字出版相关课程的展开存在障碍。"科研阵地"方面，出版史研究尚有《中国出版史研究》《出版史料》等专门的学术期刊，而数字出版却至今没有自己的独立刊物或者像《中国电子与网络出版》业已停刊。一般刊物为了平衡各个研究方向的成果数量，势必使数字出版研究成果的发表受限。此外，我国的数字出版行业协会是中国音像与数字出版协会，其前身中国音像协会成立于 1994 年，2013 年经原新闻出版总署和民政部批准更名为中国音像与数字出版协会，目前有必要组建专门、独立的数字出版行业协会。作为学术出版的研究者，数字出版研究应当尝试以多种网络化的指标进行学术评价，以实验性改变这一学科以往评述性的研究风格。生发于国外的网络优先出版、开放存取、社群学术创造等都是从"无中生有"到被学界广泛接受的。2017年浙江大学施行的优秀网络文化成果认定科研成果的办法，虽然引起了不小争议，但是其开创性是不可否认的。作为学术出版的研究者，数字出版研究需要这种以身作则的精神来实现整个学术评价体系的创新进步。

第十二章

公共关系研究

一个学科只有充分了解自身历史，才能够面向未来，实现长足发展。公共关系以立言传播为业，其发展历程深深根植于国家的政治、经济和文化生活发展中，换言之，中国本土公关研究并非凭空发展而起，是脚踪在中华坚实的大地上不断前行。1949年新中国成立，我国建立起新的社会制度，实现了人民的真正解放，20世纪80年代党和政府开始探索建设有中国特色的社会主义，直至今日，我国在建设社会主义现代化强国的道路上稳步向前，而公关研究存在于国家发展的整个过程中。

第一节 与国家共成长：国家、经济、社会发展视角下的公关研究

行业发展能够反映国家的时代变迁。反之，以国家政治、经济发展脉络也能够为我们提供一个观察学科发展的全新角度。公关是映射现代化社会发展的一个重要指标，以70年国家发展之脉络去透视这一研究领域的时代进路，我们更能感受公关研究之于社会，之于一个国家发展的重要意义。

一 社会发展之镜像：透过时代变迁看中国公关研究

从新中国成立初的概念退场，实践尚存，到 20 世纪 80 年代至今几起几落，公关既存在于社会的"焦虑"之中，也见证着社会的转型与变迁。其理论的每一次前进都伴随着社会环境的剧烈变化。从某种角度而言，公关学科发展可被视作中国社会现代化进程的一个缩影。

新中国成立 70 周年以来，从成立初内外交困及国家转型背景下的党和国家的建设，到改革开放至今我国社会主要矛盾转变为人民日益增长的美好生活需要和不平衡不充分的发展之间的矛盾。国家建设主题与社会矛盾转变的背后是国家治理现代化愿景目标、战略路径和行动议程的客观基础的转变。① 公关以沟通为业，致力于化解矛盾与冲突，是一个社会现代化发展过程中的重要表现与推动力量。随着我国社会矛盾的不断变化，公关的职能与角色也在不断变化。

新中国成立初期，我国面临着社会制度转型以及来自西方世界的外交封锁，"政府公关"在这一时期成为公关的重要实践形式。80 年代，现代公关被引入中国，成为市场主体对于国家经济未来走向的重要期待方式，但由于缺乏适宜公关发展与进步的土壤，直到 90 年代建立市场经济体制后，公关行业及研究才真正走上正轨。进入 21 世纪，随着中国参与全球化程度不断加深，国家公关研究开疆拓土。从化解组织与公众之间矛盾到推进中国企业"走出去"与树立我国负责任的大国形象。在创造"需求"的同时，公关也在回应社会发展所需要承担的一系列责任，与中国社会同步发展。

---

① 唐皇凤：《社会主要矛盾转化与新时代我国国家治理现代化的战略选择》，《前线》第 39 卷第 4 期。

二 中国本土研究发展：中国公关研究的实践导向

公关是典型的入世学科，中国本土公关研究建立于公关实践基础上，同时也指导着公关实践的发展。众所周知，公关实践诞生于美国，被认为是美国政党政治的产物，① 在进入工业化时代后，随着大型企业与工人组织之间矛盾的深入，现代公关登上历史舞台。

在文化差异之下，不同国家会选择不同的现代化战略。② 相比美国，中国社会具有自己独特的政治、文化、经济背景与历史渊源，本土公关的实践与研究诞生于中国特色社会主义制度建设之下，并扎根本土不断壮大。

我国的公关研究自始至终保持了清晰的本土实践导向。在每一个历史阶段，公关的研究主题都与中国的现代化和现代化转型相互作用。从企业公关研究繁荣到政府公关崛起，再到聚焦于新闻发言人制度的建设，中国本土公关研究成为沟通理论与社会实践之间的重要桥梁。

2013 年党的十八届三中全会提出"完善和发展中国特色社会主义制度，推进国家治理体系和治理能力现代化"，相比于既有的治理方式，未来的治理方式将是建立在"信任"基础上的一种善治，强调其公共服务职能。③ 现代公关既是现代性、现代化的产物，同时也是它们的促进者、维护者。改革开放后，工业化、城市化、民主化等现代化因素催生出中国现代公关的发展与繁荣。公关作为维系个人、组织、政府之间和谐关系、化解矛盾的重要手段，对推进社会治理现代化具有重要意义，其双向沟通的作用有利于践行现代化治理中"以人为本"的原则。在国家治理体系和治理能力现代化背景下的今天，

---

① 程曼丽：《中国本土公共关系发展的必由之路——从企业公关到政府公关》，《国际新闻界》2007 年第 12 期。
② Hu, B. J., Huang, Y. H. & Zhang, D., "Public Relations and Chinese Modemity: A 21St-Centaury Perspective," *Journal of Public Relations Research*, No. 27, 2015, pp. 1 – 18.
③ 俞可平：《推进国家治理体系和治理能力现代化》，《前线》2014 年第 1 期。

公关应发挥自身关系再造的职能,服务于国家治理现代化建设。

另外,若跳脱一般公关史以企业公关或危机公关为主线的研究脉络,将国家层面的政府公关纳入研究轨道,面对风云变幻的国际社会,国家层面的公关行为与其所处国际社会格局及国家的外交战略具有同步性。当今中国正处于百年未有之大变局,国际格局剧烈变动,全球化作为一种不可逆的趋势愈明显,中国如何在与其他国家交往的过程中把握国际社会共同利益观,进而实现构建人类命运共同体,这需要通过我国政府寻求同国际社会的沟通、协调来进行价值整合。反映到现实层面,提升国际传播能力建设,讲好中国故事,提升我国国家形象成为重要决策部署,也成为人民的热切期盼,决策层及社会民众对于国家形象建设的重视从侧面反映了人们对于国家公关所寄予的一定期望。从这个角度来看,公关研究需要从国际交往的实践层面去回应这一需求。

三 中国公关研究的合法性:国外理论引进与本土理论缺席

抛开大众对于公关的社会功能的重要想象,合法性一直是我国公关研究所面临的重要议题,无论是公关的伦理困境还是行业共同体的自我认同,其核心关注点在于公关作为一个学科的本土关怀与其理论架构的建立。

我国公关研究理论的第一次启蒙产生于80年代,以西方舶来品的姿态进入公众视野,公关理论进入中国以施拉姆(Wilbur Schramm)等人对传播学在中国的引介为初始。随后,广州等地高校开始推进公关教育,将西方公关理论正式引入。但这一时期社会环境尚未产生滋养公关研究发展的土壤,公关的诞生实际上超前于时代背景,是解放思潮大背景下的"早产儿"。

直到90年代,社会主义市场经济制度建立,格鲁尼格等国际知名公关学者访华,中国本土公关研究理论体系才基本形成。在这一过程中,虽然本土研究学者致力于在引进西方公关理论的基础上构建公关研究的本土范式与理论背景。但就目前成果来看,我国公关研究并未跳脱出西方公关理论的微观视野，延续了西方公关研究以实证方法为主、关注策略研究的传统，忽视了社会文化因素、政府等主体对于公关的重要影响。在对理论的引介方面也缺乏对于西方理论本土实践的检验，作为一门与社会环境关联密切的学科，本土化公关理论尚处于起步阶段。

另外，作为一门跨学科研究领域，当前我国公关研究内卷化特征明显，缺乏主学科下的理论整合以及跨学科资源的借鉴。[①] 2012 年，教育部将公共关系学本科专业从文学门类划分至管理学门类，全国各院校的公关学者也分散于新闻传播、国际关系以及管理学等不同学科之下。重点研究方面，不同学科下的公关研究同质性较高，理论互动不明显。以上种种表现说明，公关研究存在着一种学科泛化的危机，也说明公关研究亟须以本土实践为基础，进行较为权威的理论建设。

随着"万物互联"时代的到来，新的媒介生态使得公关所面临的传播环境呈现出更为复杂的特征与样式，本土公关理论的建构也面临着互联网时代进行范式转型的可能。在这一背景下，本土公关理论存在着"弯道超车"的机遇，即跳脱传统的西方理论框架，在新的媒介环境下构建具有中国本土特色的公关理论。而能否把握这一关键节点的重要性便在于回顾自身历史，挖掘本学科与社会现实相结合的更多可能性，对历史的阐释将是公关研究走向未来的前提。

第二节 被忽视的历史：改革开放前的"公关"研究（20 世纪 50—70 年代）

新中国成立之初，继承新民主主义革命时期的传统，党和政府的"公关"实践对内以全面动员为主要形式，对外则建立起一套高

[①] 涂光晋、陈曦：《全学科视野下中国政府公关研究的宏观脉络与整体图景》，《国际新闻界》2014 年第 2 期。

度集中且极具弹性特质的对外传播制度。虽然这一历史时期并不属于传统意义上公关研究的关注范围,但其所传承至今的制度基因早已深深嵌入当下我国政府公关实践之中。

一 全面动员:国家过渡时期的"政府公关"

在新中国成立后最初的一段时间内,"全面动员"是政府公关实践的主要开展方式,具有代表性的政府公关实践包括土地改革、三大改造、人民公社化运动等。主流观点认为,中国本土公关诞生于20世纪80年代,以1984年为起点。但据考证,无论是1934年燕京大学开设"实用宣传与公共关系"课程,① 还是抗战时期两党所开展的一系列明确意义上的政府公关行为都拉长了我国对于现代公关的研究历史。② 近年来,也有学者将公关思想史拉回至先秦修辞思想之中,探寻中国古代公关思想精华。

新中国成立后,受"左"倾思潮的影响,"公关"一词从国家宣传话语中退场,"宣传""动员"等词汇成为既有传播制度下的代替概念。但以延续的视角来看,无论是针对于国内群众的动员,还是特殊环境下党和政府在对外交往工作上所做的一系列努力,本土政府公关实践从未退场,在特殊语境之下,公关研究的基本假设和原则与党和政府的"宣传"工作存在重合之处。

新中国所面临的政治环境使得党和政府对宣传工作保持高度重视,基于新民主主义革命时期的宣传路线,党和政府在新中国成立后进行了一系列面向内外的宣传工作。但受制于政治环境的影响,当时未有对这一系列工作经验进行总结的学术性成果出现。直到改革开放后,有学者开始对党和政府既有宣传经验进行总结、整理。

---

① 王晓乐:《民国时期公共关系教育创建始末——中国近代公共关系教育若干史料的最新发现》,《新闻与传播研究》2010年第6期。

② 王晓乐:《中国现代公共关系实践之发轫——对全面抗战时期国际宣传的历史考察》,《新闻与传播研究》2016年第10期。

中共中央宣传部于1987年10月发布《认真组织好十三大文件的学习和宣传工作》，提出："要在加快和深化全面改革的时代大背景中来考虑、推进宣传工作自身的改革。"① 自此，新中国成立初期至改革开放前这一段时期的政府"公关史"才逐渐被提上日程。

对于这一时期的研究发现，从新中国成立初开始，在群众层面我国的"政府公关"以"广泛宣传—全面动员"为主要形式开展。从三大改造到计划生育基本国策的推行，对于中央所出台的文件，新闻界主动配合宣传，基层组织则进行落地化处理。在较为单纯的舆论环境下，这类宣传活动十分奏效，但其弊端也是明显的。在当时的语境下，所谓的宣传实际上是一种单向的传播方式，缺乏政府与民众间的双向沟通，两者之间在事实上存在着较强的信息区隔，缺乏基本的信息共同体架构，核心领导层无法有效获取民意，使得许多政策在执行过程中其弊端被逐步放大，导致了之后所进行的一系列动员活动发生变质。

"广泛动员"形式的政府公关迄今为止仍然存在于政府的公关实践之中，无论是抗击非典还是在抗震救灾活动当中，这类动员方式依然存在。② 但相比于新中国成立初，其存在的语境及实践方式在当下已经发生了很多变化。对于公关思想史研究而言，以史为鉴，虽然在话语使用上并未采用"公关"等现代化词语进行表达，但对于这一动员方式的历史考察有利于理解当下我国政府公关实践。

二 作为行动者的新闻：新中国成立后我党新闻观与"公关"思想

新中国成立后我党的"公关"理念也存在于其对新闻思想的总

---

① 中央宣传部办公厅编：《党的宣传工作概况和文献（1951—1992）》，中共中央党校出版社，第846页。

② 张君昌、郑妍：《媒体舆论与全民动员——中国传媒抗击非典报道全景透视》，《现代传播》2003年第6期。

结与概括中，即利用以报纸为主体的新闻界建立政府与民众之间的沟通渠道，建立信息共同体。在公关活动中，无论传播环境如何变化，强势媒体的发声总会在舆论场中掀起波澜。在组织与公众之间，大众媒体始终扮演着居间人的重要角色。毛泽东对新闻工作十分重视，从1930年的《反对本本主义》一文开始，毛泽东便提出"没有调查，就没有发言权"的著名论断，这对我国新闻工作者而言具有指明灯的作用。新中国成立后，毛泽东要求新闻工作者强调报纸以党性为前提，在此基础上，应"善于比较""独立思考"，[①]并深刻总结了报纸的一系列社会角色，如舆论监督等。这一要求明显体现了将报纸作为沟通政府与公众间重要渠道的意图，并且为两方充分沟通提供事实基础。可见，新中国成立初我党便试图通过报纸来建设信息共同体，开辟党和人民信息沟通的"双行道"。

但遗憾的是，在新中国成立初的一系列政治动员中，新闻界并没有很好地坚持这一原则，受特殊时代的政治环境影响，加之自身缺乏对基本工作原则的构建，其并没有起到沟通双方进行信息传递的重要作用。新中国成立初期，我党新闻宣传思想仍然片面强调阶级斗争工具，对于关键概念"舆论"的态度也模糊不清，使得政府与民众在信息沟通方面并未形成信息通路。而中国社会作为一个巨系统，保持不同社会层级之间的信息沟通与平衡存在着必要性，否则就会造成政策在执行过程中无法得到反馈等严重后果，带来社会资源的浪费。

总而言之，我国党和政府虽然存在"政府公关"实践，却缺乏现代化公关理念，引发相关研究"断崖式"消失、官民之间的沟通渠道窄化等问题，使得新中国成立后诸多政策在执行过程中所遇到的问题无法得到及时反馈。

[①] 郑保卫：《中国共产党新闻思想》，福建人民出版社2004年版，第348页。

三　国际舞台的中国身影：中国"公关"研究与中国国际地位的提升

对于改革开放前国家公关的研究认为，在国家公关层面，面对美苏冷战下的大国博弈背景，新中国成立后党和政府的国家公关理念呈现出高度战略性的特点。同国内政府公关研究相同，作为敏感议题的外宣工作也是在改革开放后才逐渐成为被研究对象。以新中国成立初为起点，我党的外宣史研究经历过一系列语境变迁，从原有的外宣工作话语到现如今的国际公关、公共外交甚至是国家战略传播，党和政府的国家公关实际上从未中断。作为政治传播、国际关系、公共关系等学科的交叉研究领域，我国外宣史研究或言家公关史研究目前仍然保持着较强的生命力。

新中国成立后，国际社会充斥着妖魔化中国的言论，舆论环境以反华基调为主。在这一背景下，我国外宣工作目的主要在于为我国经济发展营造一个和平稳定的外部环境。相对地，我国的外宣理念与我国外交政策保持着一致性，即采取"不干涉"原则，以维护国家安全利益为主，[①] 在对外宣传工作中保持灵活性，遵循"不强加于人"的外宣理念。[②]

受制于内外矛盾的双重凸显，在实践过程中，这一时期的对外宣传具有高度的战略性特征，具体表现在对新闻界的领导以及对外宣资源的把控。自新民主主义革命时期，我党便要求党报要坚持党性原则，与之相对应的是我国外宣工作也应当与国家大政方针保持一致。其要求外宣工作与外交工作相结合，具体决策由党和国家领导人统一把关，综合运用国际媒体关系、接待国际友好访问者等公关手段讲述地道的"中国故事"。在传播内容方面，以宣传我国和平

[①] 田丽：《中国共产党对外宣传战略研究》，博士学位论文，中共中央党校，2016年，第47页。

[②] 李斌、杨立新：《论建国后毛泽东的对外宣传策略》，《特区实践与理论》2014年第1期。

外交政策、展示我国实际国情为主。在制度层面，我国对外宣传工作依附于政治体制，[①] 此类外宣制度一方面为我国外宣政策的战略性提供了良好基础，使得中央政府在应对外部环境方面能够做出迅速反应，但同时也造成了我国外宣制度在"文化大革命"时期树立了官方话语与受众关切出现二元对立的局面，成为根植于我国国家公关理念之中的工作惯性。

总体来看，在一系列国家公关实践的辅助下，新中国成立后的十几年间，我国在国际社会尤其是第三世界国家树立了负责任的大国形象，为我国在70年代重返联合国常任理事国席位及打破外交封锁奠定了基础，为改革开放之初打开国门引进外资铺平了道路。

第三节　断裂与重提：中国现代公关研究的再出发（20世纪80年代）

本土现代公关研究于20世纪80年代起步，伴随着解放思想浪潮的袭来，在经济体制改革的大政方针指导下，学者以企业公关研究为切入点开启公关研究，掀起本土公关研究的第一个高潮。

一　理论伴随实践：中国本土公关再启蒙

经历十年"文化大革命"浩劫，1978年5月掀起的关于"真理标准问题的大讨论"及年底召开的党的第十一届三中全会代表着我国社会开始改革，正式走向"新时期"。国门打开使得中国社会认识到自身与世界之差距，国家工作重心开始转向经济发展。

经过六年的准备，1984年，我国改革开放与现代化建设进入关键节点，党的十二届三中全会通过《中共中央关于经济体制改革的

---

① 周庆安、吴月：《断裂的平衡：中国对外传播制度史探析（1966—1976）》，《全球传媒学刊》2017年第3期。

决定》，提出我国要建设有计划的商品经济，进一步执行对内搞活经济，对外开放的方针，中国社会开始进入更加急切的改革浪潮。1984年同时也被学者称为是中国现代公关元年，在改革开放的先锋阵地广州、深圳等地，中国本土公关实践开始起步。当年，广州中国大酒店、花园大酒店等合资涉外企业设立了公关部，广州白云山制药厂于9月以国企的身份设立了公关部，这被认为是公关史上具有里程碑意义的事件。① 一个月后，世界著名公关公司伟达入驻中国，成为第一家进入中国的外国公关公司。

公关实践的兴起直接促进了中国本土公关研究的兴盛。中国本土公关研究的起步伴随着两个背景，除上文提到的本土业界公关实践之外，80年代初，国外一系列传播学者访华也对于这一学科的出现起到了引导作用。如1979年夏，学者赵浩生在中国社会科学院讲学时提到了美国的公关研究基本情况；② 1981年美国密执安大学新闻系副教授毕晓普到中国人民大学访问，介绍了美国大学所开设的公关课程；③ 1982年香港中文大学余也鲁促成施拉姆访华，为内地学者进一步介绍大众传播学研究；1982—1983年，余也鲁在厦门大学提议建设公关专业，但由于当时国内学者并不知公关为何物，就将其改为广告专业。④ 在此期间，虽然也有学者曾发文对公关进行过介绍，如学者尹力在1984年第1期《新闻记者》中刊登《什么是公共关系学》一文，提出公共关系学内容包括"广告、市场行情、商品推销、借助于大众媒介所进行的宣传、公众咨询、民意测验或舆情调查等"。⑤ 但直到1984年本土企业开始进行公关实践，公关研究

---

① 余明阳：《中国公共关系史（1978—2007）》，上海交通大学出版社2007年版，第16页。
② 赵浩生：《美国的新闻事业》，《新闻研究资料》1980年第1期。
③ 时唤民：《毕晓普副教授访问人大新闻系》，《国际新闻界》1981年第2期。
④ 胡百精：《新启蒙、现代化与20世纪80年代中国公共关系史纲——中国现代公共关系三十年》（上），《当代传播》2013年第4期。
⑤ 尹力：《什么是公共关系学》，《新闻记者》1981年第1期。

才开始蔚然成风。在可追溯的刊物中，以公关为研究主题的文章在1984年以前只有零星几篇，直至1985年开始显著增长。具有代表性的事件是，1984年，为呼应《中共中央关于经济体制改革的决定》，对中国公关实践的社会经济环境进行考察，中国社会科学院新闻研究所杨润时等提议应开展公关研究，指定明安香为"中国公共关系研究课题组"负责人并奔赴北京、上海、杭州、深圳、广州等地进行调研。1986年，明安香出版大陆第一本公关领域著作《塑造形象的艺术：公共关系学概论》；同年，《经济日报》发表社论《认真研究社会主义公共关系》。在教育领域，1985年，深圳大学钟文、中山大学廖为健开始试水公关教育，两人也成为公关教育领域的先驱性人物。

80年代的本土学者将公关等同于企业层面的公关行为，更多从实践中获得灵感。其原因在于，抛开政府公关而言，相比于同一时期的宣传学、新闻学，现代公关的研究话题在当时来看更为前沿与新颖，是学者所未曾接触过的。持续了30余年的计划经济使得学者对于公关这一新鲜事物无法直接进行认知，广东等省份毗邻港澳，最早接受了公关这一全新概念。另外，在传播学几近被定性为是"资产阶级学说"之时，学者有意规避政府公关，将公关研究与经济开放相呼应的做法也为公关研究在本土市场的保留做出了铺垫，虽然当时忽视本土公关思想史的做法在现在来看具有一定局限性，但对于这一学科进行启蒙的现实意义而言，这使得中国本土公关研究实现了从无到有的突破。最后，在回应国家建设"公有制基础上有计划的商品经济"，一系列的公关实践行为激发了中国本土公关研究的热情。可见，本土公关研究在回应市场中降生，存在着很强的实践导向。但这也使得实践导向的公关研究从一开始便缺乏理论建构，并在之后为公关研究重新起步带来了一定阻力。

二 泡沫初起：公关研究的浮躁化心态

80年代公关研究的另一个表现是社会"公关热"背景下的

公关研究"泡沫式"发展。首先是对西方文化的体验性狂热。改革开放之初,在知识阶层,从"聆听邓丽君"到"买洋货",凡是与西方、港台沾边之事都会被认为是具有先进色彩之物。而公关作为发迹于欧美并从 60 年代开始盛行于港台的研究领域,自然带有一定的西方色彩。在公关研究进入中国的最初一段时间,社会学、新闻学、经济学等各个学科的学者纷纷"空降"至公关研究领域,全国各地纷纷开设公关培训研修班。80 年代末,广东地区公关俱乐部、上海市公共关系协会等一大批本土公关行业及研究组织崛起。据居延安、纪华强等老一辈的公关学者回忆称,80 年代,在厦门、温州等城市,凡是公关主题的相关讲座都场场爆满。[1] 一时间,全社会似乎都在讨论"公关",本土第一次"公关热"顺势而来。

80 年代的公关热背后是改革开放初期社会大众对于新时代的一种时代性焦虑。社会发展尚未提供公关良性发展的健康土壤,除少数的专业研究之外,当时盛行的所谓"公关礼仪""讲话艺术"等研究实践并未触及公关理论所要研究的传播管理等核心议题。海尔、健力宝等企业公关"明星"所抒发的更多是对时代剧烈变革背景下自我突破的一种愿景。专业的公关公司也是仅有的几家外国公司,本土公关公司并未诞生。基于此所诞生出来的公关研究也更多地是对西方公关理论的直接搬运,具有教条性等特征,缺乏基于本土关照的公关研究,加之对于政府公关等议题可能会产生敏感性的恐惧,至 80 年代末,虽然公关教育仍在发展,甚至开办了中国第一所公共关系学院——黑龙江省公共关系专科学校,[2] 但公关研究并未再有突破,整体而言呈现出一种虚假繁荣的局面,出现泡沫式发展的倾向。不过这一时期公关研究的真正意义在于,其与中国社会解放思想的

---

[1] 胡百精:《中国公共关系史》,中国传媒大学出版社 2014 年版。
[2] 余明阳:《中国公共关系史(1978—2007)》,上海交通大学出版社 2007 年版,第 53 页。

步伐存在同步性，公关研究在一定程度上代表着学者及市场主体对于中国社会未来发展的一种想象力。

三 解放思想：中国公关研究的想象力

80年代是解放思想的年代，"公关热"是当时社会整体思潮的一个缩影。改革开放对于中国社会而言具有新启蒙的意义。"文化大革命"十年被压制的公众信息需求在改革开放后得到了火山式的爆发。一时间，全社会对现代化知识的渴求与热情无比高涨，文学、诗歌、新技术……种种新鲜事物成为知识阶层的谈资，作为改革开放先锋阵地的沿海省份率先掀起了这场了解公关、认识公关的热潮。无论是企业还是个人，都希望自身能够享受公关这一新型"实用工具"所带来的福利。可见，公关研究兴起折射出的是人们对于个人—国家框架之下自身前途与命运的浪漫想象。

80年代，中国社会功利思潮崛起，国家首要任务从阶级斗争转变为经济发展。这一巨变使得中国社会个体产生了一种对于个人命运的焦虑。米尔斯曾在其代表作《社会学的想象力》中提到一种把握人生与历史，个体到整体，并将其相互关联的"社会学的想象力"，[①] 80年代对于公关的狂热与之有相似之处。面对国家变革巨潮，渴求"新知识"，成为时代的"弄潮儿"成为了所有人的焦虑，而"公关"这一概念之内涵本身就具有很强的启蒙化色彩，"公共"这一具有民族色彩的词语搭配，"关系"这一中国社会传统话题，满足了人们对于中国社会的未来想象。通过口耳相传，人们普遍认为公关可能会成为未来发展的主流。这种想法对于当时而言过于超前，而学界与业界人士并未对此作出判断，造成了当时整个公关界的膨胀性泡沫。

[①] [美] C. 赖特·米尔斯：《社会学的想象力》，李康译，北京师范大学出版社2017年版，第8—10页。

第四节　市场逻辑与去敏感化：中国公关的自我意识崛起（20世纪90年代）

90年代，本土公关理论继续向前发展，虽然以CI热、点子热为代表的虚假繁荣仍然存在，但这一时期公关研究在"挤水"的前提下开始涉及政府公关研究，并在进一步引介国外公关理论的同时尝试建设本土化公关理论。

一　西学东渐：国际公关研究在中国的引介

相比于80年代简单的概念引进，90年代学者对于西方公关理论的引进更加系统化，从双向平衡模式到对于数据库的运用，这一时期学者对于公关理论的掌握及应用更加扎实、稳健。1992年岁首，改革开放总设计师邓小平同志动身南巡，面对关于改革的诸多争论、质疑，邓小平通过"南方谈话"对社会主义的本质和判断标准、计划和市场的关系等重大问题做了改革开放以来最全面明确的阐述。邓小平"南方谈话"破除了社会对姓"资"还是姓"社"的观念障碍，学者们对于公关研究更为大胆与开放，开始频繁与欧美、日、中国港台等地的学者交流，80年代末90年代初出国培训或学习过的一批本土学者也在此时发力。这一时期公关研究的进步之处具体表现为对西方公共关系学说的系统化引进及广泛邀请国际公关学者到中国访问。90年代初，大量公关译著、著作问世，虽然数量众多，但在基本框架上具有同质性。面对这一窘境，学者郭惠民将卡特里普（Scott M. Cutlip）的双向开放模式、格鲁尼格（James E. Grunig）的双向平衡模式等代表性研究及著作翻译为中文，对已有研究进行了一定程度上的补充。① 1996 年，郭惠民和廖为建促成美国马里兰大学教授格鲁尼格访华，格鲁尼格此次访华在公关学界代表性意义不亚于施拉姆 80 年代访华对于整个传播学科的影响。虽然 80 年代末大批学者开始关注公关研究，但由于缺乏对于西方公关研究前沿的关注以及过于仰赖本土实践等原因，许多人对于公关的理解仍停留在字面意义上。此次格鲁尼格来华访问及后续三人之间的沟通形成了本土公关早期的重要文献《关于公共关系学若干基本问题的国际对话》及其续篇，使得卓越公关研究等西方前沿学术成果有所了解。

系统引进西方公关理论的同时，学者们也有意识地构建本土化的公关理论。1993 年，550 万字的《中国公关大辞典》问世。80 年代第一批公关学者继续对本土公关研究进行探讨，例如 1992 年 7 月，翟向东等人在山东莱芜召开了"中国公共关系特色初探"研讨会，会议概括了中国公关的"七大特色"。另外还有余明阳在 90 年代早期通过《试论公关本质》等一系列文章提出对萌芽时期公关的一系列反思，认为公关应坚持公正、真诚、透明等原则，并回应了功利主义思潮下中国公关所应扮演的角色等问题。

二 走向开放：政府公关研究萌芽

这一时期公关研究前进的另一条主线是，政府公关曾作为"资本主义学说"的敏感性被破除，如同 80 年代的企业公关研究一样，政府公关研究在 90 年代如雨后春笋般出现，在《公关世界》等代表性期刊中，有关政府公关的文章数量逐年递增。同一时期，有学者将 1992 年列为中国的"国际公关年"，认为"一个以市场经济为核心的政府公关潮"即将到来。②

---

① 胡百精：《合法性、市场化与 20 世纪 90 年代中国公共关系史纲——中国现代公共关系三十年》（中），《当代传播》2013 年第 5 期。

② 朱厚玉：《中国政府公关潮》，《公共关系导报》1993 年 5 月 8 日；胡百精：《中国公共关系史》，中国传媒大学出版社 2014 年版，第 130 页。

改革开放后深圳等率先被列为特区的开放城市进行了一系列地方政府公关实践的探索，① 这为学者提供了早期政府公关研究线索。90年代，北京亚运会的召开、申奥工作开展以及香港澳门回归等代表性政府公关实践也在客观上存在着对政府公关研究的需求，种种实践使得学者逐渐意识到政府公关将成为未来政府交往实践中的"显学"。90年代清华大学李希光与美国宾州大学刘康所合作的研究我国国家形象的重要著作——《妖魔化中国的背后》，也是回应这一时代需求的体现。

另外一个重要表现是，90年代，电视媒体开始介入公共生活。1993年创办的"东方时空"，凭借"用事实说话"这一口号走入人们的视野，将媒体舆论监督带至千家万户的电视机前，媒体及公众的公共问责意识与日俱增，接下来的十年间，相关议题成为本土公关研究重点。从这一时期许多研究以中西政府公关比较作为框架来看，随着社会主义市场经济的建立，我国思想解放的进程进一步深入，西方传统公关研究中的政治体制因素不再是敏感问题，学术研究的话语体系更加开放，公关研究所能获得的理论资源也更加丰富。

与80年代企业公关研究不同，90年代政府公关的起步较为冷静，并未出现"遍地开花"的盛景，但作为回应国家发展所应运而生的研究领域，其为世纪初中国加入世贸并且申奥成功所做出的贡献不可小觑。

三 狂欢的市场：专业化公关的崛起与中国公关研究的"挤水"

90年代是公关研究去伪存真的时代，新理论的引进及之后公关研究共同体遭遇的种种挫折都意味着公关研究的"泡沫"开始破灭，相比于业界的专业化狂欢，除政府公关初步萌芽之外，公关研究在这一时期整体趋于冷静。

---

① 李红生：《深圳特区开展政府公关的实践》，《广东行政学院学报》1994年第2期。

1989年年底，一部名为《公关小姐》的电视剧在中国播出，这部电视剧极大地提高了"公关"一词在中国社会的知名度，暂不提这部电视剧对公关行业所带来的"污名化"影响。以此为起点，中国本土公关行业开始进入一个新的时期。相比于80年代进入中国的零星几家外国公关公司，90年代，在市场经济的大潮中，中国本土诞生了一大批公关公司，但大浪淘沙，许多追随潮流但无法提供专业化服务的公关公司都仅仅是昙花一现，最终留存下来的成为了中国本土最早一批提供专业化服务的公关公司。同一时期，与这场公关公司热潮相伴随的是火遍中国本土的一阵点子热、CI（企业形象识别）热。① 相声演员牛群在1994年春节联欢晚会上所表演的相声《点子公司》便是对这一社会现象的描述。以上基于企业公关意识崛起所出现的种种现象似乎预示着中国公关行业逐渐走向正轨。这一时期，中国公关行业更多是由东南沿海部分公司以及跨国公司所支撑。其成熟期是在90年代末互联网时代到来后出现的，IT行业的兴盛促进了另一波专业公关公司的崛起。至这一时期，中国本土公关公司粗具规模，公关市场所需的几个基本要素，专业化公关、稳定开放的市场环境、充分发展的大众媒体、企业的公关意识基本齐全。

　　相比于行业的快速发展，90年代，整个公关研究领域似乎都在"挤水"。上文提到，这一时期公关研究的进步在于系统化引进西方公关理论。除此以外，公关研究泡沫破裂也十分明显，经历了一系列虚假繁荣以后，90年代中叶，先前从各个领域"空降"至公关研究领域的学者纷纷退回至原有学科。80年代建立的一系列公关行业组织纷纷沉寂，变成"养老俱乐部"。虽然CI等研究领域热潮为公关研究带来了一些福利，但其作为公关研究的表层领域，无力挽救学科共同体的破碎，这一共同体的破碎的影响直至现在仍未消失。同一时期的公关教育也在"挤水"，行业的公关需求虽然在一开始带来了全国各高等

---

① 胡百精：《合法性、市场化与20世纪90年代中国公共关系史纲——中国现代公共关系三十年》（中），《当代传播》2013年第5期。

院校对于公关教学的热切期盼,但作为对 80 年代公关虚假狂热的延续,这一情况并未持续很久,院校中的公关热很快便陷入沉寂。不过,乌云背后有阳光,廖为建 90 年代在中山大学开设了中国第一个公关本科专业,这对公关教育的发展具有一定示范意义。

"挤水"并非是坏事,公关研究只有回归原点,认清社会现实与国家发展之路,才能迎来重生。21 世纪初,随着中国社会现代化浪潮的不断深入,90 年代出现的种种促进公关研究走向繁荣的社会因素趋于成熟,公关研究即将以崭新姿态重新回归大众视野。

第五节　社会转型与现代化:21 世纪初的中国公关研究进路(2000—2012)

21 世纪的第一个十年,本土公关研究进入全新时期,在全球化时代到来的大背景下,国家公关在回应国家需要的基础上持续发展。另外,在中国社会转型加深,风险社会、消费主义浪潮到来之时,新的公关实践范式崛起,危机公关研究走向繁荣。

一　现代性与公共危机:中国公关与再造"关系"

千禧年之初,除申奥成功等几件国家大事之外,国内似乎并未有任何足以影响公关事业发展进程的大事件发生。经过 20 年的快速发展,中国社会经济体量快速增长,现代化建设迎来新高潮,社会发展道路一片繁荣。但暗流涌动,社会高速发展的同时,现代化建设的另一面也逐渐显露:最重要的线索是未来几年一系列公共危机的发生预示着中国社会进入"风险社会"。①

---

① 胡百精:《"非典"以来我国危机管理研究的总体回顾与评价——兼论危机管理的核心概念、研究路径和学术范式》,《国际新闻界》2008 年第 6 期。

2002年年底至2003年上半年,"非典"爆发,这场危机所造成的公共恐慌对于我国还在建设初期的政府公关实践而言是一场巨大考验,直接促进了我国政府公关以及危机公关研究成为我国公关研究的重要领域。面对这一类公共危机,政府应该如何去管理信息发布,在避免恐慌的同时维护公共安全,这需要学者对新闻发言人制度、危机管理等一系列研究领域进行深入研究。[①] 清华大学史安斌、中国人民大学胡百精等人均是从这一时期开始对危机管理、新闻发言人制度进行关注,成为当今公关研究的代表性人物。

当然,除政府危机公关研究以外,接下来的几年间,企业危机公关研究也逐渐映入公众眼帘。2005年被认为是企业形象危机事件高发的一年,从保洁旗下一系列子公司所遭遇的产品质量质疑,到肯德基苏丹红事件以及光明牛奶过期回收等问题,品牌形象修复以及企业声誉管理成为企业负责人的必修课,这同时促进了本土企业危机管理的起步。随后的几年间,中国人民大学新闻学院每年发布的《中国危机管理报告》成为这一时期危机公关研究的重要研究成果。

无论是以政府为主体还是企业为主体,危机背后所折射的是现代化进程中不同主体在利益协调过程中所存在的种种矛盾。公关作为一种具有社会关照的学科领域,自诞生起便致力于化解危机及其背后存在的深层矛盾,对于中国社会而言,公关研究的重新繁荣具有一定的必然性。

二 消费主义与媒介变革:双向均衡范式下的公关研究

进入21世纪,消费主义浪潮与媒介技术变革相辅相成,共同促进了"双向均衡"式公关的崛起。双向均衡模式最早由格鲁尼格提出,认为公关应从"宣传"向"开放系统"进行转变,强调组织与

[①] 涂光晋、陈曦:《"非典"十年来中国政府危机特点的变化与反思》,《国际新闻界》2013年第5期。

公众之间相互开放。虽然这一模式具有一定理想化色彩,但在 21 世纪的第一个十年,在种种因素的作用下,本土公关确实有向这一模式发生转移之势。

21 世纪第一个十年,我国进入经济上的高速增长时期,居民消费水平逐年递增。对于公关而言其影响有二:首先,消费主义崛起直接带来了文化产业的兴盛,2005 年选秀节目《超级女声》火遍中国,成为消费主义浪潮下具有里程碑意义的事件。虽然此前中国本土文化产业崛起迹象已经凸显,如 2002 年 11 月,党的十六大作出深化文化体制改革、发展文化事业文化产业的战略部署;2003 年本土第一部大片——《英雄》上映。但"超女"的火爆,真正让人们见识到消费文化的巨大力量。对于公关而言,作为文化产业下属的行业分支,随着文化产业整个蓬勃发展,公关行业也随之水涨船高。粉丝经济、娱乐公关、明星公关成为公关行业及研究者开口必谈之事。另外,在企业层面,消费者市场的扩大使得企业越来越重视消费者一方的产品需求,受众需求及人际传播所带来的口碑影响越来越成为品牌成功的重要影响因素,受众在公关话语及研究中的重要性与日俱增,为公关向双向均衡模式变革提供了前提条件。

媒介技术变革在双向均衡公关模式出现的过程中同样起到重要作用。在"超女"出现的 Web1.0 时代,中国本土粉丝文化忽然崛起,受众首次体验到"全民造星"的快感。Web2.0 时代,以微博为代表的社交媒体平台使得受众话语愈加繁盛,其语境也经历了从大众偶像到"流量明星"的变迁。另外,社交媒体的出现为受众提供了自我表演的平台。这种企业扩大市场的需求与消费者自我选择、自我表演需求的"合谋"为企业与受众进行"对话"制造了前提条件。在两者的共同作用下,通过制造文化认同,解构权威,反结构化叙事,无论是实践层面还是研究层面,公关越来越重视以受众为中心的对话方式,开始向双向均衡模式迁移。

三　从本土到世界：全球化背景下的中国公关研究

千禧年初，中国所面临的外部环境整体而言是温和的。小布什政府上台后，自"9·11"事件起，受"阿富汗战争""伊拉克战争"等事件的影响，美国战略中心向中亚及中东部分转移，中美之间虽然偶有摩擦，但在经济上双边合作程度愈发加深。世界对于中国的高速增长所带来的全球经济红利似乎呈开放性态度。2001年12月，经过多轮谈判，中国加入世界贸易组织。随后几年，APEC等国际重要会议的召开中国国际地位的提高。这一时期，中国社会国家自信心显著提高。不过，正在人们认为中国国家形象的提升已是水到渠成，21世纪第一个十年末期，种种迹象使人们意识到国家形象并没有如人所想的那样稳步提升，负面声音仍然存在，国家公关重新被重视起来。①

2008年，虽然有"打砸抢烧"事件以及三鹿奶粉事件的负面影响，但奥运会的顺利召开，仍然让世界的聚光灯聚焦至中国。而反观西方社会，2008年4月，金融危机爆发，美国等西方国家遭遇近30年来最严重的衰退，在政客们的渲染下，中国顺理成章成为焦虑不安的西方社会的一个发泄口。实际上，在小布什政府时期，虽然西方世界并未从国家战略上将中国视为竞争对手，但欧美左翼学界早已对中国经济崛起开始产生恐惧心理，"黄祸论""中国崩溃论"等学说成为学者对于中国未来社会发展的主要预测。2008年，民粹主义如幽灵般复出，西方政客开始鼓吹"后美国世界"到来，认为"韬光养晦"的中国巨龙开始苏醒。对于中国这个快速增长的巨人所产生的焦虑不断发酵，"中国威胁论"抬头。

面对这一外部环境的变化，国家决策层迅速回应，2009年6月，中央下发《关于印发〈2009—2020年我国重点媒体国际传

---

① 胡百精：《社会转型、专业化与新世纪以来中国公共关系史纲——中国现代公共关系三十年》（下），《当代传播》2013年第6期。

播力建设总体规划〉的通知》。程曼丽等在公关研究中已有建树的学者纷纷回应这一召唤，成为国际传播研究领域的代表性人物。从2008年开始，以政府公关、国际公关为主题的研究数量显著提升。如何有效地在国际媒体发声，抵消甚嚣尘上的中国威胁论，成为这一时期的研究主题。但回顾看来，这一时期的相关研究并没有很好地解决当时的需求，所谓的国际传播能力建设战略中心为何、落脚点在何处并不明确；表现在国家公关领域，虽然学者引进了"公共外交""软实力"等新兴概念，但实际上缺乏战略性顶层设计的研究，这一时期的研究成果并没有对国家形象建设产生更好的反哺作用。

第六节　百年未有之大变局：新时代的中国公关研究（2013年至今）

2013年以来，我国公关研究进入危机与机遇并存的时代，国际局势风云变幻，西方社会民粹主义抬头，逆全球化浪潮崛起，公关研究转向战略传播研究的必要性凸显。国内，媒体融合驱动着公关研究向互联网时代进行转变。在公关研究愈发重要之际，公关面临的学科泛化问题也亟待解决。

一　构建"人类命运共同体"：公关研究的战略转向

2012年年底至2013年年初，公关界发生了一系列标志性事件，先是公关专业被并入公共管理学科之下，接下来是2012年9月8日中国公关理论的主要引进者余也鲁先生去世。2013年年初，中国中东部出现大范围雾霾天气，多地环境"严重污染"，PM2.5濒临"爆表"。经济发展带来的环境问题愈发受到人们关注，社会大众对于美好环境的需求与发展经济改善民生之间的矛盾考验着各级政府通过政府公关与民众进行对话的能力。同年3月，全国人大选举习近平同志当选新一届中国国家主席,"中国梦"时代到来,实现中华民族伟大复兴成为当下中国社会的重要议题。年底,党的十八届三中全会提出"完善和发展中国特色社会主义制度,推进国家治理体系和治理能力现代化","公关思维"成为党和政府治理国家的重要体现。而在大洋彼岸,奥巴马第二任期开始,美国政府"重返亚太"战略进一步推进,在各种国际性场合以南海问题、人权问题向中国政府施压,通过在国际社会舆论场掀起阵阵波澜来遏制中国的国际影响力。在北京奥运成功举办五周年之际,人们开始反思之前五年国家形象传播建设中存在的问题。种种现象表明,中国国家公关即将面临新的考验,新的时代即将到来。

近十年来,中国社会转型步伐不断加快,在经济进入新常态,生态文明建设稳步发展的同时,环境、住房、教育等社会矛盾也更加凸显,中国社会力求迈过"中等收入陷阱"。同一时期,国际格局剧烈变动,在中国等国家通过"一带一路"战略规划、"亚投行"等措施推进全球化之时,西方政客不断将中国作为政治靶子,挑起贸易争端。中国社会发展所面临的环境愈加复杂,进入中国发展进程中"百年未有之大变局"。

中国政府不仅要向国人说明中国,更要向"世界"说明中国。通过"讲好中国故事",为世界展示一个虽经历着繁荣发展,但仍然面临着诸多问题的完整的中国形象。同时,中国也要承担国际责任,展示负责任大国的国际形象。2017年1月18日,习近平主席在联合国日内瓦发表了以"共同构建人类命运共同体"为主题的演讲。在这一具有道德感召力的倡议之下,如何联通中国与国际社会,其中国家公关必将扮演重要角色。

在外宣与内宣不断转化的背景下,国家公关研究面临着内外重构之势,公关研究应整体进行战略化转向。既有体制下,无论是对内公关还是对外公关,我国各政府部门间存在着沟通不畅、传播资源浪费等问题,我国亟须建立一套具有高度战略性的国家公关体系。对于本土企业而言,我国企业"走出去"步伐不断加快,而在走出去的过程中如何规避政治、经济、文化领域可能发生的一系列风险，需要企业高层去不断思考。2018年以来，华为、中兴等企业面临的一系列"制裁"风波意味着当今企业发展除科技领域的核心竞争外，企业形象维护以及构建具有预见性战略传播体系也正在成为企业发展的决定性因素之一。

在我国，无论是政府主体还是企业主体，长久以来都缺乏这样一套战略传播概念。公关作为一种组织进行内外沟通的战略行为，被视为是战略传播的最优实践方式。[①] 在公关发源地美国，公关领域的许多期刊就经常以"战略"（strategy）为命名元素。[②] 因此，在战略传播理论与实践建设上，公关研究理论应承担起这一重任，促进战略传播范式转型与崛起。[③] 从学界来看，当前已经有科研院校开始采取行动，如2015年北京大学成立国家战略传播研究院；2018年，中国人民大学新闻学院设立新闻与传播硕士——战略传播方向，都是回应这一现实需求。

二 技术变革重构信息格局：中国公关研究的未来路径

在技术变革时代，信息传播的格局正在被重塑。相应地，公关行业实践以及公关研究的未来走向也在随之发生转移。当今公关研究所面临的时代是一个"万物皆媒"的时代，从社交媒体到大数据、再到如火如荼的5G、物联网等技术；从传统媒体的权威叙事到社交媒体环境下的"解构一切"，传媒技术变革在形塑当下传播形态的同时，也在从根本路径上改变着公关的研究走向。

[①] Botan Carton, A Semiotic Approach to The Internal Functioning of Publics: Implications for Strategic Communication and Public Relations, *Public Relations Review*, no. 21, 1998, p. 79.

[②] 陈先红、张凌：《大数据时代中国公共关系领域的战略转向——基于扎根理论的探索性分析》，《国际新闻界》2017年第6期。

[③] 程曼丽：《国家国际传播能力建设需具备战略视野》，《光明日报》2015年7月21日第7版。

首先，新的媒介形态催生出了一系列新型媒介话语，而不同的媒介话语背后体现的是不同叙事模式的变迁。例如近年来逐渐成为主流的"短视频"对传统政府公关中的媒体关系研究产生巨大冲击，其短小精悍、还原性较高等特点为政务新媒体及城市形象传播带来了新契机，并将"民间文化"带入公共传播之中。[①] 在抖音、快手等媒体平台的火爆下，2018年被称为短视频元年，西安、重庆等城市以极小的成本换取巨大的政府公关成效，央级媒体、各政府部门纷纷参与短视频制作，制造了一个又一个爆款，成为政府公关的典型案例。

另外，强势媒介平台变迁带来用户迁移，进而带来舆论阵地的改变及公关实践的范式转移。最明显的表现便是学界近年来对于"媒介融合"的焦虑与探讨，其直接回应的是：在互联网媒体影响力与日俱增而传统媒体遭遇困境的今天，政府该如何把控大局，维护舆论环境。2013年8月19日，习近平总书记在全国宣传思想会议上指出，宣传工作"人在哪儿重点就应该在哪儿"。自此，媒体融合进入重要时期，随后的几年里，"建设现代传播体系""县级融媒体""四全媒体"等重要指示纷纷成为媒介融合的工作重点。强势媒体平台的变迁必然关乎公关实践的转变。互联网作为一种重新构造世界的结构性力量，其重新聚合了社会资源、市场资源。[②] 传统的公关理论在互联网时代是否适用，其将经历哪些变革。基于此，公关研究也应跳脱出传统的组织—公众二元框架，回应这一技术变革浪潮，深入探讨媒介技术变革之下传播机理之变。

三 泛化的公关研究：学科的危机与出路

2013—2018年我国公关行业年均营业额增长速度为12.95%，

---

① 彭兰：《短视频：视频生产力的"转基因"与再培育》，《新闻界》2019年第1期。

② 陈力丹：《新闻传播学学科建设若干问题的思考》，《新闻记者》2017年第9期。

高于同期 GDP 增长速度。① 社会对于"公关"的需求虽然与日俱增，但公关学科本身却面临着学科泛化的危机。90 年代公关研究"泡沫"破裂至今，一个健康、完整的公关学科共同体一直未能建立起来。专业刊物缺乏使得公关缺乏学术阵地；公关学者在全国各高校中散落于国际关系、社会学、公共管理学等多个学科之下，这使得公关研究缺乏主学科统领；在共同体方面，虽然有中国国际公关协会、中国公关协会等老牌公关专业组织维持着公关研究共同体的联结，但从不同领域的公关学者互动性不强、研究重复率较高的现实情况来看，公关研究并没有建立起具有凝聚力的研究共同体。

学科共同体的缺位也间接影响了公关教育的发展。近年来公关教育发展可谓一波三折，先是被并入至公共管理二级学科之下引发争议，再到有"中国公关本科教育黄埔军校"之称的中山大学媒体与设计学院公关本科和硕士专业取消，② 发展 30 余年的公关教育似乎正在被主流遗忘。

实际上，社会对于公关的需求并没有降低，学者也并非看不到这一需求。目前来看，公关研究的原本领域被公共外交、市场营销、风险沟通、全球传播以及新近出现的战略传播等研究领域分散。不同公关学者虽然关注不同的细分话题，其仍然在公关话语的框架下回应时代需求，如程曼丽近年来关注的国家战略传播研究、黄懿慧关注的华人社会视角下的公关传播形式——战略传播，胡百精关注的中国本土社会交往史以及陈先红研究的"讲好中国故事"等。

"公关"如何让人信服并且不可替代，需要业界与学界共同发力，以专业姿态去回应社会需要。

---

① 中国国际公共关系协会：《中国公共关系业 2018 年度调查报告》2019 年 5 月，www.cipra.org.cn/ggxh/2019。
② 陈先红：《陈先红：呼吁加快中国公共关系学科建设与发展》，《公关世界》2017 年第 11 期。

第七节　结语：公关研究 70 年的现实意义

学科的发展是一个活生生的现象，是具有生命体感的社会实践，[①] 公关研究的发展包含着历史的温度与沉淀。在新中国成立后的 70 年中，公关全面渗透于中国社会政治、经济交往形态之中。通过对于国家公关、政府公关、危机公关等领域的深入研究，公关研究促进了国家形象构建，也加强了包括政府和企业在内的组织机构与公众的沟通对话与相互理解维系中国社会信息、利益、价值共同体的沟通与繁荣。同时，在化解、黏合不同主体之间的矛盾与间隙时，公关研究也在预示着未来社会的发展与走向。正所谓"一切历史都是当代史"，过去的历史应在当下的思考中获得重生并产生历史性。历史也从未间断，过去的历史与当下社会紧密相连，我们总会在某个"虫洞"中与过去的历史相遇。学术研究不是社会发展进程中的一座"孤岛"，以新中国成立为起点去观察中国本土公关研究发展，能够窥视公关研究的历史脉络及其与社会发展过程中各个因素的互动关系，对于了解公关研究的过去与当下，夯实学科合法性具有建设性意义。

每一段历史都是严肃的，我们以小见大，观察不同历史在某一时刻的相遇。公关研究的发展历程为国家的政治史、经济史变迁提供了一种新的视角。从被认为是具有"敏感性"的研究领域到现在成为学界、业界、政府所共同关注的话题，透过公关研究，我们可以深刻地分析中国社会的心态变迁与变化中的焦虑。而以国家的 70 年变革的视角去审视公关研究，我们能够追本溯源，扎根中国，以全球化视野为本土公关研究的未来探寻出路。

---

① 黄旦：《新闻传播学科化历程：媒介史角度》，《新闻与传播研究》2018 年第 10 期。

表1 本土公关研究关键词及代表著作(20世纪50年代至今)

	50—70年代	80年代	90年代	2000—2013年	2013年至今
时代关键词	共产党新闻观 "全民动员"式公关研究 战略化对外宣传策略 现代公关研究断崖 外宣史研究	本土现代公关诞生 企业公关研究占主流 本土公关研究共同体 浮躁的"公关热"	政府公关研究起步 西方公关理论系统化引进 点子热、CI热 本土化公关理论建设 公关研究"挤水"	危机公关研究 双向均衡模式公关研究趋明显 消费主义、风险社会视角下的公关研究 国家公关必要性凸显	公关的战略传播转型 媒介融合时代下公关研究的互联网化 公关学科及研究泛化
本土代表性著作及重要资料	新华出版社（1983）：《毛泽东新闻工作文选》 新星出版社（1999）：《中国外文局五十年史料选编》 中央文献出版社（1992）：《建国以来重要文献选编》 郑保卫（2005）：《中国共产党新闻思想史》	《经济日报》1984年12月26日社论：《认真研究社会主义公共关系》 明安香（1986）：《塑造形象的艺术：公共关系学概论》 廖为建、王乐夫等人（1986）：《公共关系学》 居延安（1987）：《公共关系学导论》	熊源伟主编（1990）：《公共关系学》 张龙祥（1993）：《中国公共关系大辞典》 霍向东（1994）：《中国公共关系学教程》 徐光晋（2006）：《从"公关"危机到"公关"危机——2005危机管理新路向解析》，载于《新闻界》 余明阳（2007）：《中国公共关系史（1978—2007）》	郭惠民、廖为建、[美]格鲁尼格（2000）：《关于公共关系学若干基本问题的国际对话》，载于《国际关系学报》 胡百精（2005）：《危机传播管理》 胡百精主编2006年起：《中国危机管理研究年度发展报告》 胡百精（2008）：《公共关系学》	胡百精（2014）：《中国公共关系史》 赵启正（2014）：《公共外交战略》 史安斌（2014）：《危机传播新闻发布：理论·机制·实务》 柳斌杰、董关鹏主编（2016年起）：《中国公共关系发展报告》 陈先红主编（2018）：《中国公共关系学》

第十三章

传媒经济学研究

自新中国成立以来,国内大众传媒从单一属性的信息播发平台发展为社会主义市场经济中活跃且重要的一分子,传播活动引发丰富活跃的经济现象进而呈现为特殊的现代社会景观,大众传媒走向市场、创建行业并愈加具备产业化属性,成为70年发展历程中的一道靓丽风景。传媒产业的诞生与发展受制于社会文化需求、经济发展水平、政策与法律制度、媒介技术演化、传媒体制改革等多种因素的影响,一方面需要媒体组织和媒体人在实践中不断积累与锐意创新,另一方面也需要理论界的头脑支持与策略协同。聚焦于传媒经济相关问题的研究与探索,传媒经济学也顺势而生,并在传媒发展变革的历史进程中生根壮大。

与传媒实践相比,我国的传媒经济学学科建设起步较晚,核心原因是在相当长的历史时期内,传媒的属性与经济规律无关。受到国家政策环境影响、全球化市场刺激,以及传媒产业自身的转型升级、新兴技术的推动,传媒经济活动日渐活跃、传媒产业从无到有,实践对传媒经济研究及学科发展也提出了需求和期待。从最初零散的片段求解,到由点及面的发散探索,再到研究成果的涌现和学科体系的初步成型,中国特色传媒经济学与新中国媒介经营管理实践、传媒产业化发展历程同步,源于实践、指导实践,一方面在深度上不断深化,遵循社会主义市场经济的特点、产业发展的基本规律与域外经验，在丰富的案例积累与解构中实现了理论创新与跃升，成果由媒介经营管理业务思考、经验体会，上升到学术分析、理论建构；另一方面在广度上不断拓展，将研究主题、分析对象延伸到传媒发展的方方面面，积极融合多学科研究视角与方法，实践应用与理论研究相互促进，推动了新时期传媒经济学学科的繁荣。

第一节 传媒经济学的发展历程

"传媒经济学研究的对象是传播领域的经济现象，或者说是用经济的视点去研究传播现象。"[1] 用经济学的框架和方法解析传媒问题是传媒经济学建立的初衷与核心，伴随着传媒经济活动的出现及日渐频繁，进而到传媒市场化、产业化的推进，我国的传媒经济学学科建设及相关教育活动也从无到有，与传媒实践相生相伴是我国传媒经济学学科发展的特点，但同时受到海外，特别是西方学术界的影响，我国传媒经济学学科发展在路径上既遵循普遍规律也呈现出独特的一面。

受《传媒经济学杂志》（*Journal of Media Economics*）创始人皮卡特（Robert G. Picard）教授演讲的启发，陈中原梳理了世界范围内传媒经济学学科近百年的发展史，认为传媒经济学的发展是不均衡的，呈现"前缓后急"的态势，大致可划分为三个阶段：一是20世纪70年代之前，分支领域独立发展的阶段。产业发展与学科发展不同步，出现了"广播经济学"（1925）、"广告经济学"（1927），"电信经济学"（1936）、"电视经济学"（1960）、"报业经济学"（1963）。其间，"经济学教授，尤其是多位诺贝尔经济学奖得主涉足，通过研究传媒经济问题对经济学理论做出了重要贡献，极大地

---

[1] 党东耀：《传媒经济学的交叉跨度与学科范式研究》，《中国传媒大学第三届全国新闻学与传播学博士生学术研讨会论文集》，2009年，第421页。

提高了传媒经济学在整个经济学中的地位。"① 二是 20 世纪 70—80 年代，进入学科综合发展阶段。重要的标志性事件有三，第一是传媒经济学概念的诞生（1970），第二是《传媒经济学杂志》创刊（1988），第三是传媒经济学教科书的问世（1989），后两者也被视为新闻学界主导传媒经济学的转折点。同时，这个阶段"传媒经济学的各个领域研究向着纵深方向发展，在不少热点问题或新传媒现象研究上取得了重要成果。"三是 20 世纪 90 年代以后，学科进入聚合发展的新阶段。"数字技术对社会经济生活的影响是前所未有的，不但极大促进了传媒经济的发展，而且极大地促进和丰富了传媒经济学。"② "网络经济学"（1993）、"网络电视经济学"（2001）、"网络广播经济学"（2002）、"新媒体经济学"（2002）、"传媒集聚（Media Integration）"等全新的概念不仅被提出，更成为传媒经济学领域的热点。

以世界的框架反观国内传媒经济学学科的发展，并将视野拓展到当前，国内的传媒经济学也呈现出相似的断代特征，从无到有，由空白到局部到系统再到融合，呈现加速发展态势。

一 学科空白期（1949 年至 20 世纪 80 年代）

"建国后，我国的传媒体制借用前苏联的模式。媒体定位于党的'耳目喉舌'，强调传媒的喉舌作用，把社会效益作为传媒产品使用价值高低的唯一评判标准，从而否定了媒体的经济功能及产业特色。受此影响，国内对传媒经济的研究在八十年代以前基本上是空白。"③与传媒经济研究空白相呼应的是学科建设也没有起步。

新中国成立初期，国家制度层面的一些文件、会议体现了对传

---

① 陈中原：《传媒经济学研究的简要回顾》，《新闻大学》2005 年第 1 期。
② 同上。
③ 石义彬、周劲：《传媒经济学研究的回顾与反思》，《新闻与传播评论》2003 年。

媒经济属性的初步认识，传媒经济活动自新中国成立之初就见端倪。中共中央颁发《中共中央关于私营报刊通讯社等问题的指示》(1949)，谈到了报刊的销售与广告问题，明确指出"党与政府报刊通讯社经济来源除销售收入与广告收入外，由党与政府补贴"①。1949年12月，国家新闻总署召开的全国第一次报纸经理会议上，正式确立了全国报业"企业化经营管理"的方针，肯定了报社经营部门的地位及存在意义。1950年，中宣部发布了《关于报纸实行企业化经营情况通报》，明确指出报纸的"企业化经营方针是完全正确的，可以实现的"。此后，全国报业系统根据会议决议制定了许多具体的实施方案。广播领域也在同期开展了企业化经营，在紧缩成本、实行经济核算、开展广告经营等方面采取了相关举措。② 可以看出，新中国成立初期，党和国家的主管部门注意到了报业的经济规律，并且在尝试将报社明确作为"企业"来认识的③。尽管还很不成熟，但却代表了对传媒经济属性认知的萌芽。

不可否认的是，在1978年以前，虽然强调"政治"概念多于"经济"概念，"但是在传媒领域确实存在着许多经济问题"。④ 比如，媒体单位的行政拨款问题、资金使用的效率与效果的问题等，特别是与"钱"有关的问题为日后的传媒经济研究活动及学科建设埋下伏笔。这一时期的传媒经济实践以广告为主。作为中共中央机关报的《人民日报》在新中国成立初期即开展了广告经营活动。1959年，《人民日报》等八家报社的广告工作者在北京日报举行座谈会，交流广告工作经验。"会上，人民日报的同志谈了刊登广告应

---

① 中央档案馆编中国出版科学研究所：《中华人民共和国出版史料1949年》，中国书籍出版社1995年版，第223页。

② 张辉锋：《传媒经济学理论、历史与实务》，人民日报出版社2015年版，第94页。

③ 吴信训、金冠军主编：《中国传媒经济研究（1949—2004）》，复旦大学出版社2004年版，第4页。

④ 周鸿铎：《传媒经济论·传经解读卷》，中国书籍出版社2013年版，第248页。

当注意的一些问题,工人日报的同志谈了在外埠组织广告稿件的情况,健康报的同志介绍了刊登医药广告应当注意的问题。"① 表明在这一时期,传媒的广告经营活动已经开始活跃。

在研究领域,出现了一些"破冰"式的学术观点,尽管零散,但在当时的条件下却体现了极大理论价值和启发意义。1956 年,我国著名新闻学家王中提出"报纸具有两重性,一重是宣传工具,一重是商品"的观点。他认为,报纸既是政府的宣传工具,又是老百姓花钱买的商品,具有工具性和商品性这两重性。"办报卖"和"买报看"两个方面必须结合。② 在当时的学术环境下,"报纸两重性"的观点是一种难能可贵的探索。1958 年,针对人们对广告的质疑,尹舟在《谈报纸的广告》一文中指出了广告存在的必要性,并指出:"我们报刊上的广告和资产阶级报刊上的广告有着本质的区别。"③ 这在当时也体现了学术探索的意义和胆识。

1978 年改革开放拉开大幕,"1978 年以后,随着我国改革开放的不断深化和市场经济的快速发展,市场机制对传媒活动开始起调节作用,迫使传媒人不得不考虑传媒经济问题"。④ 传媒经济的研究日益丰富,学科建设也随之被提上日程。

二 学科萌芽与局部生花(20 世纪 80 年代至 90 年代)

1978 年 12 月,党的十一届三中全会作出了把党和国家工作重心转移到经济建设上来、实行改革开放的重大历史性决策。随着社会主义市场经济体制逐步确立,一系列标志性改革昭示媒体行业进入市场经济时代。市场经济法则逐渐为国内传媒界所接受,媒体纷纷开展多种经营尝试,媒介生态发生巨大变化。

---

① 文昌:《八个报社交流广告工作经验》,《新闻战线》1959 年第 16 期。
② 王中:《新闻学原理大纲》,《新闻研究资料》1986 年第 3 期。
③ 尹舟:《谈报纸的广告》,《新闻战线》1958 年第 2 期。
④ 周鸿铎:《传媒经济论·传经解读卷》,中国书籍出版社 2013 年版,第 248 页。

财政部于 1978 年批准《人民日报》等八家首都媒体试行"事业单位、企业化管理"的办报模式，为解决当时我国传媒系统内部的经济短缺问题起到了重要作用①。此后，报业率先恢复广告经营，有力地促进了报业经济的发展。1979 年，《天津日报》首家刊登商业性广告，同年，上海电视台也播出了中国大陆第一条电视商业广告，随后，报刊、广播、电视广告陆续恢复。同年 11 月，中共中央宣传部发出了《关于报刊、广播、电视台刊播外国商品广告的通知》。文件下发后，中央电视台同时在 1、2 套节目推出了商业广告。1980 年 1 月，中央人民广播电台开办了《广告》节目，随后各地方电台、电视台也纷纷效仿②。传媒业广告经营全面启动，在广告助推下，传媒业同改革开放以后的众多行业一样，步入了市场经济时代。

随着改革开放，传媒业逐步走上"事业单位，企业化管理"的道路，传媒市场运营实践处于向社会主义市场经济的转型期。传媒业经济特征的逐渐显现也引发了学界和业界的思考与探索，为相关研究开辟了极大空间。传媒经济相关研究从广告等主题起步，涌现了一批研究成果。关于广告的合法性首先引发了热议，1979 年，身在业界的学者型广告人、上海广告公司的丁允朋在《文汇报》上发表了《为广告正名》。1981 年，改革开放后最早的两部广告学著作《实用广告学》及《广告理论与实务》面世③。同年，安岗提出，"我们能不能建立一门新闻经济学？""新闻经济学，讲的不是报纸的经济新闻或经济宣传，讲的是报纸作为一个特殊的企业的经济活动。它有着自己的服务对象、特点和规律"。④ 这可以看作是我国传媒经济学学科建立的最早思想萌芽。

---

① 党东耀：《传媒经济研究：发展与未来》，复旦大学出版社 2016 年版，第 8 页。
② 赵玉明主编：《中国广播电视通史》，北京广播学院出版社 2004 年版，第 459 页。
③ 陈刚、祝帅：《在批判中建构与发展——中国当代广告学术发展四十年回顾与反思（1979—2018）》，《广告大观》（理论版）2018 年第 2 期。
④ 安岗：《我们能不能建立一门新闻经济学？》，《新闻战线》1981 年第 3 期。

对于不同的传媒门类，陆续有学者进行专业化的持续性研究，"报业经济""广播电视经济""出版经济学"等细分研究领域陆续出现，研究对象从报业、广播电视发端，延伸到整个大众传媒领域。同西方传媒经济学的诞生路径类似，我国的传媒经济学也由分支领域的扩张获得快速起步。1984年，周鸿铎首次提出"广播电视经济"的概念。1985年第1期《新闻知识》刊登了报业从业者张达的文章《谈谈报社的企业化》，提出了报业经营问题。1986年、1987年，陈力丹两次撰文阐述了新闻的商品性，指出"社会主义初级阶段，新闻在相当程度上还要保留商品的形式，或者说它具有商品性"[①]。"1987年，国家科学技术委员会在首次编制的中国产业投入产出表中，将'新闻事业''广播电视事业'纳入了'中国信息商业化产业'序列中，这是政府部门第一次正式表述，承认新闻传媒的商品性。"[②] 1988年，国家文化部、国家工商行政管理局联合发布《关于加强文化市场管理工作的通知》，使用了"文化市场"的概念。"商品""市场"等概念的不断出现被视为政府层面的定性，为传媒经济活动的合法性提供了背书，也在一定程度上激发了相关研究的展开及学科教育的萌生。1989年，周鸿铎在《中国广播电视学刊》上发表了《探讨广播电视事业的经济属性》一文，随后的1990年，周鸿铎的专著《广播电视经济学》作为我国第一部传媒经济学领域的著作和教科书正式出版。1994年，唐绪军在《新闻与传播研究》发表了《中国的报业经营：机遇与挑战》第一次系统论述了报业经营的现状、问题与对策，之后的1999年唐绪军又出版专著《报业经济与报业经营》，成为国内系统阐释报业经济学的最早及最重要的成果。传媒经济学相关成果趋向丰富化、多元化，为真正形成学科体系做好了储备。

---

① 陈力丹：《新闻是一种特殊的商品》，《新闻界》1986年第6期。
② 陈玥：《中国传媒经济学研究历史进路与范式建构》，博士学位论文，武汉大学，2014年，第57页。

20世纪80年代末90年代初,北京广播学院(现中国传媒大学)社会科学系在传媒干部进修班和部分本科学生班率先开设传媒经济学科目①,可以视作传媒经济教育在我国内地的萌芽。90年代末,"传媒经营管理"以"新闻事业管理"为名列入教育部所规定的新闻传播学教学大纲,成为我国高等院校新闻传播专业的必修课②。

20世纪最后十年,在以经济建设为中心的中国社会,传媒经济发展成为国民经济的重要组成部分,传媒业高速成长,传媒集团化、产业化的大量生动实践为这一时期的传媒经济研究提供了丰富素材。传媒经济相关学术活动日益活跃,研究主题多样化,研究框架不断完善,研究对象延展到各个媒介领域,特别是在90年代中后期,传媒经济成为热门话题,更逐步成为新闻传播学中的较为繁荣的领域之一。"90年代开始,新闻是否有学不再争议,取而代之的是深入广泛的新闻学理论探讨,试图在多维学术视野中探讨新闻传播的基本规律。在这一前提下,新闻学与传播学、新闻学与社会学、新闻学与文化学、新闻学与心理学等方面的交叉研究,产生了一批新闻边缘学科,传媒经济的研究也发展起来。"③ 传媒经济学也作为新闻传播学的边缘、交叉学科渐渐浮出水面。但与国外最早从事传媒经济研究的大都是知名的主流经济学家不同,"我国最早从事传媒经济学研究的学者大都是新闻传播学及其相关专业出身的。因此,我国关于传媒经济研究的早期成果基本上是经济学概念向传媒的平移"。④ 从事相关研究的学者队伍日益壮大,研究成果数量呈现上升趋势,一些学者尝试以经济视角思考传媒问题并获得成果,这些成果更多

---

① 周鸿铎:《传媒经济论:传经解读卷》,中国书籍出版社2013年版,第247页。
② 姜涛:《传媒经济学发展的阶段性特征》,《重庆社会科学》2015年第11期。
③ 石义彬、周劲:《传媒经济学研究的回顾与反思》,《新闻与传播评论》2003年。
④ 昝廷全:《积极整合资源,加强我校传媒经济学学科建设》,《中国传媒经济》2006年第3辑。

的聚焦于具体问题或具体媒介，从不同维度为传媒经济学学科的真正建立积累了知识、方法与经验。

在此期间，传媒经济研究及教学较为活跃的单位也集中于北京广播学院、中国人民大学、中国社会科学院新闻与传播研究所、复旦大学等。但此时的传媒经济并不具备作为学科的正式身份，"没有科学共同体、没有研究范式，1993—2000年为中国传媒经济学研究的'前科学'阶段。"[①]

三　学科建立与系统发展（2000—2005年）

进入21世纪，自2002年党的十六大报告中明确提出"深化文化体制改革"之后，传媒机构产业化、集团化日益活跃、传媒市场呈现扩张发展态势，从"摸着石头过河"到规范化、制度化、体系化发展，实践问题的涌现呼唤理论和学界的支持，传媒经济学学科也顺理成章应运而生。围绕这一时期大量具有典范意义的传媒经济新动态，由业界操盘手及专家学者主导的多学科研究力量及时跟进，紧紧追踪传媒实践最前沿，不但及时回应了普遍疑问与关切，更以新的概念、思路起到了对实践的启发和引领作用。传媒经济研究也随之获得快速发展，研究队伍不断壮大，研究成果大量涌现，能从微观、中观、宏观多层面观照传媒经济的理论与实践，呈现系统化特征。围绕传媒业的整体经济运行规律、报业及广播电视等传统媒介的转型、互联网引发的新经济现象等主题，陆续出版了大量研究成果，特别是在传媒经济学的一些核心概念、基本规律上形成一定共识，体现出较强的系统性、学理性。

2001年起，北京广播学院开始招收第一届经济学专业（传媒经济方向）本科生[②]。2003年，"传媒经济学"作为二级学科在中国教

---

① 陈玥：《中国传媒经济学研究历史进路与范式建构》，博士学位论文，武汉大学，2014年，第86页。

② 同上书，第98页。

育体制内诞生①，"作为一门学科，它开始于2003年中国人民大学和北京广播学院设立的传媒经济学，同年，复旦大学设立媒介战略管理学二级学科。自此，中国教育体制内的传媒经济学这一学科诞生了"。②"中国人民大学、武汉大学、复旦大学等高校相继成为了传媒经济学相关硕士、博士学位授权单位。且越来越多的高校开设了传媒经济学相关课程，并获得了学位授予资格。"③ 同时，这一时期"介绍传媒经济学的课程已在许多大学开设，很多学校还鼓励新闻、管理或经济学专业的学生进行跨学科学习，以此使经济学、管理学和传媒学融为一体"。④

传媒经济学进入高等教育体系，在培养相关人才的同时也推动了科研队伍的建设、促进了学科研究实力的提升，同时学界也积极与传媒行业相结合，相互借力。"随着国外媒体陆续进入境内，报业集团的兴起，媒介市场的竞争越来越激烈，传媒经济学更是成为新闻界的热点。无论是学术界还是实务界，无论是政府部门还是媒介实体都急切盼望传媒经济学尽快发展成熟，成为新闻传播学中的一门显学。"⑤

这一时期，一系列重要专著集中问世，既是学科建设的成果，也标志着传媒经济学学科发展走向系统化，以更综合、更体系化的视角思考传媒经济问题。如黄升民、丁俊杰《媒介经营与产业化研究》（北京广播学院出版社2002年版），胡正荣《媒介市场与资本运营》（北京广播学院出版社2003年版），唐绪军

---

① 姜涛：《传媒经济学发展的阶段性特征》，《重庆社会科学》2015年第11期。

② 刘大旭：《传媒经济的理论指导与实践探究——评〈传媒经济学：理论、历史与实务〉》，《传媒》2016年第16期。

③ 陈玥：《中国传媒经济学研究历史进路与范式建构》，博士学位论文，武汉大学，2014年，第98页。

④ 杭敏、[瑞典]罗伯特·皮卡特：《传媒经济学研究的历史、方法与范例》，《现代传播》2005年第4期。

⑤ 石义彬、周劲：《传媒经济学研究的回顾与反思》，《新闻与传播评论》2003年。

《报业经济与报业经营》（第2版）（新华出版社2003年版），周鸿铎《传媒经济》丛书（经济管理出版社2003年版），赵曙光、史宇鹏《媒介经济学》（湖南人民出版社2003年版），吴飞《大众传播经济学》（浙江大学出版社2003年版），吴克宇《电视媒介经济学》（华夏出版社2004年版），吴信训、金冠军、李海林《现代传媒经济学》（复旦大学出版社2005年版）等。这些著作"对传媒产业的经济关系和经济规律进行系统研究，论述了新闻传媒在实行企业化管理和集约化、规模化经营中的特点与策略，初步建立了传媒经济的理论体系"。[①]

四 地位凸显与融合扩张（2006—2019年）

2006年5月，第七届世界传媒经济学术会议在北京举行，主题为"传媒产业：全球化·多样性·认同"。世界传媒经济学术会议（World Media Economics Conference，WMEC），由世界著名传媒经济学家罗伯特·皮卡特（Robert G. Picard）教授等创办，致力于研究当前世界传媒经济发展中的经验、问题和发展趋势，是世界传媒经济学的年度盛会。这一会议在中国的举行，是首次在亚洲举行，也是第一次在发展中国家举行。"标志着中国传媒经济学研究在中国、在世界范围内影响力的扩大。"[②] 同时，"世界传媒经济学术大会在中国成功举办，印证了传媒经济学在中国即将成为新闻传播类学术社区中的一门显学"。[③] 在大会发言时，组委会主席郑保卫也特别提到，"传媒经济学，是国家社会科学基金资助的重点研究方向之一，也是教育部人文社会科学规划中重点发展的学科

[①] 石义彬、周劲：《传媒经济学研究的回顾与反思》，《新闻与传播评论》2003年。

[②] 陈玥：《中国传媒经济学研究历史进路与范式建构》，博士学位论文，武汉大学，2014年，第104页。

[③] 支庭荣、谭天、吴文虎：《传媒经济不是经济学的弃儿——与周鸿铎教授商榷》，《现代传播》（《中国传媒大学学报》）2006年第5期。

之一"。①

在加强与国际沟通交流的过程中，来自高校的学者扮演了重要的作用，例如，第七届世界传媒经济学术会议组委会主席的五位中有四位都是高校教师，其所在的高校也是本次会议的主办单位。高校在加强传媒经济学学科建设的同时也担负起对接实践、服务实务、扩大学科影响力的重任。

2008年10月，中国传媒经济学会成立，2009年4月，学会更名为"中国传媒经济与管理学会"，并将定期召开年会、建构公共的期刊学术平台、定期评选传媒经济与管理研究领域的优秀科研成果、评选颁发"中国媒体杰出贡献奖""中国传媒业界杰出人物奖""传媒经济研究学术贡献奖"等工作列入计划②，"为传媒行业内外人士搭建了一个学习交流的平台"③。

传媒经济实践的革新、研究活动的丰富同时也促进了学科建设规模的进一步扩大，到2015年，"我国开展传媒经济学或相关专业本科、硕士、博士层次的高校已逾百所，全国招收传媒经济或媒体管理专业博士研究生的高校也已超过五所。高校传媒经济学专业的确立，为传媒经济学专业人才的培养提供了场所"。④

第二节 传媒经济学的发展现状

一 学科归属与研究范式

"传媒经济学是一门交叉学科，至少构建于经济学、传播学、管

---

① 郑保卫：《中国传媒经济学术研究应走向世界》，《国际新闻界》2006年第6期。
② 丁汉青：《"中国传媒经济与管理学会"正式定名》，《国际新闻界》2009年第6期。
③ 姜涛：《传媒经济学发展的阶段性特征》，《重庆社会科学》2015年第11期。
④ 同上。

理学、信息科学等几个不同的学科理论和分析方法之上。"[1] 为了解析传媒市场的现象与问题，并服务于传媒市场和产业的运行，多学科的思路和方法在新领域得到实践应用，传媒经济学学科在诞生之初就烙上了多学科的印记。传媒经济学"属于一个新的不断发展的学科，而且从事研究的学者们分布在很多不同的学术领域中，包括传播学、经济学、工商管理学以及政治学等。这说明，无论是从范式的角度还是从结构的角度，都讲究学科自身的共同性和完整性"。[2] 对于一个处于交叉地带的学科，在其诞生发展的过程中，必然也少不了"身份问题"之争，即学科归属及基本范式的问题。

对于传媒经济学归属与范式的问题，有一元论和多元论之争[3]。一元论中有坚持"传媒经济是个经济问题"，"传媒经济学的研究范式，就是现代经济学中的微观经济学和产业经济学"[4]，因此，潘力剑认为"传媒经济学也就不可能是新闻传播学下面的应用学科"，应该归属于经济学之下。也有学者主张传媒经济学应为新闻传播学下属的应用学科，周鸿铎于2003年提出"传媒经济是应用传播学的一门分支学科，它的研究对象是人们利用建立在高科技基础上的、以传播信息为主要任务的各种传播媒介的传播活动的投入与产出的比例关系，以及由它所引起的各类经济活动及其运行规律"。[5] 且于十年后再次重申这一观点，强调基于其团队30多年的调查研究，"传媒经济学是可以多样化、多角度的进行研究，但是，就其本质上来

---

[1] 崔保国、杭敏、赵曙光主编：《传媒经济与管理研究前沿》，清华大学出版社2012年版，第4页。

[2] 党东耀：《传媒经济学的交叉跨度与学科范式研究》，《中国传媒大学第三届全国新闻学与传播学博士生学术研讨会论文集》，2009年，第421页。

[3] 同上书，第419页。

[4] 潘力剑：《传媒经济学的研究范式——传媒经济研究的一个基础问题》，《新闻记者》2004年第7期。

[5] 周鸿铎：《传媒经济导论》，经济管理出版社2003年版，第9页。

说，传媒经济学是应用传播学的子学科"①。

多元论是更普遍的观点，大多认为传媒经济学是经济学与新闻传播学的交叉学科，具有交叉学科的普遍属性，且在研究范式上呈现出多元化的取向。"传媒经济研究只在经济学框架下展开，则很可能忽视了传媒作为生产、销售信息产品的企业，与一般生产、销售物质产品的企业之间所存在的根本性差异。"②由此，郭炜华认为，传媒经济学存在着新闻传播学研究进路、经济学研究进路和政治经济学研究进路。③范式是学科建立和成熟的标志，崔保国指出传媒经济学存在着三大范式，分别为经济学范式、管理学范式和传播学范式④，也体现出传媒经济学学科归属的交叉性。

从学科背景和研究范式来看，国内的传媒经济研究更多地偏向新闻传播学，大多借鉴了新闻传播学的理论成果和研究经验。而相比之下，国外传媒经济学研究虽也有新闻传播学的背景，但更多的体现出经济学和管理学范式的影响⑤。因此，研究旨趣和取向的差异也导致我国传媒经济学学科归属的特殊性。2011年年初，教育部在制定"十二五学科建设规划"时将传媒经济学列入了新闻与传播学学科⑥。

对学科身份的观点争锋凸显了传媒经济学学科研究内容的多元性与复杂性，也体现出了这一学科的成长性与发展性，无论是学科的研究范式、理论基础、研究方法、学科体系等都有较大的可塑空

---

① 王文锋、肖华、王瑜：《传媒经济论·研究史纲卷》，中国书籍出版社2013年版，第496页。

② 郭炜华：《传媒经济研究的进路——兼与〈传媒经济学的研究范式〉商榷》，《新闻记者》2005年第2期。

③ 同上。

④ 崔保国：《传媒经济学研究的理论范式》，《新闻与传播研究》2012年第4期。

⑤ 喻国明、潘佳宝：《西方传媒经济学发展的学科图谱——基于文献计量学的分析（2003—2014）》，《辽宁大学学报》（哲学社会科学版）2016年第1期。

⑥ 王文锋、肖华、王瑜：《传媒经济论·研究史纲卷》，中国书籍出版社2013年版，第509页。

间。"传媒经济研究的历程表明,传媒经济学不能算是一个成熟的学科体系。相反,学科交叉性理应成为传媒经济学的主要特征,并将影响着传媒经济学自身学科体系的构建。"①

二 学科建设现状

据《传媒经济蓝皮书》(2018)的数据,我国内地目前开设传媒经济及相关专业的院校达到 50 所,年招生数量近 455 人②(根据各院校 2018 年招生专业目录整理统计)。传媒经济人才的培养覆盖本科、硕士和博士三个层次。

在本科层次培养传媒经济人才的高校较少,仅有三所,分别是中国传媒大学、湖南大学和浙江传媒学院,合计招生人数为 100 人,占年总培养人才数的 22%。由于传媒经济学是典型的交叉学科,相关研究工作需要具备经济学、传播学、管理学等学科的基础知识和方法,对于本科生阶段的学生,在专业宽度和深度的把控上存在困难,因此,本科层次人才的培养并不是传媒经济学科的重点。

硕士层次的人才培养是传媒经济学人才输出的重点,无论从招生院校数和招生规模上都远远高于其他层次。2018 年,招收传媒经济及相近方向硕士的院校有 47 所,招收数达到 316 人,占年总培养人才数的 69%。硕士人才的入门有一定的门槛,要求已具备一定的经济学、传播学等相关的专业基础知识,再通过 2—3 年的系统专业学习成为具备独立研究能力和实践工作能力的高层次复合型人才,这也是产业对传媒经济人才的期望和要求。

博士层面的人才培养担负着学科传承、创新和发展的重任,也

---

① 党东耀:《传媒经济学的交叉跨度与学科范式研究》,《中国传媒大学第三届全国新闻学与传播学博士生学术研讨会论文集》,2009 年,第 421 页。

② 卜彦芳:《传媒经济蓝皮书:中国传媒经济发展报告》,社会科学文献出版社 2018 年版,第 399 页。注:本节数据均依此书提供的原始数据计算获得。

为学科和行业输出高级研究型人才。2018年，招收传媒经济及相近方向博士的院校有16所，"主要集中在985与211高校"①，招收人数39人，占年总培养人才数的9%。博士生需要具备较为扎实的复合学科的理论基础知识和研究方法技能，能结合行业发展实践和学科发展前沿独立开展较为深入的研究工作，积累理论成果、解决实践难题，推动学科的完善、创新与发展。

总体来看，传媒经济学学科在人才培养层次的分布上较为合理，以硕士培养为重点，同时兼有高级和初级人才的输出，也是长期以来培养计划与人才市场平衡的结果；在院校分布上，传统的新闻传播"强校"在专业方向数和招生数方面都有绝对的优势，如中国传媒大学、中国人民大学、北京大学、复旦大学等基于新闻传播学方面的资源和优势，在传媒经济人才培养上办学历史长、师资雄厚、培养层次全面、毕业生质量较高，也成为考生报考的热点；在院系分布上，培养传媒经济人才的大多为高校的新闻传播类学院，仅有少量的经济学院和管理学院涉足，反映出学科构成结构上的不均衡性，新闻传播类院系掌握了更大的学科话语权；在学科体系方面，36%的院校直接开设了传媒经济学专业，而64%的院校都是在新闻学或传播学下设置了传媒经济研究方向，"这些方向尚未形成统一的标准，可见当前高校传媒经济学的学科体系还不完善，系统的传媒经济学人才培养还比较少"②。在地区分布上，同开设新闻传播类专业的高校分布较为一致，具有传媒经济学专业或方向的高校分布较为广泛，但主要集中在一线城市，北京和上海是拥有传媒经济学专业高校最多的城市，也正是我国传媒市场最集中和最活跃的地区。

---

① 卜彦芳：《传媒经济蓝皮书：中国传媒经济发展报告》，社会科学文献出版社2018年版，第400页。

② 同上。

第三节　传媒经济学发展特点

新中国成立以来的 70 年，我国的传媒经济学从无到有，逐步开辟学术领域，形成了越来越稳定的学术范式、初步完备的理论架构、多元化的研究方法及日渐成熟的教学科研体系，为传媒产业健康发展提供了坚实的理论支持和学术保障。回顾 70 年，我国的传媒经济学发展呈现以下的特点：

一　多层面兼顾，充分反映传媒实践图景

我国的传媒经济学具有较强的实践特征，与我国新闻业的转型、传媒业经营管理的实践与需求密切共生。我国特殊的国情决定了我们具有独一无二的市场经济和传媒管理体制，与之配套的理论总结形成了我国传媒经济学特有的学科基础。在丰富的研究成果中，涉及微观、中观、宏观不同层面，有媒体机构个体的典型案例研究，也有立足报刊、广电、互联网等行业进行的规律性研究，以及针对整个传媒产业发展的策略研究。业界学界对传媒行业的发展特点和规律有了越来越清晰的认识，对于传媒经济活动的内涵、概念和学科体系等方面的研究也不断深入，对传媒产业属性，对传媒业如何在保持公共属性下遵循经济法则、实现经济效益和社会效益共赢等内容也逐步形成认识框架或共识判断。

二　基础理论体系初步建立，但尚未成熟完善

相伴于传媒实践的发展，我国传媒经济学的深度和宽度都在不断提升，几代传媒经济学研究者扎根我国独特的传媒实践，不断创新和发展理论，已初步建立了传媒经济学的学科理论体系并形成系列专著成果，但整体来看，在取得显著成就的同时，也有

很多待完善之处，系统、扎实、有深度的研究成果还不多，传媒经济学的学科建设尚不成熟，并没有形成完整的具有严密逻辑的理论体系。"传媒经济学不够成熟，在很大程度上与传媒经济现象过于复杂，难以与政治、社会、文化因素相分离，难以对它进行独立地观察和精确地测量等不利因素有关。"① 同时，"受限于该学科发展的时间和规模，成熟完整的传媒经济学理论体系尚未形成，而且上述的理论框架中也还存在着很多有待完善的地方"。② "由于传媒领域的发展变化太快，传媒经济学的理论体系和研究方法也面临着新的挑战。这就要求该学科在未来岁月里不断扩展，不断规范，真正成为理论体系完整，研究方法科学的成熟学科。"③

三　学科交叉强弱有别，有待融合滋养提升研究水准

作为经济学、传播学、管理学等学科的交叉学科，传媒经济学在研究及学科本土化构建及发展过程中呈现与西方学术界不同的景象。从传媒经济学在西方学术体系的诞生过程来看，知名的经济学家发挥了很大的作用，在学科理论基础、范式方法及学科影响力方面做出了较大的贡献。"中国的情况则大为不同，在短短20多年的传媒经济研究历程中，很少有经济学者在该领域流连徘徊，究其缘由，可能与中国特定的传媒生态以及产业规模局限有关。对传媒经济研究的强烈现实需求与经济学研究在该领域供给的极度短缺，形成了一种巨大的反差，施以援手的只能是本来就活跃在传媒研究领域的一批学者。"④ "传媒经济学不够成熟，也与本学科的研究者很

---

① 支庭荣、谭天、吴文虎：《传媒经济不是经济学的弃儿——与周鸿铎教授商榷》，《现代传播》(《中国传媒大学学报》) 2006 年第 5 期。
② 崔保国：《传媒经济学研究的理论范式》，《新闻与传播研究》2012 年第 4 期。
③ 同上。
④ 丁和根：《"媒介经济学"还是"传媒经济学"》，《新闻与传播研究》2015 年第 5 期。

少能够与主流经济学对话有关。"① 交叉学科的真正优势与价值并没有在传媒经济学研究中充分体现,多学科养分的滋养待深入和持久。

四 学科断代现象存在,缺乏学术协作的共同体

梳理传媒经济学的研究成果,从成果的重要性和数量上看,不同代际研究者之间存在着明显的断代特征。具体表现在,老一代研究者的成果数量多、类型丰富(论文、专著、教材等)、多关注传统媒体(电视、广播、报刊、传媒集团等),方法以思辨、规范及质化方法为主;而新一代研究者的成果数量相对少,多以论文为主,研究主题涉及传统媒体的融合发展,但更聚焦于以互联网为代表的新媒体经济现象,研究方法上尝试引入文献计量、大数据挖掘、网络分析、模型仿真等新的思路和技术。老一代研究者的学术生涯伴随传媒经济学的从无到有,深耕于某一领域长期不断积累从而能持续收获,相对而言,新一代研究者更像是传媒经济学这一学科交叉地带的过客,虽有灵光也常常是白驹过隙。随着老一代研究者的研究精力下降、知识结构陈旧、新技术新方法落伍,学科的传承与发展将会面临较大的挑战。

此外,随着传媒产业的不断发展壮大,也吸引了越来越多的研究者投入到传媒经济的研究活动当中,出现了整体规模较大的研究群体,但"国内的传媒经济研究者之间的合作网络结构更松散,合作规模也更有限"②,其中有影响力的互动争鸣不多,也尚未形成真正成熟的学术共同体。

---

① 支庭荣、谭天、吴文虎:《传媒经济不是经济学的弃儿——与周鸿铎教授商榷》,《现代传播》(《中国传媒大学学报》)2006年第5期。
② 喻国明:《中国传媒经济学发展的学科图谱——基于文献计量学的分析(2003—2014)》,《新闻与写作》2015年第12期。

第四节 传媒经济学的未来

新中国成立以来的 70 年间,我国的传媒业发展既遵循一般规律,也有其特殊性,与之相应,传媒经济学也呈现出独有的特征。一段时间以来,传媒业作为党和政府的喉舌,以意识形态属性为主,主要承担着重要的宣传职能。改革开放后,尤其是党的十四大确立了社会主义市场经济体制后,我国的报业、广播电视事业等主流媒体既注重社会效益又注重经济效益,面临着如何在激烈的市场竞争中不断发展壮大、更好地发挥主流媒体对社会舆论引导作用的巨大挑战。20 世纪 90 年代以来,主流媒体纷纷进行了大胆的尝试和改革,在坚持正确舆论导向的前提下,强化传媒经营活动,取得了良好的社会效益和经济效益,涌现出一批按照产业化规律运作的媒体机构。紧随实践、反映实践、服务实践,起步晚、速度快,传媒经济学在快速发展过程中有收获也有问题,值得在未来发展中不断总结和反思。

近年来,新的经济环境和传播环境不断重构着媒介生态,"大数据""云计算""人工智能"等掀起媒体发展的一波新浪潮,更成为传媒产业融合发展的核心驱动力,同时,也促使传媒经济学结合新现象、新问题去探索新的答案,以往的研究视角、研究范式、研究路径都面临着变化和挑战。2014 年被称为"中国媒体融合发展元年",媒体融合发展战略正式上升至国家层面,不少媒体在融合发展方面取得了可观的成绩,积累了宝贵的经验,但同时也有困惑与阻碍。从 2016 年下半年开始,互联网发展呈现出若干新的趋势和特点,对中国经济的影响更加深化。随着基于互联网、新媒体等新信息平台和技术手段应用的日渐深入,传媒经济学研究的主题和热点也随之改变,"新媒体""全媒体""媒体融合""视频媒体""社会化媒体""大数据""人工智能"等一系列"新"词与传媒经济研究框架的融合，既体现出传媒经济学研究的发展性与动态性，也极大的丰富了传媒经济学学科的研究对象与研究内容。"更多的学者突破了传媒经济学的边界，嵌入社会之中，把研究置于复杂的环境中，以技术、规制、经济、受众、时空等各方面的视角分析问题。"① 在新问题的推动下，传媒经济研究者逐渐建立起对传媒发展规律的新认识、新理解。"特定的传媒市场、经济形态决定着传媒经济实践的变化，推进着人们对传媒经济本质的深入理解。"② 同时，新的问题、新的变化为学科发展注入了新的活力，传统的传媒经济学科也出现了新的方向或分支，传媒经济学呈现出融合扩张的新局面。

有学者认为用户在传媒经济活动中的地位日益凸显，"传媒经济价值的实现需要以用户需求为出发点和立足点""传媒经济在本质上是一种'用户经济'"③。中国互联网发展进入"下半场"，移动互联网全方位地重塑着人和物、人和人的关系，催生了新的生产模式、盈利模式，为传媒经济学提供了新的研究素材和拓展空间。如此，传媒经济学也正面临着一个全新的"下半场"。全球媒体正处在大变革、大发展、大融合的新时代，传媒业的生态和业态环境正在并持续发生着重大而深刻的变化。面对新时代我国社会主要矛盾的变化，传媒业界正在不断进行内容创新、形式创新、手段创新，推进供给侧改革，满足新时代信息需求。传媒经济学也将立足传媒发展大势，与传媒变革同步共进，以融合创新观照未来，完成好新时代的命题。同时，"具有中国特色的传媒经济学将为世界传媒经济学研究做出自己的贡献"④。

---

① 中国传媒发展指数报告项目组：《2010 年的传媒经济研究：跨界与整合》，《国际新闻界》2011 年第 1 期。
② 郑青华：《连接经济：传媒经济本质的再阐释》，《新闻大学》2018 年第 6 期。
③ 王庆凯：《用户经济：移动互联网时代的传媒经济新模式》，《中国广播》2016 年第 4 期。
④ 杭敏、[瑞典] 罗伯特·皮卡特：《传媒经济学研究的历史、方法与范例》，《现代传播》2005 年第 4 期。

第三编

新闻传播学组织机构

第十四章

新闻传播学高等教育和研究机构发展状况

从1949年开国大典的庄严宣告到今天，新中国的70年筚路蓝缕。作为新中国文科教育事业和传媒文化产业的重要一环，中国的新闻传播和研究机构伴随着共和国的跌宕起伏同样经历不凡。本章按照时间和事件两条线索，尝试勾勒1949—2019年间中国新闻传播教育和研究机构的发展历程。

从时间线索角度，新中国成立70年间，新闻传播教育和研究机构大致经历了以下几个阶段：新中国成立之初的新闻教育和研究机构（1949—1966）、新闻教育和研究机构的低谷（1966—1978），新闻教育的恢复（1978—1982）、新闻教育的发展和传播学教育的引入（1983—1990）、新闻传播教育的扩张（1990年至今）、新闻传播研究机构由最初的新闻业务研究向更广泛的研究领域发展。按照事件线索，可以追循中国特色新闻传播教育体系的构建，包括学科建设与质量评估体系、实施部校共建举措以及加强马克思主义新闻观教育的行动等。

第一节　新中国成立 30 年间的新闻教育

新中国成立之初的新闻教育（尚且不能叫新闻传播教育），是基于对旧式新闻教育单位的改造和对党的新闻教育活动的发展两条路径向前推进。

一　新中国新闻教育的基础（1918—1949）

1918 年"北京大学新闻学研究会"的成立标志着我国新闻教育事业的启动，紧接着是北京的平民大学报学系（1923）、燕京大学报学系（1924）、上海的圣约翰大学报学系（1920）、复旦大学新闻系（1924）、厦门大学报科学系（1921）。[①]

旧式大学支撑了旧民主主义革命地带的新闻教育，而解放区的新闻教育则以中国共产党为核心得到推进。1945 年，中共中央华中局创办华中建设大学，设有新闻训练班；1946 年，范长江等人在淮阴创办华中新闻专科学校（后改名苏南新闻专科学校），先后办有 4 期；1947 年，华东新闻干部学校在山东莒南创办（1948 年迁往济南，更名济南新闻学校）；1948 年 9 月，新华总社举办为期 3 个月的新闻培训班（后更名为北京新闻学校）；1949 年 5 月，上海市管委会接管了中国新闻专科学校，创办华东新闻学院，相继开设讲习班、专修科与研究班。[②] 中国共产党领导的新闻教育从一开始就强调新闻的党性、阶级性和战斗性，强调报刊和记者要做党的工具；同时重视实践，一些新闻教学就设在报社，教学实习实践交叉渗透。

[①] 方汉奇、张之华：《中国新闻事业简史》，中国人民大学出版社 1983 年版，第 248—249 页。

[②] 李建新：《中国新闻教育史论》，新华出版社 2003 年版，第 141—147 页。

这一时期的新闻教育创办主体多元,既有高校又有政党,既有报馆又有民间组织;新闻教育形式多样,既有学制四年的高校教育模式,也有学制两年的专科教育模式,还有大量短期培训班,作为新闻教育的开端,这一时期的探索,为新中国成立后的新闻教育打下了基础。

二 新中国成立初期的新闻教育（1949—1966）

新中国成立之初,百废待兴。在教育领域,首先发生的变化是国家主导的新闻教育体系改造：停办一批旧政府创办的新闻教育单位,比如国民党政治大学新闻系；整顿一批旧式新闻教育单位,如燕京大学新闻系、复旦大学新闻系、圣约翰大学新闻系、暨南大学新闻系；布局马克思主义新闻学教育,具体包括调配党的新闻工作者任教,对原有老师安排学习改造,开设马列课程；[①] 创办了第一个新中国的新闻教育单位,1949年,新华总社在北京办的新闻训练班自第三期起改建为北京新闻学院,附属新闻总署,由新闻总署副署长范长江兼任校长,这是新中国成立后创办的第一个新闻学校。

课程设置的首次变化,发生在1951年中共中央宣传部召开的新闻教育课程改革会议上。会上,中宣部和新闻总署参加了复旦新闻系的讨论,并综合意见形成了课改方案——将复旦新闻系课程分为"政治思想""文化知识""新闻业务"三大部分。这次教改形塑了后来的新闻教育课程设置。它是我国新闻教育由沿袭欧美新闻教育观念旧模式向开创中国特色社会主义新闻教育转变的首次尝试。[②]

同年,国家对全国高等院校进行了院系调整,包括对部分新闻教育单位进行了改造和调整。具体有：上海的华东新闻学院、暨南大学新闻系、圣约翰大学新闻系、中国新闻专科学校等并入复旦大

[①] 丁淦林等：《中国新闻事业史新编》,四川人民出版社1998年版,第412页。
[②] 李建新：《中国新闻教育史论》,新华出版社2003年版,第191页。

学新闻系，燕京大学新闻系并入北京大学中文系并改设编辑专业（后改名为新闻专业）①。

随着三大改造的完成和社会主义基本制度的确立，新闻教育的建设工作进入到一个更深更细的层面。1954年，中共中央发布《关于改进报纸工作的决议》。决议在第五部分对培养训练新闻干部做了明确指示，要求"扩大现有的大学新闻系的学生数目，逐步地充实省（市）以上的报纸、通讯社、广播电台、期刊和出版机关的干部。中央民族学院及各地少数民族干部学校应负责培养少数民族文字出版的报纸、期刊、出版机关以及广播电台和通讯社所迫切需要的少数民族新闻干部"。这个决议对这一阶段的新闻教育产生了重要的推动作用。

首先，党校系统开设对在岗新闻干部的培训。1954年9月1日，中央高级党校（当时称马列学院）开办了第一期新闻班，学制两年，到1957年11月止，共举办三期，主要培训中共省（市）委机关报的总编辑、副总编辑、编委和农民报的总编辑，省以上报纸的党员编辑组长和记者。② 其次，根据决议精神，各高校新闻系都扩大了招生名额。以复旦大学新闻系为例，1954年招生96名，1955年招生112名，此后几年招生人数均在100名上下。③

这一时期，诞生了第一批高校新闻系或专业，形成了新中国成立以来我国新闻教育的第一个办学高潮。1955年，"新中国的第一所大学"中国人民大学创办新闻系，而这也是新中国成立后创办的第一个大学新闻系。1958年，北京大学中文系新闻专业并入中国人民大学新闻系，师生人数达到800余人，成为当时规模最大的新闻教育机构。④

1959年9月，北京广播学院成立，这是我国第一所培养广播电

---

① 方汉奇、张之华：《中国新闻事业简史》，中国人民大学出版社1983年版。
② 李建新：《中国新闻教育史论》，新华出版社2003年版，第180页。
③ 同上。
④ 同上。

视专门人才的综合性高等学校。这一时期相继创办的新闻教育还有：江西大学新闻系、杭州大学新闻系、西安政法学院新闻专业、南京大学中文系新闻专业、暨南大学中文系新闻专业、中央民族学院汉语文学系新闻专业等。① 这个时期，各大学新闻系或专业在新闻理论、新闻事业史、新闻业务等方面都开展了系统研究，初步编写了一些以马克思列宁主义为指导的内部教材，并翻译了许多苏联的新闻学书籍。②

这一期间，为更好地开展新闻业务，新闻机构创办刊物，加强对新闻业务和新闻理论的研讨。1956年，新华社创办《新闻业务》，向全国公开发行。1957年，《人民日报》创办《新闻战线》，以全国记协机关刊物的名义出版。③ 1961年中国人民大学创办《国际新闻界简报》，虽然是内部教学参考资料，但在当时的历史背景下，这份资料开启了教育界了解世界新闻动态的窗口。

1961—1963年，随着国民经济的全面调整，大部分新闻教育单位停办或停止招生，新中国的新闻教育遭遇前所未有的挫折。

三 新闻教育的低谷（1966—1978）

1966年，"文化大革命"开始，在各行各业都受到不同程度冲击的背景下，新闻系科同年秋季停止招生。《人民日报》创办的《新闻战线》也于1966年6月被迫停刊。直到1970年冬，部分高等学校的部分系科招收首批工农兵学员，其中有复旦大学新闻系，学制为三年。后来，北京大学新闻专业、北京广播学院等也陆续招收工农兵学员。④

---

① 方汉奇、张之华：《中国新闻事业简史》，中国人民大学出版社1983年版，第451—452页。
② 同上书，第416—417页。
③ 汤琪：《两本老牌新闻杂志被北大核心期刊要目剔除》，澎湃新闻，2019年1月15日。
④ 丁淦林等：《中国新闻事业史新编》，四川人民出版社1998年版，第482页。

总体而言,"文化大革命"时期,仅复旦大学新闻系、北京广播学院和北京大学中文系新闻专业等勉强维持,全国范围内的新闻教育基本处于停摆状态。

第二节　新闻教育的复苏与发展以及传播学教育的兴起

"文化大革命"造成了新闻传播教育事业的十年空白,伴随着拨乱反正和恢复建设的春风,新闻教育迎来了复苏与发展。

一　新闻教育和新闻研究的恢复

1977年恢复高考,北大、复旦、北广和广西大学等新闻专业通过高校统考迎来了第一批本科生。1978年中国人民大学复办,新闻系随即恢复招生,北大新闻专业的原人大教师重返人大,学生并入人大。同一年,暨南大学恢复新闻系,兼向香港、澳门地区招生。

从1978—1982年,杭州大学、江西大学等也相继恢复了新闻系或专业,还有不少学校增办新闻系,包括郑州大学、安徽大学、中国人民警官大学、四川大学、山西大学、河北大学。到1982年,全国有高等学校新闻院、系、专业点16个,在校学生1585人(包括专科生),专业教师364人。中国新闻教育事业在"文化大革命"后的第六个春天里实现了基本恢复。①

这期间,新闻研究受到高度重视,1978年6月,中国社会科学院新闻研究所成立,标志着新闻研究的恢复,同年开始招收硕士研究生,学制三年。1982年,社会科学院新闻所将内部机构进一步整

---

①　方汉奇主编:《中国新闻事业通史》第三卷,中国人民大学出版社1999年版,第601页。

合，分为新闻理论研究室、中国报刊业史研究室、世界新闻业研究室、电视广播研究室，在此后的很长一段时间里，这四个领域一度成为新闻学研究的四个主要方向。紧随社会科学院新闻所之后，1985年，上海社会科学院新闻研究所成立，专门从事新闻与传播学研究，为党和政府提供决策咨询服务。

媒体也成立了研究机构，新华通讯社1980年成立新华通讯社新闻研究部，1983年更名新闻研究所，作为新华社的新闻研究机构，研究所的主要任务是根据不同时期新华社的形势和任务，研究新华社报道工作中存在的问题，并提出改进意见；研究新闻学理论和党的新闻工作的传统与经验；编写新闻学教科书，为培训新闻干部提供教材和师资；研究新华社的业务建设、人才培养和事业发展中的问题，提出设计和咨询性的意见。1987年，新华社新闻研究所将三个业务刊物《新闻业务》《新闻摄影》《新闻纵横》合并为《中国记者》，向全国发行。研究所还编辑出版了《新华社回忆录》《新华社新闻研究所20年》《新华社好稿选》《新华社优秀新闻选》《新华社新闻论文选萃》《短新闻写作经验谈》《世界性通讯社科学管理探索》等系列丛书和新闻业务探讨书籍。[①]

学术期刊同样受到高度重视，1979年8月，社科院新闻所创办《新闻研究资料》（1993年更名为《新闻与传播研究》）。[②] 1981年，中国人民大学创办《国际新闻界》，同年，复旦大学创办《新闻大学》，这几家学术期刊成为新闻学研究的重要阵地，将全国的学术共同体凝聚在一起。

二 新闻教育的发展

1983年，新闻教育事业建设进入到一个新的周期。当年5月，

---

① 刘建明，王泰玄等：《宣传舆论学大辞典》，经济日报出版社1993年版，第3页。

② 中国社会科学院新闻与传播研究所网站介绍。

中宣部和教育部联合召开新中国成立以来的第一次新闻教育工作座谈会，着重讨论新闻教育的发展规划和改革问题。8月，中宣部和教育部联合发出《关于加强新闻教育工作的意见》，提出要加速发展新闻教育，有计划有步骤地培养新闻干部，同时积极进行新闻教育改革，不断提高教学质量。[1]

在有利的政策背景下，从专业设置、学院建立、通识教育、专业点规模四个方面，新闻教育事业都有了新面貌。专业设置方面，专业种类更加丰富。1983年复旦大学成立书刊编辑专业和国际新闻专业，1984年成立广播电视专业。[2] 北大、复旦、暨大、北外和上外从1983年开始试办第二学士学位制的国际新闻专业和国际文化交流专业。其他有条件的院校逐步设置广播电视、新闻摄影、新闻事业管理和广告等专业。加上北京广播学院设置的编采、播音、电视、文艺、编辑、无线电广播专业，到1985年，新闻教育各类相关专业设置达到11个。[3]

从1988年起，新闻系逐步升级为新闻学院。在这一年里，复旦大学率先成立新闻学院。[4] 紧接着，中国人民大学也成立了新闻学院。武汉大学在1995年成立了新闻学院。

除大学新闻教育外，函授、自学考试、职业培训等，作为新闻教育的重要补充，得到快速发展。函授教育方面，1984年，安徽日报社首先创办了新闻函授大学。此后，中国人民大学语文系与中国青年报社等合办的北京人文函授大学新闻专业、人民日报社主办的新闻智力开发中心函授部、经济日报社主办的人才开发函授部经济

---

[1] 方汉奇主编：《中国新闻事业通史》第三卷，中国人民大学出版社1999年版，第602页。

[2] 刘艺：《改革开放初期复旦大学新闻教育研究（1977—1988）》，硕士学位论文，复旦大学，2012年。

[3] 陈昌凤：《中国新闻传播史》，清华大学出版社2009年第3版。

[4] 刘艺：《改革开放初期复旦大学新闻教育研究（1977—1988）》，硕士学位论文，复旦大学，2012年。

新闻专业等函授点相继成立。自学考试方面，1986年，全国高等教育自学考试委员会成立，开始新闻学专业自学考试工作。职业培训方面，许多地区和新闻单位积极创造条件举办各种类型的专修班、进修班、短训班，训练新闻在职人员。

经过恢复和发展，新闻院、系、专业点的数量不断增加，1983年有21个，达到了新闻教育规划里提出的"1985年前原各大行政区至少应有一所同等院校设置新闻专业"的目标；1989年达到51个，其中，摄影专业达到三个，播音专业、广告专业两个，广播电视新闻专业实现零突破。① 到1993年，新闻专业点发展到66个，在校学生达到4500多人，专职老师近9000人，培养新闻学专业毕业生11500人，是新中国成立以来33年总和的两倍。②

新闻院、系、专业点数量和在校生人数（1982—1993）

年份	院、系、专业点（个）	在校生（人）
1982	16	1565
1983	21	2814
1989	51	超过5000
1993	66	11500

到1989年年底，中国的新闻教育形成了多种层次（研究生、本科生、专科）、多种形式（普通高校、成人高校、函授、自学考试）、学科专业门类比较齐全的培养体系。③

---

① 方汉奇主编：《中国新闻事业通史》第三卷，中国人民大学出版社1999年版，第603页。

② 方汉奇、张之华：《中国新闻事业简史》，中国人民大学出版社1983年版，第451—452页。

③ 方汉奇主编：《中国新闻事业通史》第三卷，中国人民大学出版社1999年版，第603页。

三 传播学教育进入中国

20世纪80年代,随着新闻教育的恢复和发展,新闻教育事业还迎来了另一个重大变革,传播学被引入中国,随着传播学在中国落地生根以及不断发展,新闻教育开始向新闻传播教育扩展。

1982年,美国著名传播学者施拉姆在广州举办了为期一周的全国"电化教育讲习会",随后受邀前往复旦大学、人民日报、中国社会科学院新闻所、中国人民大学新闻系讲学。这段历史被誉为"传播学进入中国大陆的破冰之旅"。①

80年代初,张隆栋教授在《国际新闻界》发表了一组介绍和评析传播学的文章。社科院新闻所编辑了论文集《传播学(简介)》,这是中国第一本介绍传播学的书。1982年11月,中国社会科学院新闻研究所召开了第一次全国传播学研讨会。这些学术研究和研讨活动,带动了全国新闻系(专业)对传播学的关注。②

这种关注首先体现在课程设置上。1986年,在第二次全国传播学研讨会的推动下,一批高水平的传播学译著纷纷出版,各大学纷纷开设传播学课程。到90年代初,"新闻学"逐渐被"新闻传播学"取代。传播学、广告学和公共关系学的内容、课程、理念被广泛引入大学课程中,硕士、博士研究生教育也新增了这些专业。原来纯粹培养新闻记者的新闻院系,角色变得复杂起来。③

对传播学的关注还体现在院系名称的变化上。1983年,厦门大学成立新闻传播系,这是首次在新闻教育机构名称里出现"传播"二字。1997年,中国社会科学院新闻研究所更名为新闻与传播研究所。1998年,华中科学大学在原华中工学院新闻系基础上,成立新闻与信息传播学院。此后,高校新闻院系陆续在名称中加入

---

① 陈昌凤:《中国新闻传播史》,清华大学出版社2009年第3版,第344页。
② 同上。
③ 同上。

"传播"。

1999年6月,《中共中央、国务院关于深化教育改革全面推进素质教育的决定》提出：今后三年继续按照"共建、调整、合作、合并"的方式，基本完成高等教育管理体制和布局结构的调整，合理配置教育资源，提高教学质量和办学效益。在此背景下，各高校内部开展院系调整重组。2000年，武汉大学院系调整，成立新闻与传播学院。2001年，北京大学恢复成立新闻与传播学院，同年，暨南大学新闻学系扩建为新闻与传播学院。2002年，清华大学成立新闻与传播学院。2003年，南京大学成立新闻传播学院。2007年，厦门大学成立新闻传播学院。

1998年以后，传播学陆续获得硕士点、博士点，标志着传播学及相关专业方向在学位培养方面的地位得到完全确立。

第三节 新闻传播教育的扩张

20世纪90年代，新闻传播教育事业进入了发展的快车道。学科地位、教学内容、师资配备和学术培养都实现了较大地飞跃，巩固了新闻传播教育在文科教育体系中的位置。

一 新闻传播教育一级学科的设立

1990年，国务院学位委员会第九次会议通过《授予博士、硕士学位和培养研究生学科、专业目录》，将新闻学列入文学门类一级学科"中国语言文学"之下的二级学科。[①] 90年代中期，传播学越来越受到学界的关注，以方汉奇、赵玉明、丁淦林为代表的大批专家学者呼吁设立新闻传播学的国家一级学科。1997年，国家教育部正式将新闻传播学列为国家一级学科，下设新闻学、传播学两个二级

---

① 陈昌凤：《中国新闻传播史》，清华大学出版社2009年第3版，第344页。

学科，并将原来的八个专业，调整为新闻学、广播电视新闻学、广告学、编辑出版学四个专业。中国的新闻传播教育正式取得与哲学、语言学、政治学等同等的学科地位，标志着中国新闻教育走向繁荣。①

2000年9月10日，教育部高等教育司下发《新闻学类专业教学条件》的通知，就新闻学、广播电视新闻学、广告学、编辑出版学四个专业，提出在师资、教学方案、教材、图书资料、专业实验、校外教学实习基地六个方面的具体要求，为新闻传播教育指明了方向。同年，教育部在中国人民大学、复旦大学、北京广播学院（2004年更名为中国传媒大学）设立了三个新闻传播学重点研究基地；到2005年，新闻传播学的一级学科点已达六家，除以上三家大学外，还增加了武汉大学、华中科技大学、清华大学；2007年，教育部批准了两家一级学科"新闻传播学"国家重点学科单位，分别是中国人民大学和复旦大学。2004年，中央发出《关于进一步繁荣发展哲学社会科学的意见》，将新闻学纳入国家重点发展的九大社会科学之一。②

二 专业院系调整扩张

20世纪90年代后期，中国经济发展进入快车道，媒体呈现繁荣兴旺局面，人才缺口大。加之教育部将高校成立新闻专业的权限下放到地方省厅一级，各地新闻院系形成了一股新建和扩招的新浪潮。不少专业类院校加入到新闻教育中来，包括财经类院校、体育类院校、外语类院校、师范类院校、政法类院校、理工类院校、民族类院校等。这些院校丰富了新闻教育的内容和形态，突破了过去的文科类院校或综合大学办新闻教育的格局。③

---

① 吴廷俊：《中国新闻史新修》，复旦大学出版社2008年版，第533页。
② 陈昌凤：《中国新闻传播史》，清华大学出版社2009年版，第344页。
③ 吴廷俊：《中国新闻史新修》，复旦大学出版社2008年版，第519页。

1987年、1993年、1998年、2002年，教育部数次修订本科专业目录，新闻学类增列一批新专业，新增了国际新闻、新闻摄影、播音、广告学等专业。1998年，国务院学位委员会、国家教委将新闻传播学类专业调整为新闻学、广播电视新闻学（2012年去掉新闻二字，改为广播电视学）、广告学和编辑出版学四个专业，2002年增加传播学专业。根据教育部2012年普通高等学院本科专业目录：基本专业类别中，新闻传播学类有五个专业：新闻学、广播电视学、广告学、传播学、编辑出版学。特设专业类别有两个：网络与新媒体、数字出版。

为了适应现代化传播技术的发展，新闻院系开始引入网络传播教育，1998年，华中科技大学新闻与信息传播学院成立网络新闻本科班，1999年正式招收网络新闻传播学专业本科生[1]。2000年，中国人民大学在新闻学专业设立了网络传播方向，2001年，武汉大学新闻学专业设立了网络传播方向，同年，北京大学成立新媒体与网络传播系，与新媒体和网络传播相关的课程和教学内容进入课堂。

2010年，教育部首次组织新媒体与信息网络专业申报。2011年，中国传媒大学及南广学院开始招收新媒体与信息网络专业的学生。2012年，包括湖南师范大学在内的八所大学获教育部批准可以招收该专业学生。2012年，教育部印发《普通高等学校本科专业目录》，网络与新媒体正式成为新增专业。

新闻传播类专业点数量方面，在1993年的66个专业点基础上，1995—1999年增加了58个专业点，五年间翻了近一倍；2000—2004年专业点扩张提速，五年间增加了335个专业点；到2005年，新闻学类专业点已达661个，在校学生达12万人。[2]

---

[1] 华中科技大学新闻与信息传播学院：《华中科技大学新闻与信息传播学院历史沿革》，http://sjic.hust.edu.cn/xygk/lsyg.htm，2019年5月1日。

[2] 吴廷俊：《中国新闻史新修》，复旦大学出版社2008年版，第552页。

根据"2013—2017 年新闻传播学类专业教学指导委员会"2016 年公布的数据，全国有 681 所大学开设新闻传播类专业，有 1244 个专业点，其中新闻 326 个，广电 234 个，广告 378 个，传播学 71 个，编辑出版 82 个，网络与新媒体 140 个，数字出版 13 个。新闻传播类本科学生接近 23 万人。

随着互联网技术的不断发展，"万物皆媒"，社会对泛传媒人才的需求量不断扩大，新闻传播教育也不断适应环境的变化。2016 年以来，仍有不少学校申请开设新的专业点。到 2018 年，全国 734 所高校设有新闻传播类 1321 个本科专业点①，其中网络与新媒体是数量增长最快的专业。截至 2018 年，共有 207 所高校获批成立网络与新媒体专业。②

除了列入新闻传播专业目录的七个专业外，还有许多与新闻传播相接近的专业未纳入教指委统计范围：艺术学类有广播电视编导、录音艺术、播音与主持艺术、动画、影视摄影与制作等专业；设计学类有摄影、视觉传达设计、数字媒体艺术等专业；工商管理类有文化产业管理等专业；电子信息类有广播电视工程等专业。如果加上各种泛新闻传播类专业，中国的新闻传播教育规模远比教指委公布的规模要大。传统新闻教育，在整个新闻传播教育中所占的比例，呈不断缩小趋势。由于这种变化，新闻传播教育的培养目标，也从过去单纯培养编辑记者公关广告宣传人员，转变为培养适应性更广的泛传播人才。目标的变化，决定了新闻传播教育从教育理念、培养目标、课程体系、教师队伍等各个方面，需要进行全方位调整，以便与社会发展步伐相适应。

---

① 张晓峰：《不断提升部校共建新闻学院的质量和水平》，《当代传播》2018 年第 6 期。

② 根据教育部历年公布专业目录统计。

新闻院、系、专业点数量和在校生人数（1993—2018）

年份	院、系、专业点（个）	在校生（人）
1993	66	1.15 万
2005	661	12 万
2016	1244	23 万
2018	1321	超过 23 万

在快速发展中，新闻传播教育也出现一些问题，规模偏大，专业点偏多，供过于求，同质化严重，有些专业办学目标不够明确、经费和师资力量不足等。①

三　本科课程体系建设

从新中国成立一直到 20 世纪 80 年代，中国的新闻学专业课程中，政治课和文学课一直占比较大，以复旦大学 1982 年课程设置为例，必修课中政史类课程有中共党史、中国近代史、世界近现代史、政治经济学、哲学、国际共运史、马列经典著作选读等；文学类课程以选修课为主，如中国古代散文选、中国文学名著选读、外国文学选读、中国文学史、美学、文艺评论、杂文与杂文写作、报告文学研究等；新闻专业课中，必修课分为史论课和新闻实务课，史论课包括新闻学概论、新闻理论研究、中国新闻事业史、外国新闻事业等四门，新闻实务课包括新闻采访与写作、新闻编辑、评论工作、新闻摄影、报纸群众工作、校刊实习、省市报纸实习等。除必修课外，还有一部分新闻专业选修课，如马列新闻理论与实践、西方新闻学介绍、新闻作品研究、广播、电视、英文翻译、英文新闻写作等②。

---

① 方汉奇主编：《中国新闻事业通史》第三卷，中国人民大学出版社 1999 年版，第 603 页。

② 廖声武、罗以澄：《中国新闻学教育中课程设置的历史考察》，《现代传播》2016 年第 10 期。

80 年代的新闻学专业课程具有承上启下的特点，既继承了 50 年代以来新闻学专业课程重视政治课和文学课、史论和业务课并重的传统，同时又开始借鉴国际经验，引入了外国新闻事业、传播学、广播电视等课程，为接下来的专业扩张做了铺垫。

1990 年，第一次全国新闻学科系主任联席会议提出和讨论了新闻学专业的核心课问题。1996 年 10 月，国家教委高等教育司制订了"面向 21 世纪教学内容和课程体系改革计划，"新闻学专业主干课程教学内容改革研究"成为第一批新闻类立项的项目。① 之后确立了新闻学专业的九门主干课程：包括新闻学概论、传播学、中国新闻事业史、外国新闻事业史、新闻采访、新闻写作、新闻编辑、新闻评论、新闻摄影。这九门主干课在人才培养过程中，发现了新的问题，比如课程设置欠科学，偏重纸媒，对广播电视重视不足，欠缺媒介技术相关课程等。②

2003 年，教育部组织专家对新闻传播学类专业主干课程进行立项研究，2012 年版《普通高等学校本科专业目录和专业介绍》中，新闻学专业的主要课程分别为：新闻学原理、传播学原理、马克思主义新闻思想、新媒体导论、中外新闻传播史、媒介伦理与法规、媒介经营与管理、新闻采访、新闻写作、新闻编辑、新闻评论、新闻摄影、音视频节目制作等。与之前九门主干课相比，数量明显增多，加强了马克思主义新闻思想教育，增加了新媒体、媒介伦理与法规、媒介经营与管理等课程，课程名称中的"新闻"逐渐被更广泛意义的"媒介"所取代。为适应媒体技术和媒体行业的发展变化，不少学校增加了数字传播技术、新媒体应用、数据可视化、整合营销传播、融合媒体等相关课程。

2003 年，教育部启动"高等学校教学质量与教学改革工程精品

---

① 李建新：《新闻教学课程设置及核心课程选择》，《当代传播》2008 年第 6 期。
② 丁柏铨：《一项基础性的工程——新闻学专业主干课课程体系及教学内容改革刍议》，《视听界》1998 年第 8 期。

课程建设工作",精品课程要求建立一流老师队伍、一流教学内容、一流教学方法、一流教材、一流教学管理的示范性课程。在精品课程的基础上,2011年,教育部发布"关于国家精品开放课程建设的实施意见",提出建设国家精品开放课程,包括精品视频公开课与精品资源共享课,通过网络开放课程,服务学习者自主学习。截至2018年年底,新闻传播类国家精品资源共享课共18门[1]。2011年,"中国大学视频公开课"免费向社会公众开放,截至2019年,新闻传播学科视频公开课共计14门[2]。国家精品开放课程和视频公开课,借助网络平台,令高校优质教学资源不再局限于一所学校,而为整个社会所共用,对提高教学质量和普及新闻传播教育,发挥了重要作用。

四 新闻传播研究型教育的发展

早期设立新闻教育的目的,主要是为媒体培养有实践能力的新闻工作者,应用性强而学术性较弱。后来,随着学科的发展,学术研究的深入,研究型人才培养受到重视,原来以应用型人才培养为主的新闻教育,逐渐发展成两种并行的教育模式,一种是继承传统,以应用型为主,培养泛媒体从业者,另一种是偏向学术,培养学术研究者,主要体现在硕士和博士研究生的培养方面。

新闻传播硕士研究生培养起步较早,1961年,复旦大学新闻系曾招收过两名新闻史专业的研究生,这是我国第一所培养新闻研究生的大学。"文化大革命"期间,研究生教育被迫中断。1977年,国家决定恢复研究生制度。1978年,中国社会科学院研究生院新闻系成立并招收了85名研究生。同年,人民大学新闻系招收了8名研究生,复旦新闻系招收了4名研究生。1979年,广播学院开始招收

---

[1] 根据教育部办公厅关于公布2017年、2018年国家精品在线开放课程认定结果的通知统计,http://www.moe.edu.cn/srcsite/A08/s5664/moe_1623/s3843/。

[2] 网易公开课中国大学视频公开课,http://open.163.com/special/cuvocw/。

研究生。1980年《中华人民共和国学位条例》通过，新闻传播学研究生教育，进入了有法可依的时代。

在这一时期，新闻传播学研究生规模较小，从1978—1983年的6年间，中国社会科学院研究生院、中国人民大学、复旦大学、北京广播学院、厦门大学五家机构，共招收新闻学硕士研究生377人，平均每年招收60人左右[1]。在2000年之前，新闻学硕士授权点规模相对较小，到1998年，全国新闻学硕士授权点只有25个。

进入新世纪后，随着新闻传播教育事业的发展，硕士点不断增加，2006年，全国新闻传播硕士点发展到123个[2]。与此同时，研究生培养中的问题也开始出现，与国外高校研究生培养相比，我国的新闻传播研究生培养目标不够清晰，课程设置不尽合理，学生能力与社会需要相脱节。2009年，"新闻传播硕士专业学位设置论证"课题组发表了《关于设置新闻传播硕士专业学位的考察与论证》，建议将研究生培养分为专业型和学术型两种[3]。2010年，国务院学位委员会通过了19种硕士专业学位设置方案，其中包括新闻与传播硕士、出版硕士两个专业学位。同年9月，48所高校获得了首批新闻与传播专业学位授予权，14所高校获得了首批出版硕士专业学位授予权。[4] 次年（2011年）开始招收专业硕士。专业硕士学制正常为两年，比学术型研究生的三年学制减少一年。

专业硕士的培养，在培养方向、课程设置、培养模式与师资建设等方面，与学术型学位教育有明显不同。专业学位教育，要求着

---

[1] 张玲、金洪梅：《中国大陆新闻学研究生教育的产生及发展》，《现代传播》1999年第5期。

[2] 王芳：《我国大陆新闻学研究生教育回顾与问题思考》，《东南传播》2009年第6期。

[3] 郑保卫、徐泓、雷蔚真：《新闻传播硕士专业学位设置的现实考察与理论论证》，《国际新闻界》2009年第7期。

[4] 中国新闻史学会新闻传播教育史研究委员会主持编纂：《中国新闻传播教育年鉴2016》，武汉大学出版社2016年版。

重提升学生与新闻传播相关的实践能力,以及创造性解决实际问题的能力,主干课程体系突出实践导向,构建由学界和业界合作的"双师型"师资结构,实践教学时间不少于半年。

在研究生培养方向上,近年受到互联网、移动应用以及大数据技术的影响,不少高校适时调整学科建设和研究方向,课程模块也处于动态调整中,在主要课程保持相对稳定的情况下,通过选修课、讲座、工作坊、读书会、在线学习、参与研究项目、机构实习等多种形式,让学生接触学科前沿领域。截至2018年,全国新闻传播学一级学科硕士学位授权点达到126个,新闻与传播专业学位授权点达到119个,专业硕士招生数量占47%。[1]

博士教育方面,1984年,中国人民大学新闻系和复旦大学新闻系率先获得博士学位授予权,从1985年开始招收博士学位研究生。当年,中国人民大学和复旦大学共招收了6名新闻学博士研究生,这是新中国成立以来第一次招收新闻学博士研究生,将中国的新闻传播教育提高到了一个新的层次[2]。截至2018年,全国共有26个新闻传播一级学科授权点,除中国社会科学院研究生院外,其余均在高校。此外,一些学校亦通过挂靠其他学科博士授权点的方式培养博士。

新闻传播一级学科博士授权点(截至2018年)

2000—2005年(6个)	中国人民大学、复旦大学、中国传媒大学、武汉大学、华中科技大学、清华大学
2010年(9个)	北京大学、河北大学、华东师范大学、上海大学、厦门大学、浙江大学、山东大学、暨南大学、四川大学、

---

[1] 邓绍根:《2017年中国新闻传播学研究生教育的新态势》,《教育传媒研究》2018年第5期。

[2] 方汉奇主编:《中国新闻事业通史》第三卷,中国人民大学出版社1999年版,第601页。

续表

2017年（10个）	南京师范大学、中国社会科学院研究生院、天津师范大学、上海交通大学、安徽大学、南昌大学、郑州大学、湖南师范大学、深圳大学、西南政法大学
2018年（1个）	南京大学

1999年，经国家人事部和全国博士后管委会批准，复旦大学新闻学院成立新闻传播学博士后流动站，这是我国设立的第一个新闻传播学博士后流动站，为培养高层次新闻传播研究型人才创造了条件。到2013年，全国有12家单位设立了新闻传播学博士后流动站，按照设立时间分别为：复旦大学、中国人民大学、中国传媒大学、清华大学、暨南大学、华中科技大学、上海大学、武汉大学、北京大学、厦门大学、中国社会科学院研究生院、四川大学、山东大学、浙江大学。①

五 教材出版和实验室建设

随着新闻传播教育的繁荣，教材建设也百花齐放。新闻教育前辈方汉奇教授认为，教材的质量一定程度上决定了新闻教育的质量，在师资和教材之间，教材的作用更大。教材一旦完成，可以直接嘉惠于学子，风行四海，无远弗届。一部好的教材，不仅可以满足教学的需要，培养出一大批人才，而且还可以同时拥有一定的学术含量，推动新闻传播学研究的发展。②

在新闻传播教材出版方面，以高等教育出版社、中国人民大学出版社、复旦大学出版社为主的高校出版社和专业教育出版社，成为教材出版的主力军。

---

① 中国新闻史学会新闻传播教育史研究委员会主持编纂：《中国新闻传播教育年鉴2016》，武汉大学出版社2016年版，第410页。

② 方汉奇：《总序》，《中国新闻传播史新编》，中国人民大学出版社2015年版。

为切实提高高等教育质量的整体呈现，教育部对普通高等教育实施国家规划教材，每五年修正和调整一次，国家规划教材，对高等教育发挥导向性和指导性作用。新闻传播学类国家级规划教材，既注重理论建构，也注重实践应用层面的指导和训练。

中国人民大学出版社是国内新闻传播学图书出版重镇之一，建设了多个图书品牌系列，如"21世纪新闻传播学系列教材""21世纪新媒体专业系列教材""新闻与传播学译丛"，等等，涵盖新闻学、传播学、网络与新媒体等方方面面的内容，多部教材入选教育部"十一五""十二五"国家规划，是单体出版社中入选教材最多的一家。人大社涵养了很多知名的教材精品，如方汉奇的《中国新闻传播史》、郭庆光的《传播学教程》、魏永征的《新闻传播法教程》、蔡雯的《新闻编辑学》、彭兰的《网络传播概论》等，这些教材多次再版加印，累计发行数量高达数十万册以至上百万册。为适应网络与新媒体专业的发展需要，人大出版社推出了《网络传播概论》《新媒体概论》《数据新闻概论》《新媒体运营》《新媒体艺术导论》《微电影创作教程》等代表性教材，为专业发展奠定基础。

理论与实践相结合是我国新闻传播教育的一贯特点，新闻传播类专业实践性较强，新闻传播院系普遍重视学生实践能力的培养。除了到媒体实习实践外，很多大学建立了实验实训基地，依托基地为学生提供实践平台，开展校内媒体实践。这些实验实训基地包括：电视演播室、视频编辑实验室、广播实验室、摄影实验室、多媒体网络实验室等等。近年还有学校建立了大数据实验室、虚拟仿真实验项目等。

在实践教学方面，学生在老师指导下，参与各类校园媒体实践。从早期的报刊电台电视台，到后来的网站、社交媒体账号、自媒体号、移动APP，从单一形式到百花齐放，校园媒体的发展，与技术推动下的媒体变革同步前行，校园媒体的内容，也突破了原来以宣传为主的局限，开始向垂直纵深方向拓展，深度报道、事实核查、短视频、数据新闻、学术前沿等各类专业校媒开始涌现，一些学校还将校园媒体实践纳入课程或实践学分。

为了促进校园媒体发展，鼓励大学生投身媒体实践，近年来不少高校及媒体机构组织了针对校园媒体以及校园学生作品的各类比赛，主要比赛有：大学生广告艺术节学院奖、大学校园学报新闻奖、数据新闻大赛、校园媒体大赛、"视友杯"中国高校电视奖、红枫大学生记者节等。

为推动高校实验室建设和实验教学改革与创新，服务国家科教兴国战略和人才强国战略，教育部2005年发布《关于开展高等学校实验教学示范中心建设和评审工作的通知》。2005—2015年，全国共评审901个国家级实验教学示范中心，其中传媒学科组共评出23个示范中心，这些中心分布在：武汉大学、安徽大学、华南师范大学、中国传媒大学、东北师范大学、河南大学、暨南大学、南京大学、陕西师范大学、上海理工大学、天津师范大学、浙江师范大学、中国人民大学、复旦大学、深圳大学、云南大学、上海外国语大学、中国传媒大学、中南财经政法大学、黄冈师范大学、浙江传媒学院、北京师范大学、河北师范大学。

示范中心整合了实验教学资源，包括空间、经费及人力资源，强化综合型、创新型实验项目的设计与应用，促进了专职实验教学队伍的建设。示范中心的成果包括，推动实验教学成果的产出，承担教学研究项目，指导学生发表论文或开展创新实验项目；对接了国家"双创"人才培养需求，开展创新创业教育，培养学生的创新思想、创新能力、创业意识、创业技能。

2018年，教育部印发《关于公布首批国家虚拟仿真实验教学项目认定结果的通知》，认定首批105个国家虚拟仿真实验教学项目。2019年，教育部公布第二批国家虚拟仿真实验教学项目，首次将新闻传播类虚拟仿真实验项目纳入其中，共有十个项目入选。虽然这些项目还处于试验阶段，但标志着新闻传播学科向媒体实验前沿教学领域的探索迈出积极的一步。

六 新闻传播研究机构和智库

新中国成立伊始，新闻研究主要由大学研究所和媒体内设的研究机构承担。1978年全国教育工作会议后，高校相继恢复重建了一批研究所（室），积极展开人文社会科学研究。1986年中国人民大学舆论研究所成立，此后又相继成立了现代广告研究中心、媒介经营管理研究所、港澳台新闻研究所和视听传播研究中心等，1999年，中国人民大学将多个研究所重组为"新闻与社会发展研究中心"。

1999年，教育部启动重点研究基地建设，相继在全国66所高校设立重点研究基地151所，其中列入教育部人文社会科学重点研究基地（新闻学与传播学）的研究机构有：武汉大学媒体发展研究中心、中国人民大学新闻与社会发展研究中心、复旦大学信息与传播研究中心、中国传媒大学广播电视研究中心。这些重点研究基地在学术研究、人才培养、社会服务等方面建设成绩显著，对人文社会科学发展产生了重大影响。

2004年，教育部启动国家哲学社会科学创新基地建设，目标是对高校哲学社会科学整体创新能力进一步整合、凝练和提升，实现高校哲学社会科学资源优化配置、汇集优秀拔尖人才、形成创新团队、体现学科交叉特征。在这一背景下，清华大学国家文化产业研究中心、复旦大学和武汉大学的新闻传播与媒介化社会研究、中国人民大学的中国新闻传播研究、华中科技大学的网络新闻与传播研究等平台，分别入选了国家哲学社会科学创新基地。

除了教育部级别的重点研究基地，各地陆续建立了省级市重点研究基地，如华中科技大学新闻与信息传播学院建立了湖北省重点文科基地"媒介技术与传播发展研究中心"；南京大学建立了江苏省哲学社会科学研究基地"社会舆情分析与决策支持研究基地"；中山大学建立了广州市人文社会科学重点研究基地"广州大数据与公共传播"平台；上海交通大学媒体与传播学院建立了上海市哲学社会科学创新基地"上海市文化创意产业发展战略研究基地"和"新媒体与社会研究中心"等平台；浙江大学传媒与国际文化学院建立了省级哲学社会科学重点研究基地"浙江省传播与文化产业研究中心"等。

在教育部、省级研究平台之外，各高校新闻传播院系还建立了若干个校级科研平台，多以研究院、研究所、研究中心命名，数量繁多。1989年经教育部批准成立的中国新闻史学会，以促进新闻传播学发展为宗旨，目前已成为全国范围的学术平台。在中国新闻史学会下先后成立了22个二级分会。这些分会的设立，从一个侧面说明，随着新闻传播对人类社会生活的全方位渗透，相关领域的研究范围不断扩大，与经济、社会、法律、技术等深度交叉融合，前景广阔。

除高校和社会科学院建立的新闻传播研究机构之外，各级记协组织、新闻学会、媒体机构也建立了相应的研究体系。早期的研究主要围绕报纸工作和新闻业务，通过创办刊物交流经验、指导实际工作，同时也对新闻学理论，特别是构建中国特色新闻学理论进行探讨。从80年代起，随着新闻业的复苏，传播学的引入，新闻传播学研究迎来大发展，在此期间，大学新闻院系、各级新闻主管单位、新闻工作者协会（记协）、新闻学会、新闻研究所、报社、电视台、通讯社、出版社等，纷纷创办刊物，公开发行，出现一股办刊热潮，根据《中国新闻年鉴》，1980年以后创办的新闻传播专业类期刊超过30种，这其中的不少期刊后来入选CSSCI和北大核心期刊，成为学术发表重要阵地，如：上海新闻学会《新闻记者》（1983）[①]；北

[①] 《新闻记者》1983年由上海新闻学会创办，作为会刊，由上海《文汇报》编辑出版，在创刊号上，《新闻记者》申明了办刊宗旨"努力开展新闻学的理论研究工作，力求将新闻理论与实践熔于一炉，将刊物办成一个有理论色彩的新闻业务刊物"。1987年11月，《新闻记者》由文汇报转交上海社会科学院新闻所主办，另组编辑部，宗旨、刊期不变。1995年，《新闻记者》由新闻所与新民晚报合办。随着报业合并重组，《新闻记者》现由上海报业集团和新闻所合办。

京日报社《新闻与写作》（1984年1月）；新华日报《新闻通讯》（1984年1月，2003年改名为《传媒观察》）；大众日报、山东省记协、山东省新闻学会《青年记者》（1985年1月）；四川日报、四川省记协、四川新闻学会《新闻界》（1985年3月）；新疆日报、新疆记协《当代传播》（1985年5月）；河南日报《新闻爱好者》（1986年1月）；中新社《对外报道业务》（1987年1月）；湖北日报、湖北记协、湖北新闻学会《新闻前哨》（1988年11月）等。

进入网络时代，媒体下设的研究机构向多元方向发展，2011年，人民网研究院成立，次年网站上线，主要目标是服务人民网的发展，对人民网发展进行对策性、前瞻性、战略性的研究。研究院拿到国家课题，出版了系列蓝皮书。同一时期，新华社推出新华传媒网站，设立传媒经济、国际传播、传播研究等频道，刊登业务探讨和理论研究文章。2017年后，随着移动网络和社交媒体的兴起，门户网站受到冷落，各类互联网公司、行业调查机构、创业公司、甚至自媒体号都加入到传媒研究行列。腾讯公司设立腾讯研究院，依托腾讯公司多元的产品、丰富的案例和海量的数据，围绕互联网法律、公共政策、互联网经济、大数据等研究方向，与国内外研究机构、智库开展多元化的合作，推出面向互联网产业的数据和报告，为学术研究、产业发展和政策制定提供研究支持。一些商业公司利用大数据挖掘和分析技术，进行舆情监测，提供各类数据、榜单、分析报告、舆情监测、品牌推广、精准营销等服务。过去由报业参与创办的各类专业期刊，一部分晋身为核心期刊，转向学术研究，如《新闻记者》《新闻界》等，一部分则随传统媒体的衰落而走向边缘化。

网络冲击带来媒体生态变化，促使媒体行业转型寻找出路。2015年年底，新华社获批为国家高端智库，瞭望成为新华社国家高端智库的公共政策研究中心。人民日报也成立人民智库，依托人民论坛问卷调查中心、人民论坛理论研究中心、人民论坛测评中心，围绕国内政治、经济、文化、社会等重大议题，面向全国各级地方，开展大型社会调查，进行理论研究和多维度测评研究。紧随其后，各地方媒体也探索向智库方向发展，南方报业集团成立南方传媒智库矩阵，由经济智库、法治智库、城市智库、教育智库、党建智库、数字政府研究院、广东乡村振兴服务中心、南方周末研究院、南都大数据研究院、南方舆情数据研究院 10 个智库机构组成。随着媒体职能、定位的转变，各行各业呈现泛媒体化趋势，媒体研究机构也由原来相对狭窄的新闻传播领域，扩大到与各个领域交叉融合的蓝海。

第四节　中国特色新闻传播教育

新闻传播教育始于美国——1908 年沃尔特·威廉姆斯（Walter Williams）在密苏里大学创建新闻学院。1918 年，北京大学成立新闻学研究会，标志着中国新闻教育的开端。东西方新闻传播教育，在很多方面有着相似之处，但由于政治制度、法律制度和历史文化的不同，又有很多不同之处。西方强调媒体的独立，而中国媒体是党领导下的新闻宣传舆论工作的一部分。在与国计民生交织发展的过程中，中国的新闻传播教育逐渐形成了鲜明的特色。

一　借鉴国际经验，人才培养与专业建设与时俱进

自改革开放以来，中国的新闻传播教育，在保持业已形成的传统基础上，不断借鉴国际经验。受益于对外开放政策，不少教师获得国家资助出国进修，了解国外新闻传播教育的理念、内容和方法，很多留学生学成后回国任教或从事科研工作，将所学到的知识应用于教学科研中，新闻传播教育与世界的交流与合作深入而广泛。

在新闻传播教育方面，美国高校注重通识教育，在人才培养方案中，通识教育占有相当大比重。中国高校新闻传播院系近年来在制订人才培养方案时，也注重对学生的全面培养，有的高校探索大

类招生,增加通识课比重,打通专业壁垒,培养"厚基础、宽口径"的人才;有的高校鼓励学生选修或辅修其他专业知识,培养"复合型人才","双学位"在不少新闻院系出现。① 近年来,一些学校提出"重融合"的培养目标,淡化专业界限,培养"会十八般兵器"的新媒体人。

美国高校新闻传播院系在人才培养和学术研究方面各有侧重,有的偏学术研究,有的偏媒体应用,有的偏前沿技术探索,并非一个模式。中国的新闻传播教育规模大,范围广,专业点多,所在学校层次不一。一些重点大学注重培养学生的学术积淀,以利他们本科毕业后继续攻读研究生;而一些普通高校的新闻传播教育,则往应用型方向发展,培养学生掌握实用技能,对接就业市场对人才的需求。

在课程设置方面,美国新闻传播教育对中国的影响也无处不在。例如,深度报道取代了传统的专题报道和报告文学;新新闻主义和非虚构写作、基于计算机辅助的信息可视化和数据新闻、将传播与商业结合起来的整合营销传播,都相继进入课堂。传播学的理论体系、研究方法、教材等等,源源不断地被引入中国。在借鉴吸引国外新闻传播教育经验的基础上,中国的新闻传播教育逐渐形成了自己的特色。

二 建立教学质量标准和学科评估体系

为促进高等教育规范办学,教育部定期修订专业目录和专业介绍,专业介绍包括培养目标、培养要求、主干学科、核心课程、专业实验、修业年限、授予学位等等。2012 年专业目录中,新闻传播学类有五个专业,特设两个专业,七个专业都有详细的培养要求,对新申请创办这些专业的学校起到规范和指导作用。

为提高办学水平,2018 年,教育部公布《普通高等学校本科专

---

① 方汉奇主编:《中国新闻事业通史》第三卷,中国人民大学出版社1999年版,第603页。

业类教学质量国家标准》，涉及92个本科专业类587个专业，提出要以建设中国特色、世界水平的高等教育质量标准体系为导向。根据教育部的要求，国家标准要"保基础、保底线、保合格"，新闻与传播教学指导委员会制订了《新闻传播学类教学质量国家标准》。

国家标准在原专业介绍基础上，对培养目标提出总的方案，允许各高校根据国家标准，结合自身定位，制定相适应的培养目标。标准还将人才培养的素质要求、能力要求、知识要求细化为可测量的指标体系。标准提出了课程体系的总体框架，设定了理论课程，包括通识类课程、公共基础类课程、专业基础类课程、专业类课程等，以及实践教学环节。标准还对师资队伍做出具体要求，包括师资队伍结构、教师背景与水平要求、教学条件、质量管理与保障等。

为了提高学术科研水平，国务院学位办从2002年起展开学科评估。由教育部学位与研究生教育发展中心按照《学位授予和人才培养学科目录》，对具有研究生培养和学位授予资格的一级学科进行整体水平评估。到2018年，共完成四轮评估。

2017年进行的第四轮评估涉及95个一级学科，共有513个单位的7449个学科参评。评估主要检查参评点培养体系的完备性，包括师资队伍（队伍结构、导师水平）、人才培养（招生选拔、培养方案、课程教学、学术训练或实践教学、学位授予）和质量保证（制度建设、过程管理、学风教育）等。评估结果按照"精准计算、分档呈现"的原则，将前70%的学科分为九档公布。

第四轮学科评估新闻传播学科等级（2018年公布）

A+	中国人民大学、中国传媒大学
A	复旦大学、华中科技大学
A-	清华大学、上海交通大学、武汉大学、暨南大学
B+	北京大学、华东师范大学、上海大学、南京大学、南京师范大学、浙江大学、厦门大学、四川大学

续表

B	河北大学、安徽大学、郑州大学、湖南大学、湖南师范大学、中山大学、深圳大学、陕西师范大学
B−	上海外国语大学、苏州大学、南昌大学、山东大学、河南大学、华南理工大学、兰州大学、南京政治学院
C+	北京印刷学院、北京师范大学、北京外国语大学、天津师范大学、辽宁大学、重庆大学、西南政法大学、西北大学
C	中央民族大学、中国政法大学、吉林大学、同济大学、上海理工大学、汕头大学、广西大学、西安交通大学
C−	北京工商大学、南开大学、上海师范大学、安徽师范大学、华中师范大学、西南大学、云南大学、新疆大学

学科评估为新闻传播高等教育的发展建立了评估指标，起到导向作用。评估结果反映了高校办学水平、办学质量的总体情况，受到教育界的高度重视。从另一个角度，由于评估只针对具有研究生培养和学位授予资格的一级学科进行整体水平评估，对于大量以应用型本科教育为主的高校来说，学科评估并不适用。

三 部校共建工程

部校共建工程，是中国新闻传播教育的一大特色，最早由上海市委宣传部与复旦大学"试水"。2001年，上海市委宣传部与复旦大学签署协议共建新闻学院，这是全国首例"双一流"共建机制，开创培养让党和人民放心的新闻舆论人才的"部校共建"模式。上海市委宣传部在政策导向、师资力量、基础设施等方面，给予复旦大学新闻学院大力支出，"部校共建"主要集中于复旦大学上海新媒体中心、马克思主义新闻观教育、提高国际传播能力三个项目。[1]

---

[1] 尹明华：《"部校共建"的实践探索——以复旦大学新闻学院为例》，《新闻与写作》2017年第4期。

2013年年底，中宣部、教育部联合发出《关于地方党委宣传部门与高等学校共建新闻学院的意见》，并在上海召开部校共建新闻学院现场会，在全国范围推广"部校共建"模式，确立北京、江苏、山东、安徽等首批十个省市率先开展共建试点，要求"每个省（区、市）党委宣传部都应和高等学校重点共建一个新闻学院"，"原则上中央主要新闻单位也应与高等学院共建一个新闻学院"。此后，"部校共建"在全国铺开。①

"部校共建"为新闻传播学院的建设和发展提供了重要的政策支持和资金扶持，推动高校在人才培养、学科建设、科学研究、师资队伍和社会服务等方面的提升的改革。

截至2018年10月，全国共有122家新闻学院实施了"部校共建"，在1321个本科专业点中，部校共建单位占16%。②

根据共建单位的具体情况，"部校共建"大体分为两大类：

一是宣传部门与高校共建的"部校共建"，如上海市委宣传部分别与复旦大学、上海交通大学、同济大学、华东师范大学、上海大学五所高校同时开展共建。北京市委宣传部分别与中国人民大学和中国传媒大学共建新闻学院，江苏省委宣传部与南京大学共建新闻传播学院，山东省委宣传部与山东大学共建新闻传播学院，湖北省委宣传部与武汉大学共建新闻传播学院，湖南省委宣传部与湖南师范大学共建新闻与传播学院等。

二是新闻单位与高校共建的"媒体共建"，2014年，光明日报社与中国政法大学合作共建光明新闻传播学院，成为中央媒体与高校共建新闻学院的首例。同年，新华社与北京大学共建新闻与传播学院，人民日报社与清华大学共建新闻与传播学院，中央人民广播电台、中央电视台与中国传媒大学共建新闻传播学部。

---

① 张晓峰：《不断提升部校共建新闻学院的质量和水平》，《当代传播》2018年第6期。

② 同上。

"部校共建"以来，在共建单位的支持下，新闻传播学院在师资引进、人才培养、智库建设、科研提升、基础设施建设和实践基地拓展等方面，成效显著。①

四 马克思主义新闻观教育

新闻工作是党的事业的一个重要组成部分，在新闻传播教育中开展马克思主义新闻观教育，一直以来都渗透在新闻传播理论和实务的教学当中。2012年版《普通高等学校本科专业目录和专业介绍》将"马克思主义新闻思想"列为新闻学专业和传播学专业的核心课程。高度重视马克思主义新闻观教育，是中国新闻传播教育的一个重要特点，通过教育，强化学生的政治意识、大局意识、责任意识、阵地意识。

借助"部校共建"资源，高校不断探索"马新观"教育的新模式。武汉大学、安徽大学等高校开展了"马克思主义新闻观"系列讲座，并纳入学分。暨南大学将马克思主义新闻观全面纳入专业课程体系，在延安、井冈山设立两个马克思主义新闻人才培训基地，制订出马克思主义新闻观指导下新闻专业人才的九条培养标准，"真正做到马克思主义新闻观进教材、进课堂、进师生的头脑"。②

在2018年国家教学成果奖评比中，中国传媒大学的"实践中的马克思主义新闻观"获得一等奖，中国人民大学新闻学院的"中国特色新闻传播人才的生态型培养体系构建"获得二等奖，暨南大学新闻与传播学院的"马克思主义新闻观指导下新闻人才培养'六结合'模式的创建与实践"获得二等奖。这三个项目都是体现马克思主义新闻观的"部校共建"成果。

---

① 杜骏飞：《以"政产学研合作"深化部校共建——南京大学新闻传播学院的基本经验》，《新闻与写作》2017年第10期。

② 贺蓓：《暨大新闻人才培养"六结合"：让马克思主义新闻观进教材、进课堂》，《南方都市报》2018年12月19日。

此外，一些高校还成立了相应的学术机构，如安徽大学成立马克思主义新闻观研究中心，围绕新闻传播理论和实践方面的重大课题，加强系统规划设计。

2018年，教育部和中宣部联合发布《关于提高高校新闻传播人才培养能力实施卓越新闻传播人才教育培养计划2.0的意见》，提出开创马克思主义新闻观教育新局面，把学习贯彻习近平总书记关于新闻舆论工作的重要论述作为马克思主义新闻观教育的首要任务，重点建设一批马克思主义新闻观研究宣传教育基地，推出一批高质量、有深度、有分量的研究成果，加快构建中国特色、中国风格、中国气派的新闻传播学理论体系和学术话语体系。2019年，由国内多名专家学者共同参与撰写的《马克思主义新闻观十二讲》由高等教育出版社出版发行。该书为新闻传播学界和业界学习马克思主义新闻观提供了规范性、权威性的教材。

第五节　新闻传播教育的未来展望

新时代的新闻传播教育受到了来自党和政府的支持、互联网浪潮的激励和人文社科发展的推动。2018年9月17日，教育部、中共中央宣传部发布《关于提高高校新闻传播人才培养能力实施卓越新闻传播人才教育培养计划2.0的意见》。总体思路是，加强和改进高等学校新闻传播专业建设，建设中国特色、世界水平的一流新闻传播专业。全面落实立德树人根本任务，坚持马克思主义新闻观，用中国特色社会主义新闻理论教书育人，培养造就一大批具有家国情怀、国际视野的高素质全媒化复合型专家型新闻传播后备人才。[①]

教育部对新闻传播教育未来五年发展提出了具体发展目标：建

---

① 教育部、中共中央宣传部：《关于提高高校新闻传播人才培养能力实施卓越新闻传播人才教育培养计划2.0的意见》，2018年。

设一批马克思主义新闻观研究宣传教育基地，打造一批中国特色、世界水平的一流新闻传播专业点，形成遵循新闻传播规律和人才成长规律的全媒化复合型专家型新闻传播人才培养体系，培养造就一大批善用"十八般兵器"、适应媒体深度融合和行业创新发展，能够讲好中国故事、传播中国声音的优秀新闻传播后备人才。

中国新闻传播教育伴随着共和国的起伏走过了风雨阳光的70年。从最早的小班短期培训到今天的全日制大学本硕博教育，从最早的报学到今天的新闻学、传播学等多个专业以及各类跨学科理论，从最早的十几人到今天的几十万人，新闻传播教育的道路越走越开阔。未来，新闻传播教育仍将继续与时俱进，为中国的新闻传播事业输送合格人才。

第十五章

新闻传播学学术社团发展状况

1949年新中国成立后,我国的新闻事业走入新纪元,新闻学科的系统性建设和传播学科的逐步引入与新闻传播学学术活动的逐渐繁荣密切相关,相辅相成。70年来,学界和业界对于新闻传播学的发展上下求索,多番尝试、屡出成果。恰逢这个重要的时间节点,有必要总结新中国成立以来新闻传播学学术社团及其学术活动的发展历程,以史为鉴,分析其发展脉络,把握其未来趋势。

第一节 萌芽期:新闻学研讨工作的零星组织(1949—1977)

新中国成立伊始到"文化大革命"结束,我国的社会主义新闻事业开始萌芽。在此阶段,由于政治、经济、文化等因素的持续角力,新闻事业的发展遭受多重掣肘,即便如此,在其起步阶段依然打下了扎实的基础。

一 新闻教育和实务工作逐步恢复

新中国成立之后,学界和业界的学术讨论活动大都围绕如何开展新闻工作、如何进行新闻教学这两个主要目的。

1949年11月1日，新闻总署成立后，新中国的新闻事业开始在有序规划、有效管理中起步。1950年3月29日，全国新闻工作会议在北京召开，这是中央人民政府对新中国新闻战线的一次积极肯定和盛大检阅的会议。在该会议上，时任新闻总署署长胡乔木作《在全国新闻工作会议上的报告》，总结了新中国成立以来报纸工作的成绩与不足，着重论述了改进报纸工作问题和新华社工作的统一问题。[①]

1954年以来，我国新闻界出现了向苏联学习的高潮，赴苏交流蔚然成风。不论是业界还是学界都对苏联的新闻工作模式及教学体系十分向往。1954年4月，时任复旦大学新闻学系主任王中参加北京大学新闻专业教学计划讨论会，带回苏联莫斯科大学新闻系教学计划，自6月起按照苏联莫斯科大学模式全面修订专业教学计划。[②] 同年年底，时任新华社副社长朱穆之率团赴苏联访问塔斯社，回国编印《塔斯社工作经验》上下两册，[③] 进一步加深苏联模式对我国新闻工作的影响。在此阶段，我国新闻学术会议讨论的主题主要是关于如何向苏联学习，构建社会主义新闻事业的蓝图。

二 新闻研讨会时有召开

在此萌芽期，新闻传播学术会议的主办单位主要是各大高校以及中央机构。复旦大学、北京大学、燕京大学等高校都拥有新闻学系的办学经验，1952年全国高等院校进行院系调整之后，燕京大学新闻系并入北大中文系，圣约翰大学新闻系并入复旦大学新闻系。

---

① 童兵、陈绚主编：《新闻传播学大辞典》，中国大百科全书出版社2014年版，第896页。

② 复旦大学新闻学院：《新闻学院大事记》，2019年4月12日，复旦大学新闻学院网站，http://www.xwxy.fudan.edu.cn/node2/fdxwxy/gywm/node916/index.html。

③ 童兵、陈绚主编：《新闻传播学大辞典》，中国大百科全书出版社2014年版，第900页。

各高校经由新闻教学力量的统筹兼并后,就如何总结之前新闻教学经验,借鉴以苏联为首的他国现有成果,制订详细的教学计划,卓有成效地开展新中国的无产阶级新闻教学工作展开广泛的讨论。

在此阶段,学界和业界的交流合作已经粗具规模。1956年11月,复旦大学新闻系邀请报界前辈在上海文化俱乐部举行座谈会。[①]高校新闻教育者除了回溯历史、与海外学者积极交流外,更拓宽思维,打破学界和业界之间的壁垒,积极听取业界精英的从业经验,一来拓宽校内师生的视野;二来适当充实新闻教学工作的内容;更重要的是有助于培养实践能力强、业务水平高的实用型人才,为与国家共同成长的新中国新闻事业添砖加瓦。

1957年5月16—18日,第一次首都新闻工作座谈会在北京召开。以北京地区为主,上海、辽宁、山西等地的新闻工作者和新闻工作者积极参与交流。《人民日报》在1957年5月17日,以《北京新闻界"鸣"起来了》,作了详细报道。[②] 此时,中国新闻界"鸣放"的气氛十分热烈。

同年6月24日至8月中旬,第二次全国新闻工作座谈会在北京召开,此次会议标志着反右派斗争在新闻界展开,该斗争一直持续到1958年夏季,但其造成的新闻工作和新闻教学事业的停摆一直延续到"文化大革命"结束。

第二节 探索期:新闻学学术社团的酝酿与传播学引介(1978—1988)

改革开放以来,我国的新闻事业逐渐恢复,各高校新闻教育工

---

① 复旦大学新闻学院:《新闻学院大事记》,2019年4月12日,复旦大学新闻学院网站,http://www.xwxy.fudan.edu.cn/node2/fdxwxy/gywm/node916/index.html。

② 丁淦林:《中国新闻史上的一件小事——关于1957年5月新闻工作座谈会发起单位的报道》,《新闻与写作》2007年第1期。

作有序开展，新闻学界和业界的发展百废待兴。在此期间，新闻学会相继成立，为我国新闻学科的建设作出了不可磨灭的贡献。与此同时，传播学经由各位专家学者的不断努力，被逐步引入中国，传播学的学科体系建构成为学界讨论的重点，相关研讨会议时有召开。

一　新闻学会逐步建立

新闻事业和教学在经历长时间停滞后，需要逐渐复苏，重焕生机。改革开放后，从中央到各地高校，都对新闻工作以及学科建设表达出高度关切。1979年3月8—21日，中共中央宣传部主持的全国新闻工作座谈会在北京召开，对十年动乱中新闻工作中许多重大问题展开讨论，旨在推动新闻工作领域的拨乱反正。[①]

1980年2月，北京新闻学会在北京成立；1984年1月1日，更名为首都新闻学会。该学会在改革开放之初，起到了恢复新闻学研究组织者的重要作用，曾编辑出版会刊《新闻学会通讯》（1980—1989）。1984年12月中国新闻学会联合会成立，这是改革开放后我国新一家全国性的新闻传播学社团组织，1991年6月停止活动，1985年7月创办的新闻学术杂志《新闻学刊》现已停办。[②]

在新闻学社团组织发展的探索期，首都新闻学会多次召开主题研讨会，讨论的议题包罗万象。1981年5月12日，举行首次受众学术研讨会；1986年9月12日，召开安岗新闻工作经验座谈会；同年10月23日，与中国人民大学新闻系联合举办了新闻学与相邻学科学术讨论会。从学界到业界，从本学科到跨学科均有涉猎，首都新闻学会牵头举办的一系列学术研讨会为新闻学的多元化发展开了个好头。

此阶段，新闻工作的恢复与新闻教育的重视程度加深齐头并进，

[①] 童兵、陈绚主编：《新闻传播学大辞典》，中国大百科全书出版社2014年版，第913页。

[②] 同上书，第1171页。

各高校对于新闻学科建设的方向和具体规划进行多番探索,中央在大方向上给予建设性指导,相关学会的成立和研讨工作的有效开展就是最直接的证明。

1983年5月25日至6月1日,中共中央宣传部和教育部联合召开了新中国成立以来第一次全国新闻教育工作座谈会,着重讨论了新闻教育的发展规划和改革问题。8月,两部委发出《关于加强新闻教育工作的意见》等文件。[1] 1984年11月2日,中国新闻教育学会在北京成立,全称为中国高等教育学会新闻学与传播学专业委员会,属于中国高等学校新闻教育学术团体。参加单位有全国多所高等学校所设的新闻学院、新闻系、新闻专业,宗旨是交流中国新闻教育的经验,探讨新闻教育的规律,提高新闻教学的科研水平,推动全国新闻教育事业的发展。[2] 学会成立以后,在全国范围内召开多次重要学术会议,为新闻学科的发展提出了前瞻性构想,同时帮助各高校在交流合作过程中裨补阙漏,良性竞争,共同发展。

中国高等教育学会新闻学与传播学专业委员会在我国新闻学发展的探索期起到了十分有益的协调作用。首先,它提供了一个可供各高校定期参与,集思广益的交流平台;其次,通过智慧火花的碰撞可以推导出新闻教育的发展趋势,其组织的会议为尚显稚嫩的我国新闻教育事业点亮明灯;最重要的是,它从宏观上把握时代热点、社会发展动向,从微观上聚焦教育,以提升专业水平为己任,使得新闻教育工作得以与时俱进,与当时开始腾飞的中国一起开拓创新。

在此时期,中国新闻学的建设从乱局中脱胎换骨,之前数年的或尝试、或失误都是后期发展的财富。除以首都新闻学会和中国高等教育学会新闻学与传播学专业委员会为代表的新闻学领域翘楚性

---

[1] 王怡红、胡翼青主编:《中国传播学30年》,中国大百科全书出版社2010年版,第41页。

[2] 童兵、陈绚主编:《新闻传播学大辞典》,中国大百科全书出版社2014年版,第1172页。

的学会外，一系列新闻学相关学术社团纷纷成立。1983年10月，中国新闻摄影学会成立；1986年7月，中华全国法制新闻学会成立；1988年4月，中国地市报研究会成立。此类学术社团的建构与活动整体拓宽了新闻传播学研究视野。

改革开放后，学界和业界都开始注重从理论到实践的成体系化发展，从中央到地方都致力于建构新闻学研究学术共同体，积极召开各科学术会议，适时交流，及时为学科和行业的发展导航，为接下来新闻学的持续发展及其与传播学的有益结合打下坚实的基础。

二 传播学研讨会相继召开

在新闻传播学术社团发展的探索期，如果说新闻学科是在恢复的同时找方向，那么传播学科就是在孕育的同时显神通。

此前，传播学的概念已经被尝试性提及，但真正被纳入学界视野则是在改革开放之后。这与从1980年起我国与美国夏威夷大学东西方中心展开的交流合作有分不开的关系。当年1月5日，《人民日报》副总编兼中国社会科学院新闻所所长安岗赴夏威夷参加美国东西方中心举办的亚洲太平洋地区关于国际政治和大众传播的学术研讨会，与美国传播学创始人施拉姆和余也鲁等人相识。[1] 此后，两国之间的学术交流程度不断加深。

1982年4月21日，时任美国夏威夷大学东西方中心传播研究所主任韦尔伯·施拉姆和他的学生余也鲁在广州举办了为期一周的全国"电化教育讲习会"[2]，介绍现代传播和媒体教育。而后去往北京、上海等地，进行多番讲演，使得国内学者深刻认识到传播学引入的重要性。他们意识到，新闻学和传播学之间存在着不可分割的

---

[1] 王怡红、胡翼青主编：《中国传播学30年》，中国大百科全书出版社2010年版，第20页。

[2] 同上书，第32页。

关系，传播作为学科的研究价值极高，亟待发掘。此后，各高校陆续开始进行传播学系的建设工作。

1985年6月11—13日，复旦大学举办了国内第一次国际传播理论讨论会——传播学学科研讨会。此次会议邀请唐·库什曼教授、S. 金教授参加会议。① 会上，来自北京、天津、武汉、广州、上海等地的科研、教学和业务单位的五十余名不同学科的研究者就传播学学科建设问题展开了热烈讨论。大家就对传播学的理解、传播学与其他人文社会学科的关系、传播学的研究方法及如何开展中国传播学研究等问题，各抒己见，从不同的角度进行了探讨。②

次年8月20日，第二次传播学研讨会在黄山召开。有学者提出了"建立有中国特色的传播学"的目标，围绕传播学研究要建立一个什么样的理论框架展开讨论。会后有评论指出：这次研讨会的最大成果就是明确了新闻传播学应作为今后传播学研究的主攻方向，并初步讨论了它的理论框架，为传播学研究本土化（indigenization）确立了内容和方向。③ 此次会议对于传播学在中国的发展有极其重要的意义，标志着我国传播学从介绍阶段进入本土化建设阶段。

在该时期，传播学范畴内的广播、电视、电影在我国发展迅速，相关学术研讨应运而生。1983年8月，中国高等院校电影学会成立，后更名为中国高等院校影视学会，从成立之初至今召开多次学术研讨会议，为我国的广播、影视发展作出重要贡献。

---

① 王怡红、胡翼青主编：《中国传播学30年》，中国大百科全书出版社2010年版，第53页。

② 武伟、建华：《多种视野一个主题——传播学学科研讨会侧记》，《新闻大学》1985年第11期。

③ 戴元光：《20世纪中国新闻学与传播学·传播学卷》，复旦大学出版社2001年版，第109—110页。

第三节　突破期：新闻传播学学术社团的不断壮大(1989—2013)

在新闻传播学学术社团发展的突破期，社团数量以及会议召开次数明显增加。新闻与传播的有机结合恰形成了大鹏的有力双翼，协同作用，展现出极大的实际功用优势。同时，新闻传播学科，尤其是传播学系还处在持续建设过程中，学界对于教育的重视程度维持在高点。

一　各级各类新闻传播学学术社团建立

在此阶段，具有代表性的新闻传播学学术社团纷纷成立，为我国的新闻传播学发展提供了有力支援，新闻传播学研究力量得以聚集，迸发出巨大学术潜力。

新闻学领域的代表学会非中国新闻史学会莫属。由方汉奇、宁树藩等学者提议设立的中国新闻史学会于1989年4月3日正式获批，并于1992年6月举行了成立大会，标志着一个科学的、有序的、成熟的新闻史学研究局面的到来。该会成为新闻传播学界迄今唯一的国家一级学会。[1] 该学会以研究中外新闻传播历史与现状、促进新闻传播学发展为宗旨。已成功举办过多次全国性及国际性的新闻传播史和世界华文与华夏文明传播国际学术研讨会议，编印出版《新闻春秋》，取得了多项国家级重大科研成果。[2] 在2013年前成立五个二级分会，分别是：新闻传播教育史研究委员会、外国新闻传

---

[1] 邓绍根、张文婷：《改革开放40年中国新闻史研究回顾与展望》，《新闻春秋》2019年第1期。

[2] 童兵、陈绚主编：《新闻传播学大辞典》，中国大百科全书出版社2014年版，第1174页。

播史研究委员会、网络传播史研究委员会、少数民族新闻传播史研究委员会、台湾与东南亚华文新闻传播史研究委员会,分领域进行中国新闻史的相关研究。

中国新闻史学会自成立以来举办会议的数量极多,涉猎领域十分广泛。就新闻传播史而言,其于2007年12月15—16日主办的"奥运传播暨体育新闻传播史研讨会",着重研究奥运传播史、体育新闻传播史等议题;于2008年6月14—15日联合举办的"技术与制度:中国传媒改革开放30年国际学术研讨会"以历史为引线,思考新闻传播研究方法变革的问题。同样研究历史,研讨范围、思考角度时有变更。

此外,中国新闻史学会对于华文与华夏文明持续关注,对邓拓、史量才、成舍我等新闻人物与传播思想长期研究。可以见得,中国新闻史学会研究内容包罗万象。以史为鉴,可以知兴替,中国新闻史学会对于新闻传播发展历程,从整体到个案巨细靡遗。它的成立和持续活动对于提升我国新闻传播学研究,尤其是历史研究方面的水平起到重要作用。

中国新闻文化促进会传播学分会作为传播学领域学术社团的翘楚当之无愧。1989年1月5日,中国新闻文化促进会在北京成立,新闻出版总署为其主管单位。它的宗旨是以新闻文化研究为中心,总结党的新闻事业与其他事业的关系,促进中国社会主义建设事业的发展,团结新闻事业的广大同仁。[①]中国新闻文化促进会传播学分会于2006年4月成立,主管单位是中国社会科学院新闻与传播研究所。集结全国高等院校传播院、系,新闻、传播研究机构和新闻媒体等作为单位成员。定期召开会议,开展海内外的学术交流活动,配合国家社会科学研究规划,开展传播学理论研究。

中国新闻文化促进会与其下设的传播学分会自成立起,对我国

---

① 童兵、陈绚主编:《新闻传播学大辞典》,中国大百科全书出版社2014年版,第1174页。

传播学科的建设、传播事业的发展作出了极大贡献。上，顺应国家发展需求，把控趋势，定期进行有益引导；下，与各地高校、媒体组织密切合作，因地制宜，与时俱进，随着时代更迭而探寻传播学发展的合适路径；内，密切分析国情，以中国文化为基盘，调适符合中国主流语境的传播模式；外，与海外学者开展广泛合作，以国际化胸怀广纳多元视角，取其精华，去其糟粕，为中国的新闻传播事业持续注入活力。

除此以外，在该阶段成立的诸多新闻传播学学术社团也迸发出巨大的活力和影响力。2001年1月5日，中国新闻漫画研究会得到民政部批准，开展活动；2008年11月15日，中国高等教育学会新闻学与传播学专业委员会新闻学组成立。各级各类学会都从不同的研究范围、角度，对新闻传播学学科的发展及其应用提供助益。

二 新闻传播学术议题涉猎广泛

新闻学的复苏与重构、传播学的引入与建构都使得新闻传播学学术会议在前两个阶段的讨论议题趋于集中，主要在于实际工作和学科建设这两个方面。在新闻传播学学术会议发展的突破期，新闻传播学呈现出多元化发展的趋势。经济、文化作为重要命题被屡屡提及，跨学科发展趋势日趋明显。最重要的是从20世纪末开始，网络作为重要议题出现，此后，伴随着网络的不断发展，新闻传播学会的议题也随之更迭。

首先，新闻传播学术议题与经济深入结合，召开了一系列相关会议。1993年5月，中国社会科学院新闻研究所在江阴与无锡日报社联合举办社会主义市场经济与新闻事业研讨会；1997年4月，第五次全国传播学研讨会在杭州大学召开，主题为"传播与经济发展"。可见，在90年代，将新闻传播与经济发展充分结合已成为学界热议的话题，如何将新闻传播的理论体系和实际工作支援社会主义市场经济发展成为了此阶段的工作重点。进入21世纪后，经济更成为新闻传播学会研讨的常客，顺应2001年中国加入WTO之势，学界开始关注经济全球化背景下的新闻传播。当年 10 月 12—14 日，首届中国传媒年会在北京举行。与会代表围绕年会主题"WTO 与中国媒体发展趋势"进行了深入探讨。① 我国的新闻传播学与经济学的结合呈现出国际化的宽视域发展趋势。

同时开放的深入，我国新闻传播学者与海内外学者开展了广泛、有益的学术交流活动。其中最为著名的即为中国新闻史学会定期召开的世界华文传媒与华夏文明国际学术研讨会。该研讨会于 2001 年首次开办，此后数年间就当时新闻传播热议话题与华夏文明传播相关议题，邀请国内外知名学者参与研讨，这对中华文化的国际化传播大有裨益。

除经济和文化外，此阶段新闻传播学术活动的讨论议题打破学科壁垒，与各学科广泛结合，尤其是深入到新兴学科领域之中，呈现出跨学科发展的趋势。

以新闻传播学与心理学的跨学科研究为例，1994 年 5 月，北京广播学院主持召开我国首届新闻心理学研讨会。2002 年，北京广播学院新闻传播学院、中国社会心理学会新闻与传播心理专业委员会与湖南社会心理学会联合举办第四届全国新闻与传播心理研讨会暨中国社会心理学会新闻与传播心理专业委员会第一届年会。此后，全国新闻与传播心理研讨会定期召开。2007 年 10 月 23—24 日，东北师范大学、挪威人民大学、亚洲青年媒体和环球视观基金会共同主办的首届媒介与教育及社会发展国际研讨会在长春举行，议题就包括信息化教育与学习者心理。心理学与新闻传播学的交叉结合已逐步成为常态。

1999 年 4 月 14—17 日，第二届亚太地区媒体与科技和社会发展研讨会在北京举行，会议提出网络是"第四媒体"的概念，引起广泛关注。同年 7 月 1—2 日，中国记协在杭州召开了 99 中国新闻媒

---

① 王怡红、胡翼青主编：《中国传播学 30 年》，中国大百科全书出版社 2010 年版，第 171 页。

体网络传播研讨会，进行了网络新闻传播实践的经验交流。1999年学界和业界对于网络的深入研讨标志着网络成为中国新闻传播学会研究的重要议题之一。

2000年4月底，《国际互联网新闻宣传事业发展纲要（2000—2002年）》（以下简称《纲要》）正式形成，中宣部、中央外宣办于5月9日下发。这一文件提出了互联网新闻宣传事业建设的指导原则和奋斗目标，并确定了首批重点新闻宣传网站。[①]《纲要》一经颁发，学界、业界迅速反应，相关学术研讨会纷纷涌现。

当年5月10日，中国首次网络新闻学会议——网络时代的新闻研究会在北京举办。此后，中国网络传媒论坛、中国网络传播学年会等持续召开，专家学者们对网络被大规模运用之后新闻工作如何高效开展展开讨论。

2008年11月，中国新闻史学会网络传播史专业委员会（简称中国网络传播学会）成立，此后逐年举办中国新媒体传播学年会，对于当年的新媒体发展动向进行有益探索，反馈问题，扬长避短，从新闻传播学的角度将新媒体的功用进行最优化呈现。从互联网，到新媒体、全媒体、融媒体、大数据、AI等概念不断推陈出新，中国网络传播学会对这些热点问题予以高度关注，成立至今的历年年会主题分别为"融合、创新、变革""媒介演变与社会发展""新媒体·新生活·新世界""聚焦新媒体，体验新世界""新媒体·新思维·新世界""断裂与重构·融合与创新：互联网思维的传播学逻辑""新媒体，新格局，新视野""移动互联与传播创新""智能时代的新媒体与网络治理""新媒体时代：科技与人文的重逢"。它始终保持先驱者的觉悟，组织交流活动，以保障在新技术冲击和全球化发展背景下的新闻传播工作能够有效开展。

[①] 闵大洪：《2000年中国网络新闻传播领域回眸》，《中国新闻出版报》2001年1月3日第3版。

第四节　拓展期：新闻传播学学术社团的全面发展（2014—2019）

在我国民政部颁布并严格执行《关于全国性社会团体异地设立分支（代表）机构问题的通知》后，全国的新闻传播学术社团的机构设置走向了规范化、体系化、全面化的道路。各大型学会组织丰富羽翼，各自发力；重复冗余的机构被统筹兼并，以提升研究效率。在此阶段，新闻传播的研究内容从横向上来看，涉猎全面；从纵向上来看，更加深入。整体研究氛围积极，研究成果水平提升，研究态势呈现喜人之势。

一　新闻传播学术社团的体系重构

2014年开始，各新闻传播学术社团开始调整机构设置，剔清冗余组织，整合力量，建设二级分支机构。在二级分会建设方面，裨补阙漏，结合之前的研究经验，进一步体现跨学科、网络发展深入的上一阶段特点，同时与时俱进，根据现实情况进行调整，补全研究力量。

以中国新闻史学会为例，在此阶段陆续成立22个二级分会，分别是：新闻传播教育史研究委员会、外国新闻传播史研究委员会、网络传播史研究委员会、少数民族新闻传播史研究委员会、台湾与东南亚华文新闻传播史研究委员会、广告与传媒发展史研究委员会、公共关系研究委员会、舆论学研究委员会、传媒经济与管理研究委员会、视听传播研究委员会、新闻传播思想史研究委员会、传播学研究专业委员会、编辑出版史研究委员会、媒介法规与伦理研究委员会、应用新闻传播学研究委员会、全球传播与公共外交研究委员会、中国特色新闻学研究委员会、党报党刊研究委员会、符号传播学研究委员会、计算传播学研究委员会、地方新闻史研究委员会、博物馆与史志传播研究委员会。

成立二级分会的目的在于就新闻传播学中的具象问题,集中力量进行探讨,借助各高校相关专家力量,定期组织交流合作活动。同时,各二级分会与各大高校、研究机构、业界组织展开合作,不局限在新闻传播学科领域,注重新闻传播学的实际应用性,与全学科、全行业发展热点进行整合,以探求新闻传播学的发展新天地。

此外,除了新闻传播学本学科的学术社团致力于建构全维度学术研究体系外,其他学科领域的学术社团也在此趋势下大力建设新闻传播相关学会,与本学科展开交流合作,形成有益互动。在此期间,如教育部高等学校教学指导委员会新闻学学科教学指导委员会、中国体育科学学会体育新闻传播分会、中国社会学会网络社会学传播委员会等二级学会、中国科技新闻学会智能传播专业委员会都参与举办大量与新闻传播学紧密结合的研讨会议,促进多学科的全面融合发展。

二 新闻传播学术议题深入拓展

从新闻传播学术社团的发展起源来看,教育是不可忽视的重要议题。随着学科建设年复一年地加大力度,全国范围内的新闻传播学科教育体系已经基本成熟,但在新闻传播领域,伴随着全球化程度的深入以及网络的发展,新的问题层出不穷。

新形势下,我国的新闻传播教育面临新的挑战,因而相关学术会议的召开势头并未减弱,学术研讨组织的建构也没有停下步伐。2019年3月22—23日,中国教育发展战略学会教育新闻传播专业委员会成立大会暨新形势下教育新闻传播高峰论坛在山东大学召开。为广泛交流经验,中美传媒教育研讨会、中俄新闻教育与传媒发展国际学术会议等活动不断举办,促进我国新闻教育事业在全球化背景下不断进步。

从学术角度来看,我国的新闻传播学术社团在此阶段的研究议题从宏观到微观兼顾。既维持了前几阶段的历史胸怀、社会关怀等全局观念，同时开始细化组织，机构建设和研究重点呈现出区域化和具体化的特点。在上一阶段成立的浙江、江西等省的传播学会，中国史量才研究会与其开办的长三角地区中青年传播学者论坛、珠三角青年传播学者论坛在此阶段迸发出巨大的活力，持续活跃，中国新闻传播学的区域研究和个例研究在此阶段发展至成熟。

从实践角度来看，新闻传播学术社团响应党的围绕现实命题展开学术活动的号召。

（一）党和人民的喉舌功用

2016年2月19日，习近平总书记主持召开党的新闻舆论工作座谈会，为新闻舆论战线提供了思想武器和行动指南。提出做好党的新闻舆论工作，事关旗帜和道路，事关贯彻落实党的理论和路线方针政策，事关顺利推进党和国家各项事业，事关全党全国各族人民凝聚力和向心力，事关党和国家前途命运。① 此次新闻舆论座谈会召开之后，新闻传播学的政治功用被进一步明确。

2016年10月22日，由中国人民大学新闻学院主办的首届马克思主义新闻观与当代中国新闻业论坛在北京举行。同年11月5日，中国新闻教育史学会2016年学术年会暨马克思主义新闻理论研讨会在辽宁沈阳举行。会议围绕当代中国马克思主义新闻理论与教育实践研究、中国新闻传播教育史专题研究、中国新闻传播教育改革前沿研究等议题进行交流研讨。如何能够在传媒格局大变动中守正创新，学者和业者们选择的道路是不忘初心，回溯立身之本——马克思主义新闻观，进行学科和行业的进一步规范。

（二）对外传播功用

近年来，我国在国际舞台上有着有目共睹的优异表现，新闻传播的对外传播功能被高度重视起来。伴随着"一带一路"建设工作的开展，学界对其投以极高的关注。自2015年起，相关学术会议大

---

① 习近平：《在党的新闻舆论工作座谈会上的讲话》，《人民日报》2016年2月20日第1版。

量召开，其中不乏运用之前中华文化传播的经验，同时考虑到沿线国家的多元背景，进行对外传播的研究。

2015年9月14日，由河北大学新闻传播学院与国家新闻出版广电总局研修学院、河北大学伊斯兰国家社会发展研究中心联合主办：中阿传播创新与发展国际研讨会。该会议以"合作与共赢"为主题，对"一带一路"与媒体传播创新、中阿新闻传播媒体与高等教育，以及中国与阿拉伯国家经济与文化的交流等问题进行了探讨。2017年7月21—23日，由内蒙古师范大学新闻传播学院与暨南大学新闻与传播学院联合举办，内蒙古师范大学新闻传播学院承办的首届"一带一路"与跨民族传播学术研讨会对少数民族地区民族传播、对外传播和"一带一路"舆情研究等相关问题进行了探讨。同年8月18—19日，由中国新闻史学会、郑州大学主办，郑州大学新闻与传播学院、新华社·郑州大学穆青研究中心承办，中国新闻史学会十六个二级分会协办的中国新闻史学会2017年学术年会中重点讨论了"一带一路"建设中少数族群的文化理解与尊重：新媒体传播与少数民族向心力建设、海外华文媒体与"一带一路"建设等议题。

（三）小众议题研究功用

在新闻传播学科研究领域拓宽的局势下，结合之前丰富的跨学科研究经验，学界的研究进一步精确范围，深入挖掘，因而新闻传播学与小众议题的结合成为新趋势，对于少数民族、宗教等话题的涉猎不断涌现。2015年12月19日，西藏民族学院主办的少数民族新闻传播教育圆桌会议在西藏拉萨召开，以"转型时期少数民族新闻教育的挑战与机遇"为主题展开讨论。2016年11月举办的第三届民国新闻史高层论坛更精确聚焦到民国时期的少数民族新闻业。即使是小众议题，学界也对其投以极高的研究热情，取得了高质量的研究成果。

此类学术研讨会的持续召开可以见得，在此阶段，学界对于热点议题的思考更加全面，经历了前一阶段跨学科研究的成功尝试，各学术社团召开研讨会的议题涵盖面更广、更加丰富，包罗万象。

同时，加深细节化的研究，真正做到见微知著。精准化与整体观兼备，中国新闻传播学会在拓展期实现点面结合，全面发展。

第五节 新闻传播学学术社团发展的收获与反思

新中国成立 70 年以来，我国的新闻传播学学术社团助力学界、业界的进步，自身的发展也造就了丰硕的学术成果。在此过程中，学术社团发展整体呈现出本土化与全球化兼具、学术性与应用性交融、专业性与多元性俱备的特点。

一 本土化与全球化

新闻传播学术社团的发展壮大并非一蹴而就，在前期也经历过失误，能找到适合自己的道路，乃是各代学者不断大胆尝试，小心调整的结果。

我国的新闻传播事业具有极强的中国特色。新闻事业的开展从一开始的全面学习苏联，到后期忠实于体现中国特色社会主义思想。马克思主义新闻观经由以毛泽东为代表的中国共产党人不断继承、创新和发展，逐步形成了科学、系统的理论体系。马克思主义新闻观最为先进的一点在于它提倡与时俱进，不断完善。我国的新闻发展遵从其原则，同时结合国情，进行工作和学科建设。

从传播学科引入开始，我国与海外的学术交流就打下了良好的基础，正是博采众长才使得学科建设水到渠成。进入 21 世纪，我国新闻传播学术社团的全球化发展进入加速道。2006 年 5 月，第七届世界传媒经济学术会议在北京开幕。这是该会第一次在亚洲和发展中国家举行。① 2007年10月20—21日，中国新闻文化促进会传播学分会（CAC）和国际传播学会（ICA）共同主办的2007中国传播学论坛在北京举行。② 这是国际传播学研究机构第一次进入中国、与中国的传播学研究团体共同主办的大型国际学术交流活动。此后国际传播学会（ICA）与国内传播学机构展开了长期友好的合作，举办多次学术研讨会。

从与海外新闻传播机构交流开始，到承办各类国际会议，我国的新闻传播学术社团从一开始就以开放、包容的姿态大力进行国际化建设，使得我国的学界和业界能够永葆活力，吸取新兴、多元思潮的汇入，再根据实际情况，明确未来的发展方向。

二 学术性与应用性

中国新闻传播学术社团的建设之初，学术性与应用性就是统筹兼备的。

学术研究重点主要有以下几个方面：马克思主义新闻学理论、中国传播学理论、西方传播学理论、西方新闻学理论、中国新闻学史、中国传播思想史、新闻传播学方法。相关学会数量均不在少数，各研讨会讨论的主题大都不离开这些维度。对于学科理论、历史、研究方法的关注一直是学界开展交流活动的重要动力。

进入20世纪90年代之后，中国的新闻传播学科体系粗具规模，研究队伍也在学科发展的过程中不断壮大，跨领域研究的苗头初步显现，跨过千禧，这种趋势更加明显。与各学科、广议题结合的研讨会议将新闻传播学的应用性发挥到了极致。在跨领域研究的情况下，新闻传播不再作为理论知识而存在，而被赋予了极强的实践功效，为本领域乃至全领域的实际工作开展提供助益。

---

① 王怡红、胡翼青主编：《中国传播学30年》，中国大百科全书出版社2010年版，第227页。
② 同上书，第244页。

从政治的角度来看，新闻传播的重要作用体现在政令传达、舆论引导等方面。传播的渠道如何与新技术、新机制、新模式有机结合成为研究重点，传播效果如何达到最优也是攻关难点。习近平总书记在多次讲话中提到新闻传播工作的有效开展之于我国思想建设的重要性，我国在新闻传播领域的从业者对此展开了广泛积极的思考，召开了诸多研讨会。

从经济的角度来看，自传播学引入不久，传播与经济就被紧紧捆绑在了一起。在全国传播学大会、中国传播学论坛、亚洲传媒论坛等研讨会上，经济作为主要议题屡见不鲜。尤其是改革开放之后，"走出去"的战略部署使得对外传播的重要性日趋显著，随着经济的全球化发展加剧，相关研讨的深入程度也因而不断加深。

从文化的角度来看，中国人对于中华文化有着极为深厚的感情，也是中国屹立于世界民族之林的根基。在建党95周年庆祝大会的重要讲话中，习近平总书记指出"文化自信，是更基础、更广泛、更深厚的自信"。[①] 文化自信成为继道路自信、理论自信和制度自信之后，中国特色社会主义的"第四个自信"。文化的交流从中国新闻传播学会进行海外交流之时就被贯彻其中。

以中国新闻史学会为代表的一批学会致力于研究华夏文明的有效传播，并多次召开相关会议，邀请海内外知名专家参与研讨，交流意见，以促进其发展。

此外，新闻传播学还与心理、艺术、法律、体育等学科交融，相关主题学术研究机构陆续成立，研讨活动有序召开，这都体现了新闻传播学的应用性。从学术出发，加强理论核心建设，向外延伸，实现全领域传播优化，中国新闻传播学术社团的发展将新闻传播由内而外的功用发挥到了极致。

[①] 习近平：《在庆祝中国共产党成立95周年大会上的讲话》，《人民日报》2016年7月2日第1版。

三 专业性与多元性

新闻传播学本就是一门丰富的学科，它既有人文社会科学的精神体系和思想内涵，也与科学技术的发展有着密不可分的关系。伴随着科技的发展，带动传播媒介推陈出新，传播模式、传播手段都在不断改变。因此，新闻传播学需要坚实的理论基础，同时需要极强的创新思维，与技术同步更新。尤其在现今大数据技术被广泛运用的情况下，新闻传播学借助技术红利，搜集整理各类信息资源进行科研工作。新闻传播学会密切聚焦各项技术更新情况，在每年的研讨会中提出学科发展趋势，以促进学界和业界高效发展。

除了专注自身以外，新闻传播学术社团积极与各学科、各行业展开合作，将新闻传播学运用于全景多元的研究体系之中，发挥其独特作用。伴随着时代的发展和多元研究概念的普及，新闻传播学术社团从机构设置开始就突破学科壁垒，与多种学科以及实务有机结合。以新闻传播学应用于农村研究为例，2007年9月15—16日，由南京师范大学新闻与传播学院、传媒与社会发展研究中心主办的第二届大众传播与农村政治、经济和文化发展研讨会对信息传播与农民政治素养的培育与提高、信息传播与农村经济的发展与转型、大众传媒与农村文化生活的改善、大众传媒与农民群体生存状态的改善、大众传播与农村社会问题的发现与解决等议题展开了深入探讨。本是社会学大背景下的新闻传播问题，牵涉到政治、经济、文化、科技等维度，使得问题更加复杂化，要理清其宗，必当结合多门学科，采取多重视角来分析问题。

新闻传播学学术社团从20世纪末开始融入本学科之外的要素参与讨论，进入21世纪之后更形成综合研究的模式，以新闻传播为原点，将其辐射范围纳入研究领域之中，更为重要的是不仅限于"一对一"的结合形势，更形成"一对多"的研究矩阵，达到了全方位、宽领域、多元化的传播效果。融合发展是必然趋势，中国新闻传播学术社团的学术研究发展定然是多元纵横的。

第十六章

新闻传播专业期刊发展状况

在知识经济时代，多数专业领域均有与之配套的专业期刊。专业期刊的数量和质量是衡量特定行业发达程度的重要标志，也是考量特定专业学科建设水准的重要表征。新闻传播专业期刊是报道新闻传播行业信息、探究新闻传播业发展规律或发表新闻传播学理成果的定期出版物。在新闻传播学领域，专业期刊通常表现为"双轨运行"的特殊体制，有两类既有显著区别又紧密关联的期刊样态。一是以指导新闻传播实践、推动新闻传播行业发展为核心定位的实务类期刊。其主要使命是报道行业最新进展、展示行业前沿新知，通过对行业最新业态和发展方向的方法论总结，促进新闻传播实务的革新。此类期刊通常遵循"实务优先"原则，以贴近传媒生活、贴近传媒实际和贴近传媒前沿的"三贴近"原则而受到传媒业界的青睐，成为构建传媒实务工作者精神家园、打造新闻传播"职业共同体"的重要载体。二是以促进新闻传播学术创新和学科发展为导向的学术类期刊。其核心使命是报道新闻传播学领域的学术创新成果，引领学科发展方向，助推学科人才培养，搭建学术交流平台。此类期刊通常遵循"学术优先"原则，遵循严格的学术逻辑及伦理规范，强调理论贡献，因而受到新闻传播学术界、教育界的重视，成为构建新闻传播学界精神家园、打造新闻传播"学术共同体"的重要平台。①

当然，由于我国新闻传播学特殊的发展轨迹和体制机制的原因，长期以来对学术期刊和实务期刊的界定并不清晰。② 在办刊实践中，学术期刊和实务类期刊也存在相互交叠的模糊地带，政府主管部门和一些期刊主办者也未对两者进行严格区分。为便于研究，我们对新闻传播学领域的专业期刊统一采用"新闻传播专业期刊"的称谓。其中以服务新闻传播实践为主要定位的期刊称为"实务期刊"；而将专注于学术理论探究、注重研究方法规范性的期刊称为"学术期刊"。

我国新闻传播专业期刊已有百年历史，旧中国创办的专业期刊约 10 余种。1919 年北京大学新闻学研究会创办中国第一份新闻学刊物《新闻周刊》，1920 年北京平民大学出版《北京平民大学新闻学系级刊》。1926 年秋黄天鹏联合北京报界、学界同仁筹办北京新闻学会，同时创办《新闻学刊》，1927 年正式出版发行。后黄天鹏又陆续创办发行《报学杂志》《新闻周刊》《报学月刊》等刊物，延续了学刊的出版体例和办刊风格。20 世纪 30 年代，《新闻学研究》《报学季刊》《新闻学季刊》《报学杂志》等新闻研究刊物相继创办。③ 1941 年燕京大学新闻系学生又自办学术年刊《报学》④。但缘于社会动荡，民国时期的新闻传播期刊大多被中断或停刊。新中国成立前仅有 1 本期刊仍延续至今：1941 年 7 月由大众日报社创办的《青年生活》（1942 年 6 月更名为《青年记者》）。

自 1949 年以来，我国新闻传播专业期刊从无到有、从弱小到壮

---

① 蓝红军：《学术期刊、理论创新与学科发展——翻译学术期刊暨翻译国际研讨会综述》，《中国翻译》2014 年第 5 期。

② 梅明丽：《国际化与规范化——我国新闻传播研究期刊的现状与走向》，《编辑之友》2014 年第 1 期。

③ 齐辉、秦润施：《民初〈新闻学刊〉的出版境遇与学术探索》，《现代传播》（《中国传媒大学学报》）2017 年第 10 期。

④ 杨石华、齐辉：《抗战时期新闻学术期刊出版中的"一颗流星"——基于对燕京大学〈报学〉出版物的研究》，《河南大学学报》（社会科学版）2018 年第 2 期。

大，再到现今的多元并立格局，经历了曲折的螺旋上升演进历程。值此新中国成立70周年、专业期刊发展面临新一轮迭代革新之际，回顾新闻传播专业期刊的历史演进轨迹，剖析存在的问题，总结基本经验并就其发展趋势进行研判，具有重大的现实意义。

第一节　新中国成立70年来我国新闻传播专业期刊的嬗变轨迹

新中国成立以来随着社会经济的发展和媒介形态的变迁，我国新闻传播专业期刊经历了草创期、快速扩张期和深化拓展期三个阶段。

一　专业期刊的草创期（1949—1977）

自新中国成立到改革开放前，全国新闻传播专业期刊数量极少，正式出版发行的仅有7种（见表1）。新中国成立初期，党和政府顺利接管了原国民党所属媒体，继而顺利实现了对民营新闻媒体的公有化改造，确立了"党领导新闻媒体"的管理体制。但在新中国成立数年内，我国并无严格意义上的新闻传播专业期刊。1951年，新华社创办了内部期刊《新闻业务》（"文化大革命"后，以《新闻战线》刊名恢复出版，并由人民日报社主办），虽然发行量不断扩大，但出版周期并不确定，到1956年仅出版36期，且内容很少改进，很难满足读者的要求。与此同时，这时期的新闻宣传存在不少问题，主要表现在未能实现从政治斗争到经济报道的转移，片面强调新闻媒体的阶级性和宣传灌输，传播效果欠佳等，[①] 急需总结新宣传体制下的新闻报道规律，推动全国新闻宣传事业的发展。1956年7月1日《人民日报》发表改版社论《致

---

① 喻国明、訾琳佳：《岁月有代谢四时景不同——新中国传媒业：60年历史演进的10个"片段"》，《编辑之友》2009年第9期。

读者》，表明要深入总结经验教训，扩大报道范围，增加新闻报道量，开展自由讨论，改进报道文风。此次改版实际上是从战争年代的"革命报纸"向和平年代的"执政报纸"进行转变的初次尝试。[1] 在此背景下，《新闻业务》宣布改版："我们迫切需要通过一个业务刊物，在新闻理论和实践方面，更广泛地进行研讨，并有计划地介绍新闻知识，交流经验，系统地总结工作，以提高新闻报道水平。"[2] 此后，一批新闻实务类期刊，如《军事记者》《新闻采编》等先后创刊。"文化大革命"期间，这些实务期刊先后停刊。1972年，以转播美国总统尼克松访华为契机，带动中国广播电视业快速发展，广电等专业期刊顺势创刊。这一时期，新闻传播专业期刊呈现以下特点：

（一）专业期刊多为内部期刊，以不定期发行为主。1956年改版后的《新闻业务》仍为内部期刊，主要刊登新闻理论相关论述、新闻业务问题讨论、新闻编采工作经验、编辑札记等，兼及国内外新闻史料、著名通讯社、报刊介绍等，报道内容逐步多样化。创刊于1958年的《解放军报通讯活页》（后更名为《军事记者》），创刊初期主要是面向师级以上宣传部门和本报特约记者及通讯员的内部期刊，不定期发行，直到1983年才公开发行。

（二）坚持业务导向，鼓励学术争鸣。这一时期的专业期刊及时总结新闻宣传中的采写编评摄等业务规律，积极传播报纸、期刊、广播和电视等专业领域的先进经验，对全国新闻宣传事业起到重要引领作用。尤为可贵者，当时的专业期刊鼓励学术争鸣，如《新闻战线》1958年第7期发表了方汉奇的《话"号外"》，韩光智随即发表《评方汉奇同志对"号外"的看法》，质疑方汉奇的观点，而后方

---

[1] 喻国明、胥琳佳：《岁月有代谢四时景不同——新中国传媒业：60年历史演进的10个"片段"》，《编辑之友》2009年第9期。

[2] 《编者的话》，《新闻业务》1956年第6期。

汉奇再次发表《再谈"号外"——兼答韩光智同志》，两者的争鸣甚为热烈。由此奠定了专业期刊倡导学术争鸣的传统，对后世产生了深远影响。当然，在"政治挂帅"的背景下，彼时期刊推出了支持"反右"和"大跃进"的文章，在关于"报纸的商品性"的争论中，原复旦大学新闻系王中教授遭受错误批判，产生了消极影响。

（三）主办单位以媒体机构为主，期刊定位注重指导业务实践，学术性弱。随着社会主义改造的完成，报纸数量迅猛增长，广播事业蓬勃发展。① 为促进报刊事业的发展，《新闻战线》《军事记者》《新闻采编》这类以指导报刊实践为宗旨的期刊应运而生。"文化大革命"十年，中国新闻事业遭到严重破坏，但是广播电视事业仍取得了一定成绩，1970 年恢复了彩色电视研制工作，并于 1973 年开始试验播出，催生了《现代视听》《广播与电视技术》等专业性期刊。

（四）学界专业期刊诞生，主要介绍国外新闻传播发展实践。1961 年中国人民大学新闻系创办《国际新闻界简报》（后更名为《国际新闻界》），创刊初期也是面向教师发行的内部资料刊物，且不定期发行。主要介绍国际新闻界的动态和有关资料，作为教学资料内部发行，但在当时的社会背景下成为中国学术界窥探外部世界的一扇窗口。

表1　　　　　　1949—1977 年中国新闻传播专业期刊情况

序号	期刊名称	主办单位	创刊时间	曾用名
1	《新闻战线》	人民日报社	1951 年	《新闻业务》
2	《军事记者》	解放军报社	1958 年	《新闻与成才》《解放军报通讯》

---

① 孙正一、柳婷婷：《新中国新闻事业 50 年概述》，《新闻战线》1999 年第 10 期。

续表

序号	期刊名称	主办单位	创刊时间	曾用名
3	《新闻采编》	山西省新闻工作者协会	1959 年	《新闻战士》
4	《国际新闻界》	中国人民大学	1961 年	《国际新闻界简报》
5	《记者摇篮》	辽宁日报社	1970 年	
6	《现代视听》	山东省新闻出版广电局	1972 年	《山东视听》《山东广播电视》《山东广播》
7	《广播与电视技术》	国家广播电影电视总局	1974 年	《国际广播电视技术》

概言之，该期内新闻传播专业期刊种数少，期刊内容侧重于新闻宣传实务，学理色彩较弱，但大多由中央级媒体、行业协会或政府机构创办，综合影响力大，具有较强的示范效应。《新闻战线》是新中国最早出版的实务类期刊，《军事记者》是由解放军报主办的全国唯一军事新闻专业期刊。作为行业或专业领域的老牌期刊，此期内创办的7种期刊均出版至今。《国际新闻界》已发展成为新闻传播专业领域的权威期刊。

二 专业期刊的快速扩张期（1978—1992）

以党的十一届三中全会召开为标志，中国社会迎来了蓬勃大发展，也推动了中国新闻事业的大发展。据统计，从1980年1月到1985年3月的5年时间，每一天半就有一家报纸复刊或创刊。[1] 与新闻事业大发展相对应，中国新闻传播专业期刊也进入迅速扩张期，从1978—1992年期间共有46本期刊创刊，年均创刊量达3.3本，其中1984年、1985年和1987年期刊创刊量均高达6本，堪称新闻传播专业期刊的黄金发展期。这一阶段所创办期刊主要呈现以下特点：

---

① 方汉奇：《新中国六十年新闻事业》，《新闻战线》2009年第10期。

（一）办刊主体多元化。这一时期的办刊主体主要分为学院派、协会派和媒体派。①媒体派期刊依然占据多数，但此期内期刊主办单位以省级媒体机构为主，包括上海解放日报社、北京日报社、山西人民出版社、陕西日报社、四川日报社、浙江日报社、河南日报社等，说明随着地方媒体的大发展，总结地方媒体运营经验和发展模式是这一时期创办期刊的主要意图。作为专业性和学术性较强的学院派期刊（中国社会科学院新闻研究所、复旦大学）和协会派期刊（上海市编辑学会、新疆记协、中国报业协会、中国产业报协会、中国新闻技术工作者协会等）开始迅速崛起。表明新闻传播专业期刊正在突破由媒体机构主导的格局，高校院所和行业协会也成为主办专业期刊的重要力量。

（二）期刊定位精细化。随着新闻传播业的深入发展，新闻传播专业期刊定位更加精准，更加重视凸显细分专业特色。就业务细分而言，实现了对采访、写作、编辑、出版、发行等新闻传播业务链条的贯通覆盖（《中国出版》《新闻与写作》《编辑之友》《编辑学刊》《采写编》等）。就媒体类型而言，实现了对报纸、广播、电视、图书等媒体全覆盖（《视听界》《视听纵横》《报林》等）。表明新闻传播专业期刊的细分活力进一步释放，实务性期刊得到新一轮大发展。

（三）期刊发展精品化。由于坚持创办精品期刊的价值取向，加之该期内新闻传播业蓬勃发展的良好环境，这一时期创刊的期刊整体发展态势好，《新闻与传播研究》《现代传播》（中国传媒大学学报）《新闻大学》《中国出版》《出版发行研究》《编辑之友》《科技与出版》《编辑学报》《中国科技期刊研究》等均发展成为新闻传播领域影响较大的 CSSCI 核心期刊。

总体而言，这一时期是我国新闻传播专业期刊大发展和大繁荣

---

① 李良荣：《期待创新——审视新闻传播学学术期刊》，《新闻记者》2003 年第 3 期。

期，但也是大变革期。现今被中文社会科学索引（CSSCI）收录的15种新闻传播专业期刊中的9种就创刊于这一时期。同时，现已停刊的13种期刊中有7种期刊也创办于这一时期，分别是：1982年中国印刷科学技术研究所创办的《印刷信息》（后更名为《网上出版》），1982年开明出版社创办的《出版史料》，1984年工人日报社创办的《新闻三味》（后改为《当代劳模》），1984年湖北电视总台创办的《媒体时代》，1986年由22个省市新华书店联合出版的《图书发行研究》，1987年中国地市报研究会创办的《中国地市报人》（曾用名《地市报信息》），1992年山西省新闻出版局创办的《新闻出版交流》。

三 专业期刊的深化拓展期（1993—2019）

1992年邓小平南方讲话后，中国改革开放进入新的发展阶段，推动中国新闻事业的大解放和新飞跃，一些实力较强的媒体机构通过组建传媒集团实现资源的优化配置，为新闻传播实务期刊提供了物质保障。与此同时，20世纪90年代中期以来，新闻传播类专业成为高校中热度最高、发展最快的人文社科专业之一，为新闻传播学术期刊的发展创造了良好条件。

1993—2019年共有55种期刊创刊，年均创刊2本，其中1994年、2001年各有5种创刊，1993年、2004年、2015年和2016年各有4种创刊。这一时期创刊的新闻传播专业期刊的主要特点有：

（一）学术期刊快速崛起，期刊的学理性不断强化。这一时期新闻传播专业期刊的主办单位以高等院校（武汉大学、浙江传媒学院、北京大学、南京大学、四川大学、上海交通大学、中国传媒大学、广西大学、清华大学等）和行业协会（湖北省编辑学会、中国大学出版社协会、中国出版工作者协会、山西省文联、广西期刊协会、湖南省出版工作者协会）为主，带有浓厚的学理色彩。1994年，中国社科院新闻所主办的《新闻研究资料》更名为《新闻与传播研究》，它以"代表中国新闻学、传播学学术研究的最高水平，引领中国新闻学、传播学学术研究的发展方向"为办刊追求，继承发扬重视学理研究的传统，引入并推行国际通行的双向匿名评审制，极大提升了学术期刊编辑的规范化水准，标志着中国新闻传播学学术期刊进入全新的发展阶段。

（二）期刊领域不断拓展，学科交叉类期刊迅速壮大。20世纪90年代以来，传播学教育在中国繁荣发展，这一时期的新闻传播专业期刊更加注重传播学理论创新及跨学科交叉发展，所创办的期刊《对外传播》《符号与传媒》《文化与传播》等均是在传播学理论的指导下发展起来的。同时，新媒体技术日新月异，互联网媒体快速发展，迫切需要学术新知和理论指导，《网络传播》《科技传播》《新媒体与社会》等一定程度上满足了新时期的期刊需求。

（三）传媒市场变化剧烈，传媒机构及行业协会创办的期刊遭遇困境。21世纪以来，传统媒体遭遇互联网媒体的严峻挑战，特别是新闻出版发行行业面临断崖式下滑危机。在这种背景下，传统媒体机构及行业协会主办的媒体也面临巨大的压力。这一时期创办的期刊中已有6种期刊停刊，分别是中国印刷及设备器材工业协会电子出版分会1994年创办的《电子出版》，中国出版工作者协会年鉴研究会1995年创办的《年鉴信息与研究》，中国出版工作者协会1996年创办的《中国电子出版》（后更名为《中国电子与网络出版》），《湖南日报》2001年创办的《新闻天地（上半月）》（原《新闻天地》），山西省文联于2006年创办的《记者观察（下半月）》，2013年陕西新华出版传媒集团创办的《西部学刊（新闻与传播）》。另有两种期刊被合并，分别为江苏广播电视总台2005年创办的《广告大观（媒介版）》［后被并入《广告大观（理论版）》］和河南日报报业集团2007年创办的《新闻爱好者（理论版）》（后被并入《新闻爱好者》）。这一时期是中国新闻传播专业期刊年创刊量逐步稳定，进入高质量发展的新阶段。报社、出版社和电视台历来是新闻传播专业期刊的积极支持者，但在传统媒体主营业务下滑的背景下，它们也会减少对专业期刊的投入，从而导致此类期刊的停刊。

第二节　新中国成立 70 年来新闻传播专业期刊的结构调整

自 1949 年新中国成立到 2019 年，我国新闻传播专业期刊走过了 70 年的光辉历程，取得了显著的成绩。70 年来，新闻传播专业期刊编辑人筚路蓝缕、守正创新，绘就出一幅五彩斑斓的期刊演进图景。70 年的新闻传播专业期刊演进史不仅忠实记录了中国大陆传媒业界的价值规范和主要经验，而且充分完整展示了新闻传播学界的创新成果；新闻传播专业期刊不仅是传媒业界的精神家园，而且是新闻传播学界的精神家园。

一　70 年来新闻传播专业期刊数量变迁

截至 2019 年 5 月，我国共办有新闻传播学专业期刊 110 种（新闻与传媒类 81 种，出版类 29 种），其中 90 种有国内统一刊号。除去停刊以及合并的期刊，目前我国共有 94 种新闻传播专业期刊。据最新数据统计，CSSCI 来源版期刊（2019—2020）新闻学与传播学专业期刊共 15 种（《编辑学报》《编辑之友》《出版发行研究》《出版科学》《当代传播》《国际新闻界》《科技与出版》《现代出版》《现代传播》《新闻大学》《新闻记者》《新闻界》《新闻与传播研究》《中国出版》《中国科技期刊研究》），CSSCI 扩展版专业期刊共 9 种（《编辑学刊》《出版广角》《传媒》《电视研究》《全球传媒学刊》《新闻爱好者》《新闻与传播评论》《新闻与写作》《中国编辑》）。在 2018 年年底公布的《北大中文核心期刊目录》里，涉及新闻传播类的核心期刊共 24 种，主要分布在新闻事业、广播电视事业、出版事业。此外，还有 9 种以"书代刊"形式出版的学术集刊（《中国编辑研究》《北大新闻与传播评论》《传媒国际评论》《传媒与教育》《华中传播研究》《新媒体与社会》《中国传媒经济》《出版科学探索论文集》《学报编辑丛论》），这类期刊虽然大多已经被 CSSCI 收录，但尚未取得国内正式刊号。

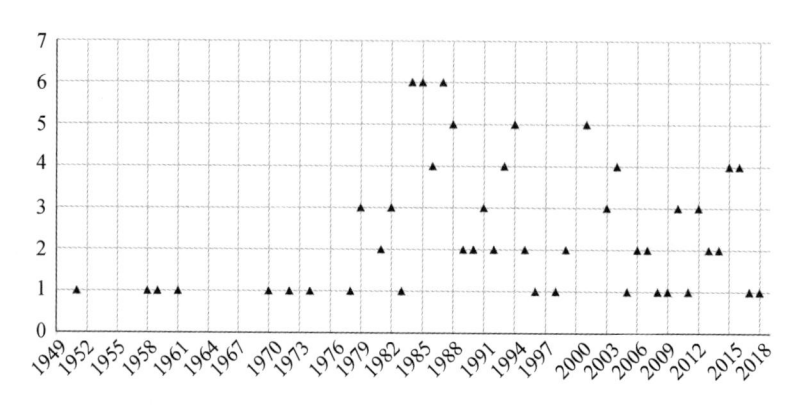

图 1　中国新闻传播专业期刊创刊年份分布

图 1 显示了新中国成立 70 年来我国新闻传播专业期刊的创刊时间分布。其中，新中国成立初至改革开放前，年创刊期刊数量较少，这与当时的社会和政治环境有紧密关系。期刊创刊时间的峰值出现在 1984 年、1985 年、1987 年这三个年份，年均创刊数为 6 本。同时，1988 年、1994 年和 2001 年各有 5 本期刊创刊。进入新世纪以来新闻传播专业期刊年均创办数量为 2 本，学院派逐步成为专业期刊的主要创办者。

由上观之，新闻传播专业期刊的数量变迁有其客观规律，专业期刊的创办和发展既要与时代发展脉搏相适应、与传媒行业的发展相适应，更要与读者的需求相适应。首先，中国新闻传播专业期刊的创办必须适应时代发展的需求，以经济社会发展和政治环境为基本条件，又回应政治、经济和社会发展的需求。其次，媒介形态的迭代升级、传媒市场的涨落情势，对新闻传播专业期刊有直接的影响。最后，传媒教育的发展、学术队伍的扩充和学术规范以及编辑价值伦理则是促进新闻传播专业期刊不断完善的重要推动力。

二　70 年来新闻传播专业期刊更名衍变

刊名一定程度上代表了期刊的定位和关注点。期刊的更名则在一定程度上反映了期刊的市场环境、受众需求乃至行业的发展取向。我国出版的 110 种期刊中有 33 种期刊进行了更名。其更名的逻辑主线和基本规律有以下四个方面。

（一）以更名适应传媒行业发展需要。随着媒介形态的更新和融合发展，报纸、广播、电视等传统媒体逐渐被融合媒体平台取代，传统的专业期刊为适应行业发展需求，通过更名扩大期刊覆盖范围，最大限度地争取读者市场。中国出版科学研究所 1999 年创办的《报刊管理》后更名为《传媒》，新华日报报业集团 1984 年创办的《新闻通讯》后更名为《传媒观察》，中国新闻技术工作者联合会 1991 年创办的《中国新闻科技》后更名为《中国传媒科技》等。刊名从某一特定窄众媒介定位向全媒体宽领域定位转变，表明期刊试图以媒体融合视角适应传媒产业发展的需要。

（二）以更名强化学术属性。刊名变化的另一个趋势是强化学术属性，通过加入"研究"，突出研究性和学理性。《新闻研究资料》更名为《新闻与传播研究》，《国际新闻界简报》更名为《国际新闻界》，《电视业务》更名为《电视研究》，《出版与发行》更名为《出版发行研究》，强化了专业期刊的学术属性，为新闻传播专业期刊的规范化、专业化发展奠定了基调。更名后，此类期刊的办刊风格朝学术化转型，在一定程度上克服了传统专业期刊"重术轻学"的弊病，提升了期刊的品质，迎来了新一轮大发展。

（三）以更名带动期刊由区域性定位转向全国性定位。区域性期刊主要面向本地区，地域色彩浓厚，但发行范围小，影响力低，不利于期刊的可持续发展。《新疆新闻界》于 1985 年创刊，主要立足新疆地区新闻传播事业，1999 年更名为《当代传播》，更名后从区域性实务期刊转而面向全国的学术期刊，2008 年进入 CSSCI 来源期刊，成为 7 种主要新闻传播理论专业期刊之一，在国内具有较高的学术声誉,被多数高等院校列为核心期刊。《山东视听》创刊于1972年,于2007年更名为《现代视听》,更名后的《现代视听》以"全球视野、面向全国、兼顾山东"为全新定位,突破地域性限制,其学术影响力和社会评价都获得较大提升。

(四)以更名带动高校"学报"的专业化转型。我国高校社会科学类学报建设的最初目的是推动本校教学科研和学科建设,以发表本校教师的研究成果为主,是展示高校自身科研成果的窗口。但受学校学科设置、校内"人情稿"等因素的制约,打破高校学报的"封闭性",[①] 推动高校学报的专业化转型势在必行。1979年创刊的《北京广播学院学报(人文社会科学版)》最初定位于服务本校科研,刊物影响力偏弱。但1994年该刊更名为《现代传播(中国传媒大学学报)》,既保留了传统学报优势又突出了对传媒行业的引领性和学术性,迅速发展成为以广播电视为特色的新闻传播学权威期刊。与此相似,创刊于1994年的《浙江传媒学院学报》为进一步贴近传媒技术发展与新闻传播事业前沿,于2017年年底更名为《未来传播》。《新闻与传播评论》是由创刊于2000年的《新闻与传播评论(辑刊)》与创刊于1930年的《武汉大学学报(人文科学版)》合并而成,以问题导向、跨学科交流为发展引领,以行业期刊激发学报发展潜力,也取得了初步效果。

三 70年来新闻传播专业期刊出版周期的衍变

新闻传播专业期刊出版周期类型多样,主要有双周刊、旬刊、半月刊、月刊、双月刊、季刊、半年刊、年刊等种类。我国新闻传播专业期刊出版周期以月刊、双月刊为主,占总数的比例为67%(见图2)。

我国实务类期刊经历了不定期出版到定期出版,再发展到近年

---

① 姬建敏:《改革开放40年高校哲学社科学术期刊的分期、特征与经验》,《河南大学学报》(社会科学版)2018年第6期。

来以半月刊、双周刊以及旬刊为主的新阶段。据统计，半月刊、双周刊以及旬刊占我国新闻传播专业期刊总数的14%。该类期刊的主办单位为媒体机构或行业协会，它们更加注重期刊信息的时效性。新世纪以来媒介形态更新快，故而实务类期刊缩短出版周期，契合快速发展的新闻传播实践需求。

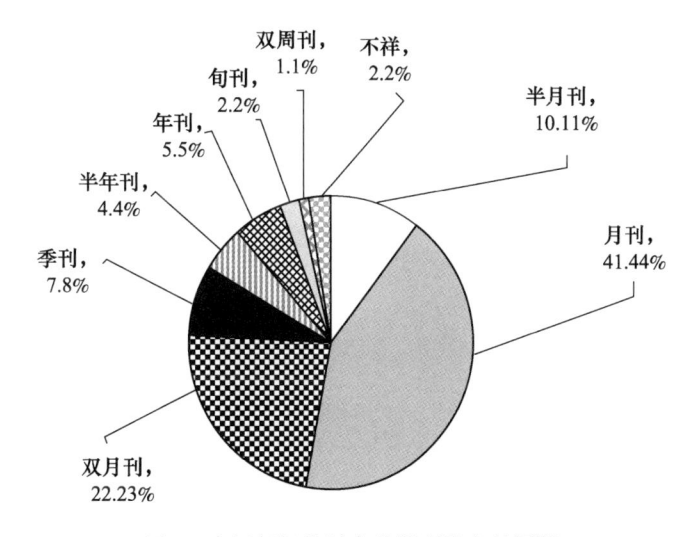

图2 中国新闻传播专业期刊的出版周期

（饼图数据：双周刊1.1%，不祥2.2%，旬刊2.2%，年刊5.5%，半年刊4.4%，季刊7.8%，双月刊22.23%，月刊41.44%，半月刊10.11%）

我国新闻传播学术期刊经历了由季刊到双月刊，再发展到近年来以月刊为主的新阶段。旧中国的新闻传播学术期刊以季刊为主。20世纪90年代起，《新闻与传播研究》《新闻大学》曾长期以"季刊"出版，《国际新闻界》《现代传播》曾长期坚持以"双月刊"出版，但近年来这四种期刊陆续改为月刊出版。据统计，2019年被人文社会科学索引（CSSCI）收录的15本新闻传播学中，仅《中国出版》属半月刊，月刊10种，双月刊4种（《当代传播》《编辑学报》《出版科学》《现代出版》）。

我国的专业学术集刊大多由高校创办，且以年刊、半年刊以及季刊为主。占总数的17%。集刊注重学术性和学术价值，包括行业研究报告（《中国媒体发展研究报告》《学报编辑丛论》《中国编辑研究》《中国网络传播研究》《中国新闻传播研究》），地区发展报告（《华中传播研究》）注重学理性的媒介评论（《北大新闻与传播评论》《传媒国际评论》《符号与传媒》），其主办单位以高校（四川大学、华中师范大学、武汉大学、南京大学、中国传媒大学）和行业协会（华东地区高等院校自然科学学报编辑协会、中国编辑学会）为主。

四　中国新闻传播专业期刊主办单位结构衍变

主办方既是期刊的投资主体，又是期刊运营的监管主体。依期刊主办方属性将其分为媒体机构、行业协会、高校院所、出版发行机构、政府所属科研机构及公司企业6种。对现有的94种专业期刊进行统计发现，其中媒体派，即媒体机构及其下属机构主办的期刊共43种，占总数的45.74%；学院派，即高等学校及科研院所主办的期刊为39种，占总数的41.49%；学会派，即行业协会或学会主办的期刊共28种，占总数的29.79%；出版发行机构，含出版社、发行单位以及书店等主办期刊10种，占总数的10.64%；政府所属科研机构主办4种，占总数的4.26%。此外，中国出版对外贸易总公司、清华大学出版社有限公司、吉林省舆林报刊有限公司、中华书局有限公司4家公司主办4种期刊（见图3）。

纵向梳理发现，1992年以前媒体派和协会派创办的专业期刊占据绝对主导地位。但自1994年起学院派主办的期刊日益增多。统计还表明，停办的13种期刊均系媒体机构或行业协会主办的期刊，而高校主办的期刊无一家停刊。这背后主要是期刊主办经费支撑体系的差异——媒体机构或行业协会主办期刊在很大程度上遵循的是市场化逻辑，其运行主要依靠发行或广告获得办刊经费，当传媒行业不景气、期刊经营状况持续恶化时，就难以避免遭淘汰的命运。值得注意的是，一些媒体机构主办的实务类期刊，如《新闻记者》《新闻界》等期刊近年来大幅增加学术内容，逐步实现了学术化转向，在传媒教育界获得较高认同。学院派主办的学术期刊主要遵循学术发展的逻辑体系，学术期刊建设既是学科建设的必然需求，又是高校及科研机构学术软实力的重要组成部分，还是高校院所抢占学术话语权的重要工具。因而，高校院所主办的学术期刊通常有相对稳定的经费支撑，尚无停刊的案例。

综合来看，媒体机构、行业协会和高校院所是新闻传播专业期刊的主导力量，出版发行机构、政府所属科研院所和公司则是重要补充力量。政府所属科研机构主办的期刊正逐步减少，而公司作为期刊主办单位尚属新生事物，随着专业期刊体制改革的深入推进，未来公司主办的期刊数量还会增多。

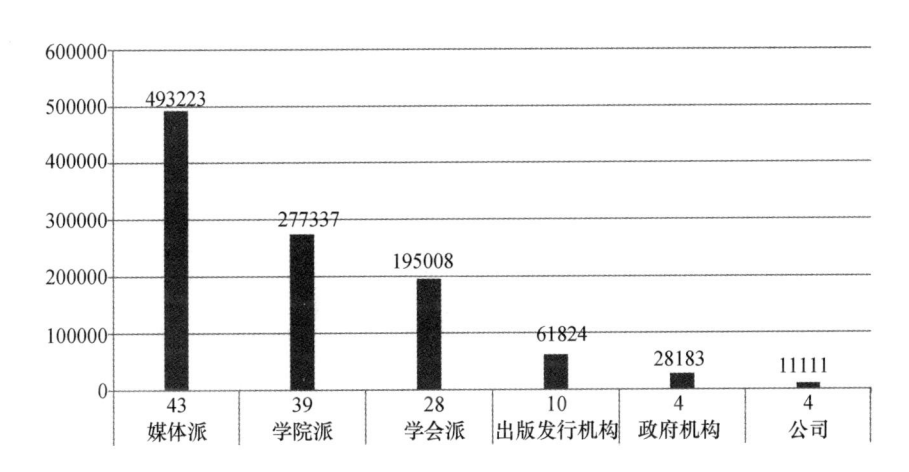

类别	数量	发文量
媒体派	43	493223
学院派	39	277337
学会派	28	195008
出版发行机构	10	61824
政府机构	4	28183
公司	4	11111

图3　新闻传播专业期刊归属单位以及发文量

第三节　新闻传播专业期刊存在的问题及改革举措

经过70年的发展，我国新闻传播专业期刊取得巨大成就，形成了学术期刊与实务期刊二元并立与二元融合的"双轨运行模式"。但也存在结构有待优化、质量有待提升、国际化有待增加等急需破解的难题。

一　我国新闻传播专业期刊存在的问题

（一）实务类期刊的结构性矛盾突出。实务类期刊的结构性矛盾主要表现为，面向传统媒体的期刊显著过剩，但面向新媒体的专业期刊显著不足。长期以来，报社、出版社、电视台等传统媒体是新闻传播专业期刊的主要举办者，它们也形成了以报道传统媒体业务为核心的办刊风格，对新媒体业务的关注明显不足，导致其影响力日益衰减。目前大多数实务类新闻传播专业期刊依然以"大媒体""大传播"作为发展定位，未能及时回应媒介市场的巨变，未能适应新媒体高速增长的需要，因而一批新闻传播实务期刊频现倒闭风潮。在最新一轮公布的核心期刊名单中，《新闻战线》《中国记者》等老牌实务类期刊居然跌出核心期刊名单。随着智媒体时代的到来，传统媒体的市场环境发生了巨大变化，以全媒体为核心的媒介融合业态快速发展，新媒体品牌正在突破传统媒介的边界限制，打造视频化、平台化、个性化的传播场景，今日头条、抖音、快手、拼多多、B站、知乎等新一代媒体快速崛起。2015年创刊的《大数据》却能在短时间内实现高影响力（2018年复合影响因子2.453，综合影响因子1.573），其影响力因子仅次于《新闻与传播研究》（2018年复合影响因子2.793，综合影响因子1.747），表明传媒界对大数据、平台媒介、视频媒体、媒介融合等研究成果的巨大需求。

（二）学术期刊的供求矛盾日趋尖锐。在学术期刊中，高水平期刊的极度稀缺与普通期刊供给过剩之间的矛盾日益凸显。一方面，严格遵循学术编辑规范的高水平期刊依然稀缺。目前，新闻传播学领域，仅有6种期刊或学报建立了互联网审稿平台，实施了规范的审稿流程；仅有4种被列入各重点大学认可的权威期刊，占现有专业期刊总数的4.25%；仅有24种被CSSCI（2019—2020）收录期刊（含核心版及扩展版），占总数的25.26%，优质期刊及发表空间仍然极为有限。另一方面，数量巨大的普通期刊既没有实施规范的期刊评审机制，缺乏优秀稿源，又没有稳定的经费投入。特别是近年来部分媒体机构或行业协会的新办期刊，大量刊发一些未经评审的"短平快"论文，[①] 一些质量偏低甚至粗制滥造的论文频频出现在期刊上，而"版面费""人情稿"等不良现象仍广泛存在，更是危害着专业期刊的严肃性、公信力。[②]

（三）国际影响力短板日益凸显。长期以来，我国新闻传播专业期刊的影响力局限于国内，单纯的中文出版模式也难以有效参与国际学术对话，在全球传播学术创新体系中还处于边缘化地位，国际影响力偏低。目前，国际上的主流权威期刊依然被欧美发达国家高校或科研机构掌控，其"主场优势"和规则预设在一定程度上限制了中国新闻传播学研究的国际化进程。[③] 探索新闻传播学专业期刊的国际化转型已经成为适应新闻传播学学科发展趋势的必要举措，浙江大学、中国传媒大学等开始探索创办英文学术期刊。加快创办英文类国际期刊，实现国际传播与国内传播的融合发展，是未来中国新闻传播专业期刊的重要选项。

二 新闻传播专业期刊改革举措

随着智能互联网的发展以及5G时代的到来，传媒行业、媒介生态、媒介市场瞬息万变，未来新闻传播专业期刊面临传媒业转型升级的挑战、传播学研究国际化的挑战以及新闻传播学学科建设的倒逼。其发展趋势主要有以下几个方面。

（一）建立健全专业期刊的投入保障机制。服务于行业发展或新闻传播学术成果的专业期刊有很强的公益属性，不能完全按照市场化的思路来运作。政府部门及相关事业单位需逐步增加对专业期刊

[①] 付洪泉：《综合性社科学报发展模式刍论》，《学术交流》2008年第9期。

[②] 郝俊慧：《"钱稿交易"的背后——新闻传播学科专业期刊境况探究》，《新闻记者》2005年第2期。

[③] 吴锋：《全球传播学领域国际发表产出竞争力嬗变轨迹及最新态势（1996—2014）——兼论中国大陆传播学研究的国际竞争力》，《西南民族大学学报》（人文社科版）2019年第2期。

的投入，国家社科基金及各省社科基金应设置期刊专项扶植资金，为专业期刊发展提供财力保障。

（二）实务类期刊需加快转型升级。传统新闻传播实务期刊需及时调整办刊理念，及时回应媒体融合、智能媒体等前沿议题，加大对新媒体相关业务的关注力度，增加大数据、融媒体、算法新闻、5G媒体、短视频以及两微和移动客户端媒体等报道内容，争取在服务新媒体成长领域取得更大发展。

（三）学术类期刊需加快改革创新。一是加快引入规范的期刊编辑评审制度。争取到"十四五"末期实现全部学术期刊采用在线投稿系统，建立规范化的双向匿名评审制。二是推进新闻传播学术期刊精准细分和学科交叉。我国新闻传播学术期刊定位趋同，且同质化严重，多数期刊偏重于大众传播，对人内传播、人际传播、组织传播等领域关注较少，在政治传播、健康传播、视觉传播、科技传播、文化传播、环境传播、性别传播、社交媒体等国际热点领域也缺乏专业期刊。三是推动新闻传播专业期刊的国际化，积极参与国际交流与合作，与欧美出版社合作创办一批高水平的英文期刊。未来中国新闻传播学术期刊应该不断拓展研究领域、开拓研究视角，促进中国学术期刊的繁荣和国际化发展。

（四）完善专业期刊评价体系。新闻传播学专业期刊有实务类和学术类之分，两者的办刊定位、报道取向和传播内容均有较大差异。但现有的期刊评价体系是由学术力量主导，如南京大学中国社会科学研究评价中心研发的CSSCI、中国社会科学院推出的中国人文社会期刊目录、北京大学图书馆研发的中文核心期刊目录等，其目的是服务于学术创新和学科建设。现有的评价体系对学术类期刊有利，但用学术期刊的评价标准来衡量实务类期刊，其结果显然有失公允。今后应加快建立分类评价标准，为实务类期刊发展创造良好环境。

参考文献

马恩经典及领导人著作

《联共(布)关于报刊书籍的决议》,人民出版社1954年版。

《毛泽东选集》第五卷,人民出版社1977年版。

习近平:《在党的新闻舆论工作座谈会上的讲话》,《人民日报》2016年2月20日第1版。

习近平:《在庆祝中国共产党成立95周年大会上的讲话》,《人民日报》2016年7月2日第1版。

习近平:《在哲学社会科学工作座谈会上的讲话》,人民出版社2016年版。

著作

[德] 卡尔·曼海姆:《意识形态与乌托邦》,商务印书馆2000年版。

[德] 马克斯·舍勒:《知识社会学问题》,艾彦译,华夏出版社2000年版。

[法] 米歇尔·福柯:《必须保卫社会》,钱翰译,上海人民出版社1999年版。

[法] 米歇尔·福柯:《权力的眼睛——福柯访谈录》,严峰译,上海人民出版社1997年版。

[加拿大] 罗比特·洛根:《理解新媒介——延伸麦克卢汉》,何道宽译,复旦大学出版社2016年版。

[美] C.赖特·米尔斯:《社会学的想象力》,李康译,北京师范大

学出版社 2017 年版。

[美] 爱德华·萨义德:《世界·文本·批评家》,李自修译,三联书店 2009 年版。

[美] 戴安娜·克兰:《文化社会学——浮现中的理论视野》,南京大学出版社 2006 年版。

[美] 哈林、[意] 曼奇尼:《比较媒介体制》,陈娟、展江等译,中国人民大学出版社 2012 年版。

[美] 汉诺·哈特:《传播学研究批判:美国的传播、历史和理论》,何道宽译,北京大学出版社 2008 年版。

[美] 卡斯特:《网络社会的崛起》,夏铸九等译,社会科学文献出版社 2006 年版。

[美] 雷迅马:《作为意识形态的现代化:社会科学与美国对第三世界政策》,牛可译,中央编译出版社 2003 年版。

[美] 麦克切斯尼:《富媒体穷民主》,谢岳译,新华出版社 2003 年版。

[美] 托马斯·库恩:《科学革命的结构》,金吾伦、胡新和译,北京大学出版社 2012 年版。

[美] 沃纳·J. 赛佛林、小詹姆士·W. 卡德:《传播理论:起源、方法与应用》,郭镇之译,华夏出版社 2000 年版。

《2003 中国广告年鉴》,新华出版社 2003 年版。

《当代中国的新闻事业》编辑委员会:《当代中国的新闻事业(下)》,当代中国出版社 2009 年版。

《联共(布)关于报刊书籍的决议》,人民出版社 1954 年版。

《马克思主义新闻观十二讲》编写组编:《马克思主义新闻观十二讲》,高等教育出版社 2019 年版。

艾丰:《新闻采访方法论》,人民日报出版社 1982 年版。

白润生:《中国少数民族新闻传播通史上》,中央民族大学出版社 2008 年版。

卜彦芳:《传媒经济蓝皮书:中国传媒经济发展报告》,社会科学文献出版社 2018 年版。

《习近平新闻思想讲义》（2018 年版），人民出版社、学习出版社 2018 年版。

陈昌凤：《中国新闻传播史》，清华大学出版社 2009 年第三版。

陈崇山：《中国大陆传媒受众调研的发展历程》，《中国传播学 30 年（1978—2008）》，中国大百科全书出版社 2011 年版。

陈崇山主编：《北京读者听众观众调查》，工人出版社 1985 年版。

陈富清：《江泽民舆论导向思想研究》，新华出版社 2003 年版。

陈刚：《当代中国广告史（1979—1991）》，北京大学出版社 2010 年版。

陈力丹：《马克思主义新闻观教程》，中国人民大学出版社 2011 年版。

陈力丹：《马克思主义新闻观思想体系》，中国人民大学出版社 2006 年版。

陈力丹：《马克思主义新闻思想概论》，复旦大学出版社 2003 年版。

陈力丹：《马克思主义新闻学词典》，中国广播电视出版社 2002 年版。

陈力丹编：《马列主义新闻学经典论著》，人民日报出版社 1987 年版。

陈力丹主编：《马克思主义新闻观百科全书》，中国人民大学出版社 2018 年版。

陈培爱：《中外广告史——站在当代视角的全面回顾》，中国市场出版社 2002 年版。

陈卫星：《传播的观念》，人民出版社 2004 年版。

陈玥：《中国传媒经济学研究历史进路与范式建构》，博士学位论文，武汉大学，2014 年。

成思行、燕华《与传媒界名流谈心：打开洞悉中国新闻界的一扇窗》，新世界出版社 2002 年版。

崔保国、杭敏、赵曙光主编：《传媒经济与管理研究前沿》，清华大学出版社 2012 年版。

蔡尚伟:《广播电视新闻学》,复旦大学出版社 2006 年版。

刘永谋:《福柯的主体结构之旅——从知识考古学到"人之死"》,江苏人民出版社、凤凰出版传媒集团 2009 年版。

邵华泽主编:《马克思主义新闻观及其在中国的运用和发展》,人民出版社 2009 年版。

孙本文:《社会学名词汉译商榷》(原载《社会学刊》1930 年第 1 卷第 3 期),《孙本文文集》第八卷,社会科学文献出版社 2012 年版。

戴邦、卢惠民、钱辛波编:《新闻学基础知识讲座》,人民日报出版社 1984 年版。

戴元光、绍培仁、龚炜:《传播学原理与应用》,兰州大学出版社 1988 年版。

戴元光:《20 世纪中国新闻学与传播学·传播学卷》,复旦大学出版社 2001 年版。

党东耀:《传媒经济研究:发展与未来》,复旦大学出版社 2016 年版。

丁柏铨、双传学主编:《马克思主义新闻观理论与实践》,江苏人民出版社 2016 年版。

丁淦林、房厚枢:《20 世纪中国学术大典:新闻学传播学出版学》,福建教育出版社 2005 年版。

丁淦林等:《中国新闻事业史新编》,四川人民出版社 1998 年版。

丁未:《流动的家园》,社会科学文献出版社 2014 年版。

丁未:《社会结构与媒介效果——"知沟"现象研究》,复旦大学出版社 2003 年版。

杜小真:《福柯集》上海远东出版社 2003 年版。

方汉奇、张之华:《中国新闻事业简史》,中国人民大学出版社 1983 年版。

方汉奇:《总序》,《中国新闻传播史新编》,中国人民大学出版社

2015年版。

方汉奇主编：《中国新闻事业通史》第1卷，中国人民大学出版社2004年版。

方汉奇主编：《中国新闻事业通史》第3卷，中国人民大学出版社1999年版。

复旦大学新闻系编：《新闻学小辞典》，广西日报编辑部1976年版。

甘惜分：《新闻理论基础》，中国人民大学出版社1982年版。

高鑫：《电视艺术学》，北京师范大学出版社1998年版。

《2006年广播电视年鉴》，中国广播电视出版社2007年版。

郭建斌：《独乡电视：现代传媒与少数民族乡村日常生活》，山东大学出版社2005年版。

郭庆光：《大众传播学研究的一支新军——欧洲批判学派评介》，《新闻学论集》第11辑，中国人民大学出版社1987年版。

韩少功：《暗示》（修订版），人民文学出版社2008年版。

郝振省编：《2007—2008中国数字出版产业年度报告》，中国书籍出版社2008年版。

何威：《网众传播：一种关于数字媒体、网络化用户和中国社会的新范式》，清华大学出版社2011年版。

胡百精：《中国公共关系史》，中国传媒大学出版社2014年版。

金冠军、戴元光主编：《中国传播思想史》（古代卷·近代卷·现当代卷），上海交通大学出版社2005年版。

胡翼青：《传播学：学科危机与范式革命》，首都师范大学出版社2004年版。

胡翼青：《传播学科的奠定：1922—1949》，中国大百科全书出版社2012年版。

胡翼青：《再度发言：论芝加哥学派传播思想》，中国大百科全书出版社2007年版。

黄升民、丁俊杰等：《30所高等院校广告教育现状分析及建议》，《广告新生代》，中国广播电视出版社1997年版。

黄升民：《广告的消失和复活——中国广告市场发展的重要转折》，《黄升民自选集》，复旦大学出版社 2004 年版。

黄天鹏：《新闻学入门》，上海光华书局 1933 年版。

季达：《宣传学与新闻记者》，国立暨南大学文化事业部 1932 年版。

姜弘：《广告人生》，中信出版社 2012 年版。

卜卫《进入"地球村"——中国儿童与大众传播》，四川少年儿童出版社 1994 年版。

卜卫：《媒介与儿童》，新世纪出版社 2002 年版。

姜弘：《广告人生》，中信出版社 2012 年版。

寇非：《广告·中国（1979—2003）》，中国工商出版社 2003 年版。

雷莹、邹火明：《邓小平新闻宣传理论研究》，重庆出版社 2003 年版。

李彬：《符号透视：传播内容的本体诠释》，复旦大学出版社 2003 年版。

李彬：《唐代文明与新闻传播》，新华出版社 1999 年版。

李公凡：《基础新闻学》，上海联合书店 1931 年版。

李红艳：《乡村传播学》，北京大学出版社 2010 年版。

李金铨：《超越西方霸权：传媒与"文化中国"的现代性》，牛津大学出版社（中国香港）2004 年版。

李敬一：《中国传播史论》，武汉大学出版社 2003 年版。

李元授、白丁：《新闻语言学》，新华出版社 2001 年版。

林文刚：《媒介环境学：思想沿革与多维视野》，何道宽译，北京大学出版社 2007 年版。

林之达：《传播心理学初探》，北京大学出版社 2004 年版。

刘海龙：《大众传播理论：范式与流派》，中国人民大学出版社 2008 年版。

刘海龙：《重访灰色地带：传播研究史的书写与记忆》，北京大学出版社 2015 年版。

刘建明：《马克思主义新闻观理论基础》，清华大学出版社 2010

年版。

刘泱育:《中国新闻事业史纲》,南京师范大学出版社2015年版。

刘艺:《改革开放初期复旦大学新闻教育研究(1977—1988)》,硕士学位论文,复旦大学,2012年。

柳斌杰主编:《新闻记者培训教材2013》,人民出版社2014年版。

罗紫初:《出版学导论》,武汉大学出版社2014年版。

[美]曼纽尔·卡斯特:《千年终结》,夏铸九译,社会科学文献出版社2006年版。

[美]唐·伊德:《技术与生活世界——从伊甸园到尘世》,北京大学出版社2012年第1版。

倪梁康等编:《中国现象学与哲学评论:现象与社会理论》,译文出版社2001年版。

彭兰:《中国网络媒体的第一个十年》,清华大学出版社2005年第1版。

隋岩:《符号中国》,中国人民大学出版社2014年版。

孙立平:《重建社会:转型社会的秩序再造》,社会科学文献出版社2009年版。

孙瑞祥:《当代中国流行文化生成机制与传播动力阐释》,博士学位论文,天津师范大学,2009年。

孙旭培主编:《华夏传播论:中国传统文化中的传播》,人民出版社1997年版。

田丽:《中国共产党对外宣传战略研究》,博士学位论文,中共中央党校党建教研部,2016年。

童兵、陈绚主编:《新闻传播学大辞典》,中国大百科全书出版社2014年版。

童兵、林涵:《20世纪中国新闻学与传播学·理论新闻学卷》,复旦大学出版社2001年版。

童兵、林涵:《20世纪中国新闻学与传播学·理论新闻学卷》,复旦大学出版社2001年版。

童兵：《马克思主义新闻经典教程》，复旦大学出版社2002年版。

童兵：《马克思主义新闻思想史稿》，中国人民大学出版社1989年版。

汪晖：《去政治化的政治：短20世纪的终结与90年代》，生活·读书·新知三联书店2008年版。

王文锋、肖华、王瑜：《传媒经济论·研究史纲卷》，中国书籍出版社2013年版。

王文利：《中国广播电视新闻研究简史》，湖南师范大学出版社2008年版。

王怡红、胡翼青：《中国传播学30年（1978—2008）》，中国大百科全书出版社2011年版。

吴廷俊：《马列新闻活动与新闻思想史》，华中理工大学出版社1992年版。

吴廷俊：《中国新闻史新修》，复旦大学出版社2008年版。

吴信训、金冠军主编：《中国传媒经济研究1949—2004》，复旦大学出版社2004年版。

吴予敏：《无形的网络——从传播学的角度看中国的传统文化》，国际文化出版公司1988年版。

夏鼎铭：《马克思恩格斯列宁报刊理论与实践》，复旦大学出版社1991年版。

向新阳：《编辑学概论》，武汉大学出版社1995年版。

谢清果：《华夏传播学引论》，厦门大学出版社2017年版。

新华通讯社课题组编：《习近平新闻舆论思想要论》，新华出版社2017年版。

徐光春：《中华人民共和国广播电视简史》，中国广播电视出版社2003年版。

徐洪兴编：《求善·求美·求真——王国维文选》，远东出版社1997年版。

徐培汀、谭启泰编著：《新闻心理学漫谈》，新华出版社1988年版。

徐培汀:《二十世纪中国的新闻学与传播学》,党建读物出版社 2002 年版,第 342 页。

徐培汀:《广告心理学初探》,《新闻大学》1985 年第 10 期。

杨光斌:《政治变迁中的国家与制度》,中央编译出版社 2011 年版。

杨国斌:《连线力:中国网民在行动》,邓燕华译,广西师范大学出版社 2013 年版。

杨培青:《专论:广告学术研究要立足现实,展望未来》,《1997 中国广告年鉴》,新华出版社 1997 年版。

杨伟光:《中国电视论纲》,中国广播电视出版社 1998 年版。

杨玉圣、张保生主编:《学术规范导论》,高等教育出版社 2004 年版。

叶浩生:《老骥奋蹄:心理学一代宗师高觉敷》,南京大学出版社 2004 年版。

殷晓蓉:《战后美国传播学的理论发展——经验主义和批判学派的视域及其比较》,复旦大学出版社 2000 年版。

[英] 罗纳德·哈里·科斯、王宁:《变革中国——市场经济的中国之路》,徐尧、李哲民译,中信出版社 2013 年 1 月第 1 版。

余家宏、宁树藩、徐培汀、谭启泰编:《新闻学词典》,浙江人民出版社 1984 年版。

余明阳:《中国公共关系史(1978—2007)》,上海交通大学出版社 2007 年第 1 版。

余也鲁、郑学檬主编:《从零开始:首届海峡两岸中国传统文化的探索座谈会论文集》,厦门大学出版社 1994 年版。

余英时:《中国文化的重建》,中信出版社 2011 年版。

袁爽:《新中国成立初期高等教育的变革与发展研究(1949—1957)》,博士学位论文,贵州财经大学,第 17 页。

昝廷全:《积极整合资源,加强我校传媒经济学学科建设》,《中国传媒经济》2006 年第 3 辑。

张国良、胡薇:《传播学在中国 30 年:以专业期刊论文为研究视角》，载冯应谦、黄懿慧编著：《华人传播想象》，香港中文大学香港亚太研究所 2012 年版。

张国良：《中国传播学的兴起、发展与趋势》，载张国良：《社会转型与媒介生态实证研究》，上海交通大学出版社 2007 年版。

张辉锋：《传媒经济学理论、历史与实务》，人民日报出版社 2015 年第 3 版。

张咏华：《大众传播学》，上海外语教育出版社 1992 年版。

张玉法：《现代史的分期问题》，久洋出版社 1985 年版。

张振华：《当代中国广播电视学》，中国国际广播出版社 2013 年版。

张自力：《健康传播与社会：百年中国疫病防治话语的变迁》，北京大学医学出版社 2008 年版。

张宗厚、陈祖声：《简明新闻学》，人民日报出版社 1983 年版。

赵水福、傅显明：《列宁与新闻事业》，北京广播学院出版社 1986 年版。

赵宪章、张辉、王雄：《西方形式美学》，上海人民出版社 1996 年版。

赵一凡：《西方文论讲稿续编：从卢卡奇到萨义德》，三联书店 2009 年版。

赵毅衡：《符号学原理与推演》，南京大学出版社 2011 年版。

赵玉明、艾红红、庞亮：《广播电视学学科体系建设研究》，中国广播电视出版社 2015 年版。

赵玉明：《中国广播电视通史》，中国广播影视出版社 2014 年版。

赵玉明主编：《中国广播电视通史》，北京广播学院出版社 2004 年版。

赵月枝：《传播与社会：政治经济与文化分析》，中国传媒大学出版社 2011 年版。

郑保卫：《中国共产党新闻思想》，福建人民出版社 2004 年版。

郑和平：《龙之媒广告选书·序》，引自马谋超《广告心理——广告人对消费行为的心理把握》，中国物价出版社 1997 年版。

郑雯:《媒介化抗争:变迁、机理与挑战》,华夏出版社 2015 年版。

郑兴东:《受众心理与传媒引导》,新华出版社 1999 年版。

郑学檬编著:《传在史中:中国传统社会传播史料选辑》,文化艺术出版社 2001 年版

中共中央党史研究室第二研究部:《中国共产党历史》第二卷注释集,中共党史出版社 2012 年版。

中国人民大学新闻系《新闻学论集》编辑组编:《新闻学论集》第 1 辑,中国人民大学出版社 1980 年版。

中国社会科学院新闻研究所:《马克思恩格斯论新闻》,新华出版社 1985 年版。

中国社会科学院新闻研究所编:《马克思新闻思想研究论文集》,人民日报出版社 1983 年版。

中国社会科学院新闻研究所编:《中国共产党新闻工作文件汇编》(上、中、下),新华出版社 1980 年版。

中国新闻史学会新闻传播教育史研究委员会主持编纂:《中国新闻传播教育年鉴 2016》,武汉大学出版社 2016 年版。

中央档案馆编中国出版科学研究所:《中华人民共和国出版史料 1949 年》,中国书籍出版社 1995 年版。

中央宣传部办公厅编:《党的宣传工作概况和文献(1951—1992)》,中共中央党校出版社 1994 年版。

周鸿铎:《传媒经济导论》,经济管理出版社 2003 年版。

周鸿铎:《传媒经济论·传经解读卷》,中国书籍出版社 2013 年版。

朱增朴:《传播与现代化》,中国新闻出版社 1989 年版。

吴飞:《新闻专业主义研究》,中国人民大学出版社 2009 年版。

期刊

[加]达拉斯·斯迈思:《自行车之后是什么?——技术的政治与意识形态属性》,王洪喆译,《开放时代》2014 年第 4 期。

[美]威尔伯·施拉姆:《美国"大众传播学"的四个奠基人》,王

泰玄记录,《国际新闻界》1982年第2期。

安岗:《我们能不能建立一门新闻经济学?》,《新闻战线》1981年第3期。

巴斯摩尔、周煦良:《胡塞尔的逻辑学和现象学思想》,《现代外国哲学社会科学文摘》1960年第1期。

白汝瑷:《讲究宣传效果,改进宣传方法》,《新闻战线》1959年第16期。

卜卫:《"认识世界"与"改造世界"——探讨行动传播研究的概念、方法论与研究策略》,《新闻与传播研究》2014年第12期。

卜卫:《大众传播对儿童的社会化和观念现代化的影响》,《新闻研究资料》1991年第3期。

步及:《解放前的"月份牌"年画史料》,《美术研究》1959年第2期。

蔡骐:《传播研究范式与中国传播学的发展》,《国际新闻界》2005年第4期。

陈崇山:《中国大陆传媒受众调研的发展历程》,《新闻与传播研究》1998年第4期

陈大维:《马克思恩格斯是怎样对待在报纸上开展批评的》,《新闻大学》1981年第2期。

陈大维:《试论马克思恩格斯后期的党报思想》,《新闻大学》1983年第6期。

陈刚、孙美玲:《结构、制度、要素——对中国广告产业的发展的解析》,《广告大观》(理论版)2011年第4期。

陈刚、祝帅:《在批判中建构与发展——中国当代广告学术发展四十年回顾与反思(1979—2018)》,《广告大观》(理论版)2018年第2期。

陈刚:《关于广告教育数字化转型的思考》,《新闻与写作》2017年第10期。

陈刚:《什么是发展广告学》,《广告大观》(理论版)2012年第

6 期。

陈国权:《谁为媒体提供经济支持?——1949 年以来中国媒体经济体制变迁与趋势》,《新闻与传播研究》2018 年第 10 期。

陈昆玉、江宇:《我国传播学实证研究的进步与不足:对二十世纪九十年代以来传播学实证性研究报告的统计分析》,《当代传播》2002 年第 4 期。

陈力丹、付玉辉:《繁荣而活跃的网络传播研究》,《现代传播》2007 年第 1 期。

陈力丹、宋晓雯、邵楠:《传播学面临的危机与出路》,《新闻记者》2016 年第 8 期。

陈力丹:《"始终把人民放在心中脑中"——习近平"以人民为中心"思想的渊源与中国特色社会主义的实践基础》,《辽宁大学学报》(哲学社会科学版) 2018 年第 1 期。

陈力丹:《不拘一格的新闻写作——读马克思、恩格斯在〈新莱茵报〉上发表的作品》,《新闻大学》1982 年第 4 期。

陈力丹:《传播学在中国》,《东南传播》2015 年第 7 期。

陈力丹:《党性和人民性的提出、争论和归结——习近平重新并提"党性"和"人民性"的思想溯源与现实意义》,《安徽大学学报》(哲学社会科学版) 2016 年第 6 期。

陈力丹:《符号学:通往巴别塔之路——读三本国人的符号学著作》,《新闻与传播研究》1996 年第 1 期。

陈力丹:《关于传播学研究的几点意见》,《国际新闻界》2002 年第 2 期;陈力丹:《新闻传播学:学科的分化、整合与研究方法的创新》,《现代传播》2011 年第 4 期。

陈力丹:《关于青年马克思和老年马克思报刊思想的几个问题》,《新闻学会通讯》1982 年第 12 期。

陈力丹:《回归新闻学本体——改革开放 30 年来我国新闻理论教材结构的变化》,《国际新闻界》2008 年第 12 期。

陈力丹:《记〈中国共产党新闻工作文件汇编〉的成书经过》,《新闻知识》2018 年第 1 期。

陈力丹：《坚持真理，尊重事实——记马克思的新闻工作作风》，《新闻大学》1982 年第 5 期。

陈力丹：《马克思论巴黎公社的新闻工作》，《新闻学会通讯》1984 年第 3 期。

陈力丹：《习近平的宣传观和新闻观》，《新闻记者》2014 年第 10 期。

陈力丹：《新闻传播学：学科的分化、整合与研究方法创新》，《现代传播》（《中国传媒大学学报》）2011 年第 4 期。

陈力丹：《新闻传播学：学科的分化、整合与研究方法创新》，《现代传播》2011 年第 4 期。

陈力丹：《新闻传播学学科建设若干问题的思考》，《新闻记者》2017 年第 9 期。

陈力丹：《新闻是一种特殊的商品》，《新闻界》1986 年第 6 期。

陈力丹：《新闻所早期在马克思主义新闻观研究方面的贡献》，《新闻与传播研究》2018 年增刊。

陈培爱：《中国广告教育二十年的发展与基本经验初探》，《江西财经大学学报》2000 年第 2 期。

陈世敏：《华夏传播学方法论初探》，《新闻学研究》1993 年第 71 期。

陈韬文：《论华人社会传播研究中全球化与本土化的张力处理》，《中国传媒报告》2002 年第 2 期。

陈卫星：《从漂浮的能指到符号的资本——论符号学的方法论演变》，《中外文化与文论》2015 年第 3 期。

陈卫星：《西方当代传播学学术思想的回顾和展望》（上、下），《国外社会科学》1998 年第 1、2 期。

陈先红、张凌：《大数据时代中国公共关系领域的战略转向——基于扎根理论的探索性分析》，《国际新闻界》2017 年第 6 期。

陈先红：《陈先红：呼吁加快中国公共关系学科建设与发展》，《公关世界》2017 年第 11 期。

陈中原:《传媒经济学研究的简要回顾》,《新闻大学》2005 年第 1 期。

程广云:《学术突围：重构当代中国学术话语》,《江海学刊》2010 年第 2 期。

程国平:《如何选择广告媒介》,《管理现代化》1988 年第 3 期。

程曼丽:《"外国新闻事业"研究的历史回顾与反思》,《新闻与传播研究》1998 年 12 月。

党东耀:《传媒经济学的交叉跨度与学科范式研究》,《中国传媒大学第三届全国新闻学与传播学博士生学术研讨会论文集》,2009 年。

邓绍根:《2017 年中国新闻传播学研究生教育的新态势》,《教育传媒研究》2018 年第 5 期。

邓绍根、张文婷:《改革开放 40 年中国新闻史研究回顾与展望》,《新闻春秋》2019 年第 1 期。

邓拓:《马克思主义哲学与新闻工作》,《新闻战线》1959 年第 9 期。

邓香莲:《数字出版：传统出版产业链的价值延伸》,《科技与出版》2007 年第 12 期。

方兴东、石现升、张笑容、张静:《微信传播机制与治理问题研究》,《现代传播》2013 年第 6 期。

丁柏铨:《一项基础性的工程——新闻学专业主干课课程体系及教学内容改革刍议》,《视听界》1998 年第 8 期。

丁淦林:《20 世纪中国新闻史研究》,《复旦学报》（社会科学版）2000 年第 6 期

丁淦林:《中国新闻史上的一件小事——关于 1957 年 5 月新闻工作座谈会发起单位的报道》,《新闻与写作》2007 年第 1 期。

程曼丽:《中国本土公共关系发展的必由之路——从企业公关到政府公关》,《国际新闻界》2007 年第 12 期。

丛挺、李芳序、马傲雪:《基于定量分析的近十年我国数字出版理论研究进展（2006—2015）》,《出版发行研究》2016 年第 9 期。

崔保国:《传媒经济学研究的理论范式》,《新闻与传播研究》2012年第4期。

丁淦林:《中国新闻史研究需要创新——从1956年的教学大纲草稿说起》,《新闻大学》2007年第1期。

丁汉青:《"中国传媒经济与管理学会"正式定名》,《国际新闻界》2009年第6期。

丁和根:《"媒介经济学"还是"传媒经济学"》,《新闻与传播研究》2015年第5期。

丁名:《试析马克思早期"人民报刊"思想——兼论各个历史时期的人民报刊问题》,《新闻大学》1983年第6期。

董天策、昌道励:《中美新闻传播学研究方法比较——以2000—2009年〈新闻与传播研究〉和〈Jounal of Communication〉为例》,《西南民族大学学报》(人文社科版)2010年第7期。

杜骏飞:《以"政产学研合作"深化部校共建——南京大学新闻传播学院的基本经验》,《新闻与写作》2017年第10期。

范东生:《马克思和恩格斯是信息传播研究的先驱》,《新闻学会通讯》1984年第5期。

范红芝:《民国时期民意研究综述——基于民国期刊文献(1914—1949)的分析》,《新闻春秋》2013年第2期。

范敬宜:《坐一辈子冷板凳——在方汉奇、宁树藩文集出版发布暨座谈会上的发言》,《国际新闻界》2004年第1期。

范龙、王潇潇:《现象学方法在传播学研究中的应用前景初探》《新闻大学》2010年第1期。

方汉奇、曹立新:《多打深井多作个案研究——与方汉奇教授谈新闻史研究》,《新闻大学》2007年3月。

方汉奇、王天根:《中国新闻史研究的回顾与展望——方汉奇先生治学答问》,《安徽大学学报》(哲学社会科学版)2015年第2期。

方汉奇:《1949年以来大陆的新闻史研究(一)》,《新闻与写作》2007年第1期。

方汉奇：《关于新闻史研究的体会和建议》，《新闻研究资料》1982年第1期。

方汉奇：《历代封建王朝对言论和新闻自由的迫害》，《新闻业务》1957年第4期。

方汉奇：《为〈大办报〉辩诬——应该摘掉〈大办报〉"小骂大帮忙"的帽子》，《新闻大学》2002年第3期

方汉奇：《向新闻传播学研究的国家队致敬》，《新闻与传播研究》2018年增刊。

方汉奇：《新中国六十年新闻事业》，《新闻战线》2009年第10期。

方厚枢：《新中国出版教育的历史回顾》，《出版史料》2005年第2期。

方兴东、陈帅、钟祥铭：《中国互联网25年》，《现代传播》2019年第4期。

方园：《商业美术漫谈》，《装饰》1959年第6期。

丰帆、周萃：《传播学研究的动力：多层面、多角度、多方法——香港城市大学祝建华教授访谈录》，《新闻记者》2005年第7期。

冯瑶：《一部简明实用的好教材》，《中国出版》2014年第15期。

付洪泉：《综合性社科学报发展模式刍论》，《学术交流》2008年第9期。

甘春梅、梁栩彬、李婷婷：《使用与满足视角下社交网络用户行为研究综述：基于国外54篇实证研究文献的内容分析》，《图书情报工作》2018年第7期。

高晓红：《电视广告创作方法探究》，《新闻战线》1989年第11期。

宫策：《新闻与实践》，《新闻业务》1957年第1期。

徐耀魁：《施拉姆对中国传播学研究的影响》，《新闻与传播研究》2012年第4期。

姜飞：《中国传播研究的三次浪潮》，《新闻与传播研究》2012年第4期。

罗昕：《被忽视的登陆点：施拉姆、余也鲁广州讲学35周年的历史

考察》,《国际新闻界》2017年第12期。

桂世河、汤梅:《中国广告学专业教育起源于民国时期的商科教育》,《科技风》2018年第5期。

郭碧翔:《战后日本广告媒体的新特点》,《现代日本经济》1985年第5期。

郭建斌:《民族志传播:一副不十分完备的研究地图——基于中文文献的考察》,《新闻大学》2018年第2期。

郭庆光:《大众、信息环境与社会控制——从"沉默的螺旋"假说谈起》,《新闻与传播研究》1995年第3期。

郭炜华:《传媒经济研究的进路——兼与〈传媒经济学的研究范式〉商榷》,《新闻记者》2005年第2期。

郭小安:《舆论的寡头化铁律:"沉默的螺旋"理论适用边界的再思考》,《国际新闻界》2015年第5期。

郭小平:《"邻避冲突"中的新媒体、公民记者与环境公民社会的"善治"》,《国际新闻界》2013年第5期。

郭镇之:《评"阶级斗争工具"说——兼论报纸的根本属性》,《北京广播学院学报》1981年第3期。

韩素梅、秦海珍:《2006—2016年关于数字出版的文献规模及主题分布——以CSSCI刊论文为例》,《中国出版》2017年第12期。

杭敏、罗伯特·皮卡特:《传媒经济学研究的历史、方法与范例》,《现代传播》2005年第4期。

郝俊慧:《"钱稿交易"的背后——新闻传播学科专业期刊境况探究》,《新闻记者》2005年第2期。

郝永华、周芳:《人肉搜索的第一个十年(2001—2012)——基于集体行为理论的实证研究》,《现代传播》2013年第3期。

郝雨、李林霞:《算法推送:信息私人定制的"个性化"圈套》,《新闻记者》2017年第2期。

何道宽:《麦克卢汉研究的三次热潮和三次飞跃》,《华中学术》2002年第2期。

何道宽:《异军突起的第三学派——媒介环境学评论之一》,《深圳大学学报》(人文社会科学版)2006年第6期。

贺蓓:《暨大新闻人才培养"六结合":让马克思主义新闻观进教材、进课堂》,《南方都市报》2018年12月19日。

胡百精:《"非典"以来我国危机管理研究的总体回顾与评价——兼论危机管理的核心概念、研究路径和学术范式》,《国际新闻界》2008年第6期。

胡百精:《合法性、市场化与20世纪90年代中国公共关系史纲——中国现代公共关系三十年》(中),《当代传播》2013年第5期。

胡百精:《社会转型、专业化与新世纪以来中国公共关系史纲——中国现代公共关系三十年》(下),《当代传播》2013年第6期。

胡百精:《新启蒙、现代化与20世纪80年代中国公共关系史纲——中国现代公共关系三十年》(上),《当代传播》2013年第4期。

胡翼青、张婧妍:《功能主义传播观批判:再论使用满足理论》,《新闻大学》2016年第1期。

胡翼青:《传播研究本土化路径的迷失——对"西方理论,中国经验"二元框架的历史反思》,《现代传播》2011年第4期。

胡翼青:《范式的重塑:社会化媒体时代对功能主义路径的反思》,《新闻大学》2012年第2期。

胡翼青:《论传播研究范式的表层结构与深层结构——兼论中国传播学30年的得失》,《新闻与传播研究》2007年第4期。

胡翼青:《为媒介技术决定论正名:兼论传播思想史的新视角》,《现代传播》2017年第1期。

胡泳、陈秋心:《中国网络传播研究:萌芽、勃兴与再出发》,《新闻战线》2019年第2期。

胡正荣、冷爽:《新闻传播学类学生就业现状及难点》,《新闻战线》2016年第11期。

黄旦、丁未:《传播学科"知识地图"的绘制和建构——20世纪80年代以来中国大陆传播学译著的回顾》,《现代传播》(《中国传媒大学学报》）2005 年第 2 期。

黄旦、韩国飚：《1981—1996：我国传播学研究的历史和现状——对几种新闻学术刊物的简略考察》，《新闻大学》1997 年第 1 期。

黄旦：《报刊的历史与历史的报刊》，《新闻大学》2007 年第 1 期。

黄旦：《突破"记者式"研究的框式——对新闻理论研究现状的思考》，《杭州大学学报》（哲学社会科学版）1994 年第 2 期。

黄旦：《新闻传播学科化历程：媒介史角度》，《新闻与传播研究》2018 年第 10 期。

黄旦：《由功能主义转向建构主义》，《新闻大学》2008 年第 2 期。

黄旦：《走自己的路：新中国新闻教育改革的"先声"——1956 年的复旦大学新闻系》，《新闻大学》2009 年第 3 期。

黄汉生：《设问辞和文章的波澜——从修辞上分析"为什么说资产阶级右派是反动派？"一文的表现方法》，《新闻战线》1958 年第 12 期。

黄升民、刘珊：《"互联网思维"之思维》，《现代传播》2015 年第 2 期。

周鸿铎：《我理解的"互联网＋"——"互联网＋"是一种融合》，《现代传播》2015 年第 8 期。

黄先蓉：《我国编辑出版学教育的历史沿革及其创新走向》，《出版发行研究》2001 年第 10 期。

黄星民：《华夏传播刍议》，《新闻与传播研究》2002 年第 4 期。

慧珍：《美国广告小景》，《新闻战线》1980 年第 2 期。

姬建敏：《改革开放 40 年高校哲学社科学术期刊的分期、特征与经验》，《河南大学学报》（社会科学版）2018 年第 6 期。

季为民：《中国特色新闻学的历史、使命和方向》，《陕西师范大学学报》（哲学社会科学版）2018 年第 3 期。

江宇、朱莹：《比较视野中我国内地新闻传播学研究》，《西南石油大学学报》（社会科学版）2009 年第 2（3）期。

姜飞：《中国传播研究的三次浪潮》，《新闻与传播研究》2012 年第

4 期。

姜桂英:《美国电视广告受谁制约?》,《新闻战线》1987 年第 5 期。

姜克安:《传播学研究综述》,《中国人民大学学报》1987 年第 3 期。

姜涛:《传媒经济学发展的阶段性特征》,《重庆社会科学》2015 年第 11 期。

蒋学模:《政治经济学社会主义部分在我国的传播》,《学术月刊》1959 年第 10 期。

蒋蕴慧:《信息传播与受众心理》,《新闻与写作》1987 年第 5 期。

俞文昭:《大众传播中的心理学问题》,《复旦学刊》(社会科学版) 1986 年第 4 期。

荆学民、苏颖:《中国政治传播研究的学术路径与现实维度》,《中国社会科学》2014 年第 2 期。

陆晔:《媒介使用、社会凝聚力和国家认同——理论关系的经验检视》,《新闻大学》2010 年第 3 期。

喻国明、何其聪、吴文汐:《传播学研究范式的创新:以媒介接触与使用的研究为例——用户媒介接触与使用的研究范式及学术框架》,《新闻大学》2017 年第 1 期。

俱鹤飞:《反思与突破:我国传播学研究 40 年之进路——基于知识图谱的文献量化分析》,《西部学刊》2018 年第 10 期。

王怡红:《从历史到现实:"16 字方针"的意义阐释》,《新闻与传播研究》2007 年第 4 期。

康荫:《论人民报刊的本质——学习马克思办报思想体会》,《北京广播学院学报》1983 年第 2 期。

匡文波:《"新媒体"概念辨析》,《国际新闻界》2008 年第 6 期。

匡文波:《论网络传播学》,《国际新闻界》2001 年第 2 期。

兰殿君:《我国商业广告小史》,《文史杂志》1988 年第 5 期。

黎澍:《论社会主义在中国的传播》,《历史研究》1954 年第 3 期。

黎汶:《马克思心目中的"党刊"——读新发现的〈马克思一八四七年给费尔特海姆的信〉》,《新闻大学》1983 年第 6 期。

李本乾、张国良:《受众议程,媒介议程与真正现实关系的实证研究》,《现代传播》2002年第3期。

李彪:《新闻传播学研究方法的构造——对1995—2007年我国四种主要学术期刊的考察》,《国际新闻界》2008年第1期。

李彬、刘海龙:《20世纪以来中国传播学发展历程回顾》,《现代传播》2016年第1期。

李彬、刘宪阁:《如何想象,怎样激活?——1949年以来中国新闻事业史研究的现状、路径及内容》,《中国媒体发展研究报告》2010年第1期。

李彬、刘宪阁:《新闻社会史:1949年以后中国新闻史研究的一种可能》,《国际新闻界》2010年第3期。

李彬:《"新新闻史":关于新闻史研究的一点设想》,《新闻大学》2007年第1期。

李斌、杨立新:《论建国后毛泽东的对外宣传策略》,《特区实践与理论》2014年第1期。

李秉忠:《〈马列主义新闻学经典论著〉书讯》,《新闻实践》1987年第10期。

李红生:《深圳特区开展政府公关的实践》,《广东行政学院学报》1994年第2期。

李红涛:《中国传播期刊知识生产的依附性:意识形态、机构利益与社会关系的制约》,《传播与社会学刊》(香港)2013年第23期。

李建伟:《编辑出版学建设的"十一五"回顾及"十二五"展望》,《中国出版》2011年第3期。

李建伟:《编辑出版学学科建设现状与发展》,《中国出版》2013年第5期。

李建新:《新闻教学课程设置及核心课程选择》,《当代传播》2008年第6期。

李金铨、黄煜:《中国传媒研究、学术风格及其他》,《媒介研究》2004年第3期。

李金铨：《传播研究的典范与认同》，《书城》2014 年第 2 期。

李金铨：《视点与沟通：中国传媒研究与西方主流学术的对话》，《新闻学研究》2003 年总第 77 期。

李良荣：《艰难的转身：从宣传本位到新闻本位——共和国 60 年新闻媒体》，《国际新闻界》2009 年第 9 期。

李良荣：《期待创新——审视新闻传播学学术期刊》，《新闻记者》2003 年第 3 期。

李林艳：《社会空间的另一种想象——社会网络分析的结构视野》，《社会学研究》2004 年第 5 期。

李龙牧：《加强新闻学的理论建设》，《新闻业务》1962 年第 4 期。

李龙牧：《五四时期传播马克思主义思想的重要刊物——"新青年"》，《新闻战线》1958 年第 2 期。

李频：《出版专业教育转型分析框架略述——问题单及其结构的试清理》，《出版科学》2011 年第 2 期。

李唯梁：《中国新闻传播学译著：概念及其特征分析》，《现代传播》2017 年第 9 期。

李希光、秦轩：《谁在设置中国今天的议程？——电子论坛在重大新闻事件中对党报议题的重构》，《新闻与传播研究》2001 年第 3 期。

李小华：《多维视角与深度探析：美国传播学旗舰学刊论文分析》，《中国出版》2013 年第 8 期。

李晓静、韩羽昕：《欧美新媒体传播硕士课程教学分析与反思》，《新闻记者》2018 年第 5 期。

李艳红、陈鹏：《"商业主义"统合与"专业主义"离场：数字化背景下中国新闻业转型的话语形构及其构成作用》，《国际新闻界》2016 年第 9 期。

李幼蒸：《结构主义与电影美学》，《电影艺术译丛》1980 年第 3 期。

李志武：《期刊广告学初探》，《编辑学报》1989 年第 4 期。

连水兴：《被遮蔽的存在：论法兰克福学派的经验性传播研究》，《新闻与传播研究》2018 年第 3 期。

梁晨、董浩、李中清：《量化数据库与历史研究》，《历史研究》2015 年第 2 期。

廖声武、罗以澄：《中国新闻学教育中课程设置的历史考察》，《现代传播》2016 年第 10 期。

廖圣清：《我国 20 年来传播学研究的回顾》，《新闻大学》1998 年第 4 期。

廖祥忠：《何为新媒体？》，《现代传播》2008 年第 5 期。

廖祥忠：《未来传媒：我们的思考与教育的责任》，《现代传播》2019 年第 3 期。

林溪声：《口述史：新闻史研究的一种新路径》，《国际新闻界》2006 年第 7 期。

林溪声：《学术自觉：建构中国新闻理论话语的历时考察》，《南京社会科学》2013 年第 10 期。

林毅夫：《中国经验：经济发展和转型中有效市场与有为政府缺一不可》，《行政管理改革》2017 年第 10 期。

林莹：《陈培爱：从广告学教育的荒原到森林》，《中国广告》2008 年第 12 期。

刘大旭：《传媒经济的理论指导与实践探究——评〈传媒经济学：理论、历史与实务〉》，《传媒》2016 年第 16 期。

刘方：《传播学研究方法使用概况——基于对〈国际新闻界〉2008—2010 年期刊的分析》，《东南传播》2011 年第 7 期。

刘海龙、李晓荣：《孙本文与 20 世纪初的中国传播研究：一篇被忽略的传播学论文》，《国际新闻界》2013 年第 12 期。

刘海龙：《"传播学"引进中的"失踪者"：从 1978—1989 年批判学派的引介看中国早期的传播观念》，《新闻与传播研究》2007 年第 4 期。

胡翼青：《双重学术标准的形成：对批判学派"夭折"的反思》，《国际新闻界》2008 年第 7 期；李彬：《批判学派与中国》，《青年记者》2013 年第 1 期。

刘海龙:《被经验的中介和被中介的经验——从传播理论教材的译介看传播学在中国》,《国际新闻界》2006 年第 5 期。

刘海龙:《传播研究本土化的两个维度》,《现代传播》(《中国传媒大学学报》)2011 年第 9 期。

刘海龙:《从受众研究看"传播学本土化"话语》,《国际新闻界》2008 年第 7 期。

刘海龙:《中国传播研究的史前史》,《新闻与传播研究》2014 年第 1 期。

刘海龙:《中国新闻理论研究的范式危机》,《南京社会科学》2013 年第 10 期。

刘家林:《传学东渐考——纪念施拉姆来华讲学 30 周年》,《暨南学报》(哲学社会科学版)2013 年第 4 期。

刘兢:《1990 年代以来英语文献里的当代中国传媒改革研究》,《国际新闻界》2010 年第 6 期。

刘明华:《日本广告杂谈》,《国际新闻界》1983 年第 3 期。

刘涛:《身体抗争:表演式抗争的剧场政治与身体叙事》,《现代传播》2017 年第 1 期。

刘涛:《视觉修辞的学术起源与意义机制:一个学术史的考察》,《暨南学报》(哲学社会科学版)2017 年第 9 期。

刘晓红:《试论传播心理学的研究内容》,《新闻与传播研究》1995 年第 1 期。

卜卫:《论心理实验在传播研究中的应用》,《新闻与传播研究》1995 年第 1 期。

刘晓红:《重新理解哈贝马斯对大众传媒与公共领域关系的论述》,《现代传播》2002 年第 5 期。

刘学宏:《广告与心理学》,《经济与管理研究》1983 年第 4 期。

刘洋:《"沉默螺旋"的发展困境:理论完善与实证操作的三个问题》,《国际新闻界》2011 年第 11 期。

刘逸帆：《传播学深刻影响了中国的话语体系——专访中国人民大学新闻学院执行院长、博士生导师郭庆光教授》，《中国广播》2015年第4期。

刘拥军、李宏葵：《编辑出版学专业20年发展追溯》，《出版发行研究》2005年第2期。

龙小农：《I-crowd时代"沉默的螺旋"倒置的成因及影响——以"PX项目事件"的舆论引导为例》，《新闻与传播研究》2014年第2期。

楼小燕：《美国电视广告片的生产》，《新闻战线》1981年第2期。

陆斌：《广告教育正是欣欣向荣时》，《现代广告》2005年第1期。

陆晔、潘忠党：《成名的想象——中国社会转型过程中新闻从业者的专业主义》，《新闻学研究》2002年第4期。

罗列：《批判新闻教育中的资产阶级路线》，《新闻战线》1958年第6期。

罗以澄、王继周：《网络社交媒体的新闻文体"杂糅"现象分析——以〈人民日报·海外版〉微信公众账号"侠客岛"为例》，《现代传播》2016年第2期。

罗紫初：《改革开放30年的出版学研究》，《编辑之友》2008年第6期。

马克：《论电影宣传画的创作》，《美术》1957年第1期。

梅明丽：《国际化与规范化——我国新闻传播研究期刊的现状与走向》，《编辑之友》2014年第1期。

［美］丹尼尔·J.布尔斯丁：《美国广告问题的形成与特点》，张景明、王泰玄译，《国际新闻界》1982年第1期。

［美］迈克尔·墨菲：《报刊广告与电视广告的起落》，吴书剑译，《国际新闻界》1979年第2期

孟建、董军：《新媒体环境下我国电视新闻的嬗变与发展》，《国际新闻界》2013年第2期。

孟建、赵元珂：《媒介融合：粘聚并造就新型的媒介化社会》，《国际

新闻界》2006 年第 7 期。

孟威：《网络"虚拟世界"的符号意义》，《新闻与传播研究》2001 年第 4 期。

苗伟山：《中国新闻传播学海归学者的学术实践与身份认同》，《新闻与传播研究》2018 年第 12 期。

闵大洪：《2004 年的中国网络媒体》，《南京邮电学院学报》（社会科学版）2005 年第 1 期。

闵大洪：《中国互联网 Web2.0 阶段的传播与管理》，《中国网络传播研究》2007 年刊。

闵大洪：《对中国网络民族主义的观察、分析——以中日、中韩关系为对象》，《中国网络传播研究》2009 年刊。

明安香：《新闻学向传播学的历史性发展》，《新闻与传播研究》1994 年第 1 期。

倪梁康：《图像意识的现象学》，《南京大学学报》（哲学·人文科学·社会科学版）2001 年第 1 期。

宁树藩、曾健雄：《强化本体意识，探求自身规律——新闻史研究的反思与前瞻》，《新闻记者》1998 年第 9 期。

欧阳宏生、唐牧希：《改革开放四十年：中国广播电视学术研究的历史进程》，《现代传播》2018 年第 8 期。

欧阳宏生、唐希牧：《改革开放以来中国传媒研究发展历程回顾》，《重庆交通大学学报》（社会科学版）2018 年第 5 期。

潘霁：《恢复人与技术的"活"关系：对"使用与满足"理论的反思》，《国际新闻界》2016 年第 9 期。

潘力剑：《传媒经济学的研究范式——传媒经济研究的一个基础问题》，《新闻记者》2004 年第 7 期。

潘祥辉：《"对天发誓"：一种中国本土沟通行为的传播社会学阐释》，《新闻与传播研究》2016 年第 5 期。

潘向光、丁凯：《中国大陆院校广告教育的历史走向》，《现代传播》（中国传媒大学学报）2000 年第 1 期。

潘向光:《中国大陆院校广告教育的历史走向》,《现代传播》2000年第1期。

潘忠党、刘于思:《以何为"新"?"新媒体"话语中的权力陷阱与研究者的理论自省——潘忠党教授访谈录》,《新闻与传播评论》2017年春夏卷。

潘忠党、魏然:《大众传媒的内容丰富之后——传媒与价值观念之关系的实证研究》,《新闻与传播研究》1998年第1期。

潘忠党:《"补偿网络":作为传播社会学研究的概念》,《国际新闻界》1997年第3期。

潘忠党:《传播媒介与文化:社会科学与人文学研究的三个模式(上)》,《现代传播》1996年第4期。

潘忠党:《传播媒介与文化:社会科学与人文学研究的三个模式(下)》,《现代传播》1996年第5期。

彭兰:《"新媒体"概念的三条线索》,《新闻与传播研究》2016年第3期。

彭兰:《Web2.0在中国的发展及其社会意义》,《国际新闻界》2007年第10期。

彭兰:《短视频:视频生产力的"转基因"与再培育》,《新闻界》2019年第1期。

彭明:《五四时期马克思主义在中国的传播》,《教学与研究》1964年第1期。

彭玉生:《"洋八股"与社会科学规范》,《社会学研究》2010年第2期。

齐辉、秦润施:《民初〈新闻学刊〉的出版境遇与学术探索》,《现代传播》(《中国传媒大学学报》)2017年第10期。

钱江:《〈人民日报〉1956年的改版》,《新闻研究资料》1988年第6期。

乔桂云:《国内外广告心理学研究新动向》,《应用心理学》1986年第3期。

乔全生：《从语言角度谈包装广告的形式和内容》，《山西大学学报》（哲学社会科学版）1989年第2期。

曲飞帆、杜骏飞：《超越功能主义范式的中国新媒体传播研究——以2015年以来的研究文献为例》，《当代传播》2016年第5期。

饶丽娜：《网络三剑客谁主沉浮》，《新闻知识》2006年第1期。

张蓬：《现象学方法和结构主义方法》，《兰州大学学报》1985年第10期。

阮捷、张志强：《民国时期的出版教育研究》，《河南大学学报》（社会科学版）2012年第6期。

单波、侯雨：《思想的阴影：西方传播学古希腊渊源的批评性考察》，《新闻与传播研究》2017年第12期。

单波：《如何表现中国传播研究的智慧？》，《新闻大学》2008年第2期。

邵培仁、姚锦云：《寻根主义：华人本土传播理论的建构》，《新疆师范大学学报》（哲学社会科学版）2013年第4期。

申明河：《菲律宾提倡健康的报刊电视广告》，《新闻战线》1982年第5期。

沈翠婷、王海龙：《中国大陆地区传播学研究方法的应用现状分析——对我国三种主要学术期刊的考察》，《东南传播》2010年第4期。

沈兴耕：《谈谈社会主义新闻事业的党性和人民性》，《北京广播学院学报》1981年第1期。

沈育：《马克思主义新闻学的基本观点》，《江淮学刊》1963年第8期。

石长顺：《广播电视学：作为学科的内涵与知识体系》，《现代传播》2013年第7期。

石义彬、周劲：《传媒经济学研究的回顾与反思》，《新闻与传播评论》2003年第00期。

时唤民：《毕晓普副教授访问人大新闻系》，《国际新闻界》1981年第 2 期。

宋小卫：《受众需要论》，《现代传播》1992 年第 10 期。

孙美玲：《解构与重构：20 世纪 80 年代中国广告业合法性的获得》，《浙江传媒学报》2018 年第 2 期。

陶东风：《20 世纪七八十年代之交流行歌曲的传播语境与接受效应——以邓丽君为个案的考察》，《现代传播》2019 年第 3 期。

孙玮：《城市传播的研究进路及理论创新》，《现代传播》2018 年 12 期。

孙玮：《从新媒介通达新传播：基于技术哲学的传播研究思考》，《暨南学报》（哲学社会科学版）2016 年第 1 期。

孙玮：《微信：中国人的"在世存有"》，《学术月刊》2015 年第 12 期。

孙旭培：《"〈华夏传播论〉招标启事"》，《新闻与传播研究》1994 年第 1 期。

孙旭培：《我国传播学研究向何处去》，《新闻与传播研究》2000 年第 1 期。

孙雪天：《提高报纸的宣传质量》，《新闻战线》1959 年第 6 期。

孙正一、柳婷婷：《新中国新闻事业 50 年概述》，《新闻战线》1999 年第 10 期。

谭天、刘方远：《探析新媒体专业人才的培养》，《新闻与写作》2013 年第 10 期。

唐皇凤：《社会主要矛盾转化与新时代我国国家治理现代化的战略选择》，《新疆师范大学学报》（哲学社会科学版）2017 年第 11 期。

唐忠朴：《我国高校第一个广告学专业创办过程的回忆》，《中国广告》2019 年第 1 期。

陶建杰：《农民工人际传播网络结构分析》，《现代传播》2016 年第 10 期。

田流：《从农村实际看农村宣传》，《新闻战线》1959 年第 14 期。

童兵：《报刊活动对马克思、恩格斯的共产主义世界观形成的影响》，

《新闻学会通讯》1983年第13期。

童兵:《马克思主义新闻学泰斗:甘惜分》,《新闻论坛》2014年第6期。

涂光晋、陈曦:《全学科视野下中国政府公关研究的宏观脉络与整体图景》,《国际新闻界》2014年第2期。

涂光晋、陈曦:《"非典"十年来中国政府危机特点的变化与反思》,《国际新闻界》2013年第5期。

涂纪亮:《法兰克福哲学——社会学学派基本思想的历史发展》,《哲学译丛》1978年第5—6期。

万安伦:《论人类出版的内涵、外延、阶段及风貌》,《出版参考》2019年第3期。

万红、金蓝海:《秉笔直书写报史——记吴玉章奖得主吴廷俊教授》,《中国人才》1998年第7期。

汪琪、沈清松、罗文辉:《华人传播理论:从头打造或逐步融合?》,《新闻学研究》2001年总第69期。

王波:《出版教育过去、未来共斟酌》,《编辑之友》2001年第3期。

王辰瑶:《反观诸己:美国"新闻业危机"的三种话语》,《国际新闻界》2018年第8期。

王芳:《十年来我国网络传播研究的进步与不足——对1996—2005年网络传播研究的实证分析》,《国际新闻界》2006年第11期;柯惠新:《互联网调查研究方法综述》,《现代传播》2001年第4期。

王芳:《我国大陆新闻学研究生教育回顾与问题思考》,《东南传播》2009年第6期。

王凤超:《如何编写新闻史——新闻研究所、北京新闻学会座谈会纪要》,《新闻研究资料》1980年第3期。

王凤超:《新闻业史研究的新收获》,《读书》1983年第12期。

王凤超:《中国人民大学等单位新闻史工作者协作编写〈中国新闻事业通史〉》,《新闻研究资料》1986年第3期。

王凤仙:《国外传播学领域网络舆论研究现状——基于 ISI 三大引文索引数据库的文献计量分析》,《暨南学报》(哲学社会科学版) 2015 年第 2 期。

王国全:《广告的研究与广告学的定位》,《中国广告》1991 年第 1 期。

王金礼:《传播的理论与理论的传播:传播学史研究及其知识社会学方法》,《南京社会科学》2017 年第 2 期。

王珏:《精辟阐述马克思主义新闻理论的文献——重温少奇同志〈对华北记者团的讲话〉》,《北京广播学院学报》1980 年第 2 期。

王珏:《马克思和无产阶级报刊的党性》,《北京广播学院学报》1983 年第 2 期。

王漫宇:《编写稿件要注意修辞》,《新闻战线》1983 年第 1 期。

王庆凯:《用户经济:移动互联网时代的传媒经济新模式》,《中国广播》2016 年第 4 期。

王五兰,田同生:《对广告问题的探讨》,《经济问题》1981 年第 4 期。

王锡苓、姚慧、段京肃:《对实证研究方法课程在我国新闻传播学教育中现状的思考》,《国际新闻界》2007 年第 7 期。

王晓乐:《民国时期公共关系教育创建始末——中国近代公共关系教育若干史料的最新发现》,《新闻与传播研究》2010 年第 6 期。

王怡红:《传播学发展 30 年历史阶段考察》,《新闻与传播研究》2009 年第 5 期。

王怡红:《从历史到现实:"16 字方针"的意义阐释》,《新闻与传播研究》2007 年第 4 期。

王怡红:《走出传播研究本土化的空谷》,《现代传播》1995 年第 6 期。

王振铎、蔡冬丽:《编辑出版学的学科体系建设》,《出版发行研究》2007 年第 12 期。

王中:《新闻学原理大纲》,《新闻研究资料》1986 年第 3 期。

韦路、丁方舟：《论新媒体时代的传播研究转型》，《浙江大学学报》（人文社会科学版）2013 年第 4 期。

魏然：《新媒体研究的困境与未来发展方向》，《传播与社会学刊》2015 年第 31 期。

文昌：《八个报社交流广告工作经验》，《新闻战线》1959 年第 16 期。

文彦仁：《空谷足音——学习〈马克思恩格斯论新闻〉》，《新闻大学》1986 年第 13 期。

闻言、秦中河：《列宁报刊活动编年》，《新闻大学》1982 年第 4 期。

吴锋：《全球传播学领域国际发表产出竞争力嬗变轨迹及最新态势（1996—2014）——兼论中国大陆传播学研究的国际竞争力》，《西南民族大学学报》（人文社科版）2019 年第 2 期。

吴锋：《中国大陆新闻传播学博士生导师现状统计研究》，《现代传播》（《中国传媒大学学报》）2008 年第 1 期。

吴汉全：《马克思主义新闻思想中国化的早期探索》，《新闻与传播研究》2011 年第 6 期。

吴世文：《转向新媒体事件研究：理论命名、研究视域与理论问题》，《现代传播》2014 年第 4 期。

吴书剑：《美国的广告》，《国际新闻界》1979 年第 3 期

吴文虎：《本体迷失和边缘越位——试论中国新闻史研究的误区》，《新闻大学》2007 年第 1 期。

吴文虎：《对中国大陆传播学研究的思考》，《暨南学报》（哲学社会科学版）1994 年第 2 期。

吴予敏：《功能主义及其对传播研究的影响之审思》，《新闻大学》2012 年第 2 期。

吴赟：《中国编辑出版研究学术史简论》，《河南大学学报》（社会科学版）2008 年第 5 期。

武伟、建华：《多种视野一个主题——传播学学科研讨会侧记》，《新闻大学》1985 年第 11 期。

夏鼎铭：《马克思论泰晤士报》，《新闻大学》1984年第7期。

夏倩芳：《"挣工分"的政治：绩效制度下的产品、劳动与新闻人》，《现代传播》2013年第9期。

夏雨禾：《微博互动的结构与机制——基于对新浪微博的实证研究》，《新闻与传播研究》2010年第4期。

王秀丽：《网络社区意见领袖影响机制研究——以社会化问答社区"知乎"为例》，《国际新闻界》2014年第9期。

潇湘：《第四次全国传播学研讨会论文综述》，《新闻与传播研究》1995年第3期。

肖东发、许欢：《我国编辑出版学教育的回顾与展望》，《河北大学学报》（哲学社会科学版）2003年第1期。

肖荣春、白金龙：《移动的自留地：知识青年、新媒介赋权、场景生产与媒介素养——以大学生的新媒介使用实践为观察》，《新闻与传播研究》2011年第2期。

谢清果、陈昱成：《"风草论"：构建中国本土化传播理论的尝试》，《现代传播》2015年第9期。

谢清果：《风草论：建构中国本土化传播理论的尝试》，《现代传播》2015年第9期。

谢清果：《内向传播的视域下老子的自我观探析》，《国际新闻界》2011年第6期。

谢新洲、李彬：《新媒体研究的困境与发展》，《新闻与写作》2016年第2期。

谢新洲：《"沉默的螺旋"假说在互联网环境下的实证研究》，《现代传播》2003年第6期。

辛彬：《马克思主义的记者如何上路——读刘少奇同志有关新闻工作的论述》，《新闻大学》1982年第5期。

徐丽芳：《数字出版：概念与形态》，《出版发行研究》2005年第7期。

徐耀魁：《我国传播学研究的得与失》，《新闻与传播研究》1998年第 4 期。

许家林、蔡传里：《论我国会计科学研究方法的研究与学术规范建设》，《珞珈管理评论》2007 年第 1 期。

严三九、张国良：《怀念丁淦林（二则）》，《书屋》2012 年第 2 期。

严石：《十九世纪六十年代马克思恩格斯反对〈社会民主党人报〉办报方针的斗争》，《新闻大学》1983 年第 6 期。

阎学通：《改革开放 40 年的国际关系学术研究》，《国际政治科学》2018 年第 4 期。

杨国斌：《中国互联网的深度研究》，《新闻与传播评论》，2017 年春夏卷。

杨石华、齐辉：《抗战时期新闻学术期刊出版中的"一颗流星"——基于对燕京大学〈报学〉出版物的研究》，《河南大学学报》（社会科学版）2018 年第 2 期。

杨雅、喻国明：《试论技术现象学视阈下媒介技术的"在场效应"》，《当代传播》2018 年第 1 期。

杨玉圣：《学术打假与学风建设》，《河北经贸大学学报》1998 年第 4 期。

杨喆、冯强：《微博研究回顾：主题、理论与方法——对 6 份 cssci 新闻传播类期刊相关文献的定量分析（2010—2012）》，《广东社会科学》2013 年第 4 期。

姚晓鸥：《传播学研究方法的反思——对传播领域的实证主义观念的现象学反思》，《国际新闻界》2010 年第 6 期。

伊天威、孙薇：《广播电视学：融合视野中的学理重构》，《出版广角》2017 年第 2 期。

尹力：《什么是公共关系学》，《新闻记者》1981 年第 1 期。

尹明华：《"部校共建"的实践探索——以复旦大学新闻学院为例》，《新闻与写作》2017 年第 4 期。

尹舟：《谈报纸的广告》，《新闻战线》1958 年第 2 期。

俞可平：《推进国家治理体系和治理能力现代化》，《前线》2014 年第 1 期。

俞振伟：《报纸广告：趋势、模式与特征——1985—1988 上海报纸广告内容分析》，《上海大学学报》（社会科学版）1989 年第 6 期。

禹卫华：《中国大陆首次实验法"第三人效果"研究》，《国际新闻界》2009 年第 2 期。

喻国明、李彪、李莹：《意识阈限下信息刺激的传播效果研究——基于 ERP 的实验研究》，《国际新闻界》2009 年第 1 期。

喻国明、潘佳宝：《西方传媒经济学发展的学科图谱——基于文献计量学的分析（2003—2014）》，《辽宁大学学报》（哲学社会科学版）2016 年第 1 期。

喻国明、胥琳佳：《岁月有代谢四时景不同——新中国传媒业：60 年历史演进的 10 个"片段"》，《编辑之友》2009 年第 9 期。

喻国明：《中国传媒经济学发展的学科图谱——基于文献计量学的分析（2003—2014）》，《新闻与写作》2015 年第 12 期。

曾润喜、蒋欣欣：《媒介议题、公众议题与政策议题的转变及关系》，《现代传播》2016 年第 3 期。

展江：《马克思主义新闻自由观再探》，《中国青年政治学院学报》2000 年第 1 期。

张殿国：《试论广告效果测定的几种方法》，《商业科技》1986 年第 8 期。

张国良、李本乾、李明伟：《中国传媒"议题设置功能"现状分析——我国首次就传媒"议题设置功能"进行抽样调查》，《新闻记者》2001 年第 6 期。

张国良、张巧雨：《中国传播学研究近况实证分析——以专业期刊论文为研究视角（2008—2013）》，《现代传播：中国传媒大学学报》2015 年第 9 期。

张晋升、杜蕾：《数字出版产业链融合的价值和路径》，《中国出版》2010 年第 16 期。

张君昌、郑妍：《媒体舆论与全民动员——中国传媒抗击非典报道全景透视》,《现代传播》2003 年第 6 期。

张立:《数字出版相关概念的比较分析》,《中国出版》2006 年第 12 期。

张玲、金洪梅:《中国大陆新闻学研究生教育的产生及发展》,《现代传播》1999 年第 5 期。

张伦:《个体在线网络关系建构影响因素研究》,《国际新闻界》2017 年第 4 期。

张培森:《中央台是怎样传播苏联宇宙火箭的喜讯的》,《新闻战线》1959 年第 1 期。

张涛甫:《新闻传播理论的结构性贫困》,《新闻记者》2014 年第 9 期。

张天君:《广告策略初探》,《商业研究》1985 年第 11 期。

张晓峰:《不断提升部校共建新闻学院的质量和水平》,《当代传播》2018 年第 6 期。

张莹、申凡:《从〈现代传播〉(1994—2003 年)管窥我国十年来的传播学研究》,《现代传播》(《中国传媒大学学报》)2004 年第 5 期。

张振亭:《试论我国新闻传播研究方法的演变》,《江西社会科学》2009 年第 11 期。

张之华:《建国初期新闻教育与新闻学研究概述》,《新闻研究资料》1992 年第 2 期。

张志强:《英美国家的出版学学科归属及对我国的启示》,《中国出版》2009 年第 9 期。

章晓英、苗伟山:《互联网治理:概念、演变及建构》,《新闻与传播研究》2015 年第 9 期。

赵超、赵万里:《知识社会学中的范式转换及其动力机制研究》,《人文杂志》2015 年第 6 期。

赵浩生:《美国的新闻事业》,《新闻研究资料》1980 年第 1 期。

赵鸿燕、李金慧:《政治修辞:媒体外交的传播智慧——基于言语行为理论的框架分析》,《国际新闻界》2010 年第 3 期。

赵荣麟:《苏联的广告》,《国际新闻界》1980 年第 4 期。

赵睿、喻国明:《"赛博格时代"的新闻模式:理论逻辑与行动路线图——基于对话机器人在传媒业应用的现状考察与未来分析》,《当代传播》2017 年第 2 期。

赵毅衡:《第三次突变:符号学必须拥抱新传媒时代》,《天津外国语大学学报》2016 年 1 期。

赵毅衡:《符号学理论发展与模式更新研究》,《学习与探索》2010 年第 6 期。

赵毅衡:《重新定义符号与符号学》,《国际新闻界》2013 年第 6 期。

赵瑜:《媒介市场化、市场化媒体与国家规制——从净化荧屏、反三俗和限娱令谈起》,《新闻大学》2015 年第 1 期。

赵玉明:《谈谈广播电视研究和广播电视学学科建设》,《媒介研究》2007 年。

赵育冀:《社会主义广告基本理论问题探讨》,《北京社会科学》1987 年第 1 期。

赵育冀:《现代广告战略问题的探讨》,《北京商学院学报》1985 年第 4 期。

赵月枝:《为什么今天我们对西方新闻客观性失望?》,《新闻大学》2008 年第 2 期。

郑保卫、徐泓、雷蔚真:《新闻传播硕士专业学位设置的现实考察与理论论证》,《国际新闻界》2009 年第 7 期。

郑保卫:《新闻语言的修辞特点》,《新闻知识》1987 年第 5 期。

郑保卫:《中国传媒经济学术研究应走向世界》,《国际新闻界》2006 年第 6 期。

郑保卫:《中国马克思主义新闻学百年形成发展历程》,《新闻春秋》2018 年第 1 期。

郑宏:《一本传播"儿童学"的译本》,《人民教育》1951 年第 6 期。

蒋学模:《政治经济学社会主义部分在我国的传播》,《学术月刊》

1959 年第 10 期。

张允侯:《列宁的哲学著作在中国的传播》,《哲学研究》1959 年第 12 期。

郑青华:《连接经济:传媒经济本质的再阐释》,《新闻大学》2018 年第 6 期。

中国传媒发展指数报告项目组:《2010 年的传媒经济研究:跨界与整合》,《国际新闻界》2011 年第 1 期。

钟瑛、余秀才:《1998—2009 年重大网络舆论事件及其传播特征探析》,《新闻与传播研究》2010 年第 4 期。

仲富兰:《中国古代广告探源》,《复旦学报》(社会科学版) 1985 年第 6 期。

周利荣:《我国数字出版产业链整合模式分析》,《出版发行研究》2010 年第 10 期。

周庆安、吴月:《断裂的平衡:中国对外传播制度史探析(1966—1976)》,《全球传媒学刊》2017 年第 3 期。

周翔、韩为政:《新闻传播学研究方法教育中的现存问题与提升路径探析——以武汉大学研究生精品课程为例》,《新闻传播研究方法》2016 年第 10 期。

朱冰莹、董维春:《学科评价省思:场域特性、价值趋向与制度构建——兼议一流学科建设评价》,《科技进步与对策》2019 年第 8 期。

朱光烈:《我们将化为泡沫——信息高速公路将给我们带来什么》,《现代传播》1994 年第 2 期。

朱卉、聂慧敏:《我国新闻传播学量化研究方法历史概述》,《新闻世界》2015 年第 3 期。

祝建华、左贞:《广告与上海新闻媒介》,《新闻大学》1986 年第 13 期。

祝建华:《精确化、理论化、本土化:20 年受众研究心得谈》,《新闻与传播研究》2001 年第 4 期。

祝建华：《控制实验——传播学研究方法之三》，《新闻大学》1986年第4期。

祝建华：《上海郊区农村传播网络的调查分析》，《复旦大学学报》（社会科学版）1984年第4期。

祝建华：《实地调查——传播学研究方法之一》，《新闻大学》1985年第3期；《内容分析——传播学研究方法之二》，《新闻大学》1985年第4期；《控制实验——传播学研究方法之三》，《新闻大学》1986年第4期。

祝建华：《中文传播研究之理论化与本地化：以受众及媒介效果的整合理论为例》，《新闻学研究》2001年第68期。

祝帅：《新中国前30年广告研究的格局及其基本面向——1949—1979年间中国的广告学术论著的历史与分析》，《广告大观》（理论版）2009年第2期。

余家宏、丁淦林：《王中研究新闻学的经过与贡献》，《新闻大学》1995年第1期。

宗益祥：《对马克思主义新闻学的两点思考》，《新闻与传播研究》2018年增刊。

支庭荣、谭天、吴文虎：《传媒经济不是经济学的弃儿——与周鸿铎教授商榷》，《现代传播》（《中国传媒大学学报》）2006年第5期。

报纸

程曼丽：《国家国际传播能力建设需具备战略视野》，《光明日报》2015年7月21日第7版。

丁允朋：《为广告正名》，《文汇报》1979年1月14日。

《致读者》，《人民日报》1956年7月1日。

《中华美术大学添招特别生广告》，《申报》（上海版）1922年9月9日第4版。

《柏生绘画学院暨附设月份牌特科招男女生》，《申报》（上海版）

1927年7月14日第4版。

闵大洪:《2000年中国网络新闻传播领域回眸》,《中国新闻出版报》2001年1月3日第3版。

姬德强:《媒体融合推动新时代国家治理与社会建设》,《中国社会科学报》2019年4月28日。

英文文献

Boulding, Keneth. Theimage: Knowledge inlife and society. Ann Arbor: University of Michigan Press.

Botan Carton, A Semiotic Approach to The Internal Functioning of Publics: Implications for Strategic Communication and Public Relations, Public Relations Review, no. 21, 1998.

Bourdieu, P. et al., Reproduction in Education, Society and Culture, London: Sage, 1990.

Carter, S. M., & Little, M., Justifying knowledge, justifyingmethod, takingaction: Epistemologies, methodologies, and methodsinqualitativeresearch. *Qualitativehealthresearch*, Vol. 17, No. 10, 2007.

Edward Bernays, Propaganda, NewYork: HoraceLiveright, 1928.

Hong Yu, "Between corporate development and public service: the cultural system reformin the Chinese mediasector," Media Culture & Society, vol. 36, No. 5, 2014.

Hu, B. J., Huang, Y. H. & Zhang, D., "Public Relations and Chinese Modemity: A21St-Centaury Perspective," *Journal of Public Relations Research*, no. 27, 2015.

James Carey, "The Chicago School and the History of Mass Communication Research," Eve Munson and Catherine Warren, ed., *James Carey: A Critical Reader*. Minneapolis: University of Minnesota Press, 1997.

Lin Chun, "The Trans formation of Chinese Socialism," Durham: Duke

University Press, 2006.

Neuman, L. W., *Social Research Methods*, 6/E. Pearson EducationIndia, 2007. Pen Wen Baldwin Sun, *China in American Press, A Study of the Basis and Trend of American Public Opinion toward China as Revealed in the Press*. Unpublished Ph. D. dissertation, New York University, 1925.

Peter Golding and Graham Murdock, "Culture, Communicationand Political Economy," In James Curran & Michael Gurevitch, Mass Mediaand Society, London: Oxford University Press Inc, 2000.

Peter A. Hall, "Conclusion: The Politics of Keynesian Ideas", in Peter A. Hall, ed., The Political Power of Economic Ideas: Keynesianism across Nations, Princeton: Princeton University. Press, 1989.

Polanyi, Karl, 1944/2001, The Great Trans formation: The Political and Economic Origins of Our Time, Boston: Beacon Press.

Potter, W. James, Cooper, Roger & Dupagne, Michel, "The Three Paradigms of Mass Media Research in Mainstream Communication Journals", *Communication Research*, Vol. 3, No. 4, 1993.

Robert T. Craig, "Communication Theoryasa Field", Communication Theory, Vol. 9, No. 2, 2010.

Short, J., Williams, E. & Christie, B., The Social Psychology of Telecommunications, Chichester: Wiley, 1976.

Sung Tae Kimand David Weaver, "Communication Researchaboutthe Internet: A Thematic Meta-Analysis", New Media & Society, Vol. 4, No. 4, 2002.

Timothy Glander, *Origins of Mass Communication Research during the American Cold War: Educational Effects and Contemporary Implications*, 2000. Mahwah: Lawrence Erlbaum. Christopher Simpson, *Science of Coercion: Communication Research and Psychological Warfare*, 1945 – 1960, New York: Oxford University Press, 1994.

Tomasello T. K., Lee Y. & Baer A. P., "New media research publication trend sandoutletsin communication, 1990 – 2006", New Media & Society, Vol. 12, No. 4, 2010.

W. James Potter, Roger Cooperand Michel Dupagne, "The Three Paradigms of Mass Media ResearchIn Mainstream Communication Journals", Communication Theory, Vol. 3, No. 4, 1993.

Wilbur Schramm, StevenChaffee, EverettRogers, ed., The beginnings of communication study in America: apersonalmemoir, Thousand Oaks: Sage Publications, 1997.

Xu Wu. Chinese Cyber Nationalism: Evolution, Characteristics, and Implications. New York: Lexington Books, 2007.

Joseph Man Chan, "Communication researchin Hong Kong: problematics, discoveries and directions", Asian Journal of Communication, Vol. 2, No. 2, 1992.

Winifred Raushenbush, Robert E. Park: Biographyofa Sociologist. Durham: Duke University Press, 1997.

后　　记

本书是由中国社会科学院新闻与传播研究所牵头组织，国内一批优秀中青年学者参与撰稿，对新中国成立70年来我国新闻学与传播学各研究领域进行全面梳理、总结和分析的著作。

第一章由中国人民大学新闻学院周俊副教授撰写，第二章由苏州大学传媒学院陈一副教授撰写，第三章由南京师范大学新闻与传播学院张晓锋教授、程河清博士研究生撰写，第四章由中国人民大学新闻学院刘海龙教授撰写，第五章由暨南大学新闻与传播学院刘涛教授撰写，第六章由中国社会科学院新闻与传播研究所曾国华助理研究员撰写，第七章由中国社会科学院新闻与传播研究所朱鸿军研究员、苗伟山副研究员、孙萍助理研究员撰写，第八章由中国传媒大学《现代传播》编辑部主任张国涛研究员撰写，第九章由上海交通大学媒体与设计学院牟怡副教授撰写，第十章由中央财经大学文化与传媒学院孙美玲副教授撰写，第十一章由浙江大学人文学院陈洁教授撰写，第十二章由中国人民大学新闻学院张迪副教授、胡百精教授撰写，第十三章由中央财经大学文化与传媒学院黄可副教授撰写，第十四章由南京大学新闻传播学院白净教授撰写，第十五章由南京师范大学新闻与传播学院张晓锋教授、高灵萱博士研究生撰写，第十六章由西安交通大学新媒体学院吴锋教授撰写。

中国社会科学院新闻与传播研究所所长唐绪军研究员负责全书框架设计、撰稿作者遴选、内容审定等统领性工作，朱鸿军研究员、苗伟山副研究员、曾国华助理研究员、孙萍助理研究员负责作者的联络、全书的统稿和审校。

作为审稿专家，中国社会科学院新闻与传播研究所宋小卫研究员、清华大学新闻与传播学院陈昌凤教授、苏州大学传媒学院陈龙教授对本书的完善提出了中肯的修改意见。

作为责任编辑、中国社会科学出版社陈肖静女士为本书在短时间内顺利出版贡献良多。

值此本书付梓之时，谨向上述参与者深表谢意。

2019 年 8 月 28 日